Heinke M. Kalinke, Klaus Roth, Tobias Weger (Hg.)

Esskultur und kulturelle Identität
Ethnologische Nahrungsforschung im östlichen Europa

Schriften des Bundesinstituts für Kultur
und Geschichte der Deutschen im östlichen Europa

Band 40

R. OLDENBOURG VERLAG MÜNCHEN 2010

ESSKULTUR UND KULTURELLE IDENTITÄT

ETHNOLOGISCHE NAHRUNGSFORSCHUNG IM ÖSTLICHEN EUROPA

Herausgegeben von
Heinke M. Kalinke, Klaus Roth und Tobias Weger

R. Oldenbourg Verlag München 2010

Bibliographische Information der Deutschen Bibliothek

Die Deutsche Bibliothek verzeichnet diese Publikation in der Deutschen Nationalbibliographie; detaillierte bibliographische Daten sind im Internet über http://dnb.ddb.de abrufbar.

© 2010 Bundesinstitut für Kultur und Geschichte der Deutschen im östlichen Europa, Oldenburg

Das Werk einschließlich aller Abbildungen ist urheberrechtlich geschützt. Jede Verwertung außerhalb der Grenzen des Urheberrechtsgesetzes ohne Zustimmung des Bundesinstituts ist unzulässig und strafbar. Das gilt insbesondere für Vervielfältigungen, Mikroverfilmungen und die Einspeicherung und Bearbeitung in elektronischen Systemen.

Satz, Layout und Druck: ISENSEE, Oldenburg

ISBN 978-3-486-59233-7

Inhalt

Vorwort der Herausgeber 7

Heike Müns: Essen und Trinken als Bekenntnis:
Heimat – kulturelle Identität – Alltagserfahrung 11

Klaus Roth: Nahrung als Gegenstand der volkskundlichen Erforschung
des östlichen Europa 27

Dorothee Herbert: Vorrats- und Versorgungswirtschaft auf den preußischen
Deutschordensburgen von 1375 bis zur Mitte des 15. Jahrhunderts
am Beispiel der Burg Thorn/Toruń 39

Andrzej Kątny: Zum kulinarischen Wortschatz des Polnischen im Lichte
der deutsch-polnischen Sprach- und Kulturkontakte 57

Tobias Weger: Ethnische Stereotypen mit kulinarischem Beigeschmack.
Lokale, regionale und nationale Bezeichnungen 67

Anselm Weyer: Kutteln und Wein. Identitätskonstruktion durch Essen
und Trinken im Werk von Günter Grass und Robert Gernhardt 87

Elisabeth Fendl, Jana Nosková: Die böhmische Küche 105

Heinke M. Kalinke: Integration, Selbstbehauptung und Distinktion –
Essen und Trinken als Zugang zur Erfahrungsgeschichte von Flüchtlingen,
Vertriebenen und Aussiedlern 137

Marta Augustynek, Gunther Hirschfelder:
Integrationsmechanismen und Esskultur. Zur Akkulturation polnischer
und moldawisch-gagausischer Migranten 157

Eva Krekovičová: Neue multikulturelle Nahrungsgewohnheiten in der
Slowakei nach 1989 am Beispiel des Wandels von Restaurants 175

Sanja Kalapoš Gašparac: Die Bedeutung des Essens im Tourismus
von Crikvenica 195

Petǎr Petrov: Die Inszenierung regionaler Nahrung. Agrarprodukte und Festivalisierung in Bulgarien 203

Max Matter: Siegt das Virtuelle über die Realität – oder wo bleiben die wesentlichen Sinneseindrücke? Medialisierte Nahrungszubereitung ... 219

Detlef Haberland: Essen im Film. Ein Beitrag zur Visualisierung von sozialer und ethnischer Alterität 233

Die Autorinnen und Autoren der Beiträge 247

Verzeichnis der Orte und Personen 249

Vorwort der Herausgeber

„Mit ganzen Nationen verhält es sich im Durchschnitt eben so, wie mit einzelnen Menschen. Je edler sie sind, desto gemässigter ist ihre Sinnlichkeit; je unedler hingegen, desto überwiegender und unüberwindlicher wird ihr Hang zu den gröbern sinnlichen Vergnügungen. Ein Haupt-Zweig der Sensualität ist Neigung zu berauschenden oder betäubenden Getränken und Arzeneyen; und auch diese Neigung wächst in ganzen Völkern, einzelne Ausnahmen abgerechnet [...], in gleichem Verhältnisse mit der Abnahme der höhern Geistes-Kräfte, und der Anlagen zu großen Tugenden und Thaten. Alle Slawischen Nationen also waren von jeher, so wie überhaupt sinnlicher, also auch viel unmäßiger im Genusse von starken Getränken, als die Nicht-Slawischen; und die erstern werden wiederum in Ansehung der Völlerey ohne alle Vergleichung von den Mongolischen Völkern übertroffen."[1]

Mit diesen Worten leitete im Jahre 1787 Christoph Meiners (1747–1810), Professor der Weltweisheit an der Universität Göttingen, seinen Beitrag *Ueber den Hang verschiedener Völker zur Völlerey* im ersten Jahrgangsband des *Göttingischen historischen Magazins* ein. Bereits im ausgehenden 18. Jahrhundert war die Vorstellung von den Nahrungsgewohnheiten im östlichen Europa von stereotypisierenden Verallgemeinerungen geprägt, die damals im Geiste der Aufklärung mit moralischen Wertungen wie „Edelmut" oder „Mäßigung" in Beziehung gesetzt wurden. Allerdings belegt bereits eine nachfolgende Aufzählung Meiners' „aller einzelnen Slawischen Völker, der Pohlen, Illyrier, Moldauer, und Wallachen",[2] dass er offenkundig mit den realen ethnischen und kulturellen Verhältnissen in Ost-, Ostmittel- und Südosteuropa nicht vertraut war; daher entbehren auch seine abfälligen Kommentare über die „Sauf-Wuth der Sibirischen Russen", die er unter Berufung auf den deutschen Sibirienforscher Johann Georg Gmelin (1709–1755) „mit einem ansteckenden hitzigen Fieber"[3] vergleichen wollte, jeglicher faktischen Grundlage und stellen ein Urteil aufgrund der Aussage eines Dritten dar. Für Meiners ging es über die Darstellung des Trinkens und der Ernährung hinaus um die Konstruktion einer kulturellen Hierarchie von den „edlen" bis hin zu den „wilden" Völkern, wobei die Slawen in seinem Weltbild eine mittlere Position einnahmen.

---

1 [Christoph Meiners]: Ueber den Hang verschiedener Völker zur Völlerey. In: Göttingisches historisches Magazin 1 (1787), S. 251–262, hier S. 251.
2 [Meiners], Ueber den Hang (Anm. 1), S. 251f.
3 [Meiners], Ueber den Hang (Anm. 1), S. 252.

An solchen kollektiven Vorstellungen hat sich, so scheint es, bis heute nichts Wesentliches geändert. Denken wir an die Ess- und Trinkgewohnheiten im östlichen Europa, fällt den meisten Menschen spontan nur wenig ein, Stereotypen zumeist, die kaum mehr hergeben als die Merkmale „herzhaft und viel", wenn etwa die ‚traditionelle' böhmische oder polnische Küche gemeint ist, bzw. „zu wenig und mühsam organisiert", wenn man an die Jahre des Realsozialismus und an die Mangelwirtschaft denkt, die dieser für die meisten Menschen hervorgebracht hat. Die deutsche Medienberichterstattung über Russland und Polen greift noch heute gerne auf das beliebte Stereotyp des Wodkatrinkens zurück, um ein vermeintlich typisches Bild in den Köpfen der Rezipienten aufscheinen zu lassen,[4] ganz so, als würde nicht auch in anderen Teilen der Welt, darunter auch in ‚westlichen' Ländern, Alkohol in größeren Mengen konsumiert. Geht der Blick weiter nach Südosten, dann scheint schon eher wieder die Sonne, da leuchten Tomaten und Paprika, Melonen und Kürbisse, und wecken Urlaubsgefühle.[5]

Spricht und schreibt man jedoch generell über Nahrungsgewohnheiten und Europa, ist meist nur Westeuropa gemeint,[6] und dieses zerfällt in die Trias „Fleisch, Brot, Bier" im Norden und entsprechend „Gemüse, Getreide/Nudeln, Wein" im Süden. Erst die nach der Wende 1989 einsetzenden einschneidenden Veränderungen durch Globalisierung, Privatisierung und Ethnisierung, neue Formen der Migration in und aus Mittel- und Osteuropa lassen diesen Teil Europas als interessantes Forschungsfeld erscheinen und werfen neue Fragen auf wie etwa die nach der Rolle von Essen und Trinken in Prozessen der individuellen und kollektiven Konstruktion und Demonstration von Identitäten. So sind auch hier aufgrund der (wieder) erweiterten Handlungsspielräume die Essgewohnheiten verstärkt „symbolisch aufgeladene Alltagspraxen"[7] geworden, die je nach Kontext „Bedürfnisse nach Heimat, nach regionaler und nationaler Identität, nach Milieu- und Sozialstrukturierung, nach touristischer Fremderfahrung und nach Lifestyle"[8] befriedigen sollen.

Der vorliegende Band vereinigt die Beiträge einer Tagung, die in erster Linie volkskundlich/ethnologische Zugänge, aber auch anregende Perspektiven benachbarter Disziplinen zusammenbringen wollte. So kommen auch der spezifisch historische Blick und vor allem literatur- und sprachwissenschaftliche Beiträge zu

---

4 Vgl. Jarochna Dąbrowska-Burkhardt: Stereotype und ihr sprachlicher Ausdruck im Polenbild der deutschen Presse, Tübingen 1999, S. 102.
5 Vgl. etwa die Beiträge von Klaus Roth, Petăr Petrov und Sanja Kalapoš Gašparac in diesem Band.
6 Vgl. das ansonsten sehr inspirierende Werk von Massimo Montanari: Der Hunger und der Überfluss. Kulturgeschichte der Ernährung in Europa. München ²1995.
7 Timo Heimerdinger: Schmackhafte Symbole und alltägliche Notwendigkeit. Zu Stand und Perspektiven der volkskundlichen Nahrungsforschung. In: Zeitschrift für Volkskunde 101 (2005), S. 205–218, hier S. 208.
8 Heimerdinger, Schmackhafte Symbole (Anm. 7), S. 213.

Wort, immer mit Bezug zu Mittel-, Ostmittel- und Südosteuropa. Es handelt sich um einen Streifzug von der mittelalterlichen Ordensburg über die ‚bürgerliche' Ess- und Kochkultur des 19. Jahrhunderts bis hin zu Migrationserfahrungen im 20. Jahrhundert und aktuellen Phänomenen des Postsozialismus. Stereotypen, Wortschätze und Literaturen, Restauranteinrichtungen, Kochbücher und Feste, moderne Medien wie der Film und das Fernsehen – sie alle spiegeln den Wandel von Nahrungsgewohnheiten und der „Kommunikation" von Essen und Trinken. Sie illustrieren zugleich die Vielfalt möglicher Zugänge zu diesem Thema und laden ein zu weiteren, vielleicht künftig noch stärker vergleichenden Studien.

Die mit diesem Band dokumentierte Tagung, die vom 31. März bis zum 2. April 2008 im Bundesinstitut für Kultur und Geschichte der Deutschen im östlichen Europa (BKGE) in Oldenburg (Oldb.) stattfand, wurde von Dr. Heike Müns als ihr ‚Abschied' in den Ruhestand konzipiert, vorbereitet und in Zusammenarbeit mit Prof. Dr. Dr. h. c. Klaus Roth als Vorsitzendem der Fachkommission Volkskunde des J. G. Herder-Forschungsrats durchgeführt.

Der vorliegende Band ist Dr. Heike Müns von ihren Kolleginnen und Kollegen mit den besten Wünschen für die Zeit ‚danach' gewidmet.

Heike Müns

Essen und Trinken als Bekenntnis:
Heimat – kulturelle Identität – Alltagserfahrung

Die Beurteilung einer Region durch den Blick von außen schließt in der Regel auch die Beschreibung des Nahrungsangebotes und der Nahrungsgewohnheiten mit ein. Für den ‚rauhen' Norden Deutschlands fiel diese Beurteilung bis weit in das 19. Jahrhundert oft ungünstig aus. Da machte auch die Grafschaft Oldenburg, die in den Jahren 1774/77 zum Herzogtum erhoben wurde, keine Ausnahme. Ganz charakteristisch erscheint deshalb der Bericht des berühmten Tacitus-Herausgebers[1] und niederländischen Rechtsphilosophen Justus Lipsius (1547–1606) an seinen gelehrten Freund, den Mediziner Johannes Heurnius (1541–1601), in seine Heimatregion Brabant, als er im Jahre 1586 auf einer Reise von Leiden über Emden nach Hamburg unfreiwillig in Oldenburg Station machen musste:

„Da bin ich in Oldenburg. Wo liegt das Ding, wirst Du fragen? Es ist ein westphälisches Städtchen, ein wahres Nest. [...] Alles Übel, was Menschen treffen kann, hat mich betroffen, denn alle Elemente waren wider mich in Aufruhr. Und die Speisen – kaum menschlich sind sie. Du kennst meinen Körper, und weißt, dass nur ausgewählte Speise ihn empor hält. Nun denke dir die Kost in den hiesigen Wirthshäusern! Was sag ich, Wirthshäuser? Ställe sind es. [...] Da sitzt man dann mit den Fuhrleuten und Schweinetreibern um's Feuer, trinkt, was sie trinken, und bey jedem Trunk reicht man sich feyerlich die Hand. Indeß wird der Tisch gedeckt.

[...] Siehe da, das erste Gericht! Dicker Speck und roh dazu! O mein armer Magen! Was soll ich machen? And're Kost fordern, das darf ich nicht [...] doch da kommt der ersehnte zweyte Gang, die Hauptschüssel! Eine ungeheure Kumme voll braunen Kohls! Einen Finger breit darüber fließt die Brühe von Schweinefett, diesen Ambrosia essen meine Westphälinger [gemeint sind hier die niedersächsischen Oldenburger, H. M.] nicht, sie verschlingen ihn. Mich ekelt er an."[2]

---

1 Cornelius Tacitus: Opera omnia quae exstant. Quorum index pagina sequenti. I. Lipsius denuo castigavit, & recensuit. Iusti Lipsi ad annales Corn.Taciti liber commentarius, sive notae. Antwerpen 1574.
2 Gerhard Anton von Halem: Geschichte des Herzogtums Oldenburg I–III. Oldenburg 1794–1796, hier Bd. 2, 1795, S. 208f., zit. nach: Martin Westphal: Kohl- und Pinkelfahrten. Geschichte und Kultur einer Festzeit in Nordwestdeutschland. Münster 1988 (Beiträge zur Volkskultur in Nordwestdeutschland 62), S. 14.

Fünf Jahre später, 1591, bemühte sich der Oldenburger Superintendent und Verfasser des *Oldenburgisch Chronicon*, Hermann Hamelmann (1526–1595), die Schmähungen von Lipsius unter der Gelehrtenwelt zu entkräften:

> „Oldenburg ein Nest? ein Städtchen? Es ist wohl eine ordentliche Stadt und wohlfeil darin zu leben, dass man sich mit einem Groten satt essen und trinken kann. [...] Hätten die Herren Brabanter nur immer eine volle Schüssel Kohl, sie würden alle Fünfe danach lecken."[3]

Wir kennen das negative Bild des barbarischen Nordens als Stereotyp.[4] Was das ‚Nationalgericht' der Oldenburger anbelangt, so ist es längst rehabilitiert. Als ein jüngerer literarischer Beleg lässt sich das Credo des Dichters Hugo Hartung (1902–1972) aus dem Jahre 1963 heranziehen, in dem sich der damalige Oldenburger Dramaturg geradezu euphorisch an die kulinarischen Genüsse während der kalten Winternächte erinnert, die „durchduftet" gewesen seien von Aalen, Rostwürsten und Schmalzgebackenem, eine Lust, die bei den Kohlfahrten noch gesteigert wurde,

> „wo der die Königswürde empfängt, dessen Magen den meisten Fassungsraum für das deftige Mahl und den fettzerteilenden Doornkaat hat. Pralle Lebensfreude, über Jahrhunderte bewahrt [...]."[5]

An solchen Kohlfahrten beteiligen sich Menschen aller Altersgruppen, sozialen Schichten und Gruppierungen. Man kennt sie bereits als Wochenendvergnügen der Bremer Oberschicht in der ersten Hälfte des 19. Jahrhunderts. Nach 1848 wurden sie als Ausflüge in die bürgerliche Vereinskultur aufgenommen und zunächst als reines Männervergnügen allmählich zu der heute bekannten Form entwickelt. Am Ende des 18. Jahrhunderts übernahmen auch Arbeitersportvereine den feucht-fröhlichen Ausflug, und die Wanderung zum Gasthaus mit Kegelbahn kam als fester Programmpunkt dazu. Seit jener Zeit zählten die Kohlfahrten zum Wintervergnügen für alle Schichten, die dann in den 1920er Jahren bereits als Betriebs-

---

3 Emil Pleitner: Ein Handbuch für Lehrer und Freunde der Oldenburgischen Geschichte, bearbeitet von Emil Pleitner, Oldenburg 1904; von Martin Teller in das Internet gestellt, dort Quellenbuch Nr. 28 (<http://www.stadt-land-oldenburg.de/edition.htm>).
4 Etwa Klaus von See: Der Germane als Barbar. In: Jahrbuch für Internationale Germanistik 13 (1981), S. 43–72; Michael Werner: Die „Germania". In: Etienne Francois, Hagen Schulze (Hg.): Deutsche Erinnerungsorte. Bd. 3, München 2001, S. 569–586; Heike Müns: „Frisia non cantat" versus „Kennst du das Land, wo die Zitronen blühn?" In: Hans Henning Hahn, Elena Mannová (Hg.): Nationale Wahrnehmungen und ihre Stereotypisierung. Beiträge zur historischen Stereotypenforschung. (Mitteleuropa – Osteuropa, Oldenburger Beiträge zur Kultur und Geschichte Ostmitteleuropas 9), Frankfurt am Main 2007, S. 109 – 148.
5 Hugo Hartung: Landschaftswunder und Kummedispiel. In: Ders.: Die stillen Abenteuer. Begegnungen mit Menschen und Landschaften. Frankfurt am Main u.a. 1963, S. 28–33, hier S. 33.

*Abb. 1: Grünkohl und Pinkel – Werbeanzeigen für Grünkohlessen
(Verlagsarchiv Isensee, Oldenburg)*

ausflüge durchgeführt wurden. Auf diesem Wege bekamen auch Frauen Zugang zu diesem Brauch. Sie wiederum bewirkten die Erweiterung des Brauchprogramms um Musik und Tanz.

Dabei ist rasch erkennbar, dass der winterliche, nach dem ersten Frost besonders vitaminreiche Grünkohl als Kohlgericht, fein angerichtet, nicht zu grob, nicht zu fein, mit Hafergrütze, durchwachsenem Speck, Rauchrippe oder Kassler und eben mit ‚Pinkel', der Beikost mit dem anrüchigen Namen – einer besonderen Grützwurst mit Nierenfett – mehr als eine gute Mahlzeit in der vitaminarmen Jahreszeit für den Oldenburger, den Ostfriesen oder den Bremer bedeutet, mehr ist als physiologische Nahrungsaufnahme. Zusätzliche Funktionen werden deutlich, wie in diesem Fall etwa Geselligkeit und Pflege des Betriebsklimas, Achtung der heimatlichen Tradition – aber für manche ist es auch ein Pflichtvergnügen.

Dass für die Weitergabe eines Brauches generell das regelmäßige Einüben wesentlich ist, wissen wir aus der Brauchforschung, frühes Einüben scheint auch hier Gebot, wie jüngste Kohlfahrten von Kindergartenkindern belegen.

Eine heute über Oldenburgs Grenzen weit bekannte Funktion des Grünkohlessens ist eine rein politische, die vor einem halben Jahrhundert, im Jahre 1956, eher durch Zufall zustande kam: Als der ehemalige Bundespräsident Theodor

Heuss (1884–1963) um einen Staatsbesuch in Oldenburg gebeten wurde, reagierte er abweisend:

> „Staatsbesuch in Oldenburg?! Wenn Sie Wert darauf legen, dass aus unserer Begegnung etwas wird, dann müssen Sie schon nach Bonn kommen und – sich etwas einfallen lassen."[6]

Und die Stadt ließ sich etwas einfallen: Es ist seitdem Sitte, dass die Oldenburger einmal jährlich in die damalige Hauptstadt Bonn, seit 1998 nach Berlin, fahren, mit einem ‚Deftig Ollnborger Gröönkohl-Äten' für die Politiker im Gepäck. Die Würde des Kohlkönigs übernehmen jedes Jahr Minister und Bundesminister, Bundestagspräsidenten und Bundeskanzler. Zu den Höhepunkten dieser Veranstaltung gehört nicht nur die Wahl des neuen Kohlkönigs durch das so genannte ‚Kurfürstenkollegium', sondern vor allem auch die Rede, die der neue König an sein Kohlvolk hält, von der Witz und Geist erwartet werden, und schließlich erhofft und erwartet die Stadt Oldenburg durch diese kulinarische regionaltypische Aktion gunstvolle Aufmerksamkeit durch die hohe Politik. Ich nenne Ihnen einige Majestäten der vergangenen Jahre:

1978: Helmut Schmidt, Bundeskanzler
1982: Annemarie Renger, Vizepräsidentin des Deutschen Bundestages
1984: Helmut Kohl, Bundeskanzler
1985: Hans-Dietrich Genscher, Bundesminister des Auswärtigen
1990: Rita Süssmuth, Präsidentin des Deutschen Bundestages
1992: Gerhard Schröder, Ministerpräsident des Landes Niedersachsen
1999: Otto Schily, Bundesminister des Innern
2001: Angela Merkel, Bundesvorsitzende der CDU
2003: Guido Westerwelle, Bundesvorsitzender der FDP
2005: Christian Wulff, Ministerpräsident des Landes Niedersachsen
2007: Ole von Beust, Erster Bürgermeister der Freien und Hansestadt Hamburg
2008: Frank-Walter Steinmeier, Bundesminister des Auswärtigen

Dieses kleine Beispiel aus der Region mit seiner Entwicklung von einer winterlichen Hausmannskost bis hin zum politischen Ritual mag uns vergegenwärtigen,

> „dass das tägliche Essen und die Ernährungsweise ein komplexes Gebilde aus zahlreichen miteinander verbunden Tätigkeiten und Techniken, gesellschaftlichen Konventionen und somatischen Implikationen, sozialen Rollen und alltäglichen Riten ist, […] dass das tägliche Essen ein kulturell

---

6 Van'n Gröönkohl oder was es mit dem Oldenburger Nationalgericht auf sich hat (Wissenschaftliche Reihe der vereinigten Grünkohl-Kontore Oldenburg, herausgegeben von Assessor Dr. Kassler, N. F. 25) Oldenburg 1981, S. 43f.

konstruiertes und oft auch Welt konstituierendes Phänomen ist, das individuelle sowie gesellschaftliche Identitäten und Lebensweisen ausmacht."[7]

Ethnologische Nahrungsforschung gehörte und gehört zu den klassischen Themen der Volkskunde, galt doch Jahrzehnte die Überzeugung im Fach, dass sich ‚vormoderne' Gesellschaften in ihren Nahrungsgewohnheiten essenziell abbilden, dass also ihre natürlichen Voraussetzungen und kulturellen Ordnungen in Essen und Trinken unbefragt zu tage träten.[8] Auf diesen natürlichen Voraussetzungen und eigenen Ressourcen baute auch noch die Küche der Länder in Ostmitteleuropa während ihrer sozialistischen Periode bis zur Wende auf, wobei die gesamte Alltagskultur, und damit auch die Nahrung, über Jahrzehnte hinweg durch das System des Sozialismus und durch eine permanente Mangelwirtschaft geprägt war. Die Wende von 1989 brachte gerade in diesem Bereich einen beispiellosen Wandel: In kurzer Zeit wurde Ostmitteleuropa einbezogen in die freie Markt- und Konsumwirtschaft und damit in die dynamischen Prozesse der Globalisierung.

Wurden in den ersten Jahren ganze Bereiche der weitgehend einheimischen Nahrungsmittelproduktion verdrängt, so zeigten sich bald gegenläufige Prozesse der Regionalisierung und Ethnisierung. Wir erleben gegenwärtig, wie kulturelle Ordnungen auch gerade über das Kulinarische wieder konstruiert werden, wobei die Politik vor dem Hintergrund des zusammenwachsenden Europa und der Globalisierung zunehmend in diese Konstruktionen mit eingreift. Denn: Nationale oder ethnische kulturelle Identität wird zu einem nicht geringen Teil auch über Essen und Trinken vermittelt.

Zwei größere Themenfelder verdienen in diesem Zusammenhang besondere Beachtung:

1. Die Bemühungen von Flüchtlingen, Vertriebenen, Spätaussiedlern und Arbeitsmigranten, Spannungen zwischen der kulturellen Orientierung aus den Herkunftsgebieten und den notwendigen sozialen Neuorientierungen zu bewältigen. In die niedersächsische Stadt Oldenburg kamen beispielsweise nach 1945 etwa 42.000 Flüchtlinge und Vertriebene, die das beschauliche Städtchen zu einer Großstadt von 120.000 Bewohnern anwachsen ließen.

---

7 Harald Lemke: Welt-Essen und Globale Tischgesellschaft. In: Iris Därmann, Harald Lemke (Hg.): Die Tischgesellschaft. Philosophische und kulturwissenschaftliche Annäherungen. Bielefeld 2008, S. 213–126, hier S. 214 (Frühe Version s. Ders.: Gastrosophische Aspekte der Kulinaristik. In: Alois Wierlacher, Renate Bendix (Hg.): Kulinaristik. Forschung – Lehre – Praxis. Münster 2008).
8 Grundlegend zur Problematik Bernhard Tschofen: Vom Geschmack der Regionen. Kulinarische Praxis, europäische Politik und räumliche Kultur – eine Forschungsskizze. In: Zeitschrift für Volkskunde 103 (2007), S. 165–196.

2. Die Anstrengungen und Strategien der Länder des östlichen Europa, den Wandel von der weitgehend einheimischen Nahrungsmittelproduktion, der Mangelwirtschaft des Sozialismus hin zur freien Markt- und Konsumwirtschaft mit ihrer Massenproduktion von Nahrungsmitteln zu bewältigen, und dabei Eigenes zu bewahren bzw. zu vermarkten.

Es ist bereits zu beobachten, dass sich im östlichen Europa gerade im Falle der Nahrung gegenläufige Prozesse der Regionalisierung und Ethnisierung zeigen und Nahrung durchaus als Mittel nationaler, regionaler und ethnischer Identifikation verstanden wird.[9]

Der konservative Charakter der Ernährung ist von der volkskundlichen Forschung früh betont worden. Bereits 1907 beobachtete Wilhelm Heinrich Riehl: „Nirgends sind die Volksstämme konservativer, als wo es um Mund und Magen gilt."[10] Auch Ulrich Tolksdorf wies mehrfach auf die starke Verankerung des kulturellen Systems der Küche im emotionalen, personalen und physiologischen Bereich hin, was dazu geführt habe, dass sich nach Heimatverlust bzw. freiwilliger oder erzwungener Migration besonders Ess- und Trinkgewohnheiten zunächst als beständig erwiesen hätten.[11]

Die meisten Autoren, die sich mit Integrationsfragen beschäftigt haben, gehen davon aus, dass eine vollständige Integration erst in der dritten Generation nach der Migration erfolge,[12] wie auch Birgit Bräuer in ihrer Arbeit über *Ethnizität und Wohnkultur* bei den Siebenbürger Sachsen, die in Niedersachsen ansässig wurden, betont, indem sie letztendlich auf Giordanos Kritik der Kulturkonfliktthese verweist.[13]

---

9 Vgl. zum Thema auch Elena Mannová: Stereotypen auf dem Teller. Eine Analyse der Speisenamen in slowakischen Kochbüchern im 20. Jahrhundert. In: Hahn, Mannová: Stereotypen (Anm. 4), S. 39–58.
10 Wilhelm Heinrich Riehl: Die Pfälzer. Ein rheinisches Volksbild. Stuttgart, Berlin 1907, S. 193.
11 Ulrich Tolksdorf: Phasen der kulturellen Integration bei Flüchtlingen und Aussiedlern. In: Klaus J. Bade (Hg.): Neue Heimat im Westen. Vertriebene, Flüchtlinge, Aussiedler. Münster 1990, S. 106–127.
12 Etwa Ina-Maria Greverus: Der territoriale Mensch. Ein literaturanthropologischer Versuch zum Heimatphänomen. Frankfurt am Main 1972, S. 43; Bodo Hager, Fritz Wandel: Probleme der sozio-kulturellen Integration von Spätaussiedlern. Mit besonderem Bezug auf Jugendliche aus Oberschlesien. In: Osteuropa 28, S. 193–209; Volker Ackermann: Integration: Begriff, Leitbilder, Probleme. In: Bade (Hg.), Neue Heimat (Anm. 11), S. 14–36.
13 Christian Giordano: „Miserabilismus" als Ethnozentrismus. Zur Kritik der Kulturkonfliktthese in der Migrationsforschung. In: Ina-Maria Greverus, Konrad Köstlin, Heinz Schilling (Hg.): Kulturkontakt – Kulturkonflikt. Zur Erfahrung des Fremden. 26. Deutscher Volkskundekongreß in Frankfurt vom 28. September bis 2. Oktober 1987. Bd. 1, Frankfurt am Main 1988, S. 243–249.

Integrationstheorien, die von einem unaufhaltsamen und unumkehrbaren Akkulturationsprozess ausgehen, der über mehrere Generationen schließlich zur Assimilation führe, hat Christian Giordano als ‚mechanische Entwicklungslehren' kritisiert. Die Vorstellung eines evolutionären Stufenprozesses, der letztendlich zur ethnisch-kulturellen Homogenität der Gesellschaften und damit zu einer sozialen Harmonisierung führe, sei gescheitert, da die Beharrlichkeit der Tradition unterschätzt worden sei.[14]

Aber waren und sind sich die Brauchträger wirklich stets ihrer ursprünglichen Herkunftsregion bewusst? Und gab es nicht bereits auch in den Herkunftsregionen Veränderungen, bedingt beispielsweise durch einsetzende Industrialisierung, bessere Verkehrsanbindungen oder sozioökonomischen Wandel? In einer Fallstudie von Gertraud Jünemann, in der sie in traditioneller Methodik unter dem Aspekt des ‚Rettens und Bewahrens' minutiös Methoden der Haltbarmachung und Konservierung in der heimatlichen nordböhmischen Regionalküche anhand von Erinnerungen und Zeitzeugenberichten für den Zeitraum von 1900–1945 beschrieb,[15] resümierte sie:

„Unabhängig von Vertreibung und der damit verbundenen Zerstörung einer kulturellen Einheit wäre auch in der ‚alten Heimat' das Ende tradierter Ernährungs- und Konservierungsgewohnheiten absehbar gewesen. Die technische Weiterentwicklung, die Verbreitung von Kühl- und Tiefkühlprodukten hätten die alten Arbeitsvorgänge genauso verändert oder abgelöst wie anderswo auch."[16]

Und Klaus Boll, der Nahrungsgewohnheiten von Russlanddeutschen vor und nach ihrer Einreise in die Bundesrepublik untersucht hat,[17] registrierte sowohl stark beharrende wie auch sich wandelnde Elemente, die bereits in der UdSSR durch die Folgen der Revolution, Zwangskollektivierung, Deportation und Wohnortwechsel innerhalb der ethnisch sehr heterogenen Regionen dieses Staates bewirkt worden seien. Dennoch sei in der Sowjetunion die eigene Küche als typisch russlanddeutsch empfunden worden, mit der man sich von anderen Ethnien

---

14 Birgit Bräuer: Ethnizität und Wohnkultur. Aspekte von Selbstverständnis und materieller Kultur Siebenbürger Sachsen in Niedersachsen (Schriftenreihe der Kommission für deutsche und osteuropäische Volkskunde 83), Marburg 1997, S. 33.
15 Gertraud Jünemann: Die nordböhmische Regionalküche 1900–1945 Haltbarmachung und Konservierung (Schriftenreihe der Kommission für deutsche und osteuropäische Volkskunde 71), Marburg 1995.
16 Jünemann (Anm. 15), S. 12
17 Klaus Boll: Kulturwandel der Deutschen aus der Sowjetunion Eine empirische Studie zur Lebenswelt russlanddeutscher Aussiedler in der Bundesrepublik (Schriftenreihe der Kommission für ostdeutsche Volkskunde 63), Marburg 1993.

distanziert habe, so dass bestimmte Speisen segregierende Funktion erhalten hätten. In Deutschland bemühten sich die Russlanddeutschen, Gästen gegenüber zum einen die eigene kulturelle Herkunft zu demonstrieren, zum anderen, sich modern zu zeigen, indem auch charakteristische bundesdeutsche Gerichte angeboten würden. Die Speisen erfüllten so einen ‚hohen kulturellen Demonstrations- und Identifikationswert'[18], denn

> „am offensichtlichsten stellt sich die Frage nach dem Geschmacks-Konservatismus, wenn Menschen ihre gewohnten sozialen und ökologischen Umgebungen wechseln, wenn sie im Spannungsfeld zwischen alter und neuer ‚Heimat' stehen."[19]

Es wird zu untersuchen sein, ob sich zu den bisher in mehreren Fallstudien beschriebenen Verhaltensmustern Analogien herstellen lassen, oder ob nicht vielmehr die jeweils besondere Geschichte auch unterschiedliche Formen der Beharrung bzw. Integrationsstrategien hervorbringt.

Das Hauptgewicht der Forschung liegt dabei auf gegenwärtigen Prozessen in Ostmitteleuropa bzw. deren Folgen für die Migranten. Dabei beobachten wir immer wieder, dass beispielsweise Arbeitsmigranten – selbst wenn ihre Herkunftskultur anerkannt wird, dennoch immer wieder in eine passive Rolle gedrängt werden, indem es zu einer übertriebenen Betonung einer soziokulturellen Mangellage kommt. Bei dieser Betrachtungsweise könnte die Gefahr bestehen, dass Migranten als sozial und kulturell Unterlegene angesehen werden, die kaum Möglichkeiten der Erwiderung haben. Deshalb erscheint die Untersuchung von Bewältigungsstrategien von Migranten besonders wichtig. Hier hat die Kommission Interkulturelle Kommunikation um Klaus Roth bereits wesentliche Vorarbeiten geleistet.[20] Ich möchte in diesem Zusammenhang auf die in Berlin gern besuchten Lokale mit so genannter russischer Küche aufmerksam machen, deren angebliche Originalität Wladimir und Olga Kaminer in ihrem *Kochbuch des Sozialismus* mit einer literarisch folkloristischen Reise durch die ehemaligen Sowjetstaaten mit liebenswürdiger Ironie aufs Korn nehmen.[21]

---

18 Boll (Anm. 17), S. 133.
19 Ulrich Tolksdorf: Essen und Trinken in alter und neuer Heimat. Zur Frage des Geschmacks-Konservatismus. In: Jahrbuch für ostdeutsche Volkskunde 21 (1978), S. 341–365, hier S. 341.
20 Etwa Klaus Roth, Christoph Köck, Alois Moosmüller: Zuwanderung und Integration. Kulturwissenschaftliche Zugänge und soziale Praxis. Münster 2004; Ders. (Hg.): Nachbarschaft. Interkulturelle Beziehungen zwischen Deutschen, Polen und Tschechen. Münster 2001; Ders. (Hg.): Vom Wandergesellen zum ‚Green Card'-Spezialisten. Interkulturelle Aspekte der Arbeitsmigration im östlichen Mitteleuropa. Münster 2003.
21 Wladimir und Olga Kaminer: Küche totalitär. Das Kochbuch des Sozialismus. München 2006.

Zu fragen ist also, welchen Stellenwert Essen und Trinken zum einen in den Gesellschaften des östlichen Europa und zum anderen bei Flüchtlingen, Vertriebenen, Spätaussiedlern und auch bei neuen Migranten aus dem östlichen Europa heute hat und welchen Stellenwert im kulturellen System die eigene Küche besitzt. Spielen beispielsweise stereotype Vorstellungen von nationalen und regionalen Küchen im Alltag und in der Werbung eine Rolle, oder welche Funktion hat die Ethnisierung der Speisen? Lassen sich Transformationen des kulinarischen Erbes feststellen, und welche Mechanismen der Integration bzw. Segregation können beim Essverhalten von Migranten beobachtet werden? Wie ist die Nahrung infolge des rapiden Wandels als Zeichensystem und als Indikator für gesellschaftliche Zustände angesichts der Tatsache zu entschlüsseln, dass sie sowohl Ausdruck sozialer Verhältnisse als auch Mittel der Identifikation und Segregation ist?

Esskultur und kulturelle Identität

Hat Ulrich Tolksdorf in diesem Zusammenhang nicht recht, wenn er als vierte Phase seines Integrationsmodells, das vom ersten Kulturschock bis zur Integrationsbereitschaft reicht, registriert, dass die Migranten nach erfolgter weitgehender wirtschaftlicher und sozialer Anpassung versuchen, durch Zusammenschlüsse auf überregionaler Ebene ihre eigene kulturelle Identität abzusichern? Er beobachtete in dieser Phase bei den Flüchtlingen die verstärkte Hinwendung zu Landsmannschaften, zur Kulturarbeit und Heimatpflege und als vorläufig letzte Phase des Eingliederungsprozesses die so genannte ‚punktuelle Bewahrung'. Die einst geschlossenen Kulturen hätten sich in der postmodernen Gesellschaft aufgelöst, einzelne Elemente der ‚Volkskultur' würden aber wiederbelebt.[22]

Der Zulauf, den Ausstellungen gerade über Essen und Trinken aus der ‚alten Heimat' haben, und die zahlreichen, in vielen Auflagen erscheinenden Kochbücher scheinen hier einen beredte Sprache zu sprechen.

In der Werbung und in Heimatzeitschriften wird dieses Erinnerungspotenzial regelmäßig abgerufen unter dem nostalgischen Aspekt: „Heimatliche Speisen und Getränke in der Fremde genossen, können die ganze Heimat vergegenwärtigen."[23]

Was wir in der Kindheit gegessen und zubereitet haben, mit wem wir am Tisch gesessen haben, diese Erinnerungen prägen uns über längere Zeiträume. Der Volkskundler Andreas Hartmann hat über den so genannten „Geschmackskonservatismus" eindrucksvolle Zeugnisse gesammelt, die er unter dem programmatischen Titel *Zungenglück und Gaumenqualen. Geschmackserinnerungen* herausgab –

---
22 Tolksdorf, Phasen (Anm. 11), bes. S. 118ff.
23 Richard Weiß: Volkskunde in der Schweiz. Erlenbach–Zürich 1946, S. 132f.

Abb. 2: Anzeige der Fa. Gollner Nudeln
Sudetendeutscher Kalender 1951. Hg. v.
Artur Zechel, Wunsiedel 1951, S. 143

wobei der Titel auch daran erinnert, dass es neben den erinnerten ‚kulinarischen Glückseligkeiten' aus der Kindheit auch Nötigungen beim Essen gab. Für die erste Prägung des Geschmacks betont er den starken Einfluß der Familie.[24]

‚Damals' schien die „Ess-Welt sich noch in einigermaßen geordneten Bahnen zu befinden."[25] Es fiel auf, so Konrad Köstlin in dem Band von Ruth E. Mohrmann *Essen und Trinken in der Moderne*, dass es vor allem die Festspeisen bei besonderen Anlässen gewesen seien, denen die Moderne wenig anhaben konnte. Hochzeitsessen und Leichenschmäuse schienen einigermaßen fest gefügt.

Und ich darf aus eigener Anschauung für die Jahre bis zur ‚Wende' für die ungarndeutschen Dörfer in Südungarn, in der Baranya ergänzen, dass diese Erfahrung einer gewissen Kontinuität in den Essgewohnheiten auch die Alltagsspeisen betraf, so wie es auf dieser Aufnahme aus Mecseknádasd/Nadasch, einem Dorf in der Nähe von Pécs/Fünfkirchen, demonstriert wird.

---

24 Andreas Hartmann: Zungenglück und Gaumenqualen. Gesammelt und herausgegeben von Andreas Hartmann, München 1994.
25 Konrad Köstlin: Modern essen. Alltag, Abenteuer, Bekenntnis. Vom Abenteuer, entscheiden zu müssen. In: Ruth-E. Mohrmann (Hg.): Essen und Trinken in der Moderne. Münster 2006, S. 9–20.

Abb. 3: Nach dem Schlachten: ungarndeutsche Familie um 1920 (Archiv d. Verf.)

Es zeigt eine mir bekannte Familie in den 1920er Jahren in Erwartung der so genannten ‚Wurstsuppe‘, einem gemeinsamen kleinen Festessen nach dem Schlachten des Hausschweins, an dem sich die gesamte Familie beteiligte. Ähnliche Aufnahmen konnte ich noch in den Jahren 1983 bis 1987 dort machen, denn das Dorf, in dem ich zu Feldforschungen unterwegs war, kannte bis zu diesem Zeitpunkt immer noch keinen Metzger, Bäcker oder Gemüseladen, ernährte sich weitgehend autark aus Garten, Stall und Weinkeller. Die Familien versammelten sich mehrmals täglich um den einfachen Tisch. Ein wohlig romantisches Gefühl mochte sich dabei einstellen, obgleich ich doch registrierte, wie mühsam und schwer die körperliche Arbeit war, um die nötige Nahrung zu gewährleisten.

Das tägliche Brot wurde allerdings nicht mehr in allen Häusern selber gebacken, wohl aber zu allen größeren Feierlichkeiten. Rechtzeitig vor der Zubereitung des täglichen Mittagessens ging die Hausfrau in ihren Garten, um Paprika, Bohnen oder Sternkürbis zu ernten, in den Stall, um Eier zu holen, in ihre ‚Speis‘ – die Speisekammer –, um vom Räucherboden Würste oder Schinken herabzuangeln. Mir kommen Erinnerungen an das Hausschwein, das sein hübsch geschnitztes Ställchen auf dem Hof hatte. Das ‚ganze Haus‘ war ein kleines, in sich geschlossenes Wirtschaftsgefüge, in dem die Produktion und die Zubereitung der Lebensmittel eine wesentliche Rolle spielten.

Auch bei den Ungarndeutschen dienten Mahlzeiten im Alltag, aber noch weit mehr bei festlichen Anlässen, ganz bewusst zur Abgrenzung sozialer, ethnischer religiöser Gruppen,[26] mindestens bis zur Wende dort, wo wir noch bis in die 1980er Jahre Endogamie beobachten konnten. So gehörten Heiraten zwischen Ungarn und Deutschen, aber auch Ungarn und Szeklern zu den Ausnahmen, und diese Ausnahmen wurden auch durch die Auswahl und Zubereitung der für die jeweilige gruppentypischen Nahrungsmittel (nebst Kleidung und Haarschnitt) demonstriert.

Ich erlebte dort während meiner Feldforschungen bei den Ungarndeutschen drei Hochzeiten mit, durfte mich in der Küche beim Brotbacken und später beim Servieren der Speisen im vorgegeben gemessenen Schritttempo beteiligen. Um das Ausmaß der dieser innerhalb von einem Jahrzehnt untergegangenen Tradition zu verdeutlichen, ein paar statistische Zahlen:

Von den 2.150 Einwohnern waren im Jahre 1985 noch 85 Prozent Ungarndeutsche. Zu einer großen Hochzeit, die drei Tage dauerte, wurden zwischen 300 und 320 Gäste geladen. Zur Hochzeit wurden in meinem Beobachtungszeitraum in die Küche gerufen:

    25 Geschwister

    36 Geschwisterkinder

    13 Taufeltern

    12 Nachbarn

    6 Teilnehmer der Hochzeitsfamilie.

Benötigt wurden unter anderem 350 flache Teller, 400 tiefe Teller, 45 Schöpflöffel, 350 Gläser, 50 Bratenschüsseln, 55 Gugelhupfmodeln, 42 Weißbrotmodeln, 40 Bleche, 35 Salz- und Paprikafässchen.[27] Bereits der Bedarf an Paprikafässchen lässt natürlich auf den Einfluss der ungarischen Küche schließen, auch wenn dies bei Befragungen von der für die Vorbereitungen verantwortlichen ‚Hochzeitsköchin' strikt verneint wurde, die dafür stets relativ pauschal die Andersartigkeit der deutschen gegenüber der ungarischen Küche betonte. Man war sich dabei bewusst, dass in den eigenen Gärten wie bei den Ungarn die typischen Landesprodukte wie Paprika, Mais oder Melonen wuchsen, bei der Zubereitung hatte man sich gegenseitig Besonderheiten abgeschaut, immer unter Berücksichtigung des eigenen Wertesystems. Über die Nahrung wurde nonverbal kommuniziert.

---

26 Eva Barlösius, Gerd Neumann, Hans Jürgen Teuteberg: Leitgedanken über die Zusammenhänge von Identität und kulinarischer Kultur im Europa der Regionen. In: Hans Jürgen Teuteberg, Gerhard Neumann, Alois Wierlacher (Hg.): Essen und kulturelle Identität. Europäische Perspektiven (Kulturthema Essen 2). Berlin 1997, S. 13–26, hier S. 13.

27 Heike Müns: Az ifjuság kapcsolata a hagymáyhoz és megujuláshoz lakodalmi szokások alapjan [Jugend in ihrem Verhältnis zu Tradition und Novation am Beispiel des Hochzeitsbrauchtums]. In: A III. Békescbabai nemzetközi nemzetiségkutató konferencija Elöadasi. Budapest/Békescsaba 1986, S. 832–843.

Keine Frage, dass ich in dem ungarndeutschen Dorf diesen einzigartigen Geschmack, etwa des Schweinfleisches, das dem Füttern der Schweine ausschließlich mit Mais und Klee zu verdanken war, nebst den wunderbaren Gerüchen beim Kochen nicht vergessen habe. Inzwischen wird auch in den ungarndeutschen Dörfern der Wein gespritzt, ein Schwein nicht mehr gehalten bzw. nicht mehr zu Hause geschlachtet. Die Großproduktion hat Einzug gehalten. Große Hochzeiten gehören bereits zur verklärten Erinnerungskultur des Dorfes. Es wird mit gewisser Erleichterung registriert, dass derart große Hochzeiten nicht mehr als Verpflichtung gelten, da sich in der Regel die Familien durch den enormen Aufwand für eine Hochzeit, aber auch für die traditionelle Vorbereitung der eigenen Beerdigung, zutiefst verschuldeten. Und in den Küchen wird auch für den täglichen Bedarf weit seltener gekocht. Ihr teilweise noch museal anmutendes Interieur weckt eher das Interesse von Ethnographen.

Die Bilder von Küchen beispielsweise, die der Fotograf Martin Rosswog jüngst auf seinen Reisen in Dörfern Siebenbürgens in Rumänien fotografierte, bewegen sich auf einem schmalen Grad, wie Kurt Dröge aufmerksam registrierte:

> „gleichsam in Gestalt einer sozialromantischen Vereinnahmung seitens tradierter, wehmütig-nostalgischer Sehgewohnheiten, die dem Motto folgen, dass die Landkultur überall gleich, naturgegeben-rückständig, immer schon da gewesen, arm, aber glücklich ist"[28],

obwohl doch auch Sozialkritik angebracht wäre.

Diese nostalgisch retrospektive Blickrichtung scheint auch noch die Konzeption für die ethnographischen Atlaswerke mitbestimmt zu haben, vor allem Günter Wiegelmanns großartiges Werk über Alltags- und Festspeisen aus dem Jahre 1967, das jüngst in erweiterter Auflage in Münster, nach wie vor einem der Zentren der Nahrungsforschung, noch einmal aufgelegt worden ist.[29] Aktuelle Feldforschungen zeigen, wie rasant sich vor allem die überwiegend autark orientierte ländliche Gesellschaft in Ostmitteleuropa verändert hat.

Manch einer der von weither angereisten Oldenburger Tagungsgäste – etwa aus Bulgarien, Kroatien, Polen oder der Slowakei – mag sich gefragt haben, warum denn gerade zu einer Tagung über Nahrungsforschung ein so karges, fast spartanisch anmutendes Bildmotiv zur Illustrierung der Einladung ausgewählt wurde? Bei genauerem Hinschauen kann man entdecken, dass in diesem Bild ganz We-

---

28 Kurt Dröge: Bildethnographischer Besuch beim europäischen Nachbarn. In: Martin Rosswog (Hg.): Heritage. Interieur – Porträt – Landschaft. Bonn 2005, S. 15–21, hier S. 17.
29 Günter Wiegelmann: Alltags- und Festspeisen in Mitteleuropa. Innovationen, Strukturen und Regionen vom späten Mittelalter bis zum 20. Jahrhundert. Münsteraner Schriften zur Volkskunde/Europäische Ethnologie 11). 2. erw. Auflage, Münster 2006 (1. Aufl. Marburg 1967).

*Abb. 4: Georg Flegel (1566–1638): Fischstillleben mit Hirschkäfer, Öl auf Holz, 1635. Köln, Wallraf-Richartz-Museum
(Abdruck mit freundlicher Genehmigung des Rheinischen Bildarchivs, Köln)*

sentliches über den Zusammenhang von Nahrung und bewusster Nahrungsauswahl im Sinne eines Bekenntnisses und natürlich in der Mode und Manier der Zeit mitgeteilt wird.

Zunächst ein paar Worte zu dem Maler Georg Flegel: Er gilt als erster deutscher Stilllebenmaler, war spezialisiert auf so genannte Schauessen, Bankett- und Frühstücksstillleben, und zählte zu jener großen Gruppe zugewanderter Künstler und Handwerker, die, hauptsächlich aus Glaubensgründen – von der Mitte des 16. Jahrhunderts an in die großen Städte wie Hamburg, Danzig/Gdańsk oder Frankfurt am Main strömten. Vermutlich stammte Georg Flegel aus dem nordmährischen Olmütz/Olomouc, wo er 1566 als Sohn eines Schusters geboren wurde. Man nimmt an, dass er bereits in seiner Heimatstadt mit einem Mitglied der niederländischen Künstlerfamilie van Valckenborch in Verbindung kam und dort seine erste Ausbildung erhielt. Weitere Stationen führten ihn nach Linz und Frankfurt am Main, wo zahlreiche Mitglieder der Valckenborchs lebten. Flegel arbeitete als so genannter Bildstaffierer. Seine Aufgabe bestand darin, großformatige Gemälde von Tafelgesellschaften oder Marktszenen mit Früchten, Gemüse und Blumen auszustaffieren.

1597 wurde Flegel in die Frankfurter Bürgerschaft aufgenommen, um 1600 begann er sich mit der neuen Bildgattung des Stilllebens zu beschäftigen, einem aus dem Holländischen entlehnten Begriff – „stilleven", im Sinne eines ‚reglosen Modells' oder ‚unbewegter Natur'. Die neuartigen Gemälde können natürlich unter ästhetischen Gesichtspunkten betrachtet werden, humanistisch Gebildete entdeckten daneben aber auch noch moralisierende Reflexionen, politische Anspielungen oder religiöse Lehrmeinungen.[30] Wir sehen verschiedene einfache Speisen für eine Person in bewusster Anordnung und Auswahl, die uns klar darüber werden lassen, dass Nahrung nicht allein der Sättigung dient, sondern Lebensmittel Botschaften und Bekenntnisse unterschiedlichster Art vermitteln konnten und sollten.

Auf unserem ausgewählten Beispiel sehen wir im Vordergrund einen Fisch – angeordnet zwischen Wein und Brot, den eucharistischen Symbolen des Abendmahls als letztes feierliches Mahl Jesu von Nazareth mit seinen Jüngern, bei dem Jesus Christus in den Gaben Brot und Wein gegenwärtig ist.

Betrachten wir alle abgebildeten Nahrungsmittel zusammen, so handelt es sich um Fastenspeisen. In frühchristlicher Zeit benutzten die Christen dabei den Fisch als ein Geheimzeichen für Christus, indem sie die Buchstaben des griechischen ἰχθύς [ichthýs = Fisch] – Fisch mit den Anfangsbuchstaben der Formel „Jesus Christus, Sohn Gottes, Erlöser" in Verbindung brachten. Der Fisch wird also hier mit Christus gleichgesetzt, und der in Segmente tranchierte Hering, dessen Äußeres – als ‚Hülle' – ganz belassen ist, ist in Verbindung mit Lauch und Käse auch als Fastenspeise zu sehen.

Nach protestantischer Auffassung galt der Käse ebenfalls als Fastenspeise, als „Speise der Unsterblichkeit, da er fest gewordene Milch, Christus selbst aber die himmlische Milch sei"[31]. Auch die Lauchstangen unterstreichen den Charakter der ‚mageren Speise'[32]. Der Hirschkäfer schließlich steht für das Böse, die Endlichkeit des Lebens und die Vergänglichkeit der Nahrung.[33]

Acht Jahre vor seinem Tode hat sich der Maler in einem Selbstporträt dargestellt, als selbstbewusster, aber auch von Schicksalsschlägen gezeichneter Mann; im Hintergrund entdeckt man eine Sanduhr als Symbol für das verrinnende Leben. Es waren und sind Symbole, über die das Wissen noch Jahrhunderte vorhanden war, das heute zu großen Teilen verloren gegangen ist, aber man fand und erfand neue ‚Nahrungsbotschaften'.

Nehmen wir das Brot allein als Symbol, so erkennen wir mit Heinrich Eduard Jacob (1889–1967), der beispielsweise durch sein Buch *Sechstausend Jahre Brot* (New York 1944, Hamburg 1954) den eigentlichen Anstoß zur Gründung des er-

---

30 Norbert Schneider: Stillleben – Realität und Symbolik der Dinge. Die Stilllebenmalerei der frühen Neuzeit, Köln 2003, S. 18.
31 Josef Lammers: Fasten und Genuß. In: Stillleben in Europa. [Katalog] Münster, Baden-Baden 1979, S. 402ff, hier S. 406, zitiert nach Schneider (Anm. 30), S. 101.
32 Schneider (Anm. 30), S. 103.
33 Schneider (Anm. 30), S. 103.

sten Brotmuseums der Welt in Ulm gegeben hat, dass die Geschichte des Brotes ein Stück Menschheitsgeschichte ist. „Es gibt kein Stückchen Brot in der Welt, an dem nicht Religion, Politik und Technik mitgebacken hätten"[34], schrieb Jacob. Selbst über Sieg oder Niederlage wurde häufig durch den Besitz von Brot mit entschieden, wie nicht erst die beiden Weltkriege unseres Jahrhunderts beweisen.

Der vorliegende Band lädt Sie herzlich ein, rückschauend an unserem reich gedeckten Tagungstisch Platz zu nehmen und dabei auch ein wenig auf den Teller des Nachbarn zu schauen.

---

34 Heinrich Eduard Jacob: Sechstausend Jahre Brot. Hamburg 1954, Prolog, S. 11.

Klaus Roth

Nahrung als Gegenstand der volkskundlichen Erforschung des östlichen Europa

Einer der zahlreichen Widersprüche des Sozialismus und der Transformation betrifft das Verhältnis zwischen Nahrung und Nahrungsforschung. Vor allem aufgrund der permanenten Versorgungskrise im Realsozialismus spielten Nahrung und Nahrungsversorgung eine zentrale Rolle im Alltagshandeln und -denken der Menschen, eine Rolle, die auch während der Transformationskrise der 1990er Jahre kaum geringer war. Diese Tatsache fand jedoch in den betroffenen Ländern keinen Niederschlag in der kulturwissenschaftlichen Forschung. Nahrung war ein marginales Forschungsthema und wenn sie behandelt wurde, dann geschah dies – von Ausnahmen abgesehen – unter historischen Fragestellungen und zudem stets beschränkt auf die traditionelle Kost und den nationalen bzw. regionalen Raum.[1] Forschungen, die das Thema Nahrung unter zeitgemäßen, übergreifenden und für die Gesellschaften relevanten Fragestellungen aufgriffen, wurden eher von westlichen Ethnologen durchgeführt.[2] Einer der Gründe für die geringe Beschäftigung mit Nahrung war in der Zeit des Sozialismus sicher die Tatsache, dass angesichts der Versorgungskrise gegenwartsbezogene Nahrungsforschung – als Teil der Alltagskulturforschung – aus politischen Gründen problematisch, wenn nicht unerwünscht war. Doch auch in der Transformationszeit blieb das Thema längere Zeit ganz im Hintergrund.[3] Dass es heute angesichts der Einigung Europas und der Globalisierung nicht mehr darum gehen kann, partikulare regionale Entwicklun-

---

1 Als Beispiel mögen die ersten 20 Jahrgänge der Zeitschrift Bălgarska Etnografija (1975–1995) dienen, in denen unter Hunderten von Beiträgen Nahrung im weitesten Sinne 14 Mal behandelt wird, und zwar: die traditionelle Herstellung von Käse (3,3–4 [1978] 103–110), Wein (4,1 [1979] 55–68; 9,1 [1984] 21–28), Sesamöl (4,2 [1979] 51–68) und Salz (17,3 [1992] 49–56), Ritualnahrung (1,2 [1975] 58–63; 11,2 [1986] 35–46; 15,5 [1990] 33–44; 15,6 [1990] 24–29; 18,3 [1993] 15–23; 21,4 [1995] 53–67), bäuerliche Eßsitten (16,2 [1991] 22–33), die Küche (19,2 [1994] 15–28) und Nahrung in der Region Varna um 1900 (14,1 [1989] 3–16). Ein analoges Bild ergibt auch das Standardwerk „Bulgarische Volkskunde" von Chr. Vakarelski, das deskriptiv die traditionellen Speisen und die Geräte der Verarbeitung von Nahrungsmitteln abhandelt (Christo Vakarelski: Bulgarische Volkskunde. Berlin 1969, hier S. 62–78). sowie in den Arbeiten des Ethnografen W. Marinow (Wassil Marinow: Nahrung und Ernährung des alten bulgarischen Volkes Schopen in der Umgebung von Sofia (18.–20. Jh.). In: Niilo Valonen u. a. (Hg.): Ethnologische Nahrungsforschung. Ethnological Food Research. Helsinki 1975, S. 175–190).
2 Vgl. Eleanor Smollett: The Economy of Jars. Kindred Relationships in Bulgaria. An Exploration. In: Ethnologia Europaea 19 (1989), S. 125–140.
3 In den folgenden acht Jahrgängen der Zeitschrift Bălgarska Etnografija fehlt das Thema Nahrung, mit Ausnahme eines Artikels über McDonald's in Bulgarien (27,1 [2001] 26–37, s. Anm. 27), fast gänzlich.

gen in der traditionellen Nahrung zu ergründen, liegt auf der Hand, und offenkundig ist auch, dass die Entwicklungen im östlichen und südöstlichen Europa heute nicht mehr national isoliert betrachtet werden dürfen, sondern im Kontext der europäischen Entwicklungen und globalen Zusammenhänge zu sehen sind. Es ist daher das Anliegen dieses Beitrags, diese Zusammenhänge zu beleuchten. Im Rahmen eines historischen Überblicks möchte ich versuchen, einen Bezug herzustellen zwischen den Entwicklungen in Ost und West in Europa und Divergenzen und Konvergenzen im Bereich Nahrungskultur aufzuzeigen.

Basis dieses vergleichenden Ansatzes ist die Tatsache, dass Nahrung – unabhängig von Zeit, Raum und politischem System – universelle Grundbedingung der menschlichen Existenz und damit ein zentraler, lebensnotwendiger Teil der Alltagskultur des Menschen ist. Nahrung bzw. Essen ist, nach Alois Wierlacher,[4] ein elementares und universelles „Kulturthema" – allerdings in durchaus relevanten historischen, nationalen, regionalen und individuellen Variationen. In den letzten Jahren hat dieses „Kulturthema" im gesellschaftlichen Diskurs erheblich an Bedeutung und Aktualität gewonnen, was möglicherweise darauf hindeutet, dass hier eine gesellschaftliche Problemlage besteht bzw. empfunden wird.[5] In der Tat ist die heutige Entwicklung im Bereich Nahrung gekennzeichnet durch extreme, zum Teil verwirrende Gegensätze und Widersprüche. Die meines Erachtens wichtigsten seien kurz angedeutet:

1. Der zunehmenden Entfremdung der Nahrungsmittelproduktion durch Industrialisierung in Anbau und Verarbeitung (Fertigprodukte) und durch Professionalisierung und Technisierung der Essenszubereitung stehen auf der anderen Seite die zunehmende Neigung zum Selbermachen und Selber-Kochen und die Inszenierung des Kochens gegenüber. Beleg dafür ist etwa die starke Zunahme der Kochbücher, der Luxusküchen, der Fernsehköche und des Schau-Kochens.
2. Der Zunahme von Fast Food und genmanipulierten Produkten, von Fettleibigkeit, Nahrungsallergien und Schäden durch Zusatzstoffe steht die starke Zunahme von Reformkost, von Bio-Nahrung, Gesundheitskost und verschiedensten Diäten gegenüber.
3. Dem unüberschaubar großen Angebot an Nahrungsmitteln und deren globaler Verfügbarkeit zu jeder Jahreszeit steht eine zunehmende Bedeutung von nationaler und regionaler Kost, vielfach sogar ein ausgeprägter Geschmackskonservatismus und bewusster Traditionalismus gegenüber.

---

4 Alois Wierlacher, Gerhard Neumann, Hans Jürgen Teuteberg (Hg.): Kulturthema Essen. Ansichten und Problemfelder. Berlin 1993.
5 Vgl. Konrad Köstlin: Modern essen: Alltag, Abenteuer, Bekenntnis. Vom Abenteuer, entscheiden zu müssen. In: Ruth-E. Mohrmann (Hg.): Essen und Trinken in der Moderne. Münster 2006, S. 9–21.

4. Der ‚world cuisine' und ‚global food'⁶, der Zunahme von ‚ethnic food'
und „ethnischen Restaurants" durch weltweiten Handel und interkulturelle Kontakte (vor allem durch Tourismus und Migration) steht vielfach das Beharren beim ‚Eigenen', bei der gewohnten (regionalen) Kost gegenüber, die oft mit hohem Symbolwert aufgeladen wird; häufiger noch ist die nachhaltige Adaptation des Fremden an den eigenen Geschmack.

Diese Gegensätze, die keinesfalls einfach aufzulösen oder zu harmonisieren sind, traten ohne Zweifel zuerst in der ‚westlichen' Welt auf und wurden dort zu beherrschenden Tendenzen. Gelten sie damit aber heute auch für ganz Europa oder gar weltweit? Sind sie auch in jenen Ländern des östlichen und südöstlichen Europa vorherrschend, die für viele Jahrzehnte das politische und wirtschaftliche System des Sozialismus erlebten und – weitgehend – von der globalen Entwicklung abgekoppelt waren, die dann aber nach der Wende diesen Einflüssen unvermittelt und massiv ausgesetzt waren? In meinem Beitrag kann es mir nur darum gehen, einige dominante Entwicklungslinien nachzeichnen, wobei ich meinen Blick auf Südosteuropa richten werde, aber aufgrund meiner eigenen Beobachtungen davon ausgehe, dass vieles auch für das östliche Mitteleuropa und für Osteuropa gilt. Meine Betrachtung möchte ich in einen historischen Überblick kleiden, bei dem ich für Südosteuropa vier relevante Perioden unterscheide.

1. Periode der traditionellen Nahrung

Wie überall sonst auf der Welt war auch in Südosteuropa das traditionelle System der Küche durch die lokalen und regionalen Ressourcen und Bedingungen, also durch Klima, Böden, Wirtschaftsform usw. geprägt. In der gesamten Alltagskultur, und da besonders im Bereich der Nahrung, gab es jedoch über das Lokale und Regionale hinausgehende starke verbindende Elemente. Das war auf der einen Seite bedingt durch den blühenden Handel und Austausch, etwa entlang der Donau,⁷ auf der anderen Seite – und wichtiger noch – durch die Tatsache, dass alle Länder der Region über Jahrhunderte hinweg großen Reichen angehörten, die jeweils auch kulturell dominierten und ihre eigenen kulinarischen Systeme hatten. Sie waren offen für externe Einflüsse, gaben aber doch modellhaft bestimmte kulinarische Stile vor.

---

6   Jack Goody: Industrial Food. Towards the Development of a World Cuisine. In: Carole Counihan, Penny van Esterik (Hg.): Food and Culture. A Reader. New York, London 1997, S. 338–256.
7   Vgl. Valeria Heuberger, Gottfried Stangler (Hg.): Vom Schwarzwald bis zum Schwarzen Meer. Die Donau als Mittlerin europäischer Esskultur. Frankfurt am Main, Berlin 2001.

So war jener Teil Südosteuropas, der für 500 Jahre (und in Ungarn für 150 Jahre) unter osmanischer Herrschaft oder Einfluss stand, selbstverständlich massiv durch die ‚osmanische Küche' beeinflusst und wies damit viele Gemeinsamkeiten auf.[8] Diese Gemeinsamkeiten betrafen sowohl die konkreten Nahrungsmittel, die Gewürze und ganze Gerichte als auch die gesamte Terminologie: Vom Griechischen bis zum Rumänischen, vom Bulgarischen bis zum Albanischen gibt es im Bereich der Nahrung unzählige gemeinsame, zumeist auf das Osmantürkische zurückgehende Wörter.[9] Man kann sogar sagen, dass in der ethnischen und religiösen Vielfalt Südosteuropas die Küche eines der verbindenden Elemente war und für einen gewissen Ausgleich sorgte.[10] Heute wird diese Küche in Südosteuropa als gemeinsame ‚balkanische Küche' empfunden, auch wenn es natürlich viele regionale Elemente der bäuerlichen Küche gibt. Von der Entwicklung in Westeuropa war der Südosten auf jeden Fall auch kulinarisch für Jahrhunderte relativ isoliert. In der frühen Neuzeit gab es gewisse kulinarische Einflüsse, doch gingen diese eher in westlicher Richtung.[11]

Analog war die Situation in jenen Ländern Südosteuropas und des östlichen Mitteleuropa, die einstmals unter Habsburger Herrschaft standen. Die ‚Wiener Küche' war kulinarisches Vorbild über ethnische und religiöse Grenzen hinweg. In den Regionen beeinflussten sich die ethnischen Gruppen selbstverständlich gegenseitig, beispielsweise in Siebenbürgen und im Banat. Lediglich einige wenige Nahrungsmittel und Gerichte wurden zu ‚ethnischen Markern', meist solche, die mit religiösen Riten verbunden sind. Gemeinsam ist den Nahrungssystemen im südöstlichen Europa zudem, dass sie gekennzeichnet sind durch einen starken Traditionalismus oder ‚Küchenkonservatismus'.

2. Die Periode der „Europäisierung" (von der Mitte des 19. bis zur Mitte des 20. Jahrhunderts)

In Bezug auf die von Westeuropa ausgehende Modernisierung ist zu differenzieren zwischen den mitteleuropäischen Regionen (wie etwa Polen oder Böhmen) und den weiter östlich und südöstlich gelegenen Gebieten. Die osmanischen Gebiete wurden von der Moderne, die dort als ‚Europäisierung' gesehen wurde, erst ab den

---

8 Gabriella Schubert: Deutschsprachige Reiseberichte zu Eßgewohnheiten und Tischsitten der Muslime auf dem osmanisch besetzten Balkan. In: Dagmar Burkhart (Hg.): Körper, Essen und Trinken im Kulturverständnis der Balkanvölker. Wiesbaden 1991, S. 107–116.
9 Klaus Steinke: Die Türken und die Balkanküche. Kulinarisches und Sprachliches aus Bulgarien und Rumänien. In: Burkhart (Hg.) (Anm. 8), S. 219–227.
10 So essen etwa viele Muslime in Südosteuropa auch Schweinefleisch und trinken Alkohol.
11 Vgl. Heuberger, Stangler (Anm. 7) sowie Klaus Roth: Türkentrank, Gulyás, Joghurt, Döner. Stereotypen in der europäischen Esskultur. In: Heuberger, Stangler (Anm. 7), S. 43–55.

1840er Jahren langsam erreicht, wobei es in der Alltagskultur eher die Kleidung und das Mobiliar waren, die aus dem Westen übernommen wurden, und zwar in den Städten. Nach der Befreiung Südosteuropas von osmanischer Herrschaft kam es ab 1880 dann zu einem massenhaften Import westlicher Sachkultur. Im Bereich der Nahrung betraf dies vor allem den dazugehörigen Hausrat und das Mobiliar, weniger die Nahrungsmittel. So kamen um die Mitte des 19. Jahrhunderts die ersten hohen Esstische und Stühle, die Küchengeräte und verschiedenen Essgeschirre als Teile der bürgerlichen Kultur nach Südosteuropa, doch war dieser westlich-bürgerliche Einfluss auf die Esskultur bis in die 1930er Jahre fast nur auf die Städte und damit auf weniger als 20 Prozent der Bevölkerung begrenzt. Bei dieser Erweiterung des Nahrungssystems, bei der die in Westeuropa Studierenden und auch ‚europäische' Kochbücher eine wichtige vermittelnde Rolle spielten, kam es jedoch nicht zur Übernahme des vollen westlichen Paradigmas. Vielmehr wurde in den meisten Fällen de facto das westliche an das traditionelle Nahrungssystem adaptiert und die Modernisierung blieb – wegen des dominanten Geschmackskonservatismus – zumeist nur eine oberflächliche und beeinflusste das Nahrungsverhalten nur partiell. Im östlichen Mitteleuropa waren die modernisierenden Einflüsse stärker und direkter, doch ist auch dort ein starker Geschmackskonservatismus festzustellen. Dieser Prozess der Modernisierung bzw. ‚Europäisierung' des Nahrungssystems ist bisher noch nicht hinreichend untersucht worden.

3. Die Periode des Sozialismus

Die Jahrzehnte des Sozialismus waren für alle betroffenen Gesellschaften auch im Bereich der Nahrung eine einschneidende Erfahrung, wobei sich die Probleme ganz wesentlich aus der großen Diskrepanz zwischen den proklamierten Zielen und der Alltagsrealität ergaben. Der Aufbau der Schwerindustrie nach sowjetischem Vorbild sowie die zwangsweise Kollektivierung der Landwirtschaft in den 1950er Jahren führten einerseits zu einer Landflucht von Millionen von Menschen und andererseits – als Folge der systembedingten Defizite der sozialistischen Planwirtschaft – zu einer permanenten Mangelwirtschaft gerade auch im Bereich der alltäglichen Versorgung mit Nahrungsmitteln. Beides zusammen hatte gravierende gesellschaftliche Folgen, die in starkem Maße auch das alltägliche kulinarische Verhalten betrafen. Einige der wichtigen Aspekte und Folgen sollen kurz skizziert werden.

1. Die Millionen Landflüchtigen, die ‚new urbanites', die zumeist in den großen Plattenbaukomplexen außerhalb der Stadtzentren lebten, brachten dörflich-bäuerliche Verhaltensweisen, darunter natürlich auch Nahrungsverhalten mit in die Städte. Diese ‚Urbanisierung mit stark ruralen Elementen' ist ein in ganz Südosteuropa sehr ausgeprägtes Phänomen, für das in der Forschung der Begriff ‚Rurbanisierung' üblich geworden

ist.¹² Da die bürgerlichen Schichten weitgehend vertrieben, marginalisiert oder liquidiert worden waren, wurde auch die gesamte Esskultur in den Städten wieder bäuerlicher.

2. Die im Alltag wichtigste Folge der Kollektivierung der Landwirtschaft war die Knappheit an Nahrungsmitteln auf den Märkten und in den Geschäften. Eines der alltagskulturellen Kennzeichen aller sozialistischen Länder waren die fast immer unterversorgten Geschäfte. Ihre Regale waren entweder leer oder sie waren voll gestellt mit Dosen und Gläsern des gleichen Produkts, oftmals ungewünschte Nahrungsmittel, z. B. bestimmte Konserven aus Vietnam, die niemand essen mochte. Die Versorgung mit Waren war meist unvorhersehbar und erfolgte in zu geringen Mengen, so dass stundenlanges Warten in der Schlange ein weiteres Kennzeichen des Sozialismus war, vor allem bei jenen Nahrungsmitteln, die man nicht selbst herstellen konnte. Von besonderer Bedeutung war hier der Zucker zum Einmachen.

3. Eine Ausnahme bildeten die (oft versteckt gelegenen) Spezialgeschäfte für die Mitglieder der privilegierten Nomenklatura, zum andern die Devisengeschäfte, die gewisse westliche Nahrungsmittel und Genusswaren, aber natürlich keine frischen Nahrungsmittel verkauften. In manchen Ländern gab es allerdings die Möglichkeit, sich gegen Devisen auch mit einheimischen Nahrungsmitteln zu versorgen, die für den Export in besserer Qualität hergestellt waren, in anderen Ländern wurde die Nomenklatura komplett mit Essen versorgt.

4. Da diese Mangelsituation über Jahrzehnte anhielt und es bei der Nahrung um die Befriedigung elementarer Bedürfnisse geht, mussten die Menschen notgedrungen bestimmte Strategien der Lebensbewältigung entwickeln.¹³ Diese waren in allen sozialistischen Ländern sehr ähnlich oder sogar identisch. Die aus meiner Sicht wichtigsten Strategien und ihre Folgen seien kurz dargestellt:
   - An erster Stelle ist die immense Bedeutung der ‚Beziehungen' hervorzuheben. Die Mangelwirtschaft machte den Aufbau und die Pflege

---

12 Vgl. Liviu Marcu: Zeitgenössische soziologische Aspekte des Verstädterungsprozesses in Südosteuropa. In: Revue des études sud-est européennes 9 (1971), S. 677–714 und 11 (1973), S. 513–552, Andrei Simić: Urbanization and Modernization in Yugoslavia: Adaptive and Maladaptive Aspects of Traditional Culture. In: M. Kenny (Hg.): Urban Life in Mediterranean Europe. Anthropological Perspectives. Urbana, Chicago 1983, S. 203–224, Klaus Roth: Großstädtische Kultur und dörfliche Lebensweise. Bulgarische Großstädte im 19. und 20. Jahrhundert. In: Theodor Kohlmann, Hermann Bausinger (Hg.): Großstadt. Aspekte empirischer Kulturforschung. Berlin 1985, S. 363–376, Mirjana Prošić-Dvornić: The Rurbanization of Belgrade After the Second World War. In: Klaus Roth (Hg.): Die Volkskultur Südosteuropas in der Moderne. München 1992, S. 75–102.

13 Vgl. Klaus Roth: Praktiken und Strategien der Bewältigung des Alltagslebens in einem Dorf im sozialistischen Bulgarien. In: Zeitschrift für Balkanologie 35 (1999), S. 63–77.

von Netzwerken reziproker sozialer Beziehungen unabdingbar, in denen man sich gegenseitig bei der alltäglichen Versorgung unterstützte. Arbeitskollegen, Verwandte, Freunde, Nachbarn standen – meist auf Gegenseitigkeit – für einander Schlange, um Nahrungsmittel zu kaufen; Kollegen verließen den Arbeitsplatz, um für das ganze ‚Kollektiv' jene Nahrungsmittel einzukaufen, von deren Verfügbarkeit man gerüchteweise gehört hatte. Diese gegenseitige Hilfe bei der Versorgung mit Mangelwaren brachte zahllose instrumentelle Netzwerke des gegenseitigen Vertrauens und der Hilfe hervor, die vielfach auch das Verkaufspersonal in den Geschäften einschlossen. In der ehemaligen DDR gab es für diese privilegierte Versorgung von Kunden sogar ein eigenes Wort: ‚Bückware', also Ware, für die sich der Verkäufer bücken musste, um sie aus dem Versteck unter dem Ladentisch hervorzuholen.[14]

- Aus diesen sozialen Netzwerken ergaben sich massive gesellschaftliche und wirtschaftliche Folgen. Besonders in den südosteuropäischen Ländern behielten oder gewannen wegen des Mangels an Lebensmitteln die Familienbeziehungen ganz erhebliche soziale Bedeutung, zumeist in der Form von intensiven Stadt-Land-Beziehungen: Während die Eltern oder Großeltern noch auf dem Dorf lebten und dort auf dem kleinen erlaubten Privatgrund intensiv Nahrungsmittel anbauten, lebten die Kinder in der Stadt – und am Wochenende kam es überall zu einem hunderttausendfachen Austausch von ländlichen Nahrungsmitteln gegen städtische Konsumgüter. Diese Tauschbeziehungen in Naturalien betrafen nicht nur die Privathaushalte, etwa die Nachbarn in einem Plattenbau,[15] sondern auch sozialistische Industriebetriebe, die mit anderen Betrieben Konsumgüter austauschten, etwa technische Produkte gegen Fleisch für die eigenen Mitarbeiter; manchmal hatten Industriebetriebe sogar eigene Nebenbetriebe zur Nahrungsmittelversorgung ihrer eigenen Angestellten.

- Das wegen der sozialistischen Planwirtschaft erforderliche Knappheitsmanagement brachte noch andere wichtige Strategien hervor. Sehr weit verbreitet war der Diebstahl von ‚Volkseigentum', und zwar in den landwirtschaftlichen Kooperativen, in den verarbeitenden Betrieben, auf den Vertriebswegen und in den staatlichen oder kooperativen Geschäften. Dabei fehlte den ‚Dieben', wie die Untersuchungen eines Forschungsprojekts[16] ergaben, zumeist jegliches Unrechtsbe-

---

14 Zu Bulgarien vgl. Gabriele Wolf: „Mangelwaren", Konsumentenerwartungen und „Beziehungen". Einkaufen in der sozialistischen Konsumgenossenschaft. In: Ethnologia Balkanica 4 (2000), S. 91–116.
15 Siehe dazu: Ivan Nikolov: Der Plattenbau – Realität ohne Illusionen. In: Klaus Roth (Hg.): Sozialismus: Realitäten und Illusionen. Wien 2005, S. 33–40, hier S. 38.
16 Wolf (Anm. 14).

wusstsein, nahmen sie sich doch lediglich das, was nach offizieller Lesart ohnehin ‚Eigentum des Volkes' war.
- Die häufigste und wichtigste Strategie der Nahrungsversorgung war aber wohl der Eigenanbau, die Subsistenzwirtschaft.[17] Kleinvieh wurde gezüchtet, Obst, Wein und Gemüse wurden angebaut nicht nur im eigenen kleinen Garten oder auf dem erlaubten Privatgrund im Heimatdorf, sondern sogar in den Städten auf den Balkons oder auf den Flächen zwischen den immer gleichen Plattenbauten.[18] Diese Subsistenzwirtschaft, die gegen Ende des Sozialismus insgesamt die Hälfte aller Nahrungsmittel produzierte, half nicht nur bei der Bewahrung bäuerlicher und gärtnerischer Fähigkeiten in der Bevölkerung, sie hatte auch ein ganzes System der kulinarischen Selbstversorgung zur Folge: Die selbst erzeugten Produkte wurden auch selbst weiterverarbeitet, ja es kam, wie Eleanor Smollett 1989 schrieb, zu einer regelrechten ‚Ökonomie der Einmachgläser', die nicht nur die häusliche Herstellung von Konserven, von Wein und Schnaps,[19] sondern auch deren umfangreiche Lagerung, ein ganzes System von Vorratshaltung zur Folge hatte – und zwar in allen Sozialschichten. Wegen der oftmals geringen Qualität der in den Läden angebotenen Nahrungsmittel kam es dabei zu einer emotionalen Überhöhung des Selbermachens, war doch dieses nicht nur eine sinnvolle Tätigkeit für das Wohlergehen der eigenen Familie, sondern bot auch Gelegenheit, sein eigenes Geschick vor den Gästen zu demonstrieren. Es ist also kein Zufall, dass sich die Konflikte, die in Rumänien und Bulgarien gleich nach dem EU-Beitritt 2007 die Gesellschaften aufrührten, an Maßnahmen der EU entzündeten, die in eben dieses Selbermachen eingriffen: in das Schlachten von Schweinen in Rumänien und in das häusliche Schnapsbrennen[20] in Bulgarien.
- Ein damals bekannter Witz über die Paradoxien des Sozialismus erzählte davon, dass überall die Geschäfte leer, aber die Kühlschränke und Tische voll waren. In der Tat waren die meisten Menschen bei ihrem Knappheitsmanagement so erfolgreich, dass es in einigen Ländern in den Privathaushalten sogar zu Überschüssen an Nahrungsmitteln kam, während gerade in den 1980er Jahren die Geschäfte immer leerer wurden. Eine der sozialen Folgen dieser Entwicklung war geradezu paradox, doch sie war ökonomisch durchaus sinnvoll: Die Ressourcen

---

17 Vgl. Klaus Roth, Juliana Roth: Das Erbe der bäuerlichen Kultur und die jüngsten Reformen der bulgarischen Landwirtschaft. In: Südosteuropa 38,6 (1989), S. 344–362.
18 Siehe Nikolov (Anm. 15), S. 39.
19 Radost Ivanova: Für 20 Leva und eine Flasche Schnaps. Der Schnaps im Leben des bulgarischen Dorfes. In: Klaus Roth (Hg.): Europäisierung von unten? Beobachtungen zur EU-Integration Südosteuropas. München 2008, S. 115–124 (Forost Arbeitshefte 44).
20 Ivanova (Anm. 19).

an großenteils selbst hergestellten Nahrungsmitteln wurden in allen Sozialschichten zu einem erheblichen Teil für Feste und Feiern verwendet, und zwar im Privatbereich ebenso wie im Arbeitsleben und im öffentlichen Leben. Ohne viel Übertreibung kann man sagen, dass ständig irgendwo irgendetwas gefeiert wurde, am häufigsten wohl in sozialistischen Betrieben.[21] Selbst in den äußerst krisenhaften 1980er Jahren in Rumänien bogen sich, wie ich selbst beobachten konnte, bei Hochzeiten und anderen Feiern die Tische unter der Last des Essens und der Getränke. Feste und Feiern boten damit viele Gelegenheiten zur ‚Verschwendung' von Nahrungsmitteln – eine Art ‚sozialistischer *potlatch*'. Wirkliche Mangelware waren die langlebigen Konsumgüter und jene Nahrungsmittel, die man nicht selbst herstellen konnte. Die Versorgung der Bevölkerung mit Zucker für das Einmachen der Früchte für den Winter löste jeden Herbst krisenhafte Zustände aus; in Bulgarien etwa wurden extra für diesen Zweck Schiffsladungen von Zucker aus Kuba gebracht, was in den Medien auch verkündet wurde.

Aus der Mangelwirtschaft und den Gegenstrategien der Menschen ergaben sich weitere, aus Sicht der Nahrungsforschung gravierende Folgen. Da im Eigenanbau nur die traditionellen Produkte erzeugt werden konnten, herrschte bei der tatsächlich zubereiteten Nahrung überall – als Teil der ‚Rurbanisierung' – ein überwältigender Geschmackskonservatismus und Traditionalismus. Auf den Tischen stand – im Alltag wie auch bei Feiern – letztlich immer das Gleiche, Wohlbekannte, und das war fast immer einfache ländliche Kost mit wenig Raffinement zubereitet. Etwas anspruchsvollere Nahrung, sei es aus der osmanischen oder der bürgerlichen Küche, war nur selten anzutreffen. Das Gleiche galt auch für Restaurants, deren lieblos zubereitetes und schlichtes Essen immer wieder von Auswärtigen, etwa von Touristen bemängelt wurde. Hinzu kam, dass es in den sozialistischen Ländern nur sehr wenige ‚ethnische Restaurants' gab – und die wenigen, die es gab, waren Restaurants der ‚Bruderländer'. Einige wenige Nahrungsmittel und Speisen aus diesen ‚Bruderländern' fanden Eingang in die Exo-Küche, zum Beispiel russischer ‚boršč' und ‚soljanka', und brachten eine gewisse kulinarische Vielfalt.

4. Die postsozialistische Periode

Erst wenn man sich die Spezifik der Nahrungsversorgung und des kulinarischen Systems im Sozialismus vor Augen führt, kann man nachvollziehen, welchen ‚kulinarischen Schock' die Wende von 1989 für die Menschen bedeutete. Es war ein

---

21 Milena Benovska-Săbkova: Pir po vreme na rabota: vsekidnevni socialističeski praktiki [Festmahl während der Arbeitszeit: alltägliche sozialistische Praktiken]. In: MIF 8 (2003), S. 145–157.

Schock allein schon wegen der Plötzlichkeit, mit der sich das gesamte System der Versorgung innerhalb von Wochen radikal veränderte. Nahezu über Nacht waren fast alle Nahrungsmittel, für die man gestern noch Schlangestehen musste, verfügbar. Sie waren verfügbar nicht nur in unbegrenzter Menge, sondern auch in einer Differenzierung des Angebots, die für die meisten Menschen atemberaubend und überwältigend war. Verfügbar waren in den überall rasch errichteten Supermärkten unzählige Innovationen, neue, bislang unbekannte Nahrungsmittel mit neuen Geschmacksrichtungen – einschließlich Fast Food (McDonald's, KFC, usw.). Und angeboten wurden in wenigen Monaten auch zahlreiche neue Rezept- und Kochbücher. Neu waren auch das Auftauchen und die breite Zunahme von ‚ethnischen Restaurants' in allen postsozialistischen Ländern, was ohne Zweifel auf eine kulinarische Neugier und eine gewisse Dynamisierung des kulinarischen Systems verweist, zumindest in der Exo-Küche.

Es war verständlich, dass in den ersten Jahren nach der Wende die einheimischen Nahrungsmittel fast vollständig aus den Geschäften verdrängt wurden, sowohl wegen der Marktmacht westlicher Lieferanten und Supermärkte als auch wegen des Überdrusses der Menschen mit den immer gleichen (und oft minderwertigen) heimischen Produkten. Der Film *Good bye, Lenin* zeigt sehr anschaulich die Schwierigkeiten, nach der Wende noch DDR-Produkte aufzutreiben, etwa Spreewälder Gurken. Angesichts dieser rasanten Entwicklung, die sich vor allem in den Städten vollzog, darf aber nicht übersehen werden, dass es für viele Millionen Menschen in ihrem realen Alltagsleben keine solche kulinarische Wende gab. Es waren vor allem die zahlreichen Verlierer der Transformation, die Rentner ebenso wie der größte Teil der Landbevölkerung, die aus Notwendigkeit bei der aus dem Sozialismus eingeübten Subsistenzwirtschaft mit primitiven Anbaumethoden blieben: In Südosteuropa zogen viele Tausende aus den Städten zurück auf ihre Dörfer, bewirtschafteten ihre restituierten Flächen für den Eigenbedarf – und für die Versorgung ihrer Kinder in der Stadt.[22]

Ähnliche Kontinuitäten zeigten sich in Südosteuropa aber nach einigen Jahren auch massenhaft in der gesamten Gesellschaft, und zwar zum einen in dem bewussten Beharren bei der eigenen Ernährungsweise. Dies zeigt nicht nur der Widerstand gegen die EU-Alkoholsteuer, sondern vor allem das Fortleben jenes ‚Kults des Selbstgemachten', jener Ideologie des ‚Hausgemachten', das für sehr viele Menschen als Synonym für das Natürliche und Reine steht. Diese Sehnsucht drückt sich auch in der heutigen Produktion von Nahrungsmitteln aus, die immer häufiger damit Reklame macht, dass nach ‚Großmutters Rezepten' authentisch produziert wird. Wichtiger noch ist jener Wandel, der vor etwa zehn Jahren einsetzte: die zunehmende Rückkehr zu den einheimischen, den nationalen und vor allem den *regionalen* Produkten. In den Supermärkten erscheinen immer mehr

---

[22] Milena Benovska-Säbkova: Tradition as a Means of Survival Under the Conditions of Economic Crisis in Bulgaria. In: Ethnologia Balkanica (1997) 1, S. 113–123.

Nahrungsmittel, bei denen auf die ‚eigene' regionale Herkunft hingewiesen wird. Ähnlich wie auch im Westen findet regionale Kost wieder mehr Zuspruch und wird das Regionale bewusst eingesetzt, zum Teil in folklorisierter Form für den Fremdenverkehr, aber auch für den alltäglichen Konsum.[23] Diese Tendenz hat sich mit dem EU-Beitritt der Länder des östlichen Europa eher noch verstärkt, denn auch sie bemühen sich zunehmend, ihre eigenen regionalen Nahrungsmittel in der EU rechtlich schützen zu lassen, um sie national und international besser zu vermarkten. Sehr förderlich für die neue Zuwendung zur regionalen Kost ist freilich noch ein anderer Grund, nämlich die anhaltende Landflucht, die bei den neuen Städtern eine nostalgische Rückwendung zur Region, einen ‚symbolischen Regionalismus' erzeugt, der wesentlich durch den Magen geht. Analoges gilt auch für die vielen ethnischen und religiösen Minderheiten Südosteuropas.

Die Gesellschaften des östlichen Europa haben nach Jahrzehnten des Realsozialismus seit der Wende dramatische Veränderungen erlebt. Die meisten Länder sind heute Teil der Europäischen Union und damit auch dem europäischen Wettbewerb und den zahlreichen Normen und Vorschriften der EU unterworfen. Es sind Anforderungen, die ganz besonders auch den Bereich der Nahrung betreffen, beispielsweise die sehr hohen Anforderungen an die Hygiene.[24]

Fragen wir uns abschließend, welchen Weg die Gesellschaften des östlichen Europa in ihrem Nahrungsverhalten gehen, wie viel Divergenz und Konvergenz es gibt, so zeigen sich recht widersprüchliche Tendenzen. In vielerlei Beziehung haben die Gesellschaften im Bereich der Nahrung und des Nahrungsverhaltens den Anschluss an die EU erreicht. Sie haben beachtliche Innovationsprozesse durchgemacht, haben große Teile der europäischen oder globalen Nahrungsmittel und Speisen wie z. B. Fast Food, ja sogar die Thematisierung des Essens in den Medien übernommen: Fernsehköche zum Beispiel sind in Südosteuropa heute ebenso populär und ubiquitär wie in westlichen Ländern. Als Folge dieser zahllosen Innovationen haben sie zunehmend mit den gleichen Problemen zu kämpfen wie im Westen, so dass Diäten und Gesundheitsnahrung (wie zum Beispiel die Nahrungsergänzungen von ‚Herbalife')[25] ebenso wie schonend kochende Kochtöpfe Mode geworden sind. Auf der anderen Seite ist aber – teils als bewusste Gegenreaktion, teils als unhinterfragte Beharrung – ein anhaltend starker Küchenkonservatismus zu beobachten. Nahrung und Identität sind auch in diesem Teil Europas auf das Engste miteinander verbunden, ja in der sich stürmisch verändernden Welt wird das Beharren beim Eigenen, zum Beispiel bei der ‚balkanischen Küche' oder der

---

23 Nikolay Vukov, Miglena Ivanova: Food Labels, Meal Specialties, and Regional Identities. The Case of Bulgaria. In: Ethnologia Balkanica 12 (2008), S. 37–58.
24 Vgl. Eva Barlösius: Bedroht das europäische Lebensmittelrecht die Vielfalt der Eßkulturen? In: Hans J. Teuteberg u. a. (Hg.): Essen und kulturelle Identität. Berlin (1997), S. 113–128.
25 Vgl. Ivanka Petrova: Arbeiten für ein internationales Unternehmen. Die Anpassung bulgarischer Mitarbeiter an neue Arbeitsanforderungen. In: Klaus Roth (Hg.): Arbeit im Sozialismus – Arbeit im Postsozialismus. Berlin 2004), S. 421–433.

regionalen Kost[26] zum Lackmustest der Zugehörigkeit und der Abgrenzung – auch und gerade bei den zahllosen südosteuropäischen Migranten in Westeuropa und Nordamerika. Das kulinarisch Fremde wird dabei weitgehend an das Eigene adaptiert, etwa bei McDonald's.[27]

Den Wandel der Nahrung und des Nahrungsverhaltens im östlichen und südöstlichen Europa vor dem Hintergrund der gesamteuropäischen Entwicklung zu untersuchen ist das Ziel des vorliegenden Bandes. Meine eigenen Beobachtungen wie auch die Beiträge dieses Bandes ergeben ein widersprüchliches Bild, in dem sich Wandel und Beharrung die Waage zu halten scheinen. Auf jeden Fall sind die Gesellschaften des östlichen und südöstlichen Europa auch im Bereich der Nahrung heute der vollen Dynamik von Globalisierung und Lokalisierung ausgesetzt. Die kulturwissenschaftliche Nahrungsforschung wird auf diese Prozesse stärker als bisher reagieren müssen.

Ergänzende Literatur

Benovska-Săbkova, Milena 1997: Tradition as a Means of Survival Under the Conditions of Economic Crisis in Bulgaria. In: Ethnologia Balkanica 1:113–123.
Burkhart, Dagmar (Hg.) 1991: Körper, Essen und Trinken im Kulturverständnis der Balkanvölker. Wiesbaden.
Kisbán, Eszter 1997: Dishes as Samples and Symbols: National and Ethnic Markers in Hungary. In: Hans Jürgen Teuteberg et al. (ed.): Essen und kulturelle Identität. Berlin, 204–211.
Krăsteva-Blagoeva, Evgenija 2000: The Bulgarians and McDonald's. Anthropological Aspects. In: Ethnologia Balkanica 5: 207–217.
Lindner, Rolf 1999: Globales Logo, lokaler Sinn. In: Christian Giordano u. a. (Hg.), Europäische Ethnologie – Ethnologie Europas. Fribourg, 173–181.
Maurer, Artur 1991: Eßkultur in Rumänien. In: Dagmar Burkhart (Hg.), Körper, Essen und Trinken im Kulturverständnis der Balkanvölker. Wiesbaden, 65–75
Prošić-Dvornić, Mirjana 1992: The Cultural and Social Significance of Food. By Example of Traditional Serbian Culture. In: Dagmar Burkhart (Hg.), Körper, Essen und Trinken im Kulturverständnis der Balkanvölker. Wiesbaden, 77–93.
Roth, Klaus 2001: Türkentrank, Gulyás, Joghurt, Döner: Stereotypen in der europäischen Esskultur. In: Valeria Heuberger, Gottfried Stangler (Hg.), Vom Schwarzwald bis zum Schwarzen Meer. Die Donau als Mittlerin europäischer Esskultur. Frankfurt/M. 2001, 43–55.
Roth, Klaus 2004: Streit ums Essen? Nahrungsverhalten in bikulturellen Ehen und Familien. In: Ene Kõresaar, Art Leete (Hg.), Everyday Life and Cultural Patterns. Tartu, 171–191.
Simić, Andrei 1983: Urbanization and Modernization in Yugoslavia: Adaptive and Maladaptive Aspects of Traditional Culture. In: Michael Kenny (Hg.), Urban Life in Mediterranean Europe: Anthropological Perspectives. Urbana, Chicago, 203–224.

---

26 Vukov, Ivanova (Anm. 23).
27 Siehe Rolf Lindner: Globales Logo, lokaler Sinn. In: Christian Giordano u. a. (Hg.): Europäische Ethnologie – Ethnologie Europas. Fribourg 1999, S. 173–181 u. Evgenija Krăsteva-Blagoeva: The Bulgarians and McDonald's. Anthropological Aspects. In: Ethnologia Balkanica 5 (2000), S. 207–217.

Dorothee Herbert

Vorrats- und Versorgungswirtschaft auf den preußischen Deutschordensburgen von 1375 bis zur Mitte des 15. Jahrhunderts am Beispiel der Burg Thorn/Toruń

Der Deutsche Orden wurde 1190 im Zuge des dritten Kreuzzuges vor Akkon als Hospitalsorden gegründet. Bereits 1198 konnte er in einen Ritterorden umgewandelt werden. 1218 entstanden erste Häuser in Belgien und Holland, 1228 in Frankreich. Bis zum Einzug in Preußen 1230 und in Livland 1237 wurden zahlreiche Niederlassungen gegründet und die Kommenden als Balleien zusammengeschlossen. 1280 gab es bereits dreizehn im damaligen Gebiet des Deutschen Reiches. Der Deutsche Orden kam über Venedig, das seit 1309 Sitz des Hochmeisters war, nach Preußen. Verschiedene Privilegien ermöglichten unter dem zwar tatsächlich durchgeführten, aber ebenso als Vorwand benutzten Ziel des Heidenkampfes die Errichtung eines eigenen Machtraumes. Um 1300 verfügte der Deutsche Orden bereits über 300 Kommenden zwischen der Düna/Daugava und dem Atlantik bzw. zwischen Schweden und Südeuropa.

Innerhalb kurzer Zeit wurden, ausgehend von der Gegend um Kulm/Chełmno, weite Gebiete erschlossen. Die eroberten Areale wurden in Komtureien mit einer Hauptburg und diese wiederum in Verwaltungsbezirken ähnelnde Kammerämter gegliedert. Um 1400 existierten 25 Komtureien und Vogteien. In ihnen wurde zügig ein effizienter Verwaltungsapparat mit kleinteiliger Informationsweitergabe, Ämterrotationssystem und Mehrfachverantwortungen der Amtsträger installiert. Dies ermöglichte kurzfristige Hilfen zwischen den verschiedenen Gebieten. Da die verantwortlichen Ordensangehörigen wie Komture und Hauskomture zwar bestimmte Funktionen hatten, jedoch nicht starr spezialisiert waren, erschlossen sich ihnen hochflexible Einsatzmöglichkeiten.

Der Orden siedelte in den eroberten Gebieten sukzessive deutsche Bauern an. Daneben existierten preußische Dörfer. Die verschiedenen Bevölkerungsgruppen waren in unterschiedlichem Maße zinspflichtig. Eine dritte Form der bäuerlichen Siedlung waren die vom Orden in Eigenwirtschaft betriebenen Vorwerke, auf denen in unterschiedlicher Schwerpunkt- und Zusammensetzung Ackerbau und Viehzucht zum Eigenbedarf von Angestellten betrieben sowie die Abgaben der bäuerlichen Bevölkerung gesammelt wurden. Sie belieferten die ihnen zugeordnete Burg regelmäßig mit verschiedenen landwirtschaftlichen Produkten, konnten aber auch flexibel bei bestimmten Bedarfslagen bzw. Nachfragen reagieren. Solche Vorwerke lagen auch direkt vor den Hauptburgen der jeweiligen Komtureien. In den Vorburgen der zentralen Burgen befand sich eine Vielzahl wirtschaftlicher Betriebe wie Brauerei, Wagenschmiede, landwirtschaftliche Gebäude, das Waffen- und Kleiderlager sowie die Viehställe.

Das politische Zentrum des gesamten Ordensgebietes war die Marienburg, wichtige Handelszentren waren Königsberg/Królewiec [heute: Kaliningrad], Danzig/Gdańsk und Elbing/Elbląg. Preußen hatte als Hansemitglied weit reichende Wirtschaftsbeziehungen in ganz Europa und verfügte über eine Handelsniederlassung auf Gotland. Der Orden hatte in den preußischen Städten, aber auch in Brügge und London Handelsbeauftragte, die so genannten Lieger, Wirte und Diener.

Die Brüder selbst stammten zu über 50 Prozent aus der territorialen Ministerialität, teilweise aber auch aus Reichsministerialen- und Bürgerfamilien. Der Niederadel dominierte also. Geographisch rekrutierten sich die preußischen Brüder vor allem aus jenen Regionen, in denen der Orden Balleien hatte: aus Sachsen, Thüringen, Franken, Südwestdeutschland und dem Rheinland. Die soziale und geographische Herkunft der Brüder ist sehr wichtig für die Einschätzung dessen, was sie als Kost erwarteten und welchen Anspruch sie als Mitglieder einer bestimmten Schicht hatten.

In Preußen entstand auf relativ kleinem geographischem Raum ein voll funktionstüchtiges Staatswesen mit hoch strukturierter Verwaltung in Wirtschaft, Finanzverwaltung und Rechtsprechung, die viele versorgungsspezifische Quellen produzierte. Im Rahmen einer wissenschaftlichen Untersuchung wurden achtzehn Burgen und ihre Komtureien hinsichtlich der Bevorratung mit Lebensmitteln und Viehhaltung berücksichtigt, wobei das Augenmerk besonders auf Versorgungsprozessen lag.[1] Die zentrale Frage war, wie sich die Versorgungsprozesse ausgewählter Burgen des Ordens in Preußen geographisch und organisatorisch gestalteten. Welche Rolle spielten Eigenwirtschaft, die Einnahme von Abgaben, Zukauf auf städtischen und überregionalen Märkten sowie die gegenseitige Hilfe unter den Komtureien? Besonderes Interesse verdienten die ordenseigenen Höfe, die Vorwerke und ihre jeweilige Spezialisierung. In diesem Zusammenhang stellte sich die Frage, ob die durch unterschiedliche geographische Lagen bedingten, sehr verschiedenen landwirtschaftlichen Grundvoraussetzungen zu Standortvor- bzw. -nachteilen führten. Die Darstellung der Leistung, Funktion und Stellung der Komtureien im Gesamtzusammenhang des Wirtschaftssystems des Ordenslandes Preußen sowie die Frage nach dem Grad ihrer Selbstständigkeit stellt einen wichtigen Aspekt dar. Auch politische und militärische Entwicklungen mussten hinsichtlich veränderter Bedarfslagen in Krisenzeiten und ihres Einflusses auf die Vorratshaltung berücksichtigt werden.

---

1 Die hier dargestellten Ergebnisse zur Burg Thorn sind Teil einer Dissertation gleichen Themas, die 2009 an der Universität Bonn abgeschlossen wird. Die Erarbeitung wurde freundlicherweise gefördert durch ein Immanuel-Kant-Stipendium des Beauftragten der Bundesregierung für Kultur und Medien (BKM).

Die Art der Lagerung der Vorräte und der Lebensstandard, der mit ihnen gewährleistet werden konnte, sowie der Ernährungsstandard der Ordensbrüder im Vergleich mit anderen europäischen Landesherren zur damaligen Zeit sind ebenfalls wichtige Aspekte der Untersuchung.

Die Hauptquelle bilden die Inventare des *Großen Ämterbuches*.[2] Von 1375 bis um 1450 verzeichnen diese beim Amtswechsel der Komture angelegten Übergabeprotokolle Vorräte an verschiedensten Lebensmitteln, Viehbeständen, eingegangenen Abgaben, Geldbeständen, Waffen, Geräten und Ausstattung der Kapellen. Teilweise wurden auch die momentan auf der Burg lebenden Ritterbrüder namentlich aufgelistet. Die Inventare dienten zur Kontrolle und genauen Übersicht über die vorhandenen Ressourcen. Methodisch bieten sie das Problem, dass die Inventarisierung nicht nach einheitlichen Regeln durchgeführt wurde. Die Aufnahmen sind in der Anfangszeit eher knapp und berücksichtigen nur das Nötigste, späterhin werden sie teilweise sehr ausführlich. Hier ist deutlich ein Unterschied in der angelegten Wertigkeit bzw. Sorgfalt der Visitatoren oder auch des Schreibers spürbar.

Der aufzählende Charakter ermöglicht eine recht genaue Analyse des Vorrathaltens auf den einzelnen Burgen. Für die Auswertung wurden zunächst für jede Burg chronologische Tabellen der Vorräte erstellt, anhand derer die Entwicklung der Vorratsmengen deutlicher ablesbar wurde. Eine Schwierigkeit besteht jedoch darin, dass bei den Getreidevorräten nicht zwischen Abgabengetreide und dem auf den Höfen (Vorwerken) Erzeugten unterschieden wurde. Dies erschwert die Rückführung auf die jeweiligen Produktionsstätten. Zum Export bestimmte Mengen und Hilfslieferungen an andere Komtureien, Burgen oder für Söldner sind ebenfalls nur schwer zu bestimmen. Aus den Inventaren ist darüber hinaus nicht zu entnehmen, welcher Teil der Vorräte hinzugekauft und welcher aus Eigenwirtschaft stammt. Außer diesen Unschärfen ist die Edition Ziesemers durchaus kritisch zu sehen, da zum einen andere Quellen wie Briefe hinzugefügt, zum anderen Inventare weggelassen wurden.

Neben dieser Hauptquelle, die die Burgen direkt berührt, kamen für die Untersuchung nahezu alle Schriftzeugnisse aus Handel, Wirtschaft und Verwaltung in Preußen aus dem Beobachtungszeitraum in Frage. Die wichtigsten davon sind die Zins-, Rechen-, Schuld- und Schadensbücher des Ordens, die Ordensfolianten und Pergamenturkunden sowie die Briefe, die sich die Amtsträger des Ordens in großer Zahl schrieben.[3] Auch sie enthalten teilweise Rechnungen der einzelnen Amtsträger und Handelsbeauftragten des Ordens. Die erhaltenen Handelsrech-

---

2   Walther Ziesemer (Hg.): Das Grosse Ämterbuch des Deutschen Ordens. Neudruck der Ausgabe Danzig 1921, Wiesbaden 1968.
3   Das Geheime Staatsarchiv Preußischer Kulturbesitz in Berlin besitzt in seiner XX. Hauptabteilung die Bestände des Historischen Staatsarchivs Königsberg. Diese Pergamenturkunden und Ordensfolianten stellen neben dem über 29.000 Nummern enthaltenden Ordensbriefarchiv eine wichtige, wenn auch sehr disparate Quelle für die Gesamtuntersuchung dar.

nungen des Ordens sind sämtlich Schuldbücher. Sie geben Aufschluss über die Art der Handelsgüter und die jeweiligen Umsatzmengen. Sehr wichtig für die Orientierung über preisliche Relationen sind auch städtische Rechenbücher wie das der Stadt Elbing von 1404 bis 1414.[4] Dazu kommen als Verwaltungsquellen des Ordens das *Marienburger Konvents-* und *Tresslerbuch*, und das *Danziger Komtureibuch*.[5] Für die überregionalen Handelskontakte des Ordens und weitere innenpolitische Abläufe in Preußen sind die *Hanserecesse* und das *Preußische Urkundenbuch* interessant. Weiterführende Quellen zur städtischen, regionalen und überregionalen Wirtschafts- sowie zur jeweiligen Stadtgeschichte, zur Wirtschaftsgeschichte der preußischen Hansestädte und zur Verbindung zwischen den preußischen Städten und dem Orden konnten in verschiedenen polnischen Staatsarchiven konsultiert werden.

Ist die Quellenlage also auf den ersten Blick recht zufrieden stellend, so ergeben sich bei näherer Analyse bestimmter Quellengattungen Probleme: So sind beispielsweise die Quellen zu lokalen Bereichen im Ordensbriefarchiv meist nur Zufallstreffer, da die Nachrichten sehr klein und die in diesem Zusammenhang erwähnten Themen in den Regesten meist nicht erwähnt wurden. Deshalb wurden bei der Suche in diesem umfangreichen Fundus Querschnitte im Abstand von zwei Jahren gebildet. Mit den Schuldbüchern für Christburg/Dzierzgoń und Brandenburg sind nur wenige Quellen dieser Art erhalten. Für die lokalen Ämter ist wichtiges Datenmaterial verloren gegangen, so dass sich das ermittelbare Bild aus sehr vielen kleinen Mosaiksteinchen zusammensetzt. So sehr der Nachvollzug des Ankaufs durch die disparate Quellenlage erschwert wird, so sehr kann das *Große Ämterbuch* doch ganz klar die Palette und Vielfalt der genutzten Lebensmittel und Veränderungen in der Ernährung bzw. regionale Unterschiede aufzeigen.

Um die Kosten der Lebenshaltung und den diesbezüglichen Aufwand richtig einordnen zu können, schließt sich nun ein kleiner Überblick über Löhne und Preise in Preußen um 1400 an. Ein Arzt verdiente in Preußen jährlich 30 Mark, den Gegenwert von 60 Pfund Konfekt. Ein Bäcker erhielt 2½ Mark. Ein Schreiber erhielt für das Anlegen eines Messbuchs sieben Mark, was dem Wert von 33 Tonnen Tafelbier oder elf fetten Schweinen entsprach. Der Koch auf der Burg Elbing erhielt 1404 eine Mark drei Schot, der Unterkoch 17 Schot. Ein Pferd mittlerer Qualität kostete um 1400 zwischen vier und zehn Mark. Eine Last Roggen kostete zwischen 1429 und 1436 durchschnittlich rund neun Mark. Ein fettes lebendes Rind

---

4   Markian Pelech (Hg.): Nowa księga rachunkowa starego miasta Elbląga 1404–1414 [Das Neue Rechenbuch der Altstadt Elbing 1404–1414] 2 Bde., Warszawa 1987–1989 (Towarzystwo Naukowe w Toruniu, Fontes 72–73).
5   Walther Ziesemer (Hg.): Das Marienburger Konventsbuch der Jahre 1399–1412, Danzig 1913. Erich Joachim (Hg.): Das Marienburger Tresslerbuch der Jahre 1399–1409; Neudruck der Ausgabe Königsberg i. Pr. 1896, Bremerhaven 1973. Karola Cisielska, Irena Janosz-Biskupowa (Hg.): Księga komturstwa gdańskiego [Das Danziger Komtureibuch]. Warszawa u.a. 1985 (Towarzystwo Naukowe w Toruniu, Fontes 70).

war für eine Mark neun Schot zu haben, für ein Schwein mussten, abhängig vom Mastzustand, ca. 13½ Schot gezahlt werden.

Der auf der Thorner Burg konsumierte Fisch wurde hauptsächlich aus den Fanggebieten der Ostsee importiert. Hering, die vorrangig verzehrte Sorte, wurde sowohl frisch als auch als bereits auf See schon eingesalzener Bückling von der ordenseigenen Niederlassung auf Schonen eingeführt. Zwischen 1395 und 1400 schwankten die Heringpreise in Danzig zwischen 52 und 149,4 g Silber pro Tonne. Eine Tonne Dorsch kostete im Jahre 1410 eine Mark.

In den Inventaren erscheinen als Geflügel hauptsächlich Hühner, die auch als Abgabeleistung in großen Mengen eingenommen wurden. 1407 kosteten 60 Hühner zwei Mark. Die in den Fastenspeisen zahlreich verwendeten und deshalb in großer Zahl benötigten Eier wurden schockweise angekauft. Sechzig Eier hatten einen durchschnittlichen Preis von rund einem Schot. Der Preis für Käse schwankte je nach Sorte stark. So war ein Laib 1409 für 20 Pfennig zu haben, während ein Schock einer anderen Sorte elf Schilling kostete. Der Preis für Butter lag 1407 bei etwa einer halben Mark. Öl war mit einem Preis von 2½ Mark für eine Tonne sehr teuer und erscheint in den Inventaren dementsprechend wesentlich seltener. Als Bratfett wurde häufiger das mit acht Schot pro Stein wesentlich günstigere Schmalz verwendet.

Die für die Fastenspeisen benötigten exotischen Gewürze waren sehr teuer. So kostete ein Korb Feigen im Jahre 1410 eine Mark, für vier Pfund Mandeln mussten drei Schot gezahlt werden. Der Preis für das für die Konservierung unentbehrliche Salz lag 1407 bei 3½ Schilling für einen Hut. Honig wurde teilweise als Abgabe von zinspflichtigen Bauern eingenommen. Daneben verfügte der Orden auch über eigene Imkerei. So wurden 1392 für Thorn 140 Bienenstöcke verzeichnet. Eine Tonne Honig kostete um drei Mark.

Die Komturei Thorn besaß in Umgebung der Stadt zwei eigene Weingärten. Dieser Wein erscheint als heuriger bzw. als alter Wein. Als Importsorten wurden Rheinwein, Elsässer, französische und italienische Weine verzeichnet. Der Preis für einen Liter Rheinwein lag zwischen 1399 und 1409 zwischen 17 und 23 Pfennigen. Französische Weine waren besonders teuer: Eine Pipe aus der Gegend von Orléans kostete 1438 24 Mark. Im Vergleich mit Wein war Bier das ganze Mittelalter hindurch wesentlich preiswerter: Für zwei Last Tafelbier wurden 1407 5½ Mark gezahlt, eine Tonne Weißbier kostete 1409 in Thorn 17 Schot. Importbiere wie Wismarer Bier waren mit Preisen von rund fünf Mark pro Last wesentlich teurer. Met hingegen war günstiger, eine Tonne kostete 1404 eine Mark. Für ein Fass Most mussten im Jahr 1400 1½ Mark gezahlt werden.

Die Ernährungslage auf den preußischen Ordensburgen wird hier exemplarisch am Beispiel der Burg Thorn dargestellt, da sie repräsentativ für die Versorgung der größeren Ordensburgen ist. Thorn war als Sitz des Münzmeisters des Ordens und aufgrund seiner Grenzlage politisch bedeutend. Letzteres sowie die Lage an der Weichsel und wichtigen Handelsstraßen machte die Stadt für den Handel wichtig. Der Handel mit Polen lief hauptsächlich über Thorn.

Von den untersuchten Burgen erscheint die Burg Thorn am häufigsten verzeichnet: Zwischen 1375 und 1446 wurden ihre Bestände 24 Mal aufgenommen.[6] Eine Besonderheit ist dabei, dass zwei Mal Inventare in direkt auf einander folgenden Jahren (1383/1384, 1413/1414) sowie in den 1420er Jahren alle zwei Jahre erstellt wurden. Dies bietet die Möglichkeit, Prozesse und Veränderungen in einem sehr engen Zeitraum festzustellen und Änderungen in Nahrungsgewohnheiten zu beobachten.

Die Burg Thorn lag direkt am Ufer der Weichsel. Die hufeisenförmige Anlage verfügte über eine Vorburg, in der sich Anlagen zur Gewinnung und Weiterverarbeitung von Lebensmitteln wie eine Brauerei befanden. Im *Großen Ämterbuch* werden die Konvents- und Komtursküche, der Komturs- und Konventskeller, das Backhaus, der Kornsöller, das Waffenlager und sogar die Kleiderkammer als Bevorratungsorte genannt. Die Küchen befanden sich im Erdgeschoss, wobei ihre genaue Lage unklar ist. Die Keller sind beide noch erhalten. Die Speisesäle befanden sich, um lange Wege zu vermeiden, über den Küchen im ersten Stock.

1428 lebten zwölf Ritter- und ein Priesterbruder auf der Burg Thorn.[7] Das Inventar von 1437 verzeichnet fünfzehn namentlich genannte Ritterbrüder mit der Anzahl Pferde und Waffen.[8] Dazu lebten auf der Burg eine sicherlich mindestens doppelt so große Anzahl von Knechten und anderen Angestellten, so dass man von etwa 50 Personen ausgehen kann.

Die Komturei Thorn verfügte über acht Vorwerke, die von Angestellten bewirtschaftet wurden. Sie hatten unterschiedliche Schwerpunkte: In Alt-Thorn/Stary Toruń wurde Rinder- und Schweinezucht, in Posimsdorf/Lissomicz und Kufros/Kowróz Schafzucht betrieben, während in Casmirsdorf [heute Zakrzewo] eine kleine Schweine- und Schafzucht bestand. In Lewen [ab dem 16. Jhd. Mlewo] und Syden [heute Jedwabno] bestanden ebenfalls Zuchtbetriebe, während auf dem Vorwerk Wenzlau/Unisław der Getreideanbau überwog. Die Vorwerke des Ordens in der Komturei Thorn waren hauptsächlich auf Schafzucht ausgerichtet, wofür sich die flache Gegend gut eignet. Neben diesen ländlichen Höfen bestanden Vorwerke vor der Burg Thorn sowie vor den Burgen Alt-Thorn und Leibitsch/Lubicz, die je einem Pfleger unterstanden.

Die Versorgung einer Ordensburg beruhte auf einem wohl organisierten, von zahlreichen Personen getragenen System: Der Hauskomtur organisierte die Versorgung des Hauses und war für die Beschaffung und Zuteilung der Vorräte und Lebensmittel zuständig. Die einzelnen Amtsträger wie der Mühl- und Fisch-, aber auch der Karwansmeister (zuständig für die Fahrzeuge) hatten von ihrem Etat Geld für den Ankauf von Lebensmitteln abzugeben. Klar geregelt ist diese Vorgehensweise im Elbinger Wirtschaftsplan von 1386, wobei aber auf allen anderen

---

6   Ziesemer (Anm. 1), S. 426–465.
7   Ziesemer (Anm. 1), S. 442.
8   Ziesemer (Anm. 1), S. 449.

preußischen Ordensburgen ähnlich vorgegangen wurde. Dem Elbinger Küchenmeister standen demnach beispielsweise 150 Mark pro Jahr zum Ankauf von Ochsen zur Verfügung. Für bestimmte Produkte wurden speziell beauftragte Einkäufer wie hier ein Eierkäufer entlohnt.

Der Küchenmeister gab die Anweisungen des Hauskomturs an den Koch weiter. Auf der Burg Thorn befanden sich zwei Küchen: die Konventsküche und jene, in der für den Komtur, den Hauskomtur und besondere Gäste gekocht wurde. Das Küchenpersonal bestand aus Küchenjungen, Halbbrüdern und städtischen Mägden. Auf manchen Burgen war für die Firmarie, das Kranken- und Altenheim der Burg, noch ein weiterer Koch angestellt.

Die Vorräte auf der Burg Thorn lassen sich in drei Kategorien einteilen: Zunächst gab es Waren, die nur auf dem Importweg bezogen werden konnten. Dabei handelte es sich um exotische Gewürze wie Pfeffer, Ingwer, Zimt, Nelken, Muskatblüte und -nuss aus Asien und dem Nahen Osten, um Paradieskörner (eine Kardamomart) aus Westafrika, um Mandeln, Feigen, Rosinen und Safran aus dem Mittelmeergebiet, Reis sowie um wertvolle Weine vom Rhein, aus Italien und Spanien, sowie Importbiere.

In eine Mischgruppe gehören Waren, die sowohl importiert bzw. hinzugekauft als auch in Preußen auf den ordenseigenen Vorwerken und Vorburgen produziert wurden. Dazu gehören in erster Linie Fleisch, sämtliche Getreidesorten und auf unterschiedlichen Weisen haltbar gemachter Fisch, der teilweise schon an den Fangplätzen verarbeitet wurde. Käse, Butter, Öl und Schmalz, Rosinen, Mohn und Hanfsamen wurden in Preußen erzeugt, aber auch eingeführt. Krude, eine aus exotischen Gewürzen hergestellte besondere Süßigkeit und somit ein teures Luxusprodukt, wurde sowohl in preußischen Apotheken produziert als auch in verschiedenen Sorten importiert. Honig wurde als Abgabe eingenommen und auch angekauft.

Zu einer dritten Gruppe gehören Erzeugnisse, die vorrangig innerhalb des Wirtschaftssystems der Thorner Komturei oder des Ordens in Preußen produziert wurden. Dazu zählen Eier Wildbret, Gemüse (Erbsen, Linsen, Bohnen, Kraut), Wein im Eigenanbau und Obst sowie die selbstgebrauten Biersorten Konvent und Kollazien.[9] Daneben erscheinen in den Inventaren Sekundärprodukte, die in der Vorratshaltung von den Rohstoffen zu trennen sind: Dazu zählen Grütze sowie verschiedene Brotsorten und Fleischprodukte.

---

9 Das kräftige Starkbier, das manchmal aus Gerste, zuweilen aus Weizen und oft auch aus beidem bestand, hieß bereits im Kloster St. Gallen, wo es entwickelt wurde, ‚Celia'. Möglicherweise hängt der Name Kollazienbier damit zusammen, wahrscheinlicher ist jedoch, dass das Bier seinen Namen nach der Gelegenheit erhielt, zu der es getrunken wurde. Es war in erster Linie für den Vorsitzenden des Konvents, die anderen Gebietiger und vornehme Gäste bestimmt. ‚Conventus' hieß der etwas dünne Absud von dem Rest der Würze der stärkeren Biere, dem noch frisches Hafermalz zugesetzt wurde. Das Getränk war für das Klostergesinde und Bettler bestimmt.

Die Thorner Vorräte setzten sich zwischen 1375 und 1446 wie folgt zusammen: Es wurden mit Roggen, Weizen, Gerste und Hafer sämtliche in Preußen gängigen Getreidesorten bevorratet. Daneben erscheinen Hopfen und Malz. Brot erscheint nicht in den Inventaren, da es frisch gebacken wurde. Überhaupt wurden nur lagerfähige bzw. durch verschiedene Methoden haltbar gemachte Lebensmittel verzeichnet. Man muss sich also die Produktpalette der Inventare um Produkte wie frische Backwaren und Schlachterzeugnisse erweitert denken. An Fleischprodukten finden sich Schafffleisch, Bauchschinken, getrocknetes und eingesalzenes Schweinefleisch, Rindfleisch, Speckfleisch und Bratwürste. Fisch wurde sowohl angekauft als auch in Mühlteichen gefangen. In Teichen auf dem Burggelände sowie in den Burggräben wurden ebenfalls Fische gezogen. Neben dem hauptsächlich konsumierten Hering finden sich in den Thorner Inventaren die Sorten Stör, Stregfus, Bergerfisch, Hecht, Zander und Dorsch sowie mit Rund- und Flachfisch getrocknete Varianten von Kabeljau, Seelachs oder Plötze.

Gemüse wurde ebenfalls sowohl gekauft als auch direkt aus den Gärten auf dem Gelände der Burg bezogen. In den Inventaren erscheinen durchgehend jedoch nur Erbsen. Das Obst wurde eingelegt, da der Verzehr von rohem Obst als gesundheitsschädigend abgelehnt wurde. Es wurde auch zu Säften verarbeitet.[10] In den Thorner Vorwerken wurde Obst angebaut.[11]

Als Speisefette erscheinen Schmalz und Schmer. An Milchprodukten wird in den Inventaren nur Käse mit den Sorten Herren-, Knechte- und Speisekäse genannt. Den immens großen Vorratsmengen zufolge bildete dieser einen elementaren Anteil der Ernährung und spielte auch für die Fastenzeiten eine wichtige Rolle. Durchschnittlich waren in Thorn pro Verzeichnungstermin 5.100 Käse vorrätig.

In den Inventaren für die Burg Thorn wurden neben den Vorräten auch Küchengeräte verzeichnet. Im Jahre 1413 fanden sich neben Feuerrosten und Pfannenständern sechs Kessel, sieben große Eisentöpfe, zwei kleine Firmarietöpfe, zwei ungarische Töpfe, ein Kupfersieb, vier Bratspieße und ein Mörser. Im Laufe der Zeit wurden die Küchengeräte allmählich zahlreich und um spezielle Geräte ergänzt. So hatte sich die Palette 1428 um Feuerschaufeln, Bretter, Tiegel, einen Dreifuß, ein Fleischbeil und ein Knochenmesser, eine Brat- und Backpfanne sowie um einen Fischkessel vermehrt. 1436 wurden außerdem Haken und Reiben, eine Senfmühle sowie ein Krudesieb verzeichnet. Die Geräte spiegeln eine allmähliche Professionalisierung der Küchenarbeit wider. Im Inventar von 1446 findet sich die genaueste Geräteauflistung: Neben zehn Kesseln erscheinen drei Kannen, von de-

---

10 Ziesemer (Anm. 1), S. 11, verzeichnet für die Burg Königsberg 1407 eine Tonne Kirschsaft. Auch Bier wurde mit Kirschsaft verfeinert.
11 Der Tressler bezahlte dem Thorner Komtur am 26. März 1399 eine Mark sechzehn Schot für Propfstämme und noch einmal sechzehn Schot an einen Fuhrmann für deren Transport von Thorn nach Marienburg. Am 23.02.1409 erhielt ein weiterer Fuhrmann vom Tressler acht Schot, „der kirsbome und propryser ken Elbinge furte." Joachim (Anm. 4), S. 25f. und 536.

nen zwei aus Stahl waren, sowie zwei Speisestützen, zwei Trichter, zwei Zapfhähne, zwei Salzfässer und mehrere Tischtücher. Hier wird erstmals eine Trennung zwischen Küchen- und Speisegerät vorgenommen.

Im Back- und Kornhaus in der Vorburg wurde hauptsächlich Getreide gelagert, doch es gab auch Ausnahmen: So fanden sich Bratwürste im Backhaus, Schweinefleisch, Karpfen oder Schmalz im Waffenlager, Wein in der Kleiderkammer, und Rindfleisch, Butter und Hopfen wurden auch einmal in der Kammer des Hauskomturs aufbewahrt. Normalerweise jedoch wurden alle Fischsorten sowie Speisefette, Ölfrüchte, Schweine- und Pökelfleisch, Wildbret von Hirsch und Reh, Erbsen, Essig, Reis und Senf in über fünfzig Prozent der Vorkommen in der Küche gelagert. Ausdrücklich der Konventküche zugeordnet wurden Schinken, Hirse, Grütze, Hanfsamen. Wildschwein-, Hammel- und Schaffleisch, Bergerfisch, Mandeln, und Feigen erscheinen sowohl in der Küche als auch in der Konventküche. Die Hopfenvorräte lagerten sowohl im Konventkeller als auch im Brauhaus. Das vorrätige Korn wird zumeist ohne Ortsangabe zum Beginn der Inventare angeführt. Zweimal wurde es dem Backhaus zugeordnet und einmal dem Söller. Mehl wurde im Backhaus und in der Konventküche bevorratet. Für Roggen, Hafer, Gerste fehlen nähere Angaben, doch ist davon auszugehen, dass diese Getreidesorten ebenfalls auf den Söllern aufbewahrt wurden. Bier wurde hauptsächlich im Konventkeller und in nur einem Viertel der Fälle im Komturskeller gelagert. Auch Met wurde häufiger hier aufbewahrt.

Die verschiedenen Getreidesorten wurden auf der Burg Thorn bis 1420 unregelmäßig bevorratet. Beim Roggen ist eine von leichten Wiederanstiegen unterbrochene kontinuierliche Abnahme der Mengen festzustellen, die Höchstmenge lag bei 317 Last. Kornzins, eine Getreideabgabe, wurde nur 1383 bis 1397 verzeichnet. Hier wurden regelmäßig fünf Last Korn eingenommen. Besonders auffällig ist, dass sich für Weizen in den Inventaren keine Einträge finden. Dies bedeutet, dass er durchgehend zugekauft werden musste. Auch Mehl wurde offenbar, wohl auf dem städtischen Markt, angekauft, denn 1424 bis 1446, als kaum Brotgetreide auf der Burg gelagert wurde, war Mehl durchgehend vorhanden. Die Vorräte lagen zwischen 1,45 und 14 Last mit insgesamt sinkender Tendenz. Die Hafervorräte entwickelten sich auf deutlich geringerem Niveau sehr viel wechselhafter, die maximale Vorratsmenge lag bei 3.300 Scheffeln. Hirse und Gerste wurden jeweils vier Mal verzeichnet, wobei in beiden Fällen nur geringe Mengen vorrätig waren. Die geringe Durchschnittsmenge der Gerstevorräte verwundert angesichts der Brautätigkeit auf der Thorner Burg. Die Vorräte korrelieren aber bis auf einen Fall mit den Vorräten der in Eigenregie gebrauten Sorten des Konvent- und Kollazienbieres. Dies trifft auch für die Bevorratung von Hopfen zu. Dieser wurde in den Inventaren dreizehn Mal verzeichnet. 1375 fand sich die hohe Menge von 2.500 Scheffeln, die weiteren Vorräte pendelten sich bei durchschnittlich 477 Scheffeln ein.

Reis wurde nur drei Mal mit Mengen zwischen zwei und vier Steinen bevorratet. Dies ist ein Hinweis darauf, dass die Thorner Fastenspeisen auf einem qualitativ niedrigeren Niveau lagen, bei dem auf exquisite Zutaten weitgehend verzichtet wurde. Die sieben Mal bevorratete Grütze kann nicht als Ersatz angesehen werden, sondern wurde als Beilage verwendet. Sie bestand aus Getreide, vielfach wurde aber auch eingekochtes Gemüse gereicht. Die Vorratsmengen schwanken zwischen 0,4 und 3,5 Tonnen, wobei auffällt, dass alle Einträge für Grütze im letzten Drittel des Inventarisierungszeitraums liegen. Möglicherweise ist dies ein Hinweis auf ein allmählich sinkendes Ernährungsniveau auf der Thorner Burg. Die Zunahme dieser Beispeise korreliert mit der gleichzeitigen Abnahme der Viehzahlen in den Vorwerken.

Insgesamt wurde in Thorn eine recht große Auswahl unterschiedlicher Sorten Schweine-, Rind-, Schaf- und Wildfleisch bevorratet. Am häufigsten vertreten waren Schweinehälften, die in 22 der 24 Inventare erscheinen. Die Vorräte lagen zwischen 1384 und 1440 bei Mengen zwischen einem und vier Schock. Als weitere Erzeugnisse aus Schweinefleisch wurden Schinken, Bratwürste und Pökelfleisch verzeichnet. So waren im Jahre 1422 2.220 Bratwürste, zwischen 1436 und 1441 zwischen 60 und 80 Bauchschinken vorrätig. Schweinepökelfleisch wurde nur drei Mal verzeichnet, da diese Technik der Konservierung hauptsächlich bei Rindfleisch angewandt wurde. Es erscheint auf der Thorner Burg in fünf Variationen: als Trockenfleisch, an Spießen, in Form ganzer eingesalzener Tiere, in Trögen aufbewahrter Rümpfe und als Frischfleisch, wobei dessen Aufbewahrung unklar ist. Rindfleisch erscheint in 18 der 24 Inventare. 1422 wurden 148 Spieße Rindfleisch, 1436 15 Tröge Ochsenfleisch bevorratet. Letzteres spielte eine wichtige Rolle in der Thorner Fleischküche. Insgesamt bestand die Fleischpalette bis 1420 aus unverarbeiteten aber konservierten Schweinehälften, Ochsen und Rindern, aus Spießen Rindfleisch und gepökeltem Ochsenfleisch. Ab 1433 wurde dieses Angebot durch diverse Schweinefleischprodukte ergänzt. Im Unterschied zu Schweinefleisch war kein Rindfleischprodukt durchgehend in Thorn vorhanden.

Schaffleisch wurde auf der Thorner Burg in sehr viel geringerem Umfang als Rind- und Schweinefleisch bevorratet. Es erscheint in den Inventaren nur sieben Mal. Neben eingesalzenen Fleischstücken wurden auch ganze Tiere in Salz eingelegt bzw. das Fleisch auf Spieße gezogen. Wildbret war die am seltensten konsumierte Fleischsorte. 1422 waren 67 Spieße Wildschweinfleisch, sieben Spieße Hirsch- und elf Spieße Rehfleisch vorrätig. Diese großen Mengen und verschiedenen Sorten deuten auf einen besonderen Anlass hin, zu dem gejagt wurde. Möglicherweise hatte der Hochmeister von Thorn aus eine Jagdgesellschaft mit Gästen abgehalten. Die Jagd war den Ritterbrüdern eigentlich nicht erlaubt.

Fisch war offenbar stets in ausreichender Menge vorhanden, denn nur fünf der 24 Inventare weisen keine Einträge für Fisch auf. Am häufigsten wurde Hering bevorratet: 1392 fanden sich an schonischem und bornholmischem Hering insgesamt 48 Tonnen. In den 1420er und 1430er Jahren sanken die Vorräte allmählich auf zwei Tonnen ab. Andere Fischsorten waren nicht annähernd so häufig vertreten wie Hering und wurden eher punktuell gelagert, wie etwa Flachfisch in den Jahren 1436–1440. Hechte und Bergerfische erscheinen nur im zweiten und vierten Jahr der Inventarisierung. Stör, Lachs und Zander wurden ähnlich selten verzeichnet.

So wurden 1384 ein Schock Stör, 1438 eine Tonne Lachs und 1418 540 Zander bevorratet. Die Palette verschob sich vom preiswerten Hering im Lauf der Zeit zu den teureren Fischen. Je mehr Hering, desto weniger von den anderen, teureren Sorten war vorrätig.[12]

Bis 1428 war durchgehend Käse in Mengen von mindestens 1.400 Stück vorhanden. Die verschiedenen Sorten zeigen die hierarchisch beeinflusste Konsumrangfolge: Neben Herren- und Knechtekäse wurden Speise- und Gesindekäse bevorratet. Die Bevorratung von Käse kann in drei Phasen aufgeteilt werden: Zwischen 1375 und 1413 wurden durchschnittlich 3.560 Stück, 1418 bis 1428 durchschnittlich 4.900, und 1436 bis 1446 durchschnittlich 970 Stück bevorratet. Im letzten Abschnitt fand sich eine erhöhte Sortenvielfalt. Dies hat seinen Grund darin, dass zwischen 1418 bzw. 1438 und 1446 nur je einmal Schafe und einmal Rinder gezählt wurden, die aber zur Produktion der aufgelisteten Käsevorräte nicht ausgereicht hätten.[13] Somit ist ganz klar von einem Ankauf auf dem städtischen oder überregionalen Markt auszugehen. Dies bot die Gelegenheit, verschiedene Sorten gleichzeitig zu erwerben, ohne auf die Beschränkungen der eigenen Produktion Rücksicht nehmen zu müssen.

Die Speisefette Butter, Öl und Schmalz wurden mit Ausnahme des Jahres 1381 in jedem Inventar verzeichnet, die Versorgung kann also als hervorragend bezeichnet werden. Butter wurde 22 Mal aufgeführt. Besonders hohe Vorräte finden sich in den Angaben zu den Jahren 1383, 1384, 1422 und 1424 mit bis zu 10 Tonnen. Ab 1433 sanken die Vorräte, was mit den geringeren Viehbeständen in Verbindung gestanden haben könnte. Besonders von diesem Zeitraum an wurden geringe Mengen von Öl und Schmalz als Ersatz bzw. Ergänzung bevorratet. Schmalz wurde jedoch schon vorher und insgesamt neun Mal bevorratet. Die Mengen unterlagen starken Schwankungen zwischen 25 Tonnen (1381) und einer Tonne (1418). Durchschnittlich waren 5,8 Tonnen Schmalz vorrätig. Auch dieses Produkt erscheint in verschiedenen, einer Hierarchie zugeordneten Ausformungen. Herrenspeiseschmalz wurde fast ebenso häufig verzeichnet wie normales Schmalz, 1407 fanden sich sogar sechzehn Tonnen davon. Öl war nur drei Mal in Mengen zwischen einer und zwei Tonnen vorhanden. Daneben wurden aber Vorräte an Samen

---

12 Eine sehr instruktive Übersicht über die große Palette der im Ordensland Preußen erhältlichen Fischsorten und ihre Preise bieten Zenon Hubert Nowak u. Janusz Tandecki (Hg.): Księga rachunkowa urzędów rybickich komturstw malborskiego i dzierzgońskiego 1440–1445 [Rechnungsbuch der Fischmeister der Deutschordenskommenden Marienburg und Christburg 1440–1445], Toruń 1997 (Towarzystwo Naukowe w Toruniu. Fontes 82).

13 Die starke Reduktion beider Viehsorten hat ihren Grund möglicherweise zum einen in der nachhaltigen Zerstörung der Weideflächen durch die Ausläufer der Schlacht von Tannenberg/Grunwald. Zum anderen ist es möglich, dass die Thorner Viehweiden sehr nachhaltig von Söldnern geplündert wurden und sich die Bestände erst allmählich wieder erholen konnten. Es kommt jedoch auch eine, aus diesen Ursachen resultierende, Umstellung der Zuchtprogramme in Frage.

von Ölfrüchten wie Hanf- und Rübensamen aufgeführt. Ein weiteres, in den preußischen Inventaren häufig auftretendes Speisefett war Schmer. Hierbei handelt es sich um nicht ausgelassenen Talg vom Bauchfettgewebe des Schweins, also eine Vorstufe von Schmalz. Er war vierzehn Mal vorhanden, wobei bei den Einträgen häufig Gewichtsangaben fehlen. 1431 wurde die große Menge von 40 Tonnen bevorratet. Schmer wurde möglicherweise zum Anbraten genutzt.

In den Thorner Inventaren finden sich weder Kraut noch Bohnen. Letztere wurden erstmals während der Hochmeisterzeit Albrechts von Brandenburg-Ansbachs (1511–1525) erwähnt. Das einzige erwähnte Gemüse sind Erbsen, die in vier Phasen bevorratet wurden: 1381 bis 1384 war die sehr geringe Durchschnittsmenge von vierzehn Scheffeln vorrätig. Zwischen 1397 und 1418 lagen die Vorräte nach einem sehr hohen Anfangswert von knapp 350 Last bei etwa drei Last. Dieser hohe Vorrat war wohl kaum als Hausvorrat gedacht, sondern sicherlich ein Vorrat für die Versorgung im anstehenden Gotlandfeldzug. 1422 bis 1424 lagen die Vorräte unter 100 Scheffeln. Durch die eng bei einander liegenden Inventarisierungstermine ist es möglich, den Jahresverbrauch zu errechnen: In fünfzehn Monaten wurden 66 Scheffel von etwa zwanzig Bewohnern verbraucht, so dass auf jede Person pro Monat ein Fünftel eines Scheffels entfiel. 1440 fanden sich nur noch 28 Scheffel, was die stetig absinkende Bevorratung von Erbsen gegen Ende des Untersuchungszeitraums belegt.

Salz wurde auf der Thorner Burg in den Sorten Traven- und Baiensalz bevorratet.[14] Letzteres war Meersalz aus Südeuropa, das häufig mindere Qualität aufwies. Es wurde in großen und kleinen Tonnen gelagert. 1414 war die große Menge von 128 Tonnen vorrätig, 1428 bis 1441 wurden durchschnittlich 8,75 Tonnen gelagert. Salz war überaus wichtig für die Konservierung der Fleischvorräte und als Futterzugabe für das Vieh.

Die Bandbreite an Küchengewürzen war in Thorn nicht sehr groß: Senf wurde neun Mal mit durchschnittlich knapp einer Tonne bevorratet. Die teuren, zur Herstellung der süßen Fastenspeisen benötigten Feigen wurden lediglich 1383 und 1384 mit je einem Korb verzeichnet. Ein Indiz dafür, dass es sich bei ihnen um ein echtes Luxusprodukt handelte, ist, dass auch auf anderen Burgen meist nur ein Korb und dies auch nur sehr selten bevorratet wurde. Mohn, ebenfalls wichtig für die Fastengerichte, wurde zwischen 1381 und 1410 mit durchschnittlich knapp sieben Scheffeln bevorratet. Honig wurde in Thorn nur sieben Mal verzeichnet, was angesichts seiner Bedeutung als natürlicher Süßstoff verwundert. Durchschnittlich waren 4,2 Tonnen vorrätig.

---

14 Bei Travensalz handelt es sich um Salz aus der Gegend von Lüneburg, das über Lübeck nach Preußen eingeführt wurde. Aus den königlich polnischen Bergwerken in Wielicka bei Krakau wurde kein Salz bezogen, da der Seetransport wesentlich einfacher war als jener auf der Weichsel, da deren Schiffbarkeit stets größeren Unwägbarkeiten unterlag.

In den Thorner Kellern lagerten sieben verschiedene Sorten Bier. Ungewöhnlich ist, dass die auf den meisten anderen preußischen Burgen hauptsächlich bevorrateten Sorten, nämlich Konvent- und Kollazienbier, recht selten bevorratet wurden. So wurde Kollazienbier sieben Mal mit der Höchstmenge von 48 Tonnen (1414) gelagert, Konventbier wurde fünf Mal in Mengen bis zu 21 Fass gelagert. Märzbier wurde ebenfalls sieben Mal verzeichnet. Hiervon fanden sich zwischen 1410 und 1414 durchschnittlich knapp 42 Tonnen. Die teureren Sorten Danziger, Schweidnitzer und Wismarer Bier wurden nur zwei bzw. drei Mal mit Mengen bis zu 32 Tonnen in den Inventaren registriert. Bei der Lagerung aller Biersorten fällt auf, dass sie erst ab 1420 regelmäßiger bevorratet wurden. Wein hingegen war bis 1414 durchgehend vorhanden. In diesem Jahr fanden sich 36 Tonnen und fünf Fass. Danach wurde er nur noch sporadisch verzeichnet. 1392 wurden 20 Fass heuriger Wein aufgeführt. Hierbei handelt es sich eindeutig um Thorner Landwein. Bei den anderen Einträgen ist nicht klar erkennbar, welche Sorte gemeint war. Met wurde zwischen 1407 und 1418 durchgehend mit 3,3 Tonnen und zwei Fass bevorratet. Später erscheint er nur noch sporadisch. Most, wohl Apfelmost, wurde drei Mal verzeichnet, so im Jahre 1407 mit 18 Tonnen, und war somit das am seltensten in Thorn konsumierte Getränk.

Die Statuten des Ordens enthalten Vorschriften für die Versorgung und Ernährung der Brüder[15]: Zweimal pro Tag sollte an drei Tafeln gegessen werden. An der Konventstafel saß der Meister (Komtur) mit allen Amtsträgern, Ritter- und Priesterbrüdern und Graumäntlern, an der zweiten Tafel nahmen die Diener Platz, die dritte war den Knechten vorbehalten und Personen, die eigentlich an eine der ersten beiden Tafeln gehörten, sich aber verspätet hatten. In Thorn wurde wohl neben der Konventstafel noch der Jungherrentisch für Ordensnovizen und jüngere Brüder abgehalten. Darauf weisen die in den Inventaren verzeichneten Jungherrentischtücher hin.

An der Konventstafel herrschte eine spezielle Sitzordnung, in der sich die ordensinterne Hierarchie spiegelte. Der Komtur nahm am Kopf der Tafel Platz, an seiner Seite folgten die verschiedenen Amtsträger und danach kamen die kampffähigen Ritter, gestaffelt nach ihrer Wehrfähigkeit, die an Besitz von Pferden und Harnisch gemessen wurde. Nachdem man Platz genommen hatte, sprachen die Priesterbrüder den Segen, das Vaterunser und das Ave Maria. Dann bedienten sich die Anwesenden aus Schüsseln. Während des Mahls wurden biblische Texte verlesen und die Essenden sollten schweigen, damit „in alleine die gûmen iht werde gespîset, sunder ouch ir ôren hungere nach Gotes worte".[16] Bei Bedarf durften sie sich kurz mit den bedienenden Brüdern unterhalten. Nach Beendigung der Tafel wurden wiederum zwei Vaterunser und zwei Ave Maria gebetet und die Aufgaben

---

15 Max Perlbach: Die Statuten des Deutschen Ordens nach den ältesten Handschriften. Nachdruck der Ausgabe Halle a. S. 1890, Hildesheim 1975.
16 Perlbach (Anm. 15), S. 44.

für den weiteren Tag verteilt. An Fastentagen fand die Kollation in Form von Wein (Abendtrunk) statt, wonach die Brüder zum Nachtgebet (Komplet) eilen sollten.[17]

Außer zu den Fastenzeiten, also an ca. 150 Tagen im Jahr, war den Brüdern nach den Statuten des Ordens der Fleischgenuss an Dienstagen, Donnerstagen und Sonntagen erlaubt. Montags, Mittwochs und Samstags „mugen sî ezzen kese und eier unde an dem frîtage sulen si ezzen fastelich spîse".[18] Dazu sollten Pfannenspeisen wie Pfannkuchen oder Waffeln gereicht werden. Zu den Fleischspeisen sollten ein Brei aus Erbsen oder Getreide und zu jeder Mahlzeit Brot sowie Bier erlaubt sein.

Vor der Mahlzeit segneten die Priesterbrüder die Speise. Je zwei Brüder aßen zusammen aus einer Schüssel, mit Ausnahme des Breis, der als Grundnahrungsmittel jedem einzeln gereicht wurde. Warme Gerichte wurden nacheinander serviert, nicht zusammen. Das zur persönlichen Habe gehörende Messer wurde von jedem Ritterbruder zur Mahlzeit mitgebracht, während Trinkgefäße und andere Besteckteile gestellt wurden. In den Thorner Inventaren finden sich 1392 unter anderem zehn silberne Löffel. 1446 erscheint erstmals ein Salzfass. Neben Schüsseln und Bechern – so wurden 1397 vierzehn Trinkbecher aufgeführt – wurden auch Hand- und Tischtücher für die Tafeln der Ritter und der Diener erwähnt. Auch hier, bei den Utensilien, gab es wie bei den Speisen qualitative Unterschiede.

Die Statuten legten besonderen Wert darauf, dass alle gleichmäßig mit Speis und Trank versorgt würden. Niemand sollte bevorzugt werden, doch auch übermäßiges Fasten war nicht gern gesehen. Zu allen Speisen wurde Brot gereicht. Auch hier gab es hierarchische Unterschiede. So erhielten die Ritterbrüder Weißbrot, die Knechte hingegen das so genannte Torkoppelbrot. Eine weitere regelmäßige Beilage war Brei. Die Kranken in der Firmarie sollten wegen des Salzgehaltes kein Rindfleisch, gepökeltes Fleisch oder gesalzenen Fisch erhalten. Käse, Linsen und ungeschälte Bohnen wurden als unbedenklich eingestuft. Übermäßiges Würzen war untersagt und bei der Speisenzubereitung sollte das Gebot der Bescheidenheit und Zurückhaltung beachtet werden. Dies widerspricht aber den im 15. Jahrhundert verwendeten Zutaten für die Fastenspeisen wie Safran, Nelken, Feigen und Kardamom, allesamt aufgrund ihres Preises Luxusprodukte. Pfeffer wurde in Preußen sogar als Abgabe eingenommen.

Die Brüder sollten nur während der Mahlzeiten Wein oder Bier erhalten, sonst hatten sie sich mit Wasser zu begnügen. Abends nach der None und zur Kollation erhielten die Brüder Wein. Seine Verfeinerung durch Zusätze war nicht erlaubt. Während eines Feldzuges sollten je zwei Brüder vier Quart Wein pro Tag erhalten, was etwa einem Liter entspricht. Auch aus dieser Regel spricht die Sorge vor übertriebenem Luxus und der Minderung der Kampfkraft.

---

17 Angesichts des deutlichen Übergewichts der Bier- im Vergleich zu den Weinvorräten auf den preußischen Burgen ist davon auszugehen, dass zu dieser abendlichen Versammlung das wohl schließlich nach ihr benannte Bier getrunken wurde.
18 Perlbach (Anm. 15), S. 42f.

Die beiden Hauptmahlzeiten fanden um neun Uhr morgens und zwischen 15 und 18 Uhr nachmittags statt. Daneben wurde zum Frühstück etwas Brot, Käse oder Schinken gegessen und zur Mittagszeit ein Imbiss aus Wein, Bier und Brot eingenommen.

Für die Burg Thorn sind drei Köche genannt: 1428 werden „Hannus der Kochmeister und sein Vorgänger Kesseler der alde kochmeister" erwähnt. Letzterer verbrachte sein Altenteil in der Firmarie der Burg.[19] 1437 erscheint in der Liste der Brüder deutscher Herkunft der „kuchmeister Pawel Molner".[20] Er verfügte über zwei Pferde und einen Harnisch und war somit ein kämpfender Ritterbruder. Es ist unwahrscheinlich, dass er wirklich gekocht hat, sondern es handelte sich bei ihm sicherlich eher um den Verwalter des Küchenamtes. Hannus und Kesseler, so wird 1437 ausdrücklich erwähnt, hatten weder Harnisch noch Pferd. Der an gleicher Stelle genannte „Peter von Elcze kellirmeister" verfügte als Ritterbruder ebenfalls über zwei Pferde, besaß jedoch keinen Harnisch.

Was in der Küche der Thorner Burg von Hannus und seinen Kollegen gekocht wurde, lässt sich anhand der Inventare erahnen. Einen Hinweis darauf, wie die Palette der Speisen ausgesehen haben könnte, gibt das so genannte Deutschordens-Kochbuch aus der zweiten Hälfte des 15. Jahrhunderts. Hierbei handelt es sich offenbar um eine zumindest partielle Kompilation aus anderen Kochbüchern wie dem *Buch von guter Spise*.[21]

Fische wurden demnach gebraten, gekocht, gefüllt, überbacken und in Aufläufen verarbeitet. Rindfleisch wurde im Kessel gekocht oder, wie auch Schweinefleisch, in Grapen zu Pasteten verkocht und verdickt. Die Hauptzutat wurde meist zerstoßen, mit Ei und Brot vermischt, dazu kamen dann Petersilie, Knoblauch und Gewürze wie Pfeffer, Salbei, Kümmel, Safran, Ingwer und schließlich wurde die Masse gebacken oder gebraten. Weiterhin bietet das Kochbuch eine Reihe von Rezepten für Pasteten von Leber und Lunge, für verschieden gefärbte, gebratene Hühner, für Bratgerichte vom Rindfleisch, für süße Sülze, gepressten Schweinskopf, verschiedene Soßen und Sauerkraut. Neben den Fleischgerichten finden sich auch zahlreiche Rezepte für Fastenspeisen wie die Galrey, eine kompliziert zuzubereitende Fischpastete, zahlreiche Eierspeisen, Süßspeisen aus Reis und Mandeln wie Blanc Manger, Scheingerichte wie Fastenbratwürste aus Lebkuchenteig sowie Fischgerichte für Heiligabend und Silvester. Es folgen Rezepte für Süßspeisen mit Obst wie etwa Äpfeln und Eierkuchen. Soßen wurden auf Essig- oder Weinbasis erstellt, und als Bratfett empfiehlt das Kochbuch Schmalz. Die Vorratsmengen zeigen, dass Schweinefleisch, Fisch, Käse und Erbsen die konstituierenden Elemente des Thorner Speiseplans waren. Die Vorräte lassen auf eine häufige Präsenz von

---

19 Ziesemer (Anm. 1), S. 442.
20 Ziesemer (Anm. 1), S. 449. Die Schreibweise des Namens ‚Pawel' wurde in der Edition fälschlich von ‚u' nach ‚w' verändert.
21 Hermann Gollub: Aus der Küche der deutschen Ordensritter. In: Prussia 31 (1935), S. 118–124.

Mehlspeisen schließen. Rind-, Hammel-, Schaf- und Wildfleisch erschienen seltener. Als Speisewürze wurde sehr häufig Senf benutzt.

Die auf der Thorner Burg gelagerten Lebensmittel wurden zu beinahe 77 Prozent auf den Vorwerken, der Vorburg oder der Burgfreiheit produziert. Obwohl Thorn auch Hansemitglied war und eine wichtige Rolle im Weichselhandel spielte, basierte die Versorgung der Burg doch zum überwiegenden Teil auf Eigenwirtschaft. Dies bedeutet eine partielle Unabhängigkeit von den preußischen Märkten, was sich jedoch gegen Ende des Beobachtungszeitraums zu größerer Bedarfsdekkung durch Einkauf bei den städtischen Kaufleuten hin verschob.

Der Großteil der Vorratsmengen auf der Thorner Burg verringerte sich im letzten Drittel des Beobachtungszeitraums beträchtlich. Bier, Wein, Importfisch und Käse waren zwar weiter in ausreichendem Maße vorhanden, doch die Vorratsmengen der anderen Lebensmittel sanken, bedingt durch die schlechte finanzielle und politische Lage, deutlich ab. Beispiele dafür sind, dass sich ab 1407 die Getränkevorräte von Wein zu Bier hin verschoben, sowie die Bevorratung von Hirse und Grütze, die ab 1422 in recht hohem Maße als preiswertere Produkte den Mangel an Teurerem ausgleichen mussten.

Insgesamt sank also der Versorgungsstandard allmählich ab, während die Vorratsmengen aber trotzdem ausreichend blieben. Dieses Phänomen ist auch auf anderen Burgen zu beobachten. Von der Mitte der 1430er Jahre bis in die 1450er Jahre und dann noch einmal im Inventar für 1507/08 erscheinen dann neue Lebensmittel wie fünfzehn Würzweine und Obstsäfte sowie Wildbret. Dies weist auf eine Veränderung des qualitativen Standards und der Ansprüche zum Ende des Beobachtungszeitraums hin. Insgesamt kann man für die Burg Thorn aber sowohl quantitativ als auch qualitativ einen mittleren Standard annehmen. Den Ritterbrüdern wurde keine höfische, aber eine durch verschiedene Fleischsorten, exotische Gewürze und Wein verfeinerte, gehobene Ernährung geboten. Von luxuriöser Ernährung wie am Hof des Hochmeisters auf der Marienburg waren die Thorner Ritter aber sicherlich weit entfernt. Die Verwendung diverser Gewürze und der Genuß von zahlreichen verschiedenen Sorten Wein und Bier ist zwar auch Ausdruck der hohen sozialen Stellung der Ritter. Dennoch wurde das Essen beim Deutschen Orden, anders als an zeitgenössischen Höfen, in deutlich geringerem Maße zelebriert.[22] Wichtig war die Erhaltung der Kampfkraft der Ritterbrüder. Diese wurde durch eine Kost gewährleistet, in deren Mittelpunkt Fleisch und Fisch, weniger jedoch aufwendige Extravaganzen und spezielle Rezepte standen.

---

22 Vergleiche dazu Massimo Montanari: Der Hunger und der Überfluß. Kulturgeschichte der Ernährung in Europa. München 1993 (Europa bauen), S. 111ff. sowie Ernst Schubert: Essen und Trinken im Mittelalter. Darmstadt 2006, S. 249f.

Übersicht über Mengenangaben, Gewichts- und Hohlmaße und Münzen

Mengenangaben
1 Schock = 60 Stück
1 Last = 60 Scheffel (bei Getreide)

Gewichtsmaße
1 Schiffslast = 4000 Pfund = 2 Tonnen = 40 Zentner = 1 Tonne Waren = 20 Zentner
1 Last = 12 Schiffspfund = 30 Zentner
1 Pfund = 2 Mark = 16 Unzen = 32 Lot

Hohlmaße
1 Kulmischer Scheffel: 52,387 Liter = 36 Stof
1 Breslauer Scheffel: 73,9 Liter
1 Leslauer Scheffel: 54 Liter
1 Tonne = 92 Stof (variierte je nach Inhalt)
1 Stof = 1 Kanne = etwa 1,15 Liter, aber bei Met und Wein = 1,425 Liter
1 Last Getreide = 60 Scheffel
1 Last Honig = 12 Tonnen
1 Last Bier = 12 Tonnen
1 Last Asche = 10 Tonnen
1 Last Salz = 16 Tonnen

Münzen
1 Mark = 4 Vierdung = 24 Skot = 45 Halbschoter = 60 Schilling = 180 Vierchen = 720 Pfennige.[23]

---

[23] Nach 1410 wurde, bedingt durch den starken Geldwertverfall, durch Hochmeister Michael Küchmeister 1416 eine „gute Mark" zu zwei „schlechten Mark" eingeführt. Die gute Mark war 720, die schlechte 360 Pfennige wert. Die Mark Silber blieb allerdings Recheneinheit und wurde nicht ausgeprägt.

Andrzej Kątny

Zum kulinarischen Wortschatz des Polnischen im Lichte der deutsch-polnischen Sprach- und Kulturkontakte

Die Küche und das Essen hängen mit der Geschichte einer Kultur und mit „der Entstehung und Prägung kollektiver Identitäten"[1] zusammen. Muster und Normen der kulinarischen Sitten bilden wichtige Elemente des Kulturkodes, mit dessen Hilfe sich die Gesellschaft verständigt.[2]

„Auch unsere Geschmackspräferenzen sind ungeachtet unserer Individualität sehr deutlich kulturell und mithin historisch geprägt und bedingt. Die betreffenden Gewohnheiten, Normen und Ansichten sind Teil unserer kulturellen Identität und insofern Produkte unserer Geschichte, die über ‚Wohlgeschmack und Widerwillen' […] mitentscheidet."[3]

In der ethnologischen Forschung wird auf die starke Konstanz der regionalen Speisen und Essgewohnheiten[4] hingewiesen:

„Für den einzelnen bedeuten die heimatlichen Speisen […] einen wesentlichen Teil seiner Heimatbindung, welcher ihm bewußt wird, sobald er in eine andere Umgebung kommt […] Heimatliche Speisen und Getränke in der Fremde genossen, können die ganze Heimat vergegenwärtigen."[5]

Ulrich Tolksdorf[6] zeigt etwa, dass die Ostflüchtlinge den Konsum sowie teilweise das Sammeln von Pilzen in Norddeutschland bekannt machten. Auch deutsche Einwanderer in den USA, die längst ihre Muttersprache vergessen haben, „pfle-

---

1 Alois Wierlacher: Kultur und Geschmack. In: Alois Wierlacher, Andrea Bogner (Hg.): Handbuch Interkulturelle Germanistik. Stuttgart 2003, S. 162.
2 Vgl. Małgorzata Witaszek-Samborska: Studia nad słownictwem kulinarnym we współczesnej polszczyźnie [Studien zum kulinarischen Wortschatz im Gegenwartspolnischen]. Poznań 2005, S. 7.
3 Wierlacher (Anm. 1), S. 169.
4 Vgl. etwa Ulrich Tolksdorf: Essen und Trinken in Ost- und Westpreußen. Teil 1. Marburg 1975, S. 15ff.
5 Richard Weiß: Volkskunde der Schweiz. Erlenbach, Zürich 1946, S. 132f., zit. nach Ulrich Tolksdorf: Das Eigene und das Fremde. Küchen und Kulturen im Kontakt. In: Alois Wierlacher, Gerhard Neumann, Hans J. Teuteberg (Hg.): Kulturthema Essen. Ansichten und Problemfelder. Berlin 1993, S. 188f.
6 Ulrich Tolksdorf: Essen und Trinken in alter und neuer Heimat. In: Jahrbuch für ostdeutsche Volkskunde 21 (1978), S. 350.

gen [...] erstaunlicherweise immer noch bestimmte Elemente älterer deutscher Landschaftsküchen".[7] Nahrungsmittel und Gerichte können zu Heimatsymbolen werden.

Allgemeines zum Sprachkontakt

Die Lehnwörter im Wortschatz der Nationalküche eines gegebenen Landes liefern Hinweise auf direkte und indirekte Kontakte dieses Landes mit anderen Sprachen und Kulturen. Die zwischenkulturellen Kontakte werden in der Regel durch die Sprache registriert – sie hinterlassen Spuren unter anderem in Gestalt von Entlehnungen, Lehnbildungen – Lehnübersetzungen und -übertragungen – und Lehnbedeutungen[8]. Diese Spuren sind durch folgende soziale Faktoren[9] bedingt: die Kontaktdauer, die Zahl der Sprecher, die Anzahl der bilingualen Sprecher, die sozioökonomische Dominanz, die Einstellung der Sprecher.

Deutsche Lehnwörter, darunter auch die der kulinarischen Lexik, sind in großer Anzahl in den benachbarten slawischen Sprachen zu finden; weniger bekannt ist die Tatsache, dass es viele kulinarische Ausdrücke deutscher Herkunft im Englischen gibt, von denen manche schon veraltet sind oder nur regional gebräuchlich sind. Einige Beispiele[10] mögen dies veranschaulichen:

- Speisen: Sauerkraut, speck, pumpernickel, pretzel, knödel, kuchen, schnitzel, leberwurst, pfefferkuchen, hamburger, bratwurst, hamburger steak, strudel, zwieback, Emment(h)aller, Linzer torte, Sacher torte, stollen, schlagsahne, rollmops, knackwurst, spaetzli, klops, schlagobers,
- Getränke: Allasch, (Danziger) goldwasser, seltzer (water), Rudesheimer, schnaps, Liebfrauenmilch, Riesling, Auslese, lager beer, bock (beer), kümmel, kirsch, Pilsner, Sekt, Spätlese, heurige, tafelwein.

Die Mehrzahl dieser Entlehnungen hängt mit den deutschen Einwanderern in die USA, insgesamt etwa sechs Millionen, zusammen. Ein Teil der Wörter kann auch

---

7 Hans J. Teuteberg: Prolegomena zu einer Kulturpsychologie des Geschmacks. In: Alois Wierlacher, Gerhard Neumann, Hans J. Teuteberg (Hg.): Kulturthema Essen. Ansichten und Problemfelder. Berlin 1993, S. 134.
8 Diese Spuren sind manchmal schwer zu finden, wenn eine strikte Sprachenpolitik und Purismus zu Wort kommen, wie dies der Fall in Frankreich ist.
9 Vgl. Piotr Kocyba: Die Entlehnungsskala als Grundlage einer vergleichenden Sprachkontaktforschung. In: Andrzej Kątny (Hg.): Słowiańsko-niesłowiańskie kontakty językowe. Slawisch-nichtslawische Sprachkontakte. Olecko 2007. S. 51. Sarah Thomason: Language contact. An introduction. Washington 2001.
10 Allan Pfeffer, Garland Cannon: German loanwords in English. An historical dictionary. New York 1994. S. 92ff.

durch das Jiddische vermittelt worden sein. „Seit den späten 80er Jahren des 19. Jahrhunderts bis gegen 1930 war Jiddisch unter den amerikanischen Juden die Sprache des Hauses und auch ganzer Wohnviertel".[11]

„Während der Entlehnungsproceß in das Britische Englisch in der Regel über das bedruckte Papier vonstatten ging (,cultural borrowing' im Sinne Bloomfields), erfolgte die Entlehnung in das Englisch der Amerikaner vornehmlich als gehörtes Wort unmittelbar von den deutschen Einwanderern [...] zu den englischsprachigen Mitbürgern (,intimate borrowing')."[12]

Die slawischen Sprachen haben nur im geringen Maße das Deutsche beeinflusst; hier seien einige Lehnwörter (Kulinaria) angeführt, die zum Teil regional beschränkt sind:

Babe, Borschtsch, Bramburi (†), Brimsen (Schafkäse), Buchtel/Wuchtel, Dalken, Graupe (obsorb. krupa), Gurke, Jauche, Jause (,Vesper'), Karausch (kaschubisch ,karus', polnisch ,karaś'), Klobasse (Klobassa), Kolatsch(e), Kren, Liwanzen, Pirogge, Plinsen, Plötze, Powidl, Preiselbeere (obersorbisch ,bruslica', ,pruslica'), Quark, Quas (Kwaß), Reizker, Schmetten (†), Skubanki, Schöps (tschechisch ,skopec', niedersorbisch ,skop', polnisch ,skop'), Sliwowitz, Trappe (drop), Wallach ,verschnittener Hengst', Wodka, Zander (sandacz).[13]

Unter dem Begriff „kulinarische Lexik" verstehe ich die Bezeichnungen für Lebensmittelprodukte, Getränke und Gerichte sowie deren Zubereitung. Die Belege wurden aus verschiedenen Wörterbüchern, Kochbüchern, Lexika, Internet-Quellen sowie aus der Monographie von Małgorzata Witaszek-Samborska exzerpiert.

Zu Fremdeinflüssen in der polnischen Küche

Gerichte fremder Herkunft wurden in die altpolnische Küche von den Köchen der Magnaten und bei Hofe eingeführt. Längere Auslandsaufenthalte, Bildungsreisen, Militärdienst und Eroberungen sowie der Handel mit „exotischen Waren" trugen wesentlich zur kulinarischen Bereicherung bei.[14]

---

11 Anthony W. Stanforth: Deutsche Einflüsse auf den englischen Wortschatz in Geschichte und Gegenwart. Tübingen 1996, S. 183.
12 Stanforth: (Anm. 12), S. 174.
13 Klaus Müller: Slawisches im deutschen Wortschatz. Berlin 1995; Heinz D. Pohl: Die österreichische Küchensprache. Wien 2007.
14 Vgl. Krystyna Bockenheim: Przy polskim stole [Am polnischen Tisch]. Wrocław 1999.

Die Ankunft von Bona Sforza (1518–1557), der zweiten Gemahlin von König Sigismund I. dem Alten intensivierte den Einfluss der italienischen Küche; das Essen bei Hofe wurde um verschiedene italienische Speisen, insbesondere um neue Gemüsesorten wie Artischocken, Blumenkohl, Brokkoli, Kohl, Petersilie und Sellerie bereichert. Den größten Einfluss hat wohl die französische Küche ausgeübt: Man kann von einer Mode sprechen, die vom 16. Jahrhundert bis heute andauert; diese Küche stand mit den üppigen und schwer verdaulichen sarmatischen Speisen in Konkurrenz und wurde schrittweise in die europäische und polnische Küche integriert.[15] Entdeckungsreisen und Kontakte mit dem fernen Osten führten zum Bekanntwerden und zur Verwendung exotischer Gewürze, wie z. B. Pfeffer, Zimt, Ingwer, Muskatnuss, Nelken. Sie wurden wegen ihrer Seltenheit, der weiten Handelswege und der daraus resultierenden hohen Preise bald zum Statussymbol:

> „Die Gewürze, die ein Jahrtausend lang das Kennzeichen der reichen Tafel gewesen und vielleicht mehr als die anderen Dinge geschätzt und begehrt worden waren, verschwanden allmählich aus den Ernährungsgewohnheiten vieler. Sie verschwanden genau in jenem Moment, in dem ihre Fülle eine stärkere und weit verbreitete Verwendung ermöglicht hätte."[16]

In Polen und den nordeuropäischen Ländern setzte der Gebrauch (und ‚Missbrauch') von Gewürzmitteln später ein als in West- und Südeuropa; sie verloren hier auch später ihre Funktion als Statussymbol.

In der polnischen Küche ist auch der Einfluss der ostslawischen (bliny, chołodziec, hreczka, kindziuk, kutia, kulebiak, pielmieni, solianka, warenik), jüdischen (bajgele, chałka, cymes, czulent, gefilte fisz, kugiel, pejsachówka) und litauischen Küche feststellbar. In der heutigen globalen Gesellschaft lassen sich des öfteren Speisen samt Bezeichnungen aus der mexikanischen, amerikanischen, japanischen[17] (agedashi, amazake, arame, azuki, bonito, dashi, kombu, mazu, miso, misoshiru, nashi, nori, sake), chinesischen, griechischen und türkischen Küche[18] bemerken. Die französische Küche nimmt in Polen nach wie vor die wichtigste Stelle ein; die deutsche Küche, an der Zahl der Entlehnungen gemessen, kommt an zweiter Stelle.[19]

---

15 Vgl. Witaszek-Samborska (Anm. 2), S. 81.
16 Massimo Montanari: Der Hunger und der Überfluß. Kulturgeschichte der Ernährung in Europa. Aus dem Italienischen übers. von Matthias Rawert. München 1995, S. 142.
17 Viele von ihnen sind als Xenismen zu verstehen und sind außer ‚sushi' und ‚sake' in breiteren Kreisen der Gesellschaft kaum bekannt (das heißt weder die Bezeichnung noch die „Sache"/das Bezeichnete).
18 Maria Romanowska: Słownik sztuki kulinarnej [Lexikon der kulinarischen Kunst]. Warszawa 2006.
19 Vgl. Witaszek-Samborska (Anm. 2), S. 79f.

Zum Einfluss der deutschen Küche auf die polnische (im Abriss)

Der römische „Kulturtransfer [ist] bis heute im deutschen Essalltag präsent. Kochen ist ebenso ein lateinisches Lehnwort wie Schüssel, Küche, Keller, Mörser, Becher und Becken. Nicht nur Pfeffer, Zimt, Fenchel und Minze, sondern fast alle Gemüse und feinere Obstsorten tragen aus dem Lateinischen abgeleitete Namen, [...]"[20]

Die Übernahme verschiedener Kulinaria aus dem Deutschen ist in der Regel auf die direkten Kultur- und Sprachkontakte zurückzuführen. Diese Übernahmen sind zahlreich, weil der direkte Kontakt über mehrere Jahrhunderte andauerte, ziemlich intensiv war und alle Schichten der Bevölkerung umfasste.

Im Folgenden bespreche ich nur einige aus dem Deutschen entlehnte Nahrungsmittelbezeichnungen und Zubereitungsarten, die für die polnische Küche von außerordentlicher Bedeutung waren oder sind.

- bigos: „Sauerkraut, frischer Weißkohl, verschiedene Fleischarten, Wild, Wurst, Schinken, Zwiebeln, Speck, Schmalz oder Butter machen den wesentlichen Gehalt des bigos aus."[21] Als deutsche Vorlage fungiert ‚beigus': ‚Tunke, Beigabe zum Essen'. Bigos gehört zu den Speisen mit hohem Symbolwert, es fand Eingang in das Nationalepos *Pan Tadeusz* von Adam Mickiewicz.
- cukier: Zucker (mhd. zu(c)ker, aus italienisch ‚zucchero', griechisch ‚sákcharon', arabisch ‚sukkar') geht auf das altindische Wort ‚sárkára': ‚Sandzucker' zurück.[22] Der erste Gebrauch von Zucker in Polen wird nicht den Zuckerbäckern, sondern den Hofapothekern zugeschrieben. Die ersten Zuckerraffinerien aus Zuckerrohr entstanden in England, den Niederlanden und in Deutschland im 16. Jahrhundert. Dank der industriellen Gewinnung von Zucker aus Zuckerrüben ist der Zuckerpreis wesentlich gesunken.[23]

---

20 Peter Peter: Kulturgeschichte der deutschen Küche. München 2008, S. 15.
21 Danuta Rytel-Kuc: Taschenwörterbuch Polnisch/Deutsch, Deutsch/Polnisch. München 2005, S. 15.
22 Vgl. Friedrich Kluge: Etymologisches Wörterbuch der deutschen Sprache. 23. erw. Auflage. Berlin 1995, S. 916.
23 1745 hat der deutsche Chemiker Andreas Sigismund Marggraf (1709–1782) an der Berliner Akademie einen Bericht über die chemischen Versuche Zucker zu gewinnen vorgelegt; ihm ist es gelungen Kristallzucker aus Zuckerrüben herzustellen; sein Schüler Franz Carl Archard (1753–1821) hat 1802 in Kunern/Konary bei Wohlau/Wołów Śląski in Niederschlesien die erste Zuckerraffinerie gegründet; vgl. Maguelonne Toussaint-Samat: Historia naturalna i moralna jedzenia (Aus dem Französischen: Historie naturelle & morale de la nourriture). Warszawa 2002, S. 496ff.

- kartofel, kartofle, früher tartoffle: die Kartoffel[24] – die Form ist seit dem 17. Jahrhundert belegt, früher ‚tartoffel' aus italienisch ‚tartuficolo'.[25] Anfangs waren sie nur an den Höfen als Zierpflanzen bekannt. Mitte des 18. Jahrhunderts wurden sie durch Friedrich dem Großen in Preußen als Anbaupflanze eingeführt. In den von Preußen besetzten polnischen Gebieten setzte sich der Kartoffelanbau nur langsam und zögernd durch, teilweise wurde seitens der Obrigkeit Zwang oder Hinterlist angewandt.[26] Nach einigen Jahrzehnten wurden die Kartoffeln zum Grundnahrungsmittel bei ärmeren Bevölkerungsschichten. „Weil Individuen und soziale Gruppen aber an kaum einem Verhaltensmuster so stark festhalten wie an den Ernährungsgewohnheiten, waren die Widerstände gegen die Kartoffel entsprechend groß. Daher verhalfen erst die mitteleuropäischen Hungersnöte der Jahre 1771–1772 und des frühen 19. Jahrhunderts der Kartoffel zum endgültigen Durchbruch."[27]
- peklować: pökeln – Fleisch haltbar machen durch Einlegen in eine Lösung von Salz und Salpeter; Pökel: ‚Salzbrühe zum Haltbarmachen von Fleisch und Fisch' stammt von niederländisch ‚pekel'. Manche Quellen führen diese Methode der (Fisch-)Konservierung auf Willem Beukelsz, einen niederländischen Fischer zurück; vgl. auch ‚pekielfleisz' (Pökelfleisch). Interessant in diesem Zusammenhang ist die Bezeichnung von ‚der Pökel' im Österreichischen: ‚Sur'. Die Affinität zum Polnischen ‚żur' fällt auf.
- sznycel: Schnitzel – „Die heute noch übliche Form des ‚Wiener Schnitzels' wurde offensichtlich kurz nach 1800 in der Donaumonarchie üblich. […] Nachdem Sache und Wort in den zwanziger, dreißiger Jahren in der bürgerlichen Kost Süddeutschlands bekannt geworden waren, wurde sie seit der Mitte des 19. Jahrhunderts in ganz Deutschland üblich."[28]

---

24 Diese Nutzpflanze stammt aus Südamerika (Chile, Peru). Der Nachfolger von Francisco Pizzarro (1476/78–1541) hat im Jahre 1558 die Knollen nach Spanien geschickt, und sie wurden dem Papst geschenkt; der von ihm berufene Botaniker benannte die Pflanze als ‚taratufli', der Papst hat die Bezeichnung als ‚tartufoli' abgelesen; vgl. Toussaint-Samat (Anm. 23), S. 648.
25 Friedrich Kluge (Anm. 22), S. 429.
26 Tadeusz Stegner: „Heretyckie jadło" czyli o polsko-niemieckich relacjach kulinarnych w XIX i na początku XX wieku [„Häretisches Essen" oder: Zu den polnisch-deutschen kulinarischen Beziehungen im 19. und am Anfang des 20. Jahrhunderts]. In: Tadeusz Stegner (Hg.): W kuchni i za stołem. Dystanse i przenikanie kultur [In der Küche und bei Tisch. Distanzen und Durchdringen von Kulturen]. Gdańsk 2003, S. 117.
27 Gunther Hirschfelder: Europäische Esskultur. Eine Geschichte der Ernährung von der Steinzeit bis heute. Frankfurt, New York 2001, S. 159. Vgl. auch Günter Wiegelmann: Alltags- und Festspeisen. Wandel und gegenwärtige Stellung. Marburg 1967, S. 75ff.
28 Wiegelmann (Anm. 27), S. 209f.

- zupa – aus neuhochdeutsch: ‚Suppe', mittelhochdeutsch: ‚sufen', mittelniederdeutsch: ‚soppe', ‚suppe'; das französische ‚soupe' wurde aus dem Niederdeutschen entlehnt und trug zur Verbreitung dieses Wortes im Neuhochdeutschen bei.[28]
- żur(ek): „Die polnische Sauermehlsuppe, auch ‚weißer Barschtsch' (biały barszcz) genannt, hat einen erfrischenden, säuerlichen Geschmack und wird aus einem gesäuerten Roggenmehlaufguss"[30] zubereitet. In den polnischen Quellen wird einheitlich als Vorlage das mittelhochdeutsche ‚sur' angegeben. Die sauren Suppen sind bei Nord- und Ostslawen bekannt und bis heute beliebt; sie wurden auch in Ostpreußen verspeist.[31]

Verzeichnis der deutschen Lehnwörter (Auswahl)

In dem Verzeichnis wurden auch wahlweise einige regionale Lehnwörter berücksichtigt[32], die im Prinzip aus den jeweiligen Dialekten stammen. Ich habe mich auf Nordpolen konzentriert; die Mehrheit der regionalen Lehnwörter in Nordpolen ist auch in anderen Regiolekten feststellbar – man kann ihre Nebenformen unter anderem in Schlesien finden.

„Alles Relevante, was die Natur dem Menschen gleichsam vorgängig entgegenstellt [...] und alles Relevante, was Menschen an Kultur, also z.B. an Sachgütern, an gesellschaftlichen Einrichtungen, an Erkenntnissen, Ideologien und sozialen Handlungstypen hervorbringen, findet seinen Niederschlagt in Einzelsprachen, speziell in deren Lexikon."[33]

---

29 Vgl. Kluge (Anm. 22), S. 809.
30 Rytel-Kuc (Anm. 21), S. 343.
31 Vgl. Tolksdorf (Anm. 4), S. 120.
32 Gr – Großpolen, P – Stadtmundart von Posen/Poznań, Ka – Kaschubei, M – Masuren, PG – Pommern und Großpolen.
33 Oskar Reichmann: Der frühneuhochdeutsche Wortschatz aus kulturgeschichtlicher Sicht. In: Isolde Hausner, Peter Wiesinger (Hg.): Deutsche Wortforschung als Kulturgeschichte. Wien 2005, S. 77.

Beleg im Polnischen	Bedeutung	Deutsche Vorlage
ańtop, ejntop, eintop (regional), eintopf (regional)	Eintopfgericht (Gemüse oder Gemüse und Fleisch)	Eintopf
ajzbajna (regional) eisbeina (regional)	gepökeltes und gekochtes Schweinebein	Eisbein
apfelmus (regional) (Ka)	Mus aus Äpfeln (mit Zimt)	Apfelmus
appenzeller	würziger Hartkäse aus Kuhmilch	Appenzeller Käse; Appenzeller
Auslese	Spitzenwein aus ausgesuchtem Traubengut	Auslese
bejca, bajca	Marinade	Beize
bock	ein untergäriges dunkles Starkbier	Bock(bier)
breja (regional) (M)	Mehlsuppe, Brei	Brei
bryja, breja, braja	1. dickes halbflüssiges Gericht; 2. eine schlechte Alkoholsorte	Brei
buchta (regional)	1. ein süßer, unter Dampf gegarter Hefekloß, mit Frucht-, Quark- oder zum Beispiel Mohnmasse gefüllt; 2. süßer Weizenkuchen	österreichisch: Buchtel ‚Dampfnudel, ein Hefegebäck'; Buchtel, Wuchtel[34]
butersznyt	Butterschnitte, -brot	Butterschnitte
cebula	Zwiebel	mittelhochdeutsch: zebulle, zibulle
certa, cyrta	Speisefisch; Gericht	Zä(h)rte
cwibak	Keks	Zwieback
doppelbock	Bockbier	Doppelbock
dorsz	Dorsch, ein Speisefisch	Dorsch
em(m)entaler	vollfetter Schweizer Hartkäse	Emmentaler Käse, Emmentaler
figa	Feige	mittelhochdeutsch: víge

---

[34] Buchtel, die (aus tschechisch: ‚buchta'): 1. Österreich: Wuchtel: ‚im Backrohr zubereitete Speise aus mit Germ hergestellten, eng nebeneinander gesetzten kugelförmigen Teigstücken [die mit Powidl gefüllt und mit heißer Vanillesauce serviert werden]'; 2. südöstliches Deutschland: Dampfnudel, Österreich, Süddeutschland: Speise aus mit Hefe hergestellten, in Milch gedünsteten kugelförmigen Teigstücken; vgl. Ulrich Ammon. u. a: Variantenwörterbuch des Deutschen. Berlin 2004, S. 141f.

Beleg im Polnischen	Bedeutung	Deutsche Vorlage
flaki (flaczki)	1. Kaldaunen, Kutteln; 2. Gericht aus dem in Streifen geschnittenen Rind-, Kalbvormagen (Fleck)[35]	mittelhochdeutsch: vlēc, vlēke
flyndze, plince (M); (regional) plyndz (regional) (Gr)	(M) Pfannkuchen; (Gr) Kartoffelpuffer	Plinse, ostmitteldeutsch: Pfannkuchen, Kartoffelpuffer; entlehnt aus sorbisch: ,blinc'[36]
flądra	Flunder, Plattfisch; Gericht aus diesem Fisch	Flunder
futer † (regional) (P)	Nahrung	Futter
gliwajn, glühwein	erhitzter, gesüßter und gewürzter Rotwein	Glühwein
goldwasser	klarer Kräuterlikör mit Blattgoldflitter als Einlage	(Danziger) Goldwasser
haferfloki Pl. (regional) (P)	Haferflocken	Haferflocken
heurige(r)	ein junger, neuer Wein	Heuriger
jarmuż	Winterkohl (brassica oleracea var. sabellica)	mittelhochdeutsch: ,warmuos': warmer Brei
kajzerka	Brötchen aus Weizenmehl mit Muster auf der Oberfläche	Kaisersemmel, Kaiserbrötchen
klipfisz	gesalzener und getrockneter Dorsch	Klippfisch
klops	1. Hackbraten 2. Frikadelle	Klops
kluska, meist im Plural	eine Speise aus gekochtem Teig (oder Kartoffeln)	Kloß, Klößchen
knedel, meist im Plural	ein in Kugelform, gefüllter Kloß aus Teig von Kartoffeln und Mehl	Knödel
lager	ein untergäriges Bier	Lager(bier)

---

35 In Polen als tief gefrorenes Fertiggericht zu erhalten; bekannt auch in Ostpreußen (etwa Königsberger Fleck); vgl. Tolksdorf (Anm. 6), S. 347.
36 Vgl. Kluge (Anm. 22), S. 637.

Beleg im Polnischen	Bedeutung	Deutsche Vorlage
leberka (regional) (Gr, P, M, Ka)	Leberwurst – Kochwurst aus Leber u. Speck mit verschiedenen Gewürzen	Leberwurst
Linzer Torte, Linzertorte	Kuchen aus Mürbeteig (mit Mandeln, Zimt und Nelken) belegt mit gitterartigen Teigstreifen	Linzer Torte
makrela	Makrele, ein essbarer Meeresfisch	Makrele
metka	Wurst aus gewürztem Hackfleisch	Mettwurst
morela	Aprikose, Marille	Marille
musli, müsli, muesli	eine Mischung aus Haferflocken, Trockenobst usw.	schweizerisch: Müesli, deutsch: Müsli
muszkat	Muskatnuss	Muskat, Muskate
nerka	Niere; ein Gericht aus Tiernieren (nur im Plural)	Niere
pampuch (ugs.)	Dampfnudel	Pfannkuchen
pasta	streichbare Masse	Paste, Pasta
pasztet	1. Braten aus einigen Fleischsorten 2. Mit Fleisch, Fisch, Gemüse gefülltes Blätterteiggebäck	Pastete
pekelflejsz (regional) (PG)	das in Pökel eingelegte Fleisch	Pöckelfleisch
pikling	geräucherter Hering	Bückling
pilzner	ein helles, untergäriges Bier	Pilsner Bier, Pils
pischinger, piszynger	Waffeltorte mit Schokoladen-Buttercreme	Pischinger Torte[37]
portwajn, portwein	schwerer Südwein aus Portugal	Portwein
precel	Brezel, Kringel – ein Laugengebäck in Form einer Acht	Brezel
pumpernikiel	schwarzbraunes, lange gebackenes Roggenschrotbrot	Pumpernickel

---

37 Benannt nach dem Wiener Zuckerbäcker Oskar Pischinger (1863–1919).

Tobias Weger

Ethnische Stereotypen mit kulinarischem Beigeschmack.
Lokale, regionale und nationale Bezeichnungen

Essen und Trinken gehören dank ihrer zeichenhaften Funktion zu den zentralen Themen der Kulturwissenschaften. Wichtige Arbeiten der letzten Jahrzehnte haben sich aus historischem, ethnologischem und literaturgeschichtlichem Blickwinkel mit der Symbolbedeutung der Nahrung befasst.[1] Die Ernährung weist ein ganzes Bezugssystem zu unterschiedlichen Bedeutungsebenen und Disziplinen auf. Bei der Aufnahme von Speis und Trank sind diverse menschliche Sinne im Spiel, in erster Linie die Geruchs- und Geschmackswahrnehmungen. Essen und Trinken gehen jedoch niemals nur durch den Gaumen und die nachfolgenden Körpertrakte, sie werden nicht nur durch Mund und Magen, sondern auch durch das menschliche Gehirn verarbeitet. Auf diese Weise stiften sie, mit dem Wirtschaftshistoriker Hans-Jürgen Teuteberg gesprochen, „zwischenmenschliche Beziehungen, gesellschaftliche Rangordnungen, Symbole und Identifikationsmuster".[2] Der Schriftsteller Marcel Proust hat in seinem 1913 veröffentlichten Roman *Du côté de chez Swann* auf den spezifischen Zusammenhang zwischen Nahrung und Gedächtnis hingewiesen. Bei Marcel, dem autobiographischen Protagonisten des Buches, aktiviert eine zum Frühstück servierte Madeleine – ein deftiges französisches Frühstücksgebäck aus Rührteig in Form einer Jakobsmuschel – Erinnerungen an die Jugendjahre. Proust schreibt dazu:

„[...] wenn von einer weit zurückliegenden Vergangenheit nichts mehr existiert, nach dem Tod der Menschen und dem Untergang der Dinge, dann

---

[1] Vgl. unter anderem Massimo Montanari: La fame e l'abbondanza. Storia dell'alimentazione in Europa, Roma–Bari 1993 [dt.: Der Hunger und der Überfluss. Kulturgeschichte der Ernährung in Europa, München 1999]; Ulrich Tolksdorf: Nahrungsforschung, in: Rolf W. Brednich (Hg.): Grundriss der Volkskunde. Einführung in die Forschungsfelder der Europäischen Ethnologie, Berlin ²1994, S. 229–242; Hans-J. Teuteberg, Gerhard Neumann, Alois Wierlacher (Hg.): Essen und kulturelle Identität. Europäische Perspektiven, Berlin 1997; Gunther Hirschfelder: Europäische Esskultur. Geschichte der Ernährung von der Steinzeit bis heute, Frankfurt am Main, New York 2001; Elena Mannová: Stereotypen auf dem Teller. Eine Analyse der Speisenamen in slowakischen Kochbüchern im 20. Jahrhundert. In: Hans Henning Hahn, Elena Mannová (Hg.): Nationale Wahrnehmungen und ihre Stereotypisierung. Beiträge zur Historischen Stereotypenforschung, Frankfurt am Main 2007 (Mitteleuropa – Osteuropa 9), S. 39–58.
[2] Hans-Jürgen Teuteberg: Mutters Kochtopf als Orientierung in der Fremde. In: Neue Zürcher Zeitung, 14.10.2000.

verharren einzig der zarte, aber dauerhafte, substanzlose, beständige und treue Geruch und Geschmack, um sich wie Seelen noch lange zu erinnern, um zu warten, zu hoffen, um über den Trümmern alles übrigen auf ihrem beinahe unfassbaren Tröpfchen, ohne nachzugeben, das unermessliche Gebäude der Erinnerung zu tragen."³

Essen und Trinken haben aber auch ihren Anteil an der Produktion und Reproduktion jener „Bilder in den Köpfen", für die der amerikanische Publizist Walter Lippman im Jahre 1922 im dritten Kapitel seines Buches *Public Opinion* den Begriff des Stereotyps geprägt hat.⁴ Dabei handelt es sich gleichermaßen um Autostereotypen, also Bilder von sich selbst und der Eigengruppe, wie um Heterostereotypen, also Bilder von den Anderen.⁵ Mit dem Begriffspaar des ‚Eigenen' und des ‚Fremden' ist eine klassische kulturwissenschaftliche Dichotomie umrissen. Der folgende Beitrag widmet sich einer spezifischen Kategorie nahrungsbezogener Stereotypisierungen, nämlich ethnischen Selbst- und Fremdbezeichnungen für lokale, regionale, ethnische oder nationale Gruppen. Diese Ausdrücke – ‚ethnic slurs' – wurden in der Vergangenheit insbesondere von Linguisten gesammelt, die sie als alltagssprachliche Belege interessant fanden, oder von Soziologen, die an ihnen Phänomene ethnischer Inklusion oder Exklusion untersuchten. Seltener sind jedoch bisher Beiträge aus ethnologischer oder historischer Perspektive, die neben der sprachlichen Komponente auch die zeitliche und die kulturelle Dimension mit in Betracht ziehen. Im Folgenden ist zu fragen, welche Genese, welche Signifikanz und welche Kulturmuster den einzelnen Vokabeln zugrunde liegen.

Welche emotionale Bedeutung Nahrungsstereotypen innewohnen kann, lässt sich anhand eines populären deutschen Beispiels erläutern. Im Jahre 1847 verfasste der Dichter Joseph Viktor von Scheffel (1826–1886) zur Erinnerung an die so genannte Varusschlacht im Teutoburger Wald das Spottgedicht *Als die Römer frech geworden*. Im Jahre 9 n. Chr. hatte der römische Feldherr Publius Quinctilius Varus (47 v. Chr.–9 n. Chr.) in einem durch den Cherusker Arminius (um 17 v. Chr.– 21. n. Chr.) arrangierten Hinterhalt drei römische Legionen verloren.⁶ Der Cheruskerfürst Arminius wurde und wird in der deutschen Tradition zu dem Germanen Hermann stilisiert. Aus Anlass der Einweihung des martialischen Hermannsdenkmals bei Detmold im Jahre 1875 wurde das Scheffelsche Gedicht von Ludwig Teichgräber (1840–1904) in Noten gesetzt. Der stark überzeichnende Text des national aufgeladenen Liedes erfreute sich früher insbesondere in Schüler- und

---

3 Marcel Proust: Unterwegs zu Swann, Frankfurt am Main 2004, S. 67.
4 Walter Lippman: Public Opinion. New York 1922, S. 248.
5 Vgl. Hans Henning Hahn: Stereotypen in der Geschichte und Geschichte in Stereotypen. In: Ders. (Hg.): Historische Stereotypenforschung. Methodische Überlegungen und empirische Befunde. Oldenburg 1995 (Oldenburger Schriften zur Geschichtswissenschaft 2), S. 190–204.
6 Vgl. Joachim Harnecker: Arminius, Varus und das Schlachtfeld von Kalkriese. Eine Einführung in die archäologischen Arbeiten und ihre Ergebnisse. Bramsche 2002, vor allem S. 92–105.

Studentenkreisen sowie in der nationalen Jugendbewegung großer Beliebtheit. In der neunten und zehnten Strophe wird der Siegesschmaus Hermanns geschildert:

> „Als das Morden war zu Ende,
> Rieb Fürst Hermann sich die Hände,
> Und um sich noch mehr zu freu'n,
> Lud er die Cherusker ein
> Zu 'nem großen Frühstück.
>
> Wild gab's und westfäl'schen Schinken,
> Bier, soviel man wollte trinken.
> Auch im Zechen blieb er Held,
> Doch auch seine Frau Thusneld,
> Trank walkürenmäßig."[7]

Die genüssliche Freude an deftiger Kost und weibliche Trinkfestigkeit präsentierte Scheffel als positive, vermeintlich ‚germanische' Eigenschaften und kontrastierte diese mit den in seinen Augen dekadenten Nahrungsgewohnheiten der Römer. Über Kaiser Augustus spottete er nämlich in der zwölften Liedstrophe, diesem sei bei der Nachricht von der Niederlage des Varus „vor jähem Schrecken ein Stück Pfau im Halse stecken" geblieben. Vergegenwärtigt man sich die zeitgenössische Umdeutung der Varusschlacht im 19. Jahrhundert von einem Kampf zwischen Cheruskern und Römern hin zu einer Art Prototyp der Feindschaft zwischen Deutschen und Franzosen,[8] so erfährt der genannte Kontrast eine Bedeutungserweiterung. Das deutsche Autostereotyp guter deutscher Hausmannskost, deutscher Völlerei und Trinkfestigkeit stand dem antifranzösischen Heterostereotyp einer durch Feinschmeckerei geprägten Küche gegenüber, deren Dekadenz quasi sinnbildlich für die militärische Niederlage Frankreichs von 1870/71 stand.

Eine Reise durch kulinarische Stereotypenlandschaften Europas

Literaten erkannten vielfach die symbolische Wertigkeit des Essens und Trinkens und verarbeiteten sie in ihren Werken. Doch fand die Nahrung auch in alltagssprachlichen Gruppenbenennungen ihren Widerhall, die in der Geschichte viel-

---

[7] Heinrich Scherrer: Deutsche Studentenlieder, mit einer volkstümlichen Gitarrenbegleitung, aus dem Stegreif zu spielen, Leipzig 1926, S. 234f.; Hermann Engel, Otto Mallon (Hg.): Wandervogels Singebuch. Berlin-Lichterfelde 1921, S. 145–147; zum Stereotyp der westfälischen Küche vgl. Barbara Krug-Richter: Das Land der Pumpernickel und der Schinken? Regionale westfälische Küche zwischen Stereotyp und Realität. In: Westfälische Forschungen 45 (1992), S. 242–270.

[8] Vgl. Werner M. Doyé: Arminius. In: Étienne François, Hagen Schulze (Hg.): Deutsche Erinnerungsorte III. München 2001, S. 587–602.

fach verwendet wurden und bis zum heutigen Tage anzutreffen sind. Dies trifft auf unterschiedliche Selbst- und Fremdwahrnehmungen von Nationen, ethnischen Gruppen, Regionen und Orten zu. Bei der folgenden exemplarischen Betrachtung des Europas der kulinarischen Endo- und Exonyme wird bewusst auch das westliche Europa mit einbezogen. Diese Ausweitung des Betrachtungsgebiets ermöglicht wertvolle Vergleichsmomente und hebt die politisch konstruierte Trennung zwischen 1945 und 1989/90 auf, die sich im Sinne einer ‚histoire lentement rytmée'[9] für den Untersuchungsgegenstand als irrelevant erweist.

Den Anfang machen ethnische Stereotypen von den Deutschen. Ein bekanntes Exonym für die Deutschen lautet im angelsächsischen Sprachgebiet ‚krauts' und soll von der deutschen Vorliebe für Sauerkraut herrühren. Das Stereotyp vom deutschen Sauerkrautesser findet sich in englischen Karikaturen bereits im ausgehenden 18. und beginnenden 19. Jahrhundert und in einer anonymen Replik darauf in einem deutschen aufgeklärten Periodikum von 1803.[10] Darin wurde unter anderem auf den britischen Kapitän und Entdecker James Cook (1728–1779) eingegangen, der seiner Mannschaft das vitaminreiche Sauerkraut zur Vorbeugung gegen Skorbut verordnet habe. Ersatzweise sollen später auch Zitronen zum gleichen Zweck verwendet worden sein, woher der amerikanische Spitzname ‚limie' für einen Briten herrühren soll. In Wirklichkeit führen schon die ‚krauts' zu einem interessanten Phänomen hin, den „Stereotypen auf der Wanderschaft", wie sie Hans Henning Hahn in anderem Zusammenhang genannt hat.[11] Das englische Wort ‚kraut'[12] ist nämlich eigentlich wohl eine Übersetzung aus dem Französischen, wo man einen Deutschen als ‚mangeur de choucroute' [Sauerkrautesser] oder kurz ‚choucroute' [Sauerkraut] bezeichnet.[13] Dabei ist die ‚choucroute', das Sauerkraut, zunächst eine elsässische Spezialität, und im Elsass wird es heutzutage geradezu als regionales Symbol angesehen und entsprechend im Tourismusmarketing appliziert.[14] Bis vor nicht allzu langer Zeit galt es allerdings bei vielen Franzosen außerhalb dieser Region als derbes und wenig attraktives Essen. Von den deutschsprachigen Elsässern wurde aus französischer Sicht

---

9 Vgl. Guy Bourdé, Hervé Martin: Les écoles historiques. Paris 1989, S. 231f.
10 Englische Caricaturen I: Teutsche Sauerkrautesser. In: London und Paris 11 (1803), S. 249–267.
11 Vgl. Hans Henning Hahn: Stereotypen auf der Wanderschaft. Amerikaner und Nazis in der Propaganda des Kalten Krieges. In: Hahn, Mannová (Hg.) (Anm. 1), S. 443–472.
12 Irving Lewis Allen: The language of ethnic conflict. Social organization and lexical culture. New York 1983, S. 57, nennt auch die amerikanischen Formen „sauerkraut", „kraut-head" und „cabbage-head".
13 Eintrag „mangeur". In: Trésor de la langue française. Dictionnaire de la langue du XIXe et XXe siècle (1789–1960). Paris 1985, Bd. 11, S. 305.
14 Seit 1966 findet im elsässischen Geispolsheim jedes Jahr im August eine große ‚Fête de la Choucroute' [Sauerkrautfest] statt. Eine ‚Route de la Choucroute' [Sauerkrautstraße] durch das Val de l'Ehn verbindet wichtige Anbau-, Verarbeitungs- und Verköstigungsorte dieser inzwischen geschätzten regionalen Spezialität. Der Slogan „L'Alsace, c'est chou" enthält ein Wortspiel und bedeutet übersetzt etwa „Das Elsass ist süß".

das Stereotyp auf alle Deutschen ausgeweitet. Dies entspricht im Übrigen der Standartsprache, in der ebenfalls die räumlich nahen Alemannen namensprägend für alle Deutschen – im Französischen ‚Allemands' – wurden. Der Schriftsteller Jules Vernes nannte 1879 in seinem Roman *Les cinq cent millions de la Bégum* [Die 500 Millionen der Begum] den deutschen Industriellen Schultze, der sich mit dem französischen Arzt François Sarrasin ein gigantisches Erbe teilt, ‚mangeur de choucroute' [Sauerkrautfresser]. Die beiden errichten aus ihren Anteilen an dem Vermögen zwei utopische Städte, Franceville und Stahlstadt, die ihrerseits für Auto- und Heterostereotypen beider Nationen stehen. Verne legte Schultze ein selbstironisierendes Autostereotyp in den Mund, indem dieser gegenüber dem französischen Spion Marcel, den Schultze für einen Schweizer hielt, äußert: „Ich lege mir immer die Frage vor, fuhr Schultze mit einem Seufzer fort, wie die Völker, welche weder Würstchen noch Sauerkraut und Bier kennen, überhaupt ihr Leben fristen können?"[15]

Aus dem zu Zeiten von Jules Verne bereits allgemeinen Sprachgebrauch dürfte das Wort ins Englische gewandert sein und sich somit in fast die ganze Welt übertragen haben. Neben ‚kraut' fanden sich im Englischen früher auch die Stereotypen ‚pretzel' [Brezel] und ‚sausage' [Wurst].[16] Doch lässt sich daneben auch die Formel ‚hop-head' [Hopfenkopf] nachweisen, die auf die sprichwörtliche deutsche Neigung zum Bierkonsum anspielt.[17]

In anderen Ländern werden Deutsche mit einem Grundnahrungsmittel in Verbindung gebracht, das als solches erst seit dem 18. Jahrhundert weithin Verbreitung fand. So heißen sie etwa im Niederländischen ‚aardappeleters' [Kartoffelesser]. Dieser Befund mag etwas erstaunen, werden doch in den Niederlanden selbst sehr viele Kartoffeln angebaut und in unterschiedlicher Gestalt konsumiert. Nicht zuletzt trägt eines der berühmtesten Gemälde von Vincent van Gogh (1853–1890) aus dem Jahre 1885 den Titel *De aardappeleters* und zeigt die Angehörigen der Bauernfamilie De Groot aus Nordbrabant, die um eine große Schüssel Kartoffeln versammelt ist.[18] Auch der historische polnische Spottname ‚kartoflarz' [Kartoffelauflauf] für Deutsche wirkt zunächst etwas überraschend, gehört doch auch in Polen die Kartoffel inzwischen zu einem nicht wegzudenkenden Nahrungsmittel. Doch wurde die Kartoffelpflanze auf dem Umweg über Deutschland in Polen ein-

---

15 Jules Verne: Les cinq cent millions de la Bégum, Paris 1879; hier zitiert nach der deutschen Ausgabe: Die fünfhundert Millionen der Begum, Wien–Pest–Leipzig 1880, S. 57 (Jules Verne's Schriften 31).

16 C[harles] T. Carr: Die englischen Bezeichnungen für Deutschland und die Deutschen. In: Muttersprache 72 (1962), S. 202–205, hier S. 205; Allen, The language of ethnic conflict (Anm. 12), S. 57.

17 Andreas Winkler: Ethnische Schimpfwörter und übertragener Gebrauch von Ethnika. In: Muttersprache 104 (1994), S. 320–337, hier S. 328; Allen, The language of ethnic conflict (Anm. 12), S. 57.

18 82 x 114 cm; Vincent van Gogh Museum, Amsterdam, Inv.-Nr. F 82.

geführt und daher mit dieser Nation in Verbindung gebracht. Im Tschechischen heißen Kartoffeln übrigens ‚brambory', nach dem tschechischen Wort ‚Branibory' für Brandenburg. Die Kartoffeln wurden auf Anordnung von Kaiserin Maria Theresia (1717–1780) im Jahre 1767 zur Bekämpfung der damals in den Habsburger Landen grassierenden Hungersnot aus Brandenburg-Preußen in Böhmen eingeführt. Sie verbreiteten sich rasch zu einem Hauptnahrungsmittel, so dass der größtenteils auf böhmischem Gebiet ausgetragene Bayerische Erbfolgekrieg 1778/79 unter dem Namen ‚Kartoffelkrieg' in die volkstümliche Überlieferung einging.[19]

Nachvollziehbarer scheint die türkische Apostrophierung der Deutschen als Kartoffelesser, zieht man die Verbreitungsgeschichte dieser aus Mittelamerika nach Europa importierten Feldfrucht in Betracht. Auch in Italien lautet eine Bezeichnung für Deutsche ‚patatucchi' bzw. ‚mangiapatate'. Beide leiten sich von der landesüblichen Vokabel ‚patata' für Kartoffel her,[20] wobei ironisch in Italien auch die Form ‚kartoffen' in Gebrauch ist. Nicht ganz so eindeutig ist der Ursprung eines anderen italienischen Spottwortes für Deutsche, nämlich ‚crucco'[21]. Es könnte entweder von dem deutschen Wort ‚Krug' für Schenke oder Gastwirtschaft kommen und somit einen trunksüchtigen Menschen bezeichnen.[22] Wahrscheinlicher ist aber eine in Istrien erfolgte Ableitung aus dem Slovenischen. Dort heißt ‚kruh' so viel wie Brot, womit das italienische Stereotyp ‚crucco' auf die unterschiedlichen Brotvorlieben von Deutschen und Italienern abheben könnte. Scherzhaft wird heute jedenfalls der Ausdruck ‚cruccolandia' für alle deutschsprachigen Gebiete und Länder in Mitteleuropa verwendet. Aus der Zeit des Risorgimento, der nationalen Erweckungs- und Einigungsbewegung der Italiener während des 19. Jahrhunderts, stammt das Wort ‚mangiasego' [Talgesser]. ‚Mangiasego' nannten die Süditaliener einen Angehörigen der österreichischen Regimenter, der seine Speisen bevorzugt mit großen Mengen von tierischem Fett zubereitete, also einen Deutschen, aber auch einen Vertreter diverser süd- und westslawischer Völker.[23]

Militärischen Ursprungs ist auch das österreichische Deutschenstereotyp der ‚Marmeladinger', das sich neben dem wohl bekannteren Wort ‚Piefke' bis heute einer gewissen Beliebtheit erfreut. Es entstand während des Ersten Weltkriegs, als die deutschen Soldaten im Hungerjahr 1917 auf Butter und Schmalz verzichten

---

19 Karl Bosl: Bayerische Geschichte, München ⁶1971, S. 197.
20 Vittore Pisani: Die italienischen Bezeichnungen für Deutschland und die Deutschen. In: Muttersprache 72 (1962), S. 194–201, hier S. 200f. Im venezianischen Dialekt findet sich demnach auch die Variante ‚patate marze' [verfaulte Kartoffeln].
21 Eintrag „crucco". In: Vladimiro Macchi (Hg.): Tedesco – Italiano / Italiano – Tedesco. Dizionario Sansoni, Milano ³1987, S. 173.
22 Pisani, Die italienischen Bezeichnungen (Anm. 20), S. 200.
23 Eintrag „mangiaségo". In: Salvatore Battaglia: Grande dizionario della lingua italiana, Torino 1975, Bd. 9, S. 659. Nach Pisani, Die italienischen Bezeichnungen (Anm. 20), S. 200, sollen im Veneto bereits im 15. Jahrhundert die Deutschen als „tedeschi mangasonza" [deutsche Schmalzesser] bezeichnet worden sein. Er nennt für „mangiasego" auch die Variante „segone".

mussten und stattdessen als Brotaufstrich eine billige Marmelade zugewiesen bekamen.²⁴ Die zeitgenössische deutsche Soldatensprache kreierte für diese Marmelade die heute in Vergessenheit geratenen Spottnamen ‚Grabenbouillon', ‚Heldenbutter' oder ‚Hindenburgfett',²⁵ während das österreichische Heterostereotyp des ‚Marmeladingers' auch nach 90 Jahren noch virulent ist.

Wie steht es mit entsprechenden Benennungen bei Deutschlands unmittelbaren östlichen Nachbarn? Bei Polen, Tschechen und Slowaken ist eine Vielzahl von stereotypen Bezeichnungen für Deutsche bekannt, die sich in folgende Kategorien gliedern lassen:

- Abwandlungen von als typisch empfundenen Vornamen: etwa ‚Helmut' oder ‚Adolfek' im Polnischen oder ‚Fryc' im Polnischen und im Tschechischen;
- pars pro toto verwendete Regionalnamen: etwa ‚Szwab' [Schwabe] im Polnischen;
- Verballhornungen der offiziellen Formen ‚Niemiec' [polnisch] bzw. ‚Němec' [tschechisch]: polnisch ‚Niemczur', ‚Niemaszek' und ‚Niemra' [weibliche Form]; tschechisch: ‚němčík', ‚němcour' und ‚němčisko'.
- Kollektivstereotypen infolge der besonderen Beziehungsgeschichte: etwa polnisch: ‚Krzyżak' [Kreuzritter], ‚Hakata'², ‚Prusak' [Preuße], ‚Hitlerowiec' [Nazi], ‚Faszysta' [Faschist], ‚Gestapowiec' [Gestapo-Mann] ‚Iberales' [von „über alles"], ‚Gebels' [von Josef Goebbels], ‚Gering' [von Hermann Göring] und ‚esesman' [SS-Mann].²⁷

Es fällt dabei auf, dass bei Polen, Tschechen und Slowaken die stereotypen Bezeichnungen für die Deutschen nicht auf das Essen, ja generell selten auf Kultur-

---

24 Robert Sedlaczek: Rote Grütze ist keine Marmelade (Sedlaczek am Mittwoch). In: Wiener Zeitung, 14.06.2007.
25 Anton Karl Mally: „Piefke". Herkunft und Rolle eines österreichischen Spitznamens für den Preußen, den Nord- und den Reichsdeutschen. In: Muttersprache 84/4 (1974), S. 257–286, hier S. 279.
26 Hakata/H.K.T., polnische Bezeichnung des am 03.11.1894 in Posen/Poznań gegründeten Deutschen Ostmarkenvereins (DOV); Initialen der Gründer Ferdinand von Hansemann (1861–1900), Hermann Kennemann-Klenka (1815–1910) und Heinrich von Tiedemann (1840–1922); vgl. Adam Galos, Felix-Heinrich Jentzen, Witold Jakobczyk, Janusz Pajewski: Die Hakatisten. Der Deutsche Ostmarkenverein (1894–1934). Ein Beitrag zur Geschichte der Ostpolitik des deutschen Imperialismus, Berlin 1965 (Schriftenreihe der Kommission der Historiker der DDR und Volkspolens 2).
27 Maria Peisert: Nazwy narodowości i ras we współczesnej polszczyźnie potocznej [Nationen- und Rassennamen im umgangssprachlichen Gegenwartspolnisch]. In: Janusz Anusiewicz, Franciszek Nieckula (Hg.): Język a kultura [Sprache und Kultur], Wrocław 1992, S. 209–223, hier S. 215f.

faktoren,[28] bezogen sind, sieht man einmal vom bereits erwähnten, aber heute nicht mehr aktiven polnischen Wort ‚kartoflarz' ab, das historisch vor allem von Vertretern der Szlachta, der polnischen Adelsschicht, verwendet wurde.[29] Eine Ausnahme bildet die bei polnischen Arbeitskräften, die in den 1990er Jahren im süddeutschen Raum tätig waren, verbreitete Ironisierung ‚grysgoty i malcajty'. Sie greift die bayerisch-süddeutsche Grußformel ‚Grüß Gott' und den verbreiteten Essensgruß ‚Mahlzeit' auf, ist aber ebenfalls nicht auf eine bestimmte Speise oder ein Nahrungsmittel, sondern auf ein deutsches Ritual ausgerichtet. Demgegenüber ist etwa in Polen das Nahrungsstereotyp des ‚knedel' [oder im Diminutiv ‚knedliczek']^[30] für einen Tschechen aufgrund der Beliebtheit der Knödel [tschechisch: ‚knedlíky'] in den Böhmischen Ländern sehr populär und wird nur gelegentlich durch die ebenso bekannte Formulierung ‚Pepik' abgelöst, der die Kurzform des in Tschechien sehr verbreiteten Vornamens Josef [tschechische Kurzform: ‚Pepík'] zugrunde liegt. ‚Piwosze' [Biertrinker] nannte 1982 der polnische Schriftsteller Tadeusz Konwicki (* 1926) die südlich der Sudeten lebenden Nachbarn.[31]

Demgegenüber kennt man im Russischen neben zahlreichen anderen stereotypen Bezeichnungen für die Deutschen wenigstens eine, die mit spezifischen Nahrungsgewohnheiten zu tun hat. Das russische Wort ‚колбасник' [‚kolbasnik'] – von ‚колбаса' [‚kolbasa'] = Wurst – bedeutet entweder ‚Wurstmacher' oder ‚Wurstesser'.[3] Es entspricht dem bereits erwähnten englischen Heterostereotyp ‚sausage'.

Nach den Deutschen gilt es sich nun auch noch einigen anderen europäischen Nationen zuzuwenden. Die Franzosen, wir haben es in spöttischer Form bereits in dem eingangs erwähnten Gedicht zur Varusschlacht angedeutet, stehen in Europa im Ruf, Meister einer delikaten Küche zu sein, was sich etwa in der international bekannten Redensart „wie Gott in Frankreich leben"[33] niedergeschlagen hat. Dabei stoßen ganz offenbar nicht alle dort verspeisten Gerichte – etwa die Froschschenkel – bei den Nachbarn auf Verständnis. Dabei versuchte schon in der Mitte des 18. Jahrhunderts der Sibirienforscher Gerhard Friedrich Müller (1705–1783) mit Hinweis auf ungewohnte Speisen auf die prägende Rolle der Kultur hinzuweisen:

---

28 Jerzy Bartmiński: Stereotypy mieszkają w języku. Studia etnolingwistyczne [Stereotypen leben in der Sprache. Ethnolinguistische Studien], Lublin 2007, S. 254.
29 Bartmiński: Stereotypy (Anm. 28), S. 257.
30 Peisert: Nazwy narodowości (Anm. 27), S. 217.
31 Tadeusz Konwicki: Wschody i zachody księżyca [Osten und Westen des Monds], Warszawa 1982, S. 54.
32 F[edor] P. Sorokoletow, E. S. Schubin: Die russischen Bezeichnungen für Deutschland und die Deutschen. In: Muttersprache 73 (1963), S. 65–73, hier S. 73.
33 Der Ursprung dieser Redensart bezieht sich allerdings nicht auf gutes Essen, sondern eher auf den Müßiggang. Nach 1792/94, der Zeit in der während der Französischen Revolution die meisten Kirchen ‚dechristianisiert' wurden, verbreitete sie sich mit der Bedeutung, Gott habe in Frankreich nichts mehr zu tun; französisch: ‚vivre comme Dieu en France'; niederländisch: ‚leven als God in Frankrijk'; polnisch: ‚żyć jak Pan Bóg we Francji'; tschechisch: ‚mát se jako Pán Bůh ve Francii', etc.

„Die Frösche betreffend, so mögen einige mehr dawider einwenden. Es ist ein Ungeziefer. Ein Frosch siehet einer Kröte ähnlich; und diese wird für giftig gehalten. Wer wollte nicht dergleichen Ungeziefer verabscheuen? Dieser Abscheu wird uns von Jugend auf eingepräget. Allein ist er deswegen gegründeter? Aale sind den Schlangen ähnlich. Es giebt Völker, die sie nicht essen. Wir aber essen sie, ohne daß uns die Aehnlichkeit abhält. Die Verwandelung der Frösche in Quabben, oder der Quabben in Frösche ist uns bekannt. Gleichwohl nehmen wir keinen Anstand, Quabben zu essen. [...] Nichts als Gewohnheit, nichts als Erziehung ist Schuld daran."[34]

Vor allem Engländer scheinen sich bereits seit Jahrhunderten über die Vorliebe mancher Franzosen für Froschschenkel zu mokieren und haben daher einen Franzosen in der Umgangssprache ‚frog' [Frosch] getauft – manchmal auch im Diminutiv ‚froggies' gebraucht, gelegentlich aber auch in den erläuternden Formen ‚frog boilers' [Froschköche][35] und ‚frog eaters' [Froschesser] bzw. ‚frog-legs' [Froschschenkel] für Französinnen.[36] Mit einem Jahreskonsum von 3.000 bis 4.000 Tonnen Froschschenkel pro Jahr hält Frankreich in der Tat einen Weltrekord, wobei die meisten Frösche für französische Kochtöpfe aus Indonesien importiert werden. Selbstironisch hat die Übersetzung von ‚frog eaters' – ‚mangeurs de grenouilles' – auch in das französische Vokabular Eingang gefunden.[37] Doch Vorsicht ist geboten, denn die verbalisierte, idiomatische Form ‚manger la grenouille' heißt im französischen Argot nicht etwa wörtlich übersetzt ‚Froschschenkel verzehren', sondern die Gelder aus einer Kasse unterschlagen. Der ‚mangeur de grenouille' findet sich etwa im Polnischen in der entweder ironisch oder verächtlich gebrauchten Form ‚żabojad' [Froschesser] für einen Franzosen wieder.[3] In der deutschen Sprache hat die Charakterisierung der Nachbarn von jenseits des Rheins als ‚Froschfresser' eine eindeutig negative Konnotation. Ausgehend von Europa ist das Stereotyp der Franzosen als Froschesser sogar über den Atlantik gewandert. In Kanada werden die Frankokanadier in Québec von ihren anglophonen Landsleuten aus dem Westen und der Mitte des Landes gerne ‚grenouilles',

---

34 G[erhard] F[riedrich] Müller: Von dem Gebrauche einiger Speisen bey fremden Völkern, für welche wir einen Abscheu haben, in: Hannoverische Beyträge zum Nutzen und Vergnügen, Nr. 97/03.12.1759, Sp. 1537–1548, hier Sp. 1539f.
35 Englische Caricaturen I (Anm. 10), S. 253.
36 Allen, The language of ethnic conflict (Anm. 12), S. 56.
37 Eintrag „mangeur". In: Trésor de la langue française. Dictionnaire de la langue du XIXe et XXe siècle (1789–1960), Paris 1985, Bd. 11, S. 305.
38 Janusz Anusiewicz, Jacek Skawiński: Słownik polszczyzny potocznej [Wörterbuch der polnischen Umgangssprache], Warszawa–Wrocław 1996, S. 105; Eintrag „żabojad". In: Halina Zgółkowa (Hg.): Praktyczny słownik współczesnej polszczyzny [Praktisches Wörterbuch des Gegenwartspolnischen]. Poznań 2005, Bd. 50, S. 242; Peisert, Nazwy narodowości (Anm. 27), S. 217.

also Frösche, genannt. Zum deutschen Frankreichbild hinsichtlich der Ernährung sei übrigens abschließend angemerkt, dass sich die deutsch-französische Feindschaft in früheren Jahrhunderten so weit bemerkbar machte, sogar klein gewachsene Gartenfrüchte mit der Vorsilbe ‚Franz-' zu versehen. So sprach man vom Zwergobst als ‚Franzobst', das auf ‚Franzbäumen' wuchs, analog von ‚Franzäpfeln', ‚Franzbirnen', ‚Franzbohnen' und ‚Franzerbsen' [französischen Zuckererbsen].[39]

Aus verschiedenen Gründen werden die französischsprachigen Belgier aus französischer Sichtweise gerne etwas belächelt; dazu gehört neben der für Pariser Ohren eigentümlichen Aussprache auch die – zumindest in der Welt der Vorurteile – etwas zu sehr den deutschen oder niederländischen Essgewohnheiten angepasste Küche. So gelten die Belgier als ‚buveurs de bière' [Biertrinker] oder als ‚mangeurs de frites' [Pommes-Frites-Esser]. In westlichen Regionen Deutschlands ist daraus wiederum die vulgärere Form ‚Frittenfresser' geworden. Letztere Assoziation gibt es übrigens für Belgier und Niederländer gleichermaßen auch in Polen, wo die Bewohner der BENELUX-Staaten als ‚fryty' [Pommes frites] bezeichnet werden.

Die Niederländer sind weltweit berühmt für ihre vielfältigen Käsespezialitäten. Von dieser Tatsache rührt der deutsche Ausdruck ‚Käseroller' her.[40] Im Ruhrgebiet und im deutschen Nordwesten ist für einen Niederländer daneben auch die dialektale Bezeichnung ‚Käskopp' bekannt.[41] Im angelsächsischen Sprachbereich bringt man die Niederländer eher mit Butter in Verbindung, heißen die Niederländer doch dort ‚butter-mouths' oder ‚butter-boxes'.[42]

In der kulinarischen Stereotypenlandschaft Europas gelten die Engländer häufig als Urheber einer wenig schmackhaften und phantasielosen Küche. Der bekannte Witz, der in zwei arbeitsteiligen Varianten ein ideales und ein katastrophales Europa skizziert, indem bestimmte Aufgaben einzelnen Nationen zugeordnet werden, operiert in der Negativfassung bewusst mit der Formel „der Engländer in der Küche", um Spott hervorzurufen. Dennoch – oder gerade deshalb – haben sich auch für die Engländer kulinarische Spottnamen herausgebildet. In Frankreich ist noch heute für die Nachbarn von jenseits des Ärmelkanals der Spottname ‚bifsteks' [Beafsteaks] verbreitet. Er leitet sich von den seit Jahrhunderten weit verbreiteten Stereotypenvorstellungen gegenüber der englischen Küche ab. Um 1800 finden sich auch in deutschen Texten über England, etwa bei dem Publizisten und Erzieher Johann Christian Hüttner (1766–1847), abwertende Hinweise auf die britische Vorliebe für Beafsteak:

---

39 Vgl. die entsprechenden Einträge. In: Deutsches Wörterbuch von Jacob und Wilhelm Grimm, Bd. 4, bearbeitet von Jacob Grimm, Karl Weigand und Rudolf Hildebrand, Leipzig 1878, Sp. 59–62.
40 Vgl. etwa Robert Neuber: Nichts für Deutsche, dieses Alpe-d'Huez, in: Main-Rheiner, 20.07.2004.
41 Ruhrpott-Deutsch, in: <http://www.kern-home.de/Main/duisburg6.htm#top> (15.04.2008).
42 Irving Lewis Allen: The language of ethnic conflict. Social organization and lexical culture, New York 1983, S. 54.

„Daß es mit dem Braten oder sogenannten Rohstbihf und Hammelbraten nicht viel besser sey, ist zur Genüge bekannt. Die gerühmte Brühe, welche den Engländern und denen, die sich an englische Lebensart gewöhnt haben, so gut schmeckt, ist meist noch ganz blutroth und macht dem Auge des Fremden eben so viel Unlust, als sie seinem allerdings verdorbenen Gaumen geschmacklos scheint."[43]

In Polen waren nicht die Fleischvorlieben, sondern der Genuss von Tee und Marmeladen ausschlaggebend für zwei Necknamen der Briten: ‚herbaciarze' [Teetrinker] oder ‚dżemojady' [Marmeladenesser].[44]

Die Italiener werden in Deutschland, aber auch in vielen anderen Ländern, mit den im Land beliebten Pastagerichten assoziiert. Davon zeugt etwa der angeblich seit etwa 1920 gebrauchte süddeutsche Begriff ‚Spaghettifresser'[45], der nicht nur sehr herabwürdigend wirkt, sondern die Vielfalt der italienischen Nudeln auf die in Deutschland offenbar bekannteste Variante reduziert. Im Englischen und im Amerikanischen kennt man die kürzere Spottform ‚spaghetti'[46] mit diversen Ableitungen, und auch im Polnischen ist die Form ‚Spageciarz'[47] in Gebrauch. Als absolut despektierlich ist die auf die häufige Verwendung von Knoblauch in der mediterranen Küche zurückzuführende amerikanische Bezeichnung ‚walking garlic' [wandelnde Knoblauchzehe] für einen Italiener einzuschätzen. En passant sei gesagt, dass der Knoblauch in anderen Kontexten zur Bezeichnung von Menschen vom Balkan, aus der Türkei[48] oder als antisemitisches Stereotyp verwendet wird. Etwas weniger hart klingt hingegen das polnische Nahrungsstereotyp ‚makoniarz' [Nudelesser] für einen Italiener. ‚Makaron', das natürlich etymologisch von der italienischen Vokabel ‚maccheroni' [Röhrennudeln] herrührt, ist im Polnischen das übliche Wort für die auch in der eigenen Küche bekannten und belieb-

---

43 J[ohann] C[hristian] Hütter: Fortsetzung der Londoner Unbequemlichkeiten. Englische Küche. Halbrohe, blutige Bihfschnitte. Mangel an Zugenüssen. Schlechte Zubereitung der wohlschmeckenden Fische. Schwammiges und ungesundes Brod. Theurer Thee. Schlechte Milch und Butter. Weinfabriken. Vinum supernaculum. In: London und Paris 9 (1802), S. 22–29, hier S. 23f.
44 Peisert, Nazwy narodowości (Anm. 27), S. 217.
45 Eintrag „Spaghettifresser". In: Heinz Küpper: Illustriertes Lexikon der deutschen Umgangssprache in 8 Bänden, Bd. 7, Stuttgart 1984, S. 2661; Christoph Gutknecht: Lauter böhmische Dörfer. Wie die Wörter zu ihrer Bedeutung kamen, München [4]1998, S. 70; Come ci chiamavano: i „nomignoli" degli immigrati italiani nel mondo [Wie sie Dich nennen. Die Spottnamen der italienischen Einwanderer in der Welt]. In: <http://www.altoforno.net/domini/fondfranceschi.it/temat/migranti/dos_2003/G1nomign> (15.04.2008).
46 Allen, The language of ethnic conflict (Anm. 12), S. 59, nennt im angelsächsischen Sprachgebrauch „spaghetti-bender", „spaghetti-eater", „spaghetti-head" und die Verballhornung „spigotti".
47 Peisert, Nazwy narodowości (Anm. 27), S. 217.
48 Gutknecht, Lauter böhmische Dörfer (Anm. 45), S. 70.

ten, allerdings anders, da unter Verwendung von Eiern und Verzicht auf Hartweizen zubereiteten Nudeln. In der französischen Sprache sind genau die Varianten ‚mangeurs de macaroni' oder kurz ‚macaronis' zur spottenden Kollektivbezeichnung für die Italiener geworden,[49] das in der eigensprachlichen Variante ‚mangiamaccaroni'[50] als Autostereotyp ins Italienische zurückfloss, wo ansonsten ‚maccharone' auch die Bedeutung ‚Tölpel' oder ‚Trottel' aufweist.[51] Im Griechischen kennt man für die Italiener die Benennung ‚μακαρονάς' (‚makaronas'). Als ‚Maccaronifresser' hat sie in einer vulgarisierten Version auch den Weg in die deutsche Umgangssprache gefunden, so etwa überliefert in einem Brief der Komponistin Fanny Hensel (1805–1847) aus Italien vom 25. Februar 1839, wo sie bei ihrer Schilderung des Karnevals von „den neapolitanischen Maccaronifresser[n]" schreibt.[52] Auch das umgangssprachliche jiddische Wort ‚lukshen' [Nudeln] für Italiener nimmt Bezug auf die Nudelgerichte in Italien.[53]

In den deutschsprachigen Kantonen der Schweiz wird in der stereotypen Benennung der südlichen Anrainer, aber auch der italienischsprachigen Bewohner des Ticino/Tessin, die aus Mais gewonnene Polenta in den Mittelpunkt gerückt. Im Baseler Dialekt etwa werden Italiener generell als ‚Maiser', ‚Maisdiiger' [Mais-Tiger] oder ‚Bolanderschlugger' [Polenta-Schlucker] benannt.[54] Die Assoziierung Norditaliens mit der Polenta ist im Übrigen auch im italienischen Mezzogiorno verbreitet, wo die nördlich von Rom beheimateten Landsleute als ‚Polentoni' oder ‚Mangiapolenta' [Polenta-Esser] bezeichnet werden.[55] Die Einführung der Polenta in Italien im 17. Jahrhundert ging mit einem anderen Stereotyp einher, wurde doch der Mais zunächst ‚grano turco' [türkisches Getreide], im Deutschen auch ‚türkischer Weizen', genannt.[56] Die als Polenta-Esser Bezichtigten in Norditalien nennen im Gegenzug die Süditaliener als ‚terroni', nach dem italienischen Wort ‚terra' für Erde. Nach einem führenden italienischen Sprach-Corpus lautet eine mögliche Deutung der ‚terroni' neben der Charakterisierung von als dumpf emp-

---

49 Einträge „macaroni" und „mangeur". In: Trésor de la langue française. Dictionnaire de la langue du XIXe et du XXe siècle (1789–1960), Paris 1985, Bd. 11, S. 101 und 302. Vgl. auch amerikanisch „macaronis"; s. Allen, The language of ethnic conflict (Anm. 12), S. 59.
50 Montanari, La fame e l'abbondanza (Anm. 1), S. 179f.
51 Eintrag „maccherone". In: Vladimiro Macchi (Hg.): Tedesco – Italiano / Italiano – Tedesco. Dizionario Sansoni, Milano ³1987, S. 404.
52 Sebastian Hensel: Die Familie Mendelssohn 1729–1847, Bd. II, Berlin 1908, S. 99.
53 Allen, The language of ethnic conflict (Anm. 12), S. 59. Das jiddische Wort für ‚Nudel' heißt ‚loksh' [לאָקש].
54 Come ci chiamavano (Anm. 45).
55 Eintrag „mangiapolenta". In: Macchi (Hg.): Tedesco – Italiano / Italiano – Tedesco (Anm. 51), S. 411; Eintrag „polentone". In: ebda., S. 522.
56 J. Wiegand: Von der Polenta, einer Speise, welche aus dem türkischen Weizen bereitet wird. In: Neue Mannigfaltigkeiten 1 (1774), S. 59–63; Eintrag „Türkischer Weizen". In: Johann Georg Krünitz: Oekonomische Encyklopädie oder allgemeines System der Staats-, Stadt-, Haus- und Landwirtschaft in alphabetischer Ordnung, Bd. 190, Berlin 1846, Sp. 432–456.

fundenen Menschen auch ‚mangiatori di terra' [Erdesser][57] und wäre somit ein verächtlicher Hinweis auf die ehemals große Armut in den Regionen südlich Roms.

Ein geographischer Sprung führt uns zu einem kurzen Exkurs nach Nordosteuropa. Die korrekte Benennung für einen Litauer lautet in der polnischen Sprache ‚Litwin'; in historischen Quellen trifft man aber auch auf den Spitznamen ‚boćwina', der sich auf eine gleich lautende, spezifisch litauische Suppenkaltschale bezieht.[58] Nach dem deutsch-polnischen Wörterbuch von Samuel Jerzy Bandtke von 1806 versteht man unter ‚boćwina' zum einen Mangoldblätter, zum anderen aber auch „eine Art Suppe, kalte und warme, in Lithauen, die daraus gemacht wird".[59] Ein polnisches Sprichwort, das ebenfalls die Verbindung des Litauers zu seiner angeblichen Nationalspeise herstellt, lautet: „U Litwina zrodziła się boćwina, cóż kiedy chleba nie ma." [„Beim Litauer entstand die Boćwina, was kann man tun, wenn es kein Brot gibt."].[60]

Neben volkstümlichen Überlieferungen, deren Wurzeln zum Teil mehrere Jahrhunderte zurück liegen, werden auch in aktuelleren Zeiten neue Begrifflichkeiten geprägt. Eine Wortschöpfung des 20. Jahrhunderts bezieht sich auf die politische Lockerung in Ungarn unter Parteichef János Kádár (1912–1989) ab dem Beginn der 1960er Jahre, die sogar kleinere marktwirtschaftliche Experimente und diverse Erleichterungen für die Bürger der Volksrepublik Ungarn zuließ. Zu jener Zeit prägte sich für den relativen Wohlstand, den die Ungarn genossen, das Wort vom ‚Gulyás-Kommunismus' ein. Der Begriff, der sogar vom sowjetischen Staats- und Parteichef Nikita Chruščov (1894–1971) geprägt worden sein soll, ging rasch in die Alltagssprache in Ost und West über und wurde über die publizistische Berichterstattung sogar eine in wissenschaftlichen Zusammenhängen verwendete Etikette für Ungarn. Sie beruht aber auch auf einer schon länger nachweisbaren stereotypen Apostrophierung der Ungarn als ‚Gulasch'.[61]

---

57 Eintrag „terrone". In: Salvatore Battaglia: Grande dizionario della lingua italiana, Torino 2000, Bd. 20, S. 916f.
58 Aleksandra Cieślikowa: Przezwiska zbiorowe i przydomki [Sammelbeinamen und neckische Bezeichnungen]. In: Ewa Rzetelska-Feleszko (Hg.): Polskie nazwy własne. Encyklopedia [Polnische Eigennamen. Eine Enzyklopädie], Warszawa–Kraków 1998, S. 177–180, hier S. 178; Peisert: Nazwy narodowości (Anm. 27), S. 215.
59 Samuel Jerzy Bandtke: Słownik dokładny języka polskiego i niemieckiego do podręcznego używania dla Polaków i Niemców [Genaues Wörterbuch der polnischen und deutschen Sprache zum handlichen Gebrauch für Polen und Deutsche], Breslau 1806, S. 30.
60 Janusz Bańczerowski: Nemzeti sztereotípiák a magyar és a lengyel közmondásokban és frazeológiai kapcsolatokban [Nationale Stereotypen in ungarischen und polnischen Sprichwörtern und Redensarten]. In: Magyar nyelvőr 131/1 (2007), S. 76–87, hier S. 82.
61 Allen, The language of ethnic conflict (Anm. 12), S. 58.

Regionale und lokale Bezeichnungen

Was exemplarisch an den wechselseitigen Fremdbildern europäischer Nationen aufgezeigt wurde, ließe sich an weiteren Beispielen aus aller Welt fortsetzen. Im Folgenden soll es um eine andere Ebene der Betrachtung gehen, nämlich um regionale Selbst- und Fremdbilder im Zusammenhang mit bestimmten Nahrungsstereotypen.

Viele Regionen und ihre Bewohner besitzen neben ihrem offiziellen Namen alltagssprachlich verbreitete Spitznamen, die wie im Falle der Nationen Spottcharakter tragen können. In anderen Fällen enthalten diese Benennungen aber auch eine subjektive Selbstzuschreibung, die die nahrungsrelevante Besonderheit als identitätsrelevantes Mittel der Alleinstellung gegenüber anderen Regionen hervorheben möchte. Die bayerische Oberpfalz etwa wurde früher in der Fremdwahrnehmung häufig als ‚Steinpfalz' bezeichnet, um die mindere Qualität der dortigen Mittelgebirgsböden zu bezeichnen. Bei den Bewohnern der Region selbst hat sich hingegen der Eigenname ‚Erdäpfelpfalz' oder ‚Kartoffelpfalz' eingebürgert, um auf den intensiven Kartoffelanbau in der Oberpfalz und die dort beheimatete Vielfalt von regionaltypischen Kartoffelgerichten hinzuweisen. Mit diesem Namen werden regionale Kochbücher betitelt[62] und touristische Werbekampagnen gestaltet.

Auf die gleiche Feldfrucht rekurriert eine in Polen bekannte Regionalbezeichnung mit ähnlichen Funktionen. In ganz Polen kennt man die Bewohner des Posener Landes unter dem Namen ‚pyry' oder ‚pyrki', da im großpolnischen Dialekt die Kartoffel ‚pyra' heißt.[63] Ironischerweise nennt man das Gebiet um Poznań/Posen im Polnischen auch ‚Pyrlandia', und der traditionsreiche, 1922 gegründete Fußballverein Lech Poznań trägt den Spitznamen ‚Pyry'. Ein alljährlich veranstaltetes Kulturfestival heißt ‚Dni Pyrlandii' [Tage von Pyrlandia], seit dem Sommer 2007 gibt es für die ‚Pyra Poznańska', die Posener Kartoffel, ein eigenes Denkmal in Gestalt eines großen Findlings inmitten des Park Jana Pawła II in den Łęgi Dębińskie.

Im deutschen Kontext ist für die Bewohner Sachsens die Selbstbezeichnung ‚Kaffeesachsen'[64] bekannt. Sie wird mit einem gewissen Stolz gebraucht, da sie die Rolle Sachsens für die Verbreitung der Kaffeekultur im deutschen Sprachraum unterstreicht. 1694 wurde in Leipzig das erste öffentliche Kaffeehaus gegründet; 40 Jahre später komponierte Johann Sebastian Bach (1685–1750), der selbst zu den

---

62 Vgl. Theodor Häußler: Erdäpfelpfalz. Das Kartoffelbuch aus der Oberpfalz, Regensburg 1993; Inge Häußler: Großes Oberpfälzer Kartoffel-Kochbuch. 421 Original-Rezepte aus der bayerischen Erdäpfelpfalz, Regensburg 1996.
63 Cieślikowa, Przezwiska zbiorowe i przydomki (Anm. 58), S. 177.
64 Manuel Schramm: Das Stereotyp des „Kaffeesachsen" in der Unterhaltungsliteratur seit dem späten 19. Jahrhundert. Eine Diskursanalyse. In: Mitteldeutsches Jahrbuch für Kultur und Geschichte 10 (2003), S. 141–155.

Stammgästen des Zimmermannschen Kaffeehauses in der Leipziger Katharinenstraße zählte, seine bekannte *Kaffeekantate* (BWV 211). Analog charakterisierte man die Bewohner Schwabens aufgrund ihrer Vielfalt und Vorliebe für Suppen auch ‚Suppenschwaben'.[65]

Weniger liebevoll erscheinen die süddeutschen Benennungen für die Anwohner der Waterkant, die entweder als ‚Fischköpfe'/‚Fischköppe'[66], ‚Muschelschubser'[67] oder ‚Krabbenpuler'[68] bezeichnet werden, und auch die Titulierung der Berliner als ‚Bouletten' – oder als ‚Döner', sofern es sich um Menschen türkischer Herkunft handelt[69] – dürfte bei den Bewohnern der deutschen Hauptstadt auf wenig Gegenliebe stoßen.

In der Welt der Stereotypen werden entlang tatsächlicher oder vermeintlicher kulinarischer Trennlinien auch regionale Kulturgrenzen imaginiert. In Deutschland ist etwa der so genannte ‚Weißwurstäquator' allgemein bekannt.[70] Je nach Perspektive wird er entweder entlang der Donau, des Mains oder des 49. Breitengrads gezogen. Es handelt sich dabei um eine unscharfe Grenze, die wohl eher dem traditionellen Dualismus zwischen Bayern und Preußen geschuldet ist. Seinen Namen bezieht der ‚Weißwurstäquator' von der Weißwurst, einer vor allem in München bekannten Brühwurst aus fein gemahlenem Kalbfleisch, Schweinerückenspeck und Gewürzen, die mit Vorliebe vormittags in Kombination mit süßem Senf, Brezel und Weißbier verzehrt wird.

Die Schweiz kennt gleich drei solcher mit Speisebezeichnungen versehene imaginierte Kulturgrenzen: Der so genannte ‚Röstigraben' – hergeleitet von den ‚Rösti', im Fett herausgebackenen Kartoffelfladen – trennt Deutschschweizer von den Romands. Dieser Begriff hat sich inzwischen auch in der politischen Rhetorik fest

---

65 Eintrag „Suppenschwab". In: Deutsches Wörterbuch von Jacob und Wilhelm Grimm, Bd. 20, bearbeitet von der Arbeitsstelle des Deutschen Wörterbuchs, Leipzig 1942, Sp. 1240f.
66 Eintrag „Fischkopf". In: <http://www.sprachnudel.de/woerterbuch/fischkopf> (16.04.2008).
67 In einem Internetforum fand sich folgende Definition dieses offensichtlich jüngeren Stereotyps: „Muschelschubser sind die, die mit hochgestellten Kragen am Jungfernstieg im Alex sitzen, um sich vom anstrengenden Wochenende auf Sylt zu erholen, wo man wieder nach einem langen Spaziergang und rockender Party in Westerland beim Fisch Gosch einen über den Hunger gegessen hat. Alles in allem sehr liebenswerte Menschen, die zwar anfangs immer ein wenig s-teif wirken, aber einmal wirklich befreundet, kann man sich immer auf sie verlassen."; <http://www.assoziations-blaster.de/info/Muschelschubser.html> (15.04.2008).
68 Vgl. Brigitte Wolter: Urlaub für Spinner und Krabbenpuler. In: Die Zeit, 28.03.1980. – Der Begriff bezieht sich auf die heute in Norddeutschland kaum mehr praktizierte Tätigkeit des Krabbenpulens bzw. Pellens der Nordseegarnelen, die in der heute globalisierten Nahrungsmittelproduktion von modernen Schälbetrieben in Marokko übernommen wird.
69 Felicitas Hillmann: Döner contra Boulette. Döner und Boulette. Berliner türkischer Herkunft als Arbeitskräfte und Unternehmer im Nahrungsgütersektor. In: Leviathan 25 (1997), S. 85–105.
70 Vgl. Friedrich Prinz: Der Weißwurstäquator. In: Étienne François, Hagen Schulze (Hg.): Deutsche Erinnerungsorte I, München 2001, S. 471–483.

eingeprägt.[71] Demgegenüber sind die beiden übrigen Grenzbezeichnungen eher journalistische Wortprägungen. So wird gelegentlich – in Anlehnung an eine beliebte Sankt Gallener Speise – vom ‚Bratwurstgraben' zur Unterscheidung der Ostschweiz vom Rest der Deutschschweiz gesprochen. Neuerdings existiert in diesem Kontext auch der Begriff ‚Polentagraben' als vorgestellter Grenzverlauf zwischen dem italienischsprachigen Tessin und den deutschsprachigen Kantonen.[72]

Der Gebrauch mancher angeblicher Grenzbezeichnungen beruht schlicht auf Unkenntnis tatsächlicher Nahrungsgewohnheiten; eine ‚Wein- und Biergrenze' in verschiedenen Regionen Europas mag zwar historisch durch landesherrliche Vorschriften, unterschiedliche klimatische Bedingungen und religiös-konfessionelle Praktiken bestimmt worden sein, dürfte sich aber in der heutigen Zeit immer mehr auflösen. Die Annahme einer ‚Knödelgrenze' zwischen Bayern und Böhmen kann nicht bedeuten, westlich dieser Grenze keine Knödel in der regionalen Küche zu vermuten, sondern lediglich andere Arten von Knödeln.

Kulinarische Ortsneckereien

Verlässt man die Ebene der Regionen, um sich einzelnen Ortschaften zuzuwenden, so trifft man auf das weltweit verbreitete Phänomen von Ortsneckereien, humorvollen Bezeichnungen für Bewohner einzelner Orte, die zum Teil auf zugeschriebenen Eigenschaften und Gewohnheiten, Legenden oder Sagen beruhen, zum Teil aber auch einen realen historischen Hintergrund besitzen. Man nennt sie in manchen Regionen auch Utznamen, Terneidsnamen oder Ortsnecknamen.[73] Nicht selten kommen auch hier Ausdrücke aus dem Themenkreis Speis und Trank ins Spiel. Die Namen werden meist von Nachbargemeinden zur Charakterisierung von Ortsbewohnern geprägt, dann aber häufig von den so Bezeichneten aufgegriffen und als Teil ihrer spezifischen Identität eingesetzt, ähnlich wie dies schon im Fall regionaler Bezeichnungen nachgewiesen wurde.

Die Bewohner der bayerisch-schwäbischen Hauptstadt Augsburg sind stolz darauf, als Erfinder des Zwetschgendatschis zu gelten, jenes flachen Hefeblechkuchens, auf dessen Teig halbierte oder geviertelte Zwetschgenstücke ausgelegt werden. Von diesem Kuchen leitet sich die stereotype Bezeichnung Augsburgs als ‚Datschiburg' und seiner Bewohner als ‚Datschiburger' ab.[74] Eine 1965 ins Leben

---

71 Vgl. Christophe Büchi: Röstigraben. Das Verhältnis zwischen deutscher und französischer Schweiz. Geschichte und Perspektiven, Zürich 2001.
72 Vgl. Statt Rösti- nun einmal Polentagraben. Majorisierung des Tessins in der Abstimmung zum Bilateralismus. In: Neue Zürcher Zeitung, 10.06.2000; Paul Imhof: Der Bauch entdeckt das Fremde schneller als der Kopf. In: terra cognita, Nr. 3/2003, S. 57f.
73 Vgl. Ortsneckname. In: <http://de.wikipedia.org/wiki/Ortsneckname> (15.04.2008).
74 Eintrag „Zwetschgendatschi". In: <http://de.wikipedia.org/wiki/Zwetschgendatschi> (15.04.2008).

gerufene Benefiz-Fußballmannschaft in Augsburg nennt sich selbst ‚Datschiburger Kickers'.[75]

Die Bewohner der galizischen Stadt Ropczyce, einst einer bedeutenden jüdischen Niederlassung, die in jiddischen Quellen unter dem Namen Ropshits [ראפשיץ] auftaucht, wurden von ihrer Umgebung ‚cebularze' [Zwiebelesser] genannt, in Anspielung auf das polnische Wort ‚cebula' [Zwiebel].[7]

Als ‚Schmantlecker' bezeichnete man früher im baltischen Deutsch die Rigaer, da dort offensichtlich zum Erstaunen fremder Menschen der Kaffee mit großen Mengen kremiger Sahne [Schmand] vermischt wurde.[7] Noch heute ist der Schmand [lett. krējums] in der lettischen Küche häufig anzutreffen. In der dialektalen Form ‚Schmandelegga' war diese Bezeichnung einst auch für die Bewohner von Cochem an der Mosel gebräuchlich. Man erzählte sich, dass die Frauen dieser Stadt auf dem Markt durch das Eintauchen und anschließende Abschlecken von zwei Fingern in den Schmand geprüft hätten, ob dieser noch frisch und noch nicht sauer geworden sei.[78]

Eine Vielzahl von Ortsneckereien ist auch von den Donauschwaben überliefert. So hießen etwa die deutschsprachigen Einwohner der im Ofener Bergland gelegenen Kleinstadt Vécsés früher ‚Krautbauern', ‚Krautfesser', ‚Krauthändler' oder ‚Krautschwaben'.[79] Auf Initiative von Graf Antal Grassalkovicz (1732–1794) waren in Vécsés im Jahre 1786 fünfzig schwäbische Familien angesiedelt worden, die dort die Tradition der Sauerkrautherstellung heimisch gemacht hatten.

In anderen Fällen richten sich Spottnamen nur gegen die Vertreter einer bestimmten sozialen Schicht von Stadtbewohnern. Dies war etwa der Fall bei dem historischen Schimpfwort ‚Pfeffersack', mit dem im 16./17. Jahrhundert ein reicher Kaufmann in Hansestädten wegen des dort gehandelten, früher sehr kostbaren Gewürzes verächtlich tituliert wurde.[80]

Rolf Wilhelm Brednich machte in seinem Artikel zu Ortsneckereien in der *Enzyklopädie des Märchens* darauf aufmerksam, dass die Veränderungen nach dem Zweiten Weltkrieg zur Entstehung neuer Bezeichnungen beigetragen hätten und erwähnte in diesem Zusammenhang etwa die Bezeichnung ‚Paprika-Siedlung' für Ansiedlungen von Donauschwaben im deutschen Südwesten.[81]

---

75 <http://www.datschiburger-kickers.de/> (14.04.2008).
76 Cieślikowa, Przezwiska zbiorowe i przydomki (Anm. 58), S. 178.
77 Eintrag „Schmantlecker". In: Deutsches Wörterbuch von Jacob und Wilhelm Grimm, Bd. 15, bearbeitet von Moriz Heyne, im Verein mit Rudolf Meiszner, Henry Seedorf und Heinrich Meyer, Leipzig 1899, Sp. 936.
78 Manfred Bukschat: Die „Schmandelegga". In: <http://www.koblenz.de/sehenswertes/erlebt/mb6.htm> (14.04.2008).
79 Anton Peter Petri: Donauschwäbische Ortsneckereien. Versuch einer Sammlung und Sichtung, Mühldorf am Inn 1969, S. 153.
80 Eintrag „Pfeffersack". In: Deutsches Wörterbuch von Jacob und Wilhelm Grimm, Bd. 13, bearbeitet von Matthias von Lexer, Leipzig 1889, Sp. 1639.
81 Rolf Wilhelm Brednich: Ortsneckerei. In: Ders. (Hg.): Enzyklopädie des Märchens. Handwörterbuch zur historischen und vergleichenden Erzählforschung, Bd. 10, Berlin–New York 2002, Sp. 376–382, hier Sp. 380.

Zusammenfassung

Die im Rahmen dieses Beitrags allenfalls kursorisch präsentierten Beispiele machen nur einen Bruchteil des schier unerschöpflichen Reservoirs lebendiger oder erloschener kulinarischer Auto- und Heterostereotypen in Europa aus. Wie lassen sie sich abschließend einordnen und bewerten? Je nachdem, ob die Stereotypen national, regional oder lokal verwendet werden, fallen große Qualitätsunterschiede ins Auge:

- Auf nationaler Ebene reichen sie von ironischen Spottnamen bis hin zur Kategorie der so genannten Ethnophaulismen[82], also abfälligen Äußerungen über Angehörige anderer Völker oder „ethnisch-kulinarischen Beleidigungsausdrücken"[83], wie sie Christoph Gutknecht bezeichnet hat. Die nahrungsspezifischen Ethnophaulismen konzentrieren sich auf ein bestimmtes, als typisch, andersartig, befremdlich oder fremdartig empfundenes Essen oder Essensverhalten. Da das jeweilige Nahrungsphänomen als Teil der nationalen Identität des Anderen angesehen wird, soll über die Negativbezeichnung die jeweilige Nation oder das jeweilige Ethnikum in seiner Gesamtheit herabgewürdigt werden. Vielfach werden dabei regionale oder soziale Besonderheiten pars pro toto für eine ganze Nation gesetzt. Die Ethnophaulismen funktionieren als emotionale Werturteile und gehören damit in den Bereich der Stereotypen. Nach der Theorie der Historischen Stereotypenforschung sind sie als beständig und resistent gegen Versuche einer rationellen Widerlegung anzusehen.[84] Gleichwohl haben sowohl die moderne interkulturelle Pädagogik als auch früher die vom Geiste der Aufklärung beseelten Philosophen des Idealismus mehrfach versucht, entsprechende Vorschläge zu unterbreiten. So schrieb etwa im Jahre 1790 der Philosoph und Publizist Johann Gottfried Karl Christian Kiesewetter (1766–1844): „Aufklärung kann man nun durch Befreyung von Vorurtheilen erklären. Ein Mensch wird aufgeklärt, wenn seine Vernunft aufhört, passiv zu seyn, wenn er anfängt, selbst zu denken."[85]
- Wie bei allen Stereotypen erwiesen sich politisch-historische Krisenzeiten als für die Produktion und Reproduktion von Nahrungsstereotypen besonders förderlich. Dazu zählen insbesondere Kriegszeiten, in denen entsprechende Kollektivausdrücke in Kreisen der Soldaten besonders

---

82 Von griechisch ‚ἔθνος' [ethnos] = Volk und ‚φαῦλος' [phaullos] = böse, schlecht.
83 Gutknecht, Lauter böhmische Dörfer (Anm. 45), S. 70.
84 Vgl. Hans Henning Hahn, Eva Hahn: Nationale Stereotypen. Plädoyer für eine historische Stereotypenforschung. In: Hans Henning Hahn (Hg.): Stereotyp, Identität und Geschichte. Die Funktion von Stereotypen in gesellschaftlichen Diskursen, Frankfurt am Main 2005, S. 17–56.
85 J[ohann] G[ottfried] K[arl] C[hristian] Kiesewetter: Ueber Vorurtheil. In: Deutsche Monatsschrift 3 (1790), S. 349–356, hier S. 356.

häufig anzutreffen waren. Die Kriegspropaganda und -publizistik hatte daran ihren Anteil, nicht zuletzt durch ihre zugespitzten Vermittlungsformen (Witze, Karikaturen, Satiren, Sagen usw.). Heute bildet dafür die massenmediale Berichterstattung über sportliche Großereignisse, etwa Welt- oder Europameisterschaften, einen Ersatzschauplatz. Von dieser gehen sie über in die individuelle Bezeichnung für die Angehörigen anderer Nationen. Eine dritte Gelegenheit bieten diplomatische Krisenzeiten. Als in Polen in den letzten Jahren eine starke Unzufriedenheit über die Politik Frankreichs festzustellen war, ließ sich etwa in Internetforen eine gehäufte Verwendung des Spottnamens ‚żabojady' antreffen.

- Regionale und lokale Benennungen scheinen in aller Regel einen etwas abgemilderten Charakter zu besitzen. Gerade die Ortsneckereien stellen wohl eine Untergruppe dessen dar, was der britische Sozialanthropologe Alfred Radcliffe-Brown (1881–1955) im Jahre 1940 bei seinen Betrachtungen zu sozialen Ordnungen und Strukturen als „joking relationships" dargestellt hat. Sie stellen eine menschliche Konstante dar, die sich in allen Kulturen der Erde aufspüren lässt. Nicht Herabsetzung, sondern spielerische Ironisierung bildet hier das Prinzip. Daher verwundert es auch nicht, dass solche Ausdrücke auch vom Heterostereotyp zum Autostereotyp übergehen können, um anschließend sogar als ein positiv besetztes Markenzeichen zu funktionieren. Die starke Neigung von Tourismusfachleuten und Sportmanagern zur Etikettierung bestimmter Regionen und Orte mit kulinarischen Produkten[86] fördert solche Tendenzen.

- Die Sichtung der Literatur führt zu folgendem interessanten Ergebnis: Es scheint auch in der Beurteilung der einzelnen Ausdrücke kulturspezifische Unterschiede zu geben. Ein und derselbe Ausdruck kann je nach Wörterbuch als „ironisch", „spottend", „abwertend" oder gehässig" gelten. Dabei steht aber außer Zweifel, dass die Deutschen – alleine schon aufgrund der hart klingenden Komposita mit dem Substantivbestandteil ‚-fresser' – zu den Produzenten der negativsten Nahrungsstereotypen in Europa gehören. Gleichzeitig findet man in der deutschsprachigen Literatur die eindringlichsten Appelle zu politischer Korrektheit und kritischer ‚Bewältigung' solcher Stereotypen. Bei alledem ist ein Grundprinzip des Stereotyps in Betracht zu ziehen: dass es nämlich stets mehr über den Bezeichnenden als über den/das Bezeichnete aussagt.

---

86 Aus der schier endlosen Liste seien nur genannt: die ‚Lebkuchenstadt' Nürnberg, die ‚Marzipanstadt' Lübeck, die ‚Krabbenstadt' Büsum, die ‚Spargelstädte' Schrobenhausen, Nienburg an der Weser oder Beelitz, Altamura als ‚città del pane' [Brotstadt], Bronte als ‚città del pistacchio' [Pistazienstadt], Gouda als ‚kaasstad' [Käsestadt], Brioude als ‚ville du poisson-roi' [Königsfischstadt, gemeint ist der Lachs], Jawor/Jauer als ‚miasto chleba' [Brotstadt], Toruń/Thorn als ‚miasto pierników' [Lebkuchenstadt], Plzeň/Pilsen als ‚město piva' [Bierstadt] etc.

Anselm Weyer

Kutteln und Wein.
Identitätskonstruktion durch Essen und Trinken
im Werk von Günter Grass und Robert Gernhardt

Alle Menschen müssen essen und versuchen, um das Weiterleben zu sichern, ihren Körper „täglich satt"[1] zu machen. Aber nicht alle Menschen teilen ihre jeweiligen Ernährungsvorlieben. So betrachtete es schon der britische Empiriker John Locke als

„vergebliches Bemühen, [...] den Hunger aller Menschen durch Käse oder Hummern stillen zu wollen; beides kann wohl für diesen und jenen eine sehr bekömmliche und schmackhafte Kost sein, andern aber kann es höchst zuwider und unzuträglich sein, so daß mancher mit gutem Grunde das Hungergefühl eines leeren Magens den genannten Gerichten vorziehen würde, die anderen als Leckerbissen gelten."[2]

In Johann Wolfgang Goethes im *Tasso* definiert Antonio es dementsprechend als „erste Pflicht des Menschen, Speis' und Trank / Zu wählen, da ihn die Natur so eng / Nicht wie das Tier beschränkt"[3] (V,1). Wenn die Wahl des Essens aber frei ist und nicht allein der Bedarf an Nährstoffen gedeckt werden muss, definiert auch der Speiseplan, was die jeweilige essende Person ausmacht: Man ist, was man isst. Essen ist somit in Anbetracht der Wahlmöglichkeit immer auch aussagekräftiges, von Vorzugsgesichtspunkten geleitetes Handeln. Diese Bedeutung der Ernährung als identifikatorischer Faktor lässt sich auf ganze Bevölkerungsgruppen ausweiten, die sich in gewissem Ausmaß auch über Nahrungsgewohnheiten und Nahrungstabus sowie diesbezügliche Erwartungshaltungen definieren und abgrenzen, somit In- und Out-Groups evozieren.

Anhand des Essens und Trinkens sollen hier zwei deutschsprachige Autoren verglichen werden, die beide im Osten Europas geboren wurden und die neben der hohen inländischen Auflagenzahl nicht zuletzt die Breite des Spektrums ihres künstlerischen Schaffens verbindet: bei beiden wurzelt das Gesamtwerk in der bil-

---

1   Robert Gernhardt: Gedichte 1954–1997. Vermehrte Neuausgabe. Frankfurt am Main 2000, S. 232.
2   John Locke: Versuch über den menschlichen Verstand, 2. Buch, Kapitel XXI, § 55. Hamburg 1981, S. 322f.
3   Johann Wolfgang Goethe: Werke. Hamburger Ausgabe in 14 Bänden. Textkritisch durchgesehen und mit Anmerkungen versehen von Erich Trunz. Hamburg 1948 ff., Bd. 5, S. 151.

denden Kunst und hat dann von der Lyrik als Schwerpunkt ausgehend alle literarischen Gattungen erobert, vom Theaterstück über erzählende Prosa bis zum Essay. Gemeinsam decken sie ein gewisses Spektrum der deutschen Gegenwartsliteratur ab. Auf der einen Seite steht mit dem gebürtigen Danziger Günter Grass ein relativ früh international anerkannter Künstler. Mit 32 Jahren ist er mit seinem Debütroman *Die Blechtrommel* berühmt geworden und wird seither zur Spitze der Weltliteratur gezählt, was nicht zuletzt in der internationalen Resonanz auf etliche seiner Äußerungen sowie in der Vielzahl diverser angesehener Literaturpreise zum Ausdruck kommt, die ihm verliehen wurden. Auf der anderen Seite steht der immer noch oftmals als Genre-Autor angesehene Robert Gernhardt, der 1937 in Reval, dem jetzigen Tallinn im heutigen Estland, geboren wurde und dem, nachdem seine Arbeiten für den Komiker Otto Waalkes ihn und den anarchischen Humor der so genannten Neuen Frankfurter Schule über die Grenzen der literarischen Welt oder der *Pardon*-, beziehungsweise *Titanic*-Leser hinaus populär gemacht haben, im Grunde erst 1997 der wirkliche Durchbruch bei der nationalen Kritik gelang; seitdem gilt er aber bei vielen als Klassiker in der Nachfolge von Christian Morgenstern oder Joachim Ringelnatz.

Die Selbstdarstellung und somit Imagebildung dieser beiden Schriftsteller anhand ihrer beschriebenen Nahrungsvorlieben und -gewohnheiten und die damit einhergehende inländische Rezeption sollen an dieser Stelle verglichen werden. Dafür werden diejenigen Gedichte und Erzählungen dieser beiden Künstler im Zentrum stehen, die aus der Perspektive von solchen lyrischen Ichs und Erzählern geschrieben sind, die eine signifikante Schnittmenge an Charakteristika der Schriftsteller selbst haben. Günter Grass hat seit *Aus dem Tagebuch einer Schnecke* in den meisten seiner erzählenden Werke eine Erzählperspektive etabliert, in der „das Autor-Ich und das Erzähler-Ich weitgehend identisch"[4] sind, der empirische Autor aber selbstverständlich als Teil eines Romans fiktionale Züge bekommt. Dies trifft auch auf den Roman *Der Butt* zu, in welchem eine fiktiv-autobiographische Geschichte erzählt wird mit einem Erzähler-Ich in einer Doppelrolle:

> „Einmal ist es der Autor Günter Grass mit seinen realen Reisen, seiner Arbeit am Buch mit dem Titel *Der Butt*, seiner Teilnahme am Kongreß über die Zukunft des Sozialismus usw., zum anderen wird das Ich dem „epischen Stoff folgend, zur Fiktion", sowohl in den historischen Partien wie etwa als Zuhörer des fiktiven Tribunals und bei den Gesprächen mit dem Butt in dieser Zeit."[5]

Unterstrichen wird dies durch Grass' bildkünstlerisches Werk, in dem die Motive des poetischen Werkes gern und ausgiebig mit Selbstporträts des Künstlers kom-

---

4 Gespräch mit Fritz J. Raddatz. In: Die Zeit, 12.08.1977.
5 Volker Neuhaus: „Ich, das bin ich jederzeit". Grass' Variation der Ich-Erzählung in den siebziger Jahren. In: Zeitschrift für Kulturaustausch (1984) 2, S. 179–185, hier S. 182.

biniert werden und somit der aus den Medien bekannte Autor[6] zu sehen ist, wie er etwa in der Radierung *Gestillt* (1974) an den drei Brüsten Auas saugt, wie es der Erzähler des *Butt* von sich berichtet.

Auch bei Robert Gernhardt sind in zahlreichen Werken diverse Parallelen zwischen Hauptfigur beziehungsweise lyrischem Ich einerseits und dem empirischen Autor andererseits festzustellen,[7] was von der Kunstfigur Nobert Gamsbart bis hin zur Verarbeitung der eigenen Herz- und Krebserkrankungen – etwa in *Herz in Not* oder den *K-Gedichten* – geht, die im jeweiligen Nachwort gerne als Tatsache betont werden. Seinen ersten und einzigen Roman, der autobiographische Züge trägt, hat er sogar mit *Ich Ich Ich* (1982) betitelt. Inwiefern im einzelnen Fall tatsächliche Parallelen vorliegen, soll nicht untersucht werden und dürfte den Rezipienten meist allenfalls peripher interessieren. Hier geht es allein darum, wie sich die Autoren dem Publikum in ihren Werken als essende Künstler darstellen, wie sie sich also über ihre dargestellten Nahrungsgewohnheiten definieren.

Die Datenmenge für diese Untersuchung ist zunächst beeindruckend: Bei Grass wie Gernhardt findet man eine schier überwältigende Fülle an Prosapassagen, Gedichten und Bildkunstwerken, welche die Ernährung in verschiedenen Facetten zum Thema haben,[8] so dass Günter Grass sogar 2005 von der Deutsche Akademie für Kulinaristik der Eckart-Witzigmann-Preis in der Sektion ‚Literatur, Wissenschaft und Medien' verliehen wurde.[9] An dieser Stelle können deshalb bei weitem nicht alle Aspekte erörtert werden, wenngleich es schwer fällt, etwa das Brausepulver in der *Blechtrommel* auszulassen. Zentral ist allerdings zweifellos das Motiv der affirmatio vitae, der Lebensbejahung, wie sie etwa in Festivitäten zum Ausdruck kommt. Die Beschäftigung mit dem Essen und Trinken ist zumeist ein Lob des Diesseits, in dem die beiden Agnostiker den Augenblick hedonistisch genießen, gerade angesichts ei-

---

6 Vgl. Anselm Weyer: Der Ruhm als Untermieter. Die Massenmedien und Günter Grass. In: Hanjo Kesting (Hg.): Die Medien und Günter Grass. Köln 2008, S. 15–28.
7 Vgl. etwa Saskia Schulte: Widerhall der eigenen Stimme. Selbstthematisierung und Sprechsituation in Robert Gernhardts Roman *Ich Ich Ich*. In: Lutz Hagestedt (Hg.): Alles über den Künstler. Zum Werk von Robert Gernhardt. Frankfurt am Main 2002, S. 97–107.
8 Einige Themenbereiche fehlen hierbei fast völlig, die noch in den berühmten Abhandlungen von Norbert Elias oder Georg Simmel zentrale Gesichtspunkte waren, etwa die Frage der Essensmanieren, also der Zivilisation der Nahrungsaufnahme. Grass erwähnt diesen Komplex der Zivilisierung, die in der Geschichte der Ernährung zum Ausdruck kommt, in seinem Essay über die Ballerina: „Es ist uns zur Selbstverständlichkeit geworden, ein Stück Hammel nicht in rohem, noch blutigem Zustand barbarisch zu verschlingen. Nein, wir braten, kochen oder dünsten es, tun immer wieder noch ein Gewürz in den Topf, nennen es am Ende gar und schmackhaft, essen es manierlich mit Messer und Gabel, binden uns eine Serviette um." (Günter Grass: Werkausgabe. Herausgegeben von Volker Neuhaus und Daniela Hermes. Göttingen 1997ff., hier Bd. 14, S. 14).
9 Vgl. Alois Wierlacher: Kulinaristische Anerkennung – Anerkennung der Kulinaristik. Zur Erläuterung einer besonderen Würdigung des Gesamtwerkes von Günter Grass. In: Volker Neuhaus, Anselm Weyer (Hg.): Küchenzettel. Essen und Trinken im Werk von Günter Grass. Frankfurt am Main u. a. 2007, S. 21–33.

nes endgültigen Todes. So sind Tod und Essen im Sinne einer freudvollen Lebenserhaltung oftmals nur zwei Seiten der gleichen Medaille, man denke bei Grass an den übermäßigen Fischgenuss in der *Blechtrommel*, der Oskar Matzeraths Mutter Agnes in den Sarg bringt, oder bei Gernhardt an das ‚Fressen und Gefressen werden' etwa im Gedicht *Bussard an der Bahnstrecke Ulm – Augsburg*.[10]

In welchem Verhältnis zur Ernährung aber präsentieren sie sich selbst dem Publikum, inwiefern ist ihr veröffentlichter Umgang mit Nahrung imagebildend? Am Anfang des Essens steht die Nahrungsgewinnung und -zubereitung. Nun fällt bei Robert Gernhardt auf, dass zwar viel gegessen, aber wenig zubereitet oder gekocht wird. Allenfalls im *Abschiedsbrief des Weltumseglers Heinrich Heimaz an seine Nebenfrau* ist so etwas Ähnliches wie ein Rezept zu finden,[11] wobei dieses Gedicht allerdings als Teil des Frühwerks nicht mit ernsten Zubereitungsanweisungen aufwartet. An anderer Stelle wird allenfalls noch „das gute Brot des Nordens [...] stückchenweise"[12] gebraten. Woher kommen also die so gerne genossenen Speisen? Ein gutes Mahl, so scheint es, wird nicht primär selbst hergestellt. Der Mensch bei Gernhardt genießt zumeist passiv, indem er vorher präparierte Nahrungsmittel kombiniert oder pur zu sich nimmt. So sprechen die Texte von Robert Gernhardt voller Hochachtung über die Qualität verschiedener Produkte, etwa vom Pfirsich, der für ihn sogar zum „An-und-Pfir-sich"[13] wird, oder von den „herrlichen alten Weinen / wie dem von Castiglioncelli"[14]. „Immer muß die Traube sterben, / Will als Wein sie auferstehen"[15], überhöht der Agnostiker Gernhardt das Getränk des letzten Abendmahls und im Ton des passionierten Weintrinkers Goethe schreibt Gernhardt:

> „Größtes Glück geschulter Geister
> Ist, in einem Weinland leben.
> Wer gern Wein trinkt, den berauscht schon
> Das Versprechen praller Reben –
> Wieviel mehr der holde Anblick
> Aufgereihter voller Flaschen:
> Kann ich nicht aus allen trinken,
> Will ich doch von vielen naschen."[16]

---

10 Robert Gernhardt: Gedichte 1954–1997. Vermehrte Neuausgabe. Frankfurt am Main 2000, S. 348f.
11 Der Rezeptteil des Abschiedsbriefes lautet: „im Kühlschrank liegt ein alter Hut, / den kannst du dir vielleicht kochen, / das reicht für ein paar Wochen. / Daneben steht noch etwas Eis, / das mach dir auf dem Ofen heiß, / würz es mit frischem Majoran, / tu zwei, drei Pfund Gemüse dran, / schmeck es mit Chili-Soße ab / und gieß es dann auf Puschls Grab. / Iß bitte auch vom Vollkornbrot / und mach den letzten Käse tot. / Zuguterletzt ein kleiner Trost, / in der Wanne hat's noch Most." (Gernhardt, Gedichte [Anm. 10], S. 28).
12 Gernhardt, Gedichte (Anm. 10), S. 601.
13 Robert Gernhardt: Klappaltar. Drei Hommagen. Zürich 1998, S. 55.
14 Gernhardt, Gedichte (Anm. 10), S. 72.
15 Gernhardt, Klappaltar (Anm. 13), S. 49.
16 Gernhardt, Klappaltar (Anm. 13), S. 61.

Der Wein[17] erscheint insgesamt bei Gernhardt als Paradebeispiel für ein unter Feinschmeckern äußerst angesehenes Nahrungsmittel, das nicht mühsam zubereitet, sondern lediglich geöffnet werden muss, was dann auch gern und oft geschieht.[18]

Wenn der Mensch gut isst, dann tut er dies bei Gernhardt also zumeist, indem er ein Behältnis öffnet, oder aber, indem er nicht daheim speist.[19] Vielmehr kehrt er irgendwo ein und lässt sich bedienen, genießt etwa ein *Mittagessen in der Taverna del Pescatore*[20]. Auswärts findet eine Vielzahl gesellig-kulinarischer Begegnungen statt: in einem Lokal-Bericht wird von dem Zusammentreffen zwischen Dichter Dorlamm und Jesus berichtet[21], in einer dänischen Kneipe versammeln sich die Romantiker[22] etc.

Insgesamt erscheint das Essen bei Gernhardt zumeist als Konsumprodukt, das bei entsprechenden finanziellen Rahmenbedingungen durchaus Luxusprodukt werden kann, auf alle Fälle jedoch vornehmlich passiv genossen wird, damit es nicht mit Arbeit in Verbindung gebracht werden kann. Genuss und Arbeit scheinen sich auszuschließen. Folgerichtig wird zwar die Bewirtung von Gästen an diversen Stellen gelobt, doch nie so sehr, dass nicht auch gern gesehen würde, wenn die Gäste, die ja ebenfalls potentiell Arbeit machen, wieder Abschied nehmen. Im Gedicht *Steigerung* aus dem Band *Im Glück und anderswo* ist die Steigerung, dass es schön ist, wenn für die Gäste gesorgt ist, schöner, wenn der Gast nach dem Essen sagt, dass er versorgt ist, und am schönsten, wenn der gefüllte Gast nach dem Essen entsorgt ist. In Gästen sieht Gernhardt somit nicht nur vollkommenes Glück, sondern zuweilen auch eine Zumutung:

---

17 Der Wein wird noch an etlichen anderen Stellen gelobt und besungen; vgl. *Vom Wein* in: Gernhardt, Klappaltar (Anm. 13), S. 55 oder *Riesling* ders.: Gedichte (Anm. 10), S. 250f.; so wird etwa der „Eins-a-Côtes du Rhône [...] / ein geiles Getränke" genannt (Robert Gernhardt: Im Glück und anderswo. Frankfurt am Main 2002, S. 96).
18 Gernhardt bedient sich hierbei häufig des Vorbilds der Trinklieder, etwa bei jenem Lied auf die Oktoberrevolution: „Hoch die Tassen, / Hoch die Gläser! / Preist in frohem Sängerton, / Was wir jetzt besingen wollen: / Die Oktoberrevolution." (Gernhardt, Gedichte [Anm. 10], S. 11).
19 Auch hier bestätigen Ausnahmen die Regel, wenn Gernhardt etwa davon berichtet, wie seine ‚Holde' bei den Lebewesen des Hauses die *Abendfütterung* vornimmt: Erst kommen die Tiere, dann der Gatte; vgl. Gernhardt, Klappaltar (Anm. 13), S. 82.
20 Gernhardt, Klappaltar (Anm. 13), S. 66.
21 Vgl. Gernhardt, Gedichte (Anm. 10), S. 123.
22 „Herr Schlegel kam – aus welchem Grund / auch immer – einst nach Öresund, / fand dort sehr schnell ein Bierlokal / und sprach zu sich: ‚Na, schau'n wir mal, / ob unser alter Freund Novalis / nicht ebenfalls in diesem Saal is'!' / Und richtig! Denn wer stand am Tresen? / Na, das ist ein Hallo gewesen! / War das ein Jubeln, das ein Winken, / ein Schwatzen, Scherzen, Juchzen, Trinken – / sogar die kühlen Dänen staunten / beim Anblick dieser Gutgelaunten." (Gernhardt, Gedichte [Anm. 10], S. 41).

> „Was einer ist, was einer war,
> beim Scheiden wird es offenbar.
> Ruft er ‚Auf Nimmerwiedersehn‘,
> dann laß ihn frohen Herzens gehen.
> [...]
> Tut er nur ‚Tschau, bis dann dann‘ brommen,
> dann will das Arschloch wiederkommen."[23]

Dies ist bei Günter Grass vollkommen anders, denn „Essen bei Grass ist immer gesellig"[24] und zumeist mit Gastfreundschaft verbunden – im schlimmsten Fall mit imaginierten Gästen. So kocht Grass

> „[f]ür solche, die mir jeweils die Gegenwart ins Haus bringt, doch auch für ausgedachte oder aus der Geschichte herbeizitierte: so hatte ich kürzlich Michel de Montaigne, den jungen Heinrich von Navarra und als Biografen des späteren Henri Quatre von Frankreich den älteren der Mannbrüder als Gäste zu Tisch – eine nur kleine, aber mitteilsame Herrenrunde, die sich in Zitaten gefiel."[25]

Zum Essen kommen die Figuren in den Werken von Grass erst einmal lieber daheim zusammen, etwa bei den Familienfesten in der *Blechtrommel*. Insgesamt steht allerdings häufig weniger der Verzehr, sondern vielmehr der kreative Akt der Zubereitung im Mittelpunkt des Interesses. Das Kochen erscheint als Kulturleistung schlechthin, so dass Menschen geradezu als diejenigen Tiere definiert werden, die kochen können.[26] Grass selbst kann laut eigener Aussage zumindest „ganz gut kochen",[27] sieht sich insgesamt sogar geradezu zum Koch berufen.[28] Entsprechend schreibt er bereits 1960: „Ich sorge für meine Familie, indem ich zeichne, schreibe und koche. Das Kochen bezahlt mir zwar weder der Rundfunk noch ein Verlag, doch fällt mir zumeist über dem Kochtopf ein, was ich zeichnen, was ich schreiben will."[29]

Als Koch scheint Grass auch durchaus versiert zu sein, wenngleich sich natürlich über Sinnengeschmacksurteile laut Immanuel Kant nicht fundiert streiten lässt. Dass Marcel Reich-Ranicki ein zwiespältiges Bild des Kochs Grass zeichnet,

---

23 Gernhardt, Gedichte (Anm. 10), S. 96.
24 Volker Neuhaus: …über Menschen als Tiere, die kochen können. In: Neuhaus, Weyer (Hg.), Küchenzettel (Anm. 9.), S. 9–19, hier S. 14.
25 Günter Grass: Beim Häuten der Zwiebel. Göttingen 2006, S. 195.
26 Grass, Werkausgabe (Anm. 8), Bd. 7, S. 187.
27 Grass, Werkausgabe (Anm. 8), S. 78.
28 Vgl. etwa die Radierung *Ich als Koch* (1981) (Kat. 170) (Günter Grass: In Kupfer auf Stein. Das grafische Werk. Erweiterte Neuauflage. Hrsg. v. G. Fritze Margull. Göttingen 1994, S. 151).
29 Grass, Werkausgabe (Anm. 8), Bd. 14, S. 25.

kann angesichts des zerrütteten Hass-Liebe-Verhältnisses der beiden kaum verwundern. Der Kritiker schildert jedenfalls in seiner Autobiographie, wie ihn, von Grass zum Essen eingeladen,

„[…] die Erinnerung an eine von Grass gekochte Suppe irritierte […]. Sie war abscheulich. Mir schwante abermals Schlimmes. Doch zum Beruf des Kritikers gehört Mut. […] Dann servierte er [Günter Grass, A.W.] uns einen Fisch. Um es kurz zu machen: Ich hasse Fisch und fürchte Gräten. Bis dahin wußte ich auch nicht, daß es Fische mit so vielen Gräten gibt – wobei ich nicht ausschließen kann, daß deren Zahl in meiner Erinnerung mit den Jahren noch gewachsen ist. Gleichviel, es war qualvoll, aber auch genußreich: Grass, schwach als Suppenkoch, kann mit Fischen wunderbar umgehen, das Essen war gefährlich und schmackhaft zugleich – und es hatte weder für Tosia noch für mich auch nur die geringsten negativen Folgen."[30]

Wie gut Grass auch als Koch sein mag – auf alle Fälle kocht er gerne und begeistert sich im Gegensatz zu Robert Gernhardt in seinem literarischen Werk ausgiebig für die Zubereitung von Nahrung.[31] Ganze Rezeptgedichte hat Günter Grass geschrieben, wie etwa jenes über die Schweinekopfsülze, das meisterhaft von Horst Janssen illustriert wurde. Das Rezept selbst erlernte Grass, wie wir seit *Beim Häuten der Zwiebel* wissen, in einem „abstrakten Kochkurs"[32] im Kriegsgefangenenlager:

„Man nehme: einen halben Schweinekopf
samt Ohr und Fettbacke,
lasse die halbierte Schnauze, den Ohransatz,
die Hirnschale und das Jochbein anhacken,
lege alles mit zwei gespaltenen Spitzbeinen,
denen zuvor die blaue Schlachthofmarkierung
entfernt werden sollte,
mit nelkengespickter Zwiebel, großem Lorbeerblatt,
mit einer Kinderhand Senfkörner
und einem gestrichenen Suppenlöffel mittlere Wut."[33]

---

30 Marcel Reich-Ranicki: Mein Leben. München 2000, S. 388f.
31 In Anbetracht dessen, dass er die Geschichte der Ernährung gleichsetzt mit der Geschichte der Frauen, die für die Küche zuständig waren, erweist sich Grass als Versorgungskoch – denn die Erlebnisküche ist ja traditionell ohnehin die Domäne der Männer – wahrhaft emanzipiert.
32 Günter Grass: Beim Häuten der Zwiebel. Göttingen 2006, S. 202.
33 Grass, Werkausgabe (Anm. 8), Bd. 1, S. 178.

Grass hat das überaus umfangreiche Buch *Der Butt* verfasst – zu dem übrigens Gernhardt bei der Veröffentlichung das Bildgedicht *Mahnung* verfertigt hat: „Man kann alles übertreiben, auch das Schreiben."[34] Angekündigt wurde dieser Roman bereits 1972 in *Aus dem Tagebuch einer Schnecke* als „erzählerisches Kochbuch [...] über 99 Gerichte, über Gäste und Menschen als Tiere, die kochen können, über den Vorgang Essen, über Abfälle". Berichtet wird hier von der Kochkunst als Gegengeschichte zur offiziellen Historie der datierten Schlachten, Kriege und Friedensschlüsse. Die Einführung der Kartoffel wird als wesentlich wichtiger dargestellt als etwa die Emser Depesche. Eingehender hat sich wohl kein anderer deutschsprachiger Autor mit der Geschichte der Ernährung beschäftigt.

Die in dem Buch und etlichen Gedichten zum Ausdruck kommende Hochschätzung der Nahrungszubereitung, die zuweilen in der Tat so detailliert beschrieben ist, dass Nachahmung möglich ist, gipfelt darin, dass für Grass nicht selten „Kochen als die Kunst schlechthin"[35] erscheint, was bereits in seinem ersten Essay über die *Ballerina* und seinem frühen Theaterspiel *Die bösen Köche*[36] zum Ausdruck kommt. Wenn Grass doch von verpackten Nahrungsmitteln berichtet, dann negativ konnotiert. In einem *Gemüsetest* werden die Nahrungsmittel darauf geprüft, ob sie für die Konserve tauglich sind, um für die denkbaren Folgen einer Atombombe gewappnet zu sein.

Der passionierte Koch Grass präsentiert so von sich das Bild eines in allen Lebenslagen kreativen Menschen, während der Restaurant-Besucher Gernhardt trotz seines ungeheuren kreativen Outputs von sich das Bild eines passiv genießenden Menschen zeichnet.

Aber abgesehen davon, wer was zubereitet – wenn man das, was Grass und Gernhardt so an Nahrungsmitteln bedichten, gegenüberstellt, stellt man ebenfalls sofort signifikante Unterschiede zwischen den Dichtern fest.

Anhand der im Werk erwähnten Restaurants kann bei Robert Gernhardt die Verehrung einer Küche konstatiert werden, die in Deutschland ungemeine Popularität genießt und die ins Auge fällt, wenn man einmal die Einkaufsstraßen Deutschlands entlang geht oder das aktuelle Angebot deutschsprachiger Kochbücher inspiziert: international. Diese Entwicklung deutscher Speisepläne ist seit den späten 50er Jahren zu konstatieren:[37] „Der Küchenzettel wurde zur Entdeckungsreise, der Geschmack der fremden Länder konnte schon probiert werden, bevor

---

34 Robert Gernhardt: Vom Schönen Guten Baren. Gesammelte Bildergeschichten und Bildgedichte. Zürich 1997, S. 546.
35 Neuhaus, ... über Menschen (Anm. 24), S. 11.
36 Vgl. hierzu Gisela Schneider: Die bösen Köche. In: Neuhaus, Weyer (Hg.), Küchenzettel (Anm. 9), S. 45–73. Diesem Aufsatz verdanke ich unter anderem etliche der nachfolgenden Literaturhinweise.
37 Vgl. Michael Wildt: Vom kleinen Wohlstand. Eine Konsumgeschichte der fünfziger Jahre. Frankfurt am Main 1996, hier besonders S. 197–202.

die erste Urlaubsreise nach Jugoslawien oder Frankreich führte."³⁸ Selbstverständlich hat es auch hier eine Entwicklung gegeben, denn anfangs hatten die vermeintlich exotischen Gerichte, die etwa in Zeitschriften angepriesen wurden, eher wenig mit der Küche derjenigen Länder zu tun, deren Namen sie sich bedienten.³⁹ So kann man anfangs davon ausgehen,

„[...] daß es in der Rhetorik dieser Rezeptseiten nicht um Authentizität ging, nicht um das tatsächliche Kennenlernen fremder Küchen, sondern die Arbitrarität der Zeichen im Vordergrund stand. Die Rezeptvorschläge bezeichneten nicht regionale Küchen, sie verwiesen vielmehr auf Stimmungen im Nachkriegsdeutschland in der zweiten Hälfte der fünfziger Jahre, wieder „dazugehören" zu wollen, wieder ein anerkanntes Mitglied der internationalen Staatengemeinschaft zu werden, die offenkundig vornehmlich das europäische Ausland und die USA umfaßte, während die übrige Welt unter ‚Afrika' oder ‚China' lief."⁴⁰

Dieser Internationalismus war, und ist es in nicht unbeträchtlichem Maße bis heute, ein Konstrukt:

„Jedes Volk verleiht seinen Speisen eine persönliche Note und akzeptiert Veränderungen nur, wenn es diese vor sich selbst verheimlichen kann, indem jede Neuheit wiederum mit dem eigenen Geschmack zugedeckt wird. Egal, ob in Politik, Wirtschaft oder Kultur – eine optimistische Haltung gegenüber Veränderungen ist nur möglich, wenn diese Prämisse akzeptiert wird."⁴¹

Mit zunehmendem Zuzug der so genannten Gastarbeiter⁴² sowie der beginnenden Reisewelle wird die Speisekarte jedoch wahrhaftig internationaler. So ist bei Gernhardt die oftmals erwähnte Hochschätzung der italienischen Küche wohl nicht

---

38 Wildt, Wohlstand (Anm. 37), S. 199.
39 Vgl. Bernhard Barth: Essen unterwegs. In: Die anständige Lust. Von Eßkultur und Tafelsitten. Hg. von Ulrike Zischka, Hans Ottomeyer, Susanne Bäumler. München 1993, S. 358–363, besonders S. 362–363: Rezepte als Souvenir und exotische Phantasiereisen.
40 Wildt, Wohlstand (Anm. 37), S. 200.
41 Theodore Zeldin: Warum gab es mehr Fortschritt beim Essen als beim Sex? In: Ramesh Kumar-Biswas, Siegfried Mattl, Ulrike Davis-Sulikowski (Hg.): Götterspeisen. Wien 1997, S. 86–103, hier S. 91.
42 Als Ende der 1990er Jahre in der Debatte um ausländische IT-Fachkräfte der Slogan „Kinder statt Inder" kursierte, dachte Robert Gernhardt diese Aussage im Restaurant Bombay Palace zu Ende und fragte sich: „Wer wird dann kochen? / Wer löst das zarte Lammfleisch vom Knochen / [...] / Wer sorgt für die Soßen / Wenn wir die Inder für Kinder verstoßen, / dann sitzen wir bald schon / mit leerem Magen, / umgeben von Blagen, / die schrein, statt zu fragen: / ‚Und was wünschen Sie zum Dessert, mein Sahib?'" (Gernhardt, Im Glück [Anm. 17], S. 68).

zuletzt durch den Besitz eines Hauses in der Toskana begünstigt worden. Gernhardts Beschreibungen von guten Mahlzeiten sind somit kongruent mit den gewandelten Nahrungsvorlieben der Deutschen der Nachkriegszeit.

Auf der anderen Seite steht Grass mit seiner Vorliebe für eine Küche, die dem Leser eine annähernde „Vorstellung von der kaschubischen und Danziger Küche"[43] gibt, die in einem solchen Maße traditionell und bodenständig ist[44] sowie sich „auf einheimische Produkte"[45] stützt, dass sie im heutigen Deutschland der vermeintlich international ausgerichteten Speisekarten schon wieder exotisch erscheint. Die mehrheitlich preisgünstigen Gerichte, die Grass bevorzugt, dürften nicht in allen deutschen Speiseplänen der Zeit nach dem Wirtschaftswunder, als man nach den Entbehrungen der Nachkriegszeit nach qualitativ hochwertigem und üppigem Essen strebte und sich dieses auch gemeinhin leisten konnte,[46] ganz oben gestanden haben: „Nach den Entbehrungen der frühen Nachkriegszeit, den traumatischen Erfahrungen des Hungers, wurde das Essen zur Lieblingsbeschäftigung: die sogenannte ‚Freßwelle' bestimmte die fünfziger Jahre."[47] Dieser Kontrast zur Allgemeinheit lässt sich an vielen Stellen aufzeigen.[48] In *Aus dem Tagebuch einer Schnecke* trägt sich der Autor mit dem Gedanken, sich eine Kirche zu kaufen und in einen Gasthof zu verwandeln. Interessant ist nun die erträumte Speisekarte:

„Alles gäbe es dort zu essen, was ich selber gerne koche und esse: Hammelkeule und Linsen, Kalbsnieren auf Sellerie, Aal grün, Kutteln, Miesmuscheln, Fasan mit Weinkraut, Saubohnen und Spanferkel, Erbsen-, Fisch-, Lauch- und Pilzsuppen, am Aschermittwoch Lungenhaschee und zu Pfingsten ein mit Backpflaumen gefülltes Rinderherz."[49]

Auch die Grätenlastigkeit der Grass'schen Fischgerichte, von der Reich-Ranicki berichtet, ist inzwischen eher unüblich. Die Wahrscheinlichkeit, dass man in einer beliebigen deutschen Stadt ein Restaurant findet, in welchem etwa Lungenhaschee

---

43 Marek Jaroszenwski: Die Kochkunst in der Danziger Trilogie von Günter Grass. In: Norbert Honsza, Irena Swiatlowska (Hg.): Günter Grass. Bürger und Schriftsteller. Dresden 2008, S. 115–118, hier S. 115.
44 Vgl. Henryka Szumowska: Das kulinarische Rezept von Günter Grass. In: Studia Germanica Posnanensia 1982, 10, S. 93–109.
45 Jaroszenwski, Kochkunst (Anm. 43), S. 115.
46 Vgl. Wildt, Wohlstand (Anm. 37), hier insbesondere das Kapitel ‚Konsum als Lebenspraxis', S. 227–246.
47 Ursula A. Becher: Geschichte des modernen Lebensstils. Essen, Wohnen, Freizeit, Reisen. München 1990, S. 97.
48 Vgl. etwa die Darstellung von Jan Papiór: Günter Grass' Trommeln für die Milchsuppe à la Großmutter! In: Honsza, Swiatlowska (Hg.), Günter Grass (Anm. 43), S. 473–479, hier insbes. S. 476f.
49 Grass, Werkausgabe (Anm. 8), Bd. 7, S. 83f.

auf der Speisekarte steht, ist verhältnismäßig gering, während Pasta-Gerichte[50] oder Pizza in Deutschland statistisch gesehen leichter im Angebot zu finden sind.[51] Grass hat demnach aus dem Blickwinkel des zeitgenössischen Deutschlands einen exklusiv zu nennenden Geschmack, den selbst die eigenen Kinder gewöhnungsbedürftig finden:

> „Es gibt Kutteln, die ich gestern […] vier Stunden lang mit Kümmel und Tomaten auf kleiner Flamme weich kochte. Die späte Beigabe Knoblauch. Anna und ich mögen das; die Kinder sollen das auch mögen. Lappig hängen die Magenwände der Kuh beim Metzger am Haken und werden allenfalls für den Hund verlangt: der Pansen oder zu oft gewaschene Frottierhandtücher."[52]

Grass isst somit etwas gerne, was in seinem Umkreis in den 1970er Jahren ‚allenfalls für den Hund verlangt' wird. Einige seiner schriftlich festgehaltenen Nahrungsgewohnheiten separieren Grass offensichtlich von seinem zeitgenössischen nationalen Umfeld. Er präsentiert sich kulinarisch im prosperierenden Deutschland als Besonderheit, wobei sich dies auch auf Ostdeutschland erstreckt. Der Autor Günter Kunert erinnert sich beispielsweise plastisch daran, wie Günter Grass als Koch einmal aufgrund der Wahl der Speisen bei seinen Schriftstellerkollegen wenig Zustimmung erfahren hat. Anlass war ein Treffen der ambulanten „Gruppe 47, Sektion Ost"[53], an dem beispielsweise auch Max Frisch teilgenommen hat, bei welchem

> „eine zusätzliche Ankündigung von Grass […] Unruhe und Besorgnis unter den eingeladenen Schriftstellern hervorgerufen [hat]: Er wolle eine Kuttelsuppe kochen! […] Von entsprechender Vorstellung gepeinigt, baten einige Gäste im vorhinein Marianne, sie möge doch ja eine alternative Suppe zubereiten."[54]

Kunert berichtet anschließend, dass diese Idee, eine Alternative bereitzuhalten, den Koch Grass nicht sonderlich entzückte:

> „Es hebt in der Küche ein Kochen und Würzen an, und es läßt sich nicht verheimlichen, daß außer den Kutteln ein weiteres Suppenangebot vorhan-

---

50 Vgl. die Spaghetti-Passagen in der *Blechtrommel*.
51 Man kann auch die deutschlandweit operierenden Lebensmittelketten hinsichtlich ihrer Angebotspalette untersuchen.
52 Grass, Werkausgabe (Anm. 8), Bd. 7, S. 13.
53 Günter Kunert: Erwachsenenspiele. Erinnerungen. München, Wien 1997, S. 380.
54 Kunert, Erwachsenenspiele (Anm. 53), S. 380.

den ist. Damit sinkt Grassens Laune sichtlich auf den Tiefpunkt. Dann wäre er ja überflüssig, dann hätte er sich die ganze Mühe sparen können, und es dauert eine Weile, bis meine Frau, von gleicher Vorliebe für gekochte Schuhsohlen beseelt, den Meistergourmet beruhigt. […]
Endlich wird die Kuttelsuppe herumgereicht. Mutige wagen eine Kostprobe. Aber so kühn sind die wenigsten. Ich rangiere unter den letzten Feiglingen, und habe an einem Löffel des Gebräus mit den darin schwimmenden zähen und weißlichen Flicken genug. Und ich bin sicher, daß die Erinnerungen der Anwesenden kaum von den Gesprächen, sondern vielmehr von der Kuttelsuppe geprägt sind."[55]

Zusammenfassend kann man sagen, dass Gernhardt sich mit seinem Geschmack in den Mainstream der bundesrepublikanischen Gesellschaft seiner Zeit eingliedert. Grass' Nahrungsvorlieben hingegen werden – unabhängig von ihrem tatsächlichen Geschmack – von seinen deutschen Zeitgenossen als sehr speziell empfunden.

Auch die mit dem Essen verbundenen Probleme unterscheiden sich bei Grass und Gernhardt. Bei Gernhardt wird beispielsweise gut und gerne viel getrunken: „Solange es den Menschen gibt, / hat der Mensch den Trunk geliebt. / Doch wußte er sein Trinkverhalten / höchst unterschiedlich zu gestalten."[56] Wann es problematisch wird, liegt auf der Hand und findet bei Gernhardt ausgiebige Erwähnungen, wenn er etwa die *Folgen der Trunksucht* bedichtet: „[…] Seht sie an die Meise. / Trinkt sie, baut sie Scheiße. Da! Grad rauscht ihr drittes Ei / wieder voll am Nest vorbei. / Seht ihn an den Dichter. / Trinkt er, wird er schlichter. / Ach, schon fällt ihm gar kein Reim auf das Reimwort ‚Reim' mehr ein."[57] Problematisch ist also – paradigmatisch beim von Gernhardt so häufig besungenen Alkoholismus[58] – der Überfluss.

Und wie selbstverständlich geht der 1937 geborene und in Göttingen aufgewachsene Gernhardt vom „immer wohlgefüllten Tisch"[59], also vom Überfluss aus, der zum übermäßigen, ungesunden Genuss verführt. So ist der *Stumme Infarkt*, den Gernhardt in *Herz in Not* beschreibt, die Konsequenz „für knapp sechzig Jahre / gut Essen, schön Trinken".[60] Diese Nahrungsaufnahme ist mit Lust verbunden. Herrscht nun aber ein Überangebot, was geschichtlich betrachtet und auf die gesamte Menschheit bezogen die Ausnahme darstellt, verkehrt sich die Situation: „Mein Körper hat es gut bei mir, / ich geb' ihm Brot und Wein. / Er kriegt von beidem nie genug, / und nachher muß er spein."[61] Die Nahrungsaufnahme wird

---

55 Kunert, Erwachsenenspiele (Anm. 53), S. 381f.
56 Gernhardt, Gedichte (Anm. 10), S. 158f.
57 Gernhardt, Gedichte (Anm. 10), S. 76f.
58 „Wir schlichen stumm die Straße lang, / bis wir in einem Bierausschank / uns hemmungslos besoffen" (ebd., S. 67). „Die Basis sprach zum Überbau: ‚Du bist ja heut schon wieder blau!' / Da sprach der Überbau zur Basis: / ‚Was is?'" (Gernhardt, Gedichte [Anm. 10], S. 57).
59 Gernhardt, Gedichte (Anm. 10), S. 9.
60 Gernhardt, Gedichte (Anm. 10), S. 623.
61 Gernhardt, Gedichte (Anm. 10), S. 232.

also zum Duell von Körper und Geist, wobei letzterer ersterem versagen soll, was dieser ob des Lustgewinns doch so sehr begehrt: „Trau einer dem Körper! / Hat der nicht tagtäglich / sein Fläschchen gefordert / samt Kaffee und Cognac / und lehnt jetzt entgeistert / jegliche Schuld ab: / ‚Das war doch der da, der Geist!'"[62] Und so wird auch der Arzt angefleht: „erzähl du mir bitte / bitte nichts vom Verzichten".[63] Dementsprechend ist bei Gernhardt das Hauptproblem ein so genanntes Zivilisationsproblem, nämlich das des Abnehmens, dem er ein ganzes *Diät-Lied (mit Ohrfeigenbegleitung)* widmet: „Ich freu mich auf mein Frühstück / Da schneide ich zwei Hörnchen auf / *(Klatsch Klatsch)* / Da schneid ich etwas Graubrot auf / und schmiere mir dick Butter drauf / und Leberwurst und / *(Klatsch Klatsch)* / Und schmiere dünn Margarine drauf [...]."[64]

Mit dem Problem des Überflusses beschäftigt sich auch Günter Grass in seinem Werk, doch stellt er den Überfluss nicht allein in den alltäglichen Kontext des überversorgten Westeuropäers, sondern in den globalen Kontext des Hungers. Bei Grass sind die Folgen auch nicht individueller Art wie bei Robert Gernhardt, der über die eigene ungesunde Lebensführung und den wachsenden Körperumfang klagt, sondern globaler Natur. Grass zeichnet nicht nur in *Die Rättin* detailliert das Bild des Müllbergs der westlichen Gesellschaften, in denen seit Ablösung regional unterschiedlicher Getreidesorten durch die Kartoffel als Hauptnahrungsmittel der Hunger auf breiter Basis überwunden ist. Dieses Bild des Überflusses kontrastiert er dann mit dem Hunger der so genannten Dritten Welt,[65] der bei Grass fast immer menschengemacht ist[66] und an prominenter Stelle in seiner Nobelpreisrede angeprangert wird:

„Herzen können verpflanzt werden. Drahtlos telefonieren wir rund um die Welt. Satelliten und Raumstationen umkreisen uns fürsorglich. Waffensysteme sind, infolge gepriesener Forschungsergebnisse, erdacht und verwirklicht worden, mit deren Hilfe sich ihre Besitzer vielfach zu Tode schützen können. Was alles des Menschen Kopf hergibt, hat seinen erstaunlichen Niederschlag gefunden. Nur dem Hunger ist nicht beizukommen. Er nimmt sogar zu."[67]

---

62 Gernhardt, Gedichte (Anm. 10), S. 625.
63 Gernhardt, Gedichte (Anm. 10), S. 625.
64 Gernhardt, Gedichte (Anm. 10), S. 492ff.
65 Vgl. Julian Preece: Kann die Nahrung Sünde sein? In: Neuhaus, Weyer (Hg.), Küchenzettel (Anm. 9), S. 95–107.
66 Vgl. Anselm Weyer: Über den Hunger, wie er beschrieben und schriftlich verbreitet wurde. Günter Grass und der menschengemachte Mangel. In: Neuhaus, Weyer (Hg.), Küchenzettel (Anm. 9), S. 123–134.
67 Günter Grass: Fortsetzung folgt... In: Günter Grass, Gerhard Steidl: Stockholm. Der Literaturnobelpreis für Günter Grass. Ein Tagebuch mit Fotos von Gerhard Steidl. Göttingen 2000, S. 50.

„Der Welthunger widerlegt das animal rationale, an ihm scheitert das Wesen, das lieben kann, ebenso wie das zoon politikon, und er führt vor allem anderen das ‚Tier, das kochen kann' ad absurdum"[68], schreibt Volker Neuhaus. Im *Butt* formuliert ein Gedicht *Drei Fragen*:

> „Wie kann ich,
> wo uns Entsetzen in Blei gießen sollte,
> lachen,
> beim Frühstück schon lachen?
> Wie sollte ich,
> wo Müll, nur noch der Müll wächst,
> von Ilsebill, weil sie schön ist,
> und über die Schönheit reden?
> Wie will ich,
> wo die Hand auf dem Foto
> bis zum Schluß ohne Reis bleibt,
> über die Köchin schreiben:
> wie sie Mastgänse füllt?
> Die Satten treten in Hungerstreik.
> Der schöne Müll.
> Das ist zum Kaputtlachen ist das.
> Ich suche ein Wort für Scham."[69]

Die Selbstkritik Gernhardts, die einerseits im persönlichen Rahmen bleibt und andererseits ein weit verbreitetes Zivilisationsproblem in den Überflussgesellschaften widerspiegelt, steht also einer Gesellschaftskritik bei Grass gegenüber, wobei dieser sich in die beschriebenen zivilisatorischen Verfehlungen nicht ausdrücklich einreiht, sondern sich eher für seine Mitmenschen schämt.

Nach diesem skizzenhaften Überblick über das Motiv der Ernährung im Werk der beiden Autoren können nun auch Überlegungen darüber angestellt werden, wie sich das Selbstbild, das Grass und Gernhardt im Hinblick auf die Ernährung von sich zeichnen, unterscheidet.

Gernhardt erscheint hierbei als ein Autor, der sich in der Mitte seines überwiegend deutschsprachigen Publikums[70] verankert. Wenngleich Robert Gernhardt seit dem Gedichtband *Körper in Cafés* aus dem Jahre 1987 nicht mehr allein auf die Komik zu reduzieren ist, hat er doch nie verleugnet, dass er ursprünglich als Genreschriftsteller angefangen hat. Als solcher schafft Gernhardt nicht primär Kunst-

---

68 Neuhaus, …über Menschen (Anm. 24), S. 18.
69 Günter Grass: Gedichte und Kurzprosa. Göttingen 1997, S. 236.
70 Robert Gernhardt ist bislang im Vergleich zum weltweit rezipierten Grass eher selten übersetzt worden.

werke, die nach gängiger ästhetischer Theorie dem Publikum die Möglichkeit ermöglichen, potentiell unendlich lange unendlich viele verschiedene mehr oder minder zulässige Interpretationen zu verfertigen. Die Genre-Produktion erweist sich im konkreten Resultat, wie Gernhardt selbst ausführt:

„Es gibt im westlichen Kulturkreis fünf etablierte Genres, denen fünf Weisen des Körpers entsprechen, sich zu entladen und zu entleeren:
Das Melodram setzt auf Gefühl und rührt zu Tränen.
Der Thriller setzt auf Spannung und führt zu Gänsehaut und Schweißausbrüchen, im Extremfall zum Sich-in-die-Hose-machen vor Angst.
Der Horror setzt auf Ekel und provoziert Erbrechen.
Der Porno setzt auf Lust, Orgasmus und Erguß.
Die Komödie will, daß Tränen gelacht werden, bzw. daß sich die Adressaten vor Lachen bepissen.
All diese Genres also sind auf Reaktionen aus und nur auf sie, sie alle ordnen alle ästhetischen Mittel diesem Zweck unter, betreiben also nicht l'art pour l'art, sondern l'art pour Zweck."[71]

Gefragt sei hierbei zunächst nicht Individualität. Es gehe nicht um das unverwechselbare Ich des Autors:

„Da er ein Bedürfnis bedient, kann er mit einer Abnehmerschaft rechnen, die nicht nach ihm, nach seiner unverwechselbaren, aber vorerst auch herzlich uninteressanten Person verlangt, sondern gezielt nach dem begehrten Stoff. Also nicht nach einem Chandler, sondern nach einem ‚Black-Mask'-Heft fragt. Nicht nach einem Wilhelm Busch, sondern nach einem ‚Münchner Bilderbogen'. Nicht nach einem Salten, sondern nach einem Porno – wenn denn die ‚Josephine Mutzenbacher' wirklich von Salten ist.
Das aber heißt, daß der Genre-Produzent auf Nummer sicher geht. Daß er sein einmaliges Ich in den Dienst einer überpersönlichen Ware stellt. Daß er zunächst einmal Erwartungen zu erfüllen hat und nicht erwarten kann, daß das Publikum oder gar das Feuilleton sogleich merkt, wie er das Genre bereichert, unterläuft oder verändert. Das kommt dann schon noch – gesetzt den Fall, er tut wirklich dergleichen."[72]

So schreibt der in Deutschland rezipierte Robert Gernhardt auch über das, was die Deutschen eint, worin sie sich selbst wieder erkennen können. Er schreibt im Stil der weit verbreiteten Trinklieder über den so alltäglichen Alkoholmissbrauch,

---

71 Gernhardt: Was gibt's denn da zu lachen? Zürich 1988, S. 469.
72 Gernhardt, Was gibt's (Anm. 71), S. 471.

über den Kampf vieler Menschen in Westeuropa gegen Übergewicht und die schädlichen gesundheitlichen Folgen. Sogar die international immer wieder hochgeschätzte Gastfreundschaft, wie sie sich etwa bei Homer immer wieder besungen findet, wird bei Gernhardt in keinem durchweg positiven Licht, sondern einem alltäglich realistischen Licht gesehen. Gernhardt konstruiert sich somit als Teil jener Gesellschaft, in der er lebt, so dass er hier eine Innenperspektive einnimmt, welche für die Leserschaft einen Wiedererkennungswert besitzt. Gerade dies mag großen Teilen des Publikums gefallen, nämlich „dass der Autor uns ein klein wenig die Leviten liest, und dass er sich dabei nicht ausnimmt"[73]. In einer Laudatio auf Robert Gernhardt schreibt Roger Willemsen:

„Gernhardt ist wie Ringelnatz kein Dichter des Pathos, er kennt keine Geheimrats-Attitüde, [...] er spricht nicht zu den Eingeweihten, ja, er ist im vornehmsten Sinne – und jetzt kommt ein fragwürdiges Wort – volkstümlich, denn er teilt die Wirklichkeit der Eisenbahnen, des Fernsehens, der Zeitungssprache, er hat das Wort ‚Dingens' in die Lyrik eingeführt und über die ‚gemütliche Monotonie des Rap' im Endreim nachgedacht. Dem Bild vom Dichter ‚als Aussenseiter [sic] des bürgerlichen Lebens' genügt er nicht, er stellt sich als Innenseiter vor."[74]

Innenseiter ist er allerdings lediglich für die spezielle Schicht, mit der er sich im jeweiligen Text gemein macht, die Schicht seiner deutschsprachigen Leser. Er schreibt über die Toskana-Deutschen, zu denen er gehört.[75] Auf weltweite Wirkung scheint Gernhardt nicht zu spekulieren.

Günter Grass hingegen separiert sich von gerade dieser Leserschicht, indem er nicht nur mit Danzig die „verlorene Heimat"[76] und eine Stadt beschreibt, die in vielfacher Weise verloren ist, weshalb er nur noch „in Gdańsk Spuren meiner Heimatstadt Danzig"[77] zu finden vermag.[78] Er zeichnet zudem kulinarische Landkarten nach, die in weltweitem Kontext regional ungemein populär sein mö-

---

73 Dieter M. Gräf: Das neue Gedicht von dem guten Wein des Westens. In: Die Welt, 11.11.2000.
74 Roger Willemsen: Der Innenseiter. Eine Lobrede auf Robert Gernhardt. In: Die Weltwoche, 10.06.2004.
75 Christina Ujma: Ambivalentes Idyll: Robert Gernhardt als ironischer Chronist der Toskana-Deutschen. In: Hagestedt (Hg.), Alles über den Künstler (Anm. 7), S. 108–126.
76 Grass, Werkausgabe (Anm. 8), Bd. 15, S. 62.
77 Grass, Werkausgabe (Anm. 8), Bd. 15, S. 235.
78 „In Gdańsk suchte ich Danzig" schreibt Grass immer wieder, um in der anderssprachigen Namensgebung den Verlust zum Ausdruck zu bringen: „Mein Verlust hieß Danzig, die Heimatstadt, die fortan Gdańsk hieß." (Grass, Werkausgabe [Anm. 8], Bd. 16, S. 136). Vgl. zu diesem Thema neben poetischen Werken wie der Erzählung Unkenrufe etwa die Rede zur Verleihung des Ehrendoktortitels der Universität Gdańsk: Vom Überspringen der Grenzen. In: Grass, Werkausgabe (Anm. 8), Bd. 16, S. 386–388.

gen,[79] im Wirtschaftswunderland allerdings im Vergessen begriffen sind. Er kocht, so berichten seine literarischen Werke, ohne Not immer noch die Rezepte, die im heutigen Deutschland teilweise als Arme-Leute-Essen verschrien oder sogar gänzlich unbekannt sein dürften. Er konstruiert sich somit kulinarisch nicht als Teil der deutschen Bevölkerungsmehrheit, sondern als Sonderling, der sich in seinem Vaterland engagiert. Grass steht somit zumeist für eine – von nationaler Perspektive aus gesehen – exzentrische Position, von der aus er das Treiben des deutschen Durchschnittsbürgers kritisch beäugt. Diese Abgrenzung von der Perspektive der deutschen Mehrheit wird in dem Pikaro-Roman *Die Blechtrommel* mit der Froschperspektive Oskars etabliert und lässt sich in Abwandlung durch das gesamte Werk weiterverfolgen – nicht zuletzt in den politischen Reden, in denen Grass sich häufig für Minderheitsmeinungen, wie den Weg zur Deutschen Einheit über einen Deutschen Bund, und explizit für Minderheiten einsetzt und etwa den Roma und Sinti seine Stimme leiht. Während bei Gernhardt immer auch der Autor oder Erzähler selbst vom eigenen Spott betroffen ist und sich somit solidarisiert, kritisiert Grass nicht selten Missstände, die er nicht nur erkannt hat, sondern die er selbst überwunden zu haben glaubt. Folgerichtig betrachtet der Ich-Erzähler der *Rättin*, welcher einmal mehr mit biographischen Details von Grass selbst ausgestattet ist, die untergehende Welt von außen. Das bringt ihn in die Rolle des Außenseiters, welcher stets Kritik an der Gesellschaft übt. Robert Gernhardt brachte diese Rolle, die Grass für sich konstruiert, einmal auf den Reim: „Der eine liest die Iren. / Der andre liest die Briten. / Ein dritter liest die Russen. / Der Grass liest die Leviten."[80]

---

79 So werden Kutteln etwa im badischen Raum immer wieder als Delikatesse angeboten.
80 Gernhardt, Gedichte (Anm. 10), S. 406.

Elisabeth Fendl – Jana Nosková

Die böhmische Küche

Für die böhmische Küche trifft zu, was Konrad Köstlin für die Wiener Küche gezeigt hat, es gibt sie eigentlich nicht, sie ist „Resultat einer Selbsterzählung des späten 19. Jahrhunderts".[1] Obwohl die Existenz „nationaler Küchen" auch durch empirische Untersuchungen immer wieder in Frage gestellt wurde, wird – so Jakob Tanner – an diesen „kollektiven Fiktionen" festgehalten, wird „ihre beträchtliche Resistenz gegen faktische Widerlegungen" stets aufs Neue gesichert.[2] Im Konstrukt der nationalen Küche werden vielfältige regionale Küchen gebündelt und zu „Hauptkomponenten nationaler Identität" gemacht.[3]

Wir wollen im Folgenden fragen, seit wann man von der „böhmischen Küche" als „einer definierten, von anderen europäischen Küchen abgegrenzten Größe"[4] spricht und welche ihr zugeschriebenen Charakteristika die böhmische Küche von anderen so unterscheidbar machen, dass diese Benennung gerechtfertigt scheint. Dazu zeichnen wir die historische Entwicklung des Bildes der böhmischen Küche nach und versuchen zu belegen, wie es sich wann (warum) verändert hat. Daneben wird zu beschreiben und zu analysieren sein, wie dieses Bild zur Vermarktung (vor allem im Tourismus) genutzt wird. Als Grundlage der Untersuchung dienen neben der Literatur zur Nahrungsforschung Kochbücher, Reiseführer, Reise-Feuilletons und touristische Werbematerialien. Diese Quellen spiegeln, so formuliert es Roman Sandgruber für Kochbücher, „technische, mentale und politische Veränderungen wider". Sie lassen nicht nur Rückschlüsse auf das tatsächliche Nahrungsverhalten zu, sondern sagen vor allem etwas über „die Vorstellung, was typisch sei und sich als typisch verkaufen" läßt,[5] sie belegen, was alles mit dem Essen „mitgegessen wird"[6], welche Bilder in den Köpfen der Essenden entstehen und wie sie (re)produziert werden.

---

1 Konrad Köstlin: Keine Wiener Küche. Unveröffentlichtes Manuskript. Wien 2002, S. 6.
2 Jakob Tanner: Italienische „Makkaroni-Esser" in der Schweiz. Migration von Arbeitskräften und kulinarische Traditionen. In: Hans Jürgen Teuteberg, Gerhard Neumann, Alois Wierlacher (Hg.): Essen und kulturelle Identität. Europäische Perspektiven. Berlin 1997 (Kulturthema Essen 2), S. 473–497, hier S. 489.
3 Roman Sandgruber: Österreichische Nationalspeisen: Mythos und Realität. In: Teuteberg u.a (Hg.), Essen (Anm. 2), S. 179–203, hier S. 183.
4 Vgl. dazu: Richard Zahnhausen: Mutter-Kuchen, Wiener Küche. In: Annemarie Hürlimann, Alexandra Reininghaus (Hg.): mäßig und gefräßig. Wien 1996, S. 88–93, hier S. 88. Zahnhausen stellt diese Frage hier in Bezug auf die Wiener Küche.
5 Sandgruber (Anm. 3), S. 187.
6 Utz Jeggle: Eßgewohnheit und Familienordnung. Was beim Essen alles mitgegessen wird. In: Zeitschrift für Volkskunde 84 (1988), S. 189–205.

Abb. 1: Kochbuch „Böhmische Küche"
von Ilse Froidl, 15. Auflage,
Landshut 1990

Wenn wir uns im Folgenden mit der böhmischen Küche beschäftigen, muss zunächst über Begriffe gesprochen werden, und zwar über die Attribute „böhmisch" bzw. „tschechisch" und über die Wortverbindungen „böhmische Küche" bzw. „tschechische Küche". Laut Tilman Berger folgt die Benutzung der Adjektive „böhmisch" und „tschechisch" im Deutschen einer klaren Regel: das erste bezieht sich auf das historische Land Böhmen, das zweite auf die dort lebenden Menschen, die Tschechen.[7] Deshalb spricht man „von ‚böhmischer Küche' (die ja auch von den früher hier ansässigen Deutschen gepflegt wird), von ‚böhmischen Knödeln' usw".[8] Erst für den klar national konnotierten Kontext wird das Adjektiv „tschechisch" benutzt, es markiert eine neue, jüngere Entwicklungsphase.[9] In der tsche-

---

7 Tilman Berger: Böhmisch oder tschechisch? Der Streit über die adäquate Benennung der Landessprache der böhmischen Länder zu Anfang des 20. Jahrhunderts. In: <http://homepages.uni-tuebingen.de/tilman.berger/Publikationen/Regensburg05.pdf <, S. 1–18, hier S. 1 (13.08.2008).
8 Berger (Anm. 7).
9 In der deutschen Sprache gibt es Beispiele, in denen „tschechisch" und „böhmisch" benutzt werden kann (z. B. böhmische/tschechische Geschichte, böhmische/tschechische Musik usw.), die jeweiligen Wortverbindungen markieren dann unterschiedliche historische und kulturelle Zusammenhänge.

chischen Sprache existiert nur ein Adjektiv für die beiden im Deutschen benutzten, und zwar ‚český'. Deshalb können bei Übersetzungen Probleme entstehen, da es sich immer auch um eine Frage der Interpretation handelt, welche der beiden Übersetzungsmöglichkeiten gewählt wird. In der tschechischen Interpretation wird zum Beispiel Magdalena Dobromila Rettigová als „tschechische" Autorin bewertet, weil sie sich offen zum „Tschechin-Sein" bekannt hat, ihr Kochbuch wird als Grundstein der „tschechischen Nationalküche"[10] interpretiert.[11]

Wir benutzen im Folgenden das Adjektiv „böhmisch" in der im Deutschen üblichen Form, bezogen auf das historische Land Böhmen. Auch bei Magdalena Dobromila Rettigová sprechen wir von „böhmischer Küche". Die Wortverbindung „tschechische Küche" benutzen wir bei Übersetzungen aus der tschechischen (Fach)Literatur und aus tschechischen Quellen vom Ende des 19. Jahrhunderts und aus dem 20. Jahrhundert. In dieser Zeit wurde die Küche bereits als „tschechisch" – im Sinne von national tschechisch – interpretiert und konstruiert. Diese Interpretation hat ihren Ausdruck auch in vielen in der Tschechoslowakei oder später in der Tschechischen Republik neu erschienenen Kochbüchern gefunden, in denen es üblich ist, über eine tschechische (National-)Küche zu sprechen.[12] Die Benutzung der Wortverbindung „tschechische Küche" zeigt so zum einen den

---

10 Siehe z. B. den Text von Lydia Petráňová, die Magdalena Dobromila Rettigová als Gründerin der „Czech national cuisine" bezeichnet. Lydia Petráňová: Language, patriotism and cuisine: the formation of the Czech national culture in central Europe. In: Derek J. Oddy, Lydia Petráňová (eds.): The Diffusion of Food Culture in Europe from the late eighteenth century to the present day. Praha 2005, S. 167–179, hier S. 175.

11 Wir sind uns dessen bewusst, dass es sich dabei um eine (jüngere) Deutung handelt und die Küche, wie sie bei Rettigová präsentiert wird, sich nicht sehr von der so genannten süddeutschen Küche unterschied. – Heinz Dieter Pohl beschreibt die böhmische Küche als eine „in die süddeutsche Küche eingebettete Regionalküche", die die Wiener Küche mit vielen Speisen bereichert habe. Vgl. Heinz Dieter Pohl: Slawisches in der österreichischen Küchensprache um 1900. In: Wiener Slawistischer Almanach, Sonderband 65 (2006), S. 275–293, hier S. 286. Ähnlich auch Franc, der darüber spricht, dass die Nahrung der Prager Bürger in der ersten Hälfte des 19. Jahrhunderts der Nahrung der Bewohner anderer großer Städte der Monarchie ähnlich war. Vgl. Martin Franc: Strava obyvatel Prahy v první polovině 19. století [Ernährung der Bewohner von Prag in der ersten Hälfte des 19. Jahrhunderts]. In: Dobrou chuť, velkoměsto [Guten Appetit, Großstadt]. Praha 2007, S. 325–335, hier S. 330.

12 Auch ein in der ehemaligen DDR veröffentlichtes Kochbuch spricht über „Tschechische Küche" (Joza Břízová, Maryna Klimentová: Tschechische Küche. Praha, Leipzig, 1977, ³1984), in der BRD publizierte Kochbücher immer über „böhmische Küche". Diese unterschiedlichen Übersetzungen haben politische Konnotationen. Es ist jedoch nicht auszuschließen, dass teilweise die Unkenntnis des deutschen Idioms „böhmische Küche" zur Verwendung des Begriffes „tschechische Küche" geführt hat. Der Umgang mit den Begriffen böhmisch und tschechisch scheint zeitweise jedoch, das zeigen auch die Reiseführer der 1950er bis 1980er Jahre, sehr beliebig zu sein. Es wird von der „böhmischen Küche" und der „tschechischen Küche" gesprochen; teilweise auch in ein und demselben Text, von „böhmischer Küche", aber von „tschechischen Speisen", „tschechischen Knödeln", der „tschechischen Speisekarte" (Leo Moťka und Autorenkollektiv: Die Tschechoslowakei als Reiseland. Praha 1962, S. 168).

Einfluss der historischen Entwicklung, sie weist aber auch auf einen unreflektierten Umgang mit der Geschichte hin. Die tschechische Küche gehört den Tschechen – so soll vermittelt werden –, sie haben sie „kreiert", sie müssen sie aufbewahren. Die deutsche Bevölkerung und ihre Geschichte wurden aus diesen Deutungen „beseitigt".[13]

Die Erfindung der „böhmischen Küche" oder: Magdalena Dobromila Rettigová und ihr Kochbuch

Die Erfindung der böhmischen Küche (und der tschechischen Nationalküche) beginnt bei Magdalena Dobromila Rettigová (1785–1845). Laut der Ethnologin Lydia Petráňová hat sie kodifiziert, was als „Czech national cuisine"[14] angesehen wird. Sie wird leicht ironisch als die größte tschechische Schriftstellerin des 19. Jahrhunderts, als „die erste tschechische Feministin"[15] auch bezeichnet, wird zu den Erweckern des tschechischen Volkes (*národní buditel, obrozenec*) gezählt. Mit ihrem Mann, einem Juristen und Gerichtsbeamten, aber auch Schriftsteller und nationalen Erwecker, hat sie in vielen Städten in Ostböhmen (Wildenschwert/Ústí nad Orlicí, Reichenau an der Kněžna/Rychnov nad Kněžnou, Leitomischl/Litomyšl) gelebt und war dort schriftstellerisch und als Organisatorin des tschechischen gesellschaftlichen Lebens tätig. Zu diesem Leben haben die bekannten und geschätzten, aber auch verlachten Kaffeegesellschaften gehört. Magdalena Dobromila Rettigová war bekannt als deren Ideologin und Organisatorin. Die Kaffeegesellschaften sollen als Kultur-Salons gewirkt haben, es wurde hier nicht nur getrunken und gegessen, sondern auch tschechisch diskutiert.[16] Rettigovás Kochbuch *Domácí kuchařka, aneb pojednání o masitých a postních pokrmech pro dcerky české a moravské* (¹1826, ²1831) ist in insgesamt 36 tschechischen und 10 deutschen Auflagen erschienen.[17] Nach der Bibel handelt es sich um das in den

---

13 Das ist etwa der Fall, wenn in einer Broschüre der Zentrale für Fremdenverkehr Karlsbader Oblaten als „tschechische Spezialität" dargestellt werden. Vgl. *Výroční zpráva 2002* [Annual report 2002], Česká centrála cestovního ruchu [Czech Tourist Authority], <http://www.czechtourism.cz/files/vzprava2002.pdf> (04.02.2008).
14 Petráňová (Anm. 10), S. 175.
15 Marie Neudorflová-Lachmanová: České ženy v 19. století. Úsilí a sny, úspěchy i zklamání na cestě k emancipaci [Tschechische Frauen im 19. Jahrhundert. Bemühungen und Träume, Erfolge und Enttäuschungen auf dem Weg zur Emanzipation]. Praha 1999, S. 13.
16 Siehe Rettigovás Buch *Kafíčko a vše, co je sladkého. Sto předpisů, kterak se všeliké nápoje i to, co je k přikousnutí při besedách neb společnostech paní a pánů, připravovat mají* (Praha 1843, 1845) [Kaffee und alles, was süß ist. Einhundert Rezepte, wie verschiedene Getränke und auch das, was zum Imbiss bei der Unterhaltung oder in den Gesellschaften der Frauen und Männer gereicht wird, zubereitet werden sollen].
17 1857 ist es unter dem Titel *Domácí kuchařka, aneb, Snadno pochopitelné a proskoumané poučení, kterak se masité i postní pokrmy všeho druhu nejchutnějším způsobem vaří, pekou a

meisten Auflagen erschienene tschechische Buch. Es galt denn auch bis zum Ersten Weltkrieg als „Bibel der Köchinnen".

Es war nicht das erste in Böhmen veröffentlichte Kochbuch,[18] doch gerade es wurde zum Bestseller. Auch die Tatsache, dass Rettigová nur als Autorin des Kochbuches, nicht aber als Verfasserin von Erzählungen, Romanen usw. im allgemeinen tschechischen kulturellen Bewusstsein des 20. Jahrhunderts geblieben ist, hat mehrere Wissenschaftler zum Nachdenken gebracht. Warum war das Kochbuch so populär? Warum wurde Rettigová zum „Symbol" der böhmischen Küche bzw. der tschechischen Nationalküche, auch wenn vor ihr bereits mehrere Kochbücher veröffentlicht worden waren? Der Literaturwissenschaftler Alexander Stich fragt:

„War es ein Zufall, war es ein glücklicher Gleichlauf von äußerlichen Umständen, oder war in ihrem der Gastronomie und Kulinaristik gewidmeten Werk etwas Besonderes und Eigenartiges, was verursacht hatte, dass gerade Rettigová zum Symbol der böhmischen (české) Küche wurde?"[19]

Und er nennt mehrere Gründe, die zur großen Popularität des Kochbuchs und der Autorin beigetragen haben: 1. Den Stil des Kochbuches – obwohl es sich um unpersönliche Anweisungen handelt, berufe sich die Autorin oft auf ihre eigene Erfahrung, man könne im Text die Persönlichkeit der Autorin „spüren", 2. Das Kochen sei bei Rettigová nicht nur „eine notwendige Tätigkeit", sondern vor allem Spiel, Experiment, Variation, eine schöpferische und interessante Tätigkeit,[20] 3. Die Zielgruppe – das Kochbuch ist Frauen in kleineren Haushalten gewidmet, in bürgerlichen Haushalten in der Stadt, aber auch in Haushalten auf dem Lande, also den gesellschaftlichen Schichten, die heute als „aktive Schichten der Bewe-

---

zadělávají erschienen, auf Deutsch zum ersten Mal 1827 als *Die Hausköchin oder eine leichtfassliche und bewährte Anweisung, auf ein vorteilhaft- und geschmackhafteste Art die Fleisch- und Fastenspeisen zu kochen, zu backen und einzumachen, Tafeln nach der neuesten Art zu decken, nebst vielen anderen nützlichen in der Haushaltung oft unentbehrlichen Sachen verfasst von Magdalena Dobr. Rettig*. Petráňová (Anm. 10), S. 175.

18 Eine Übersicht über frühere, auf Tschechisch und/oder Deutsch erschienene populäre Kochbücher in Böhmen findet sich bei: Felicitas Wünschová (Pseudonym für Alexander Stich): Spisovatelka a kuchařka [Schriftstellerin und Köchin]. In: Magdalena Dobromila Rettigová: Domácí kuchařka [Die Hausköchin]. Praha 1986, S. 9–32, hier S. 23; Franc, Strava (Anm. 11), S. 327–328, Magdalena Beranová: Tradiční české kuchařky. Iak se vařilo před M. D. Rettigovon [Traditionelle böhmische Kochbücher. Wie man von M. D. Rettiová gekocht hat]. Praha 2001, S. 23.

19 Siehe Wünschová (Stich) (Anm. 18), S. 23.

20 Der Literaturhistoriker Karel Krejčí hat darauf aufmerksam gemacht, dass das Kochbuch eine sehr ähnliche Intention hatte wie die bekannteste Bibel der Gourmets, die „Physiologie des Geschmacks" von Jean Anthelme Brillat-Savarin aus dem Jahre 1825. Beide sind ein „Zeugnis der Zeit, als Zubereitung wie auch Einnahme (Genuss) der Gerichte ein ästhetisches Erlebnis

gung der nationalen Wiedergeburt" bezeichnet werden, 4. Das hohe Niveau der tschechischen Sprache, das laut verschiedener Literaturwissenschaftler wiederum einen enormen Einfluss auf die nationale Wiedergeburt des tschechischen Volkes im 19. Jahrhundert gehabt hätte.[21] Josef Johanides verschiebt den Fokus der Überlegungen über die Popularität des Kochbuches weiter, in die „nationale" Richtung, wenn er anführt, dass Magdalena Dobromila Rettigovás Kochbuch so populär wurde, weil seine Autorin hauptsächlich Gerichte versammelte, die „eine gewisse heimatliche Tradition"[22] hatten – also „wie sie von meiner Großmutter und meiner Mutter, *beide Tschechinnen* [Hervorhebung J. N.], zubereitet wurden"[23].

Von der großen Popularität des Kochbuchs, das ungefähr 600 Kochrezepte beinhaltet,[24] bzw. seiner Autorin zeugen auch mehrere später erschienene Kochbücher, die im Titel den Namen von Magdalena Dobromila Rettigová enthalten (auch wenn sie überhaupt nichts mit ihr oder ihrem Kochbuch zu tun haben und es sich nur um einen geschickten Werbeschachzug handelt). Auch ein Theaterstück über das Leben Rettigovás von Alois Jirásek (1901), das zu Beginn des 20. Jahrhunderts unter den Laien-Theatergruppen sehr populär war, ist ein Beweis für die Beliebtheit der Autorin.[25] Die Kochbücher und das Theaterstück haben wiederum die Popularität der Rettigová gestärkt.

Es ist zudem interessant, dass gerade Magdalena Dobromila Rettigová, die in der Vorstellung der Öffentlichkeit eine „Köchin" geblieben ist, in der ersten Hälfte des 20. Jahrhunderts zum Gegenstand eines großen Streits von Literaturwissenschaftlern und Publizisten wurde, in dem es um die Einschätzung ihrer Werke und ihrer Tätigkeit innerhalb der Erweckungsbewegung ging. Von der einen Seite wurde sie als „eine der bedeutenden, verdienten, die Initiative ergreifen-

---

waren". Das Kochbuch von Magdalena Dobromila Rettigová ist laut Krejčí eine biedermeierliche Verkleinerung für die bürgerlichen Verhältnisse in Böhmen. Zit. nach Josef Johanides: Magdalena Dobromila Rettigová. Rychnov nad Kněžnou 1995, S. 153.
21 Wünschová (Stich) (Anm. 18), S. 23–28.
22 Johanides (Anm. 20), S. 158.
23 Vorwort zur ersten Ausgabe von 1826. Zitiert nach Magdalena Dobromila Rettigová: Domácí kuchařka [Hausköchin]. Praha 1999, S. 7.
24 Die Kochrezepte wurden heutigen Kriterien nach nicht „logisch" gegliedert. Der Inhalt der dritten Auflage des Kochbuches (die erste Auflage war weniger umfangreich) lautet: 1. Fleischsuppen (40 Kochrezepte), Aufläufe, Pfannkuchen, Knödel für Suppen (10); 2. Rindfleischgerichte (13, vor allem Rinderbraten), Kochrezepte für Saucen zu Rindfleisch (14), Zubereitung von Meerrettich, roten Rüben, sauren Gurken; 3. Gemüse (35) – auch einige Schweinefleischgerichte sind hier eingegliedert, Geflügel; 4. „eingemachte" Gerichte (60); 5. Wild (16); 6. Mehlspeisen und Aufläufe (60), beinhaltet auch Kochrezepte für Torten, Eis, Gelee usw.; 7. Gemüsesalate, 8. Füllungen, Kolatschen, Buchteln, Krapfen; 8. Fastenzeitgerichte (mehr als 100 Kochrezepte). Insgesamt beinhaltete die dritte Auflage 599 Kochrezepte. Siehe Johanides (Anm. 20), S. 156f.
25 Eine „Huldigung" an Magdalena Dobromila Rettigová liefert auch die tschechische Schriftstellerin Libuše Moníková in ihrem Roman „Die Fassade" (1987). Die Restauratoren und Künstler, die im Schloss in Leitomischl/Litomyšl (bzw. Friedland/Frýdlant) auf Kalk warten, spielen für sich selbst ein Theaterstück, in dem sie vier Persönlichkeiten der tschechischen Geschichte

Die böhmische Küche 111

den und den gesellschaftlichen Fortschritt durchsetzenden Erweckerinnen" bezeichnet (Zdeněk Nejedlý), von der anderen Seite als „Ofenhocker, beschränkter und konservativer Philister" (Julius Fučík) und als „Verkörperung von schriftstellerischer wie menschlicher Borniertheit und von der Patzigkeit eines Parvenues" (Arne Novák).[26] Der Streit über Rettigová war, wie Alexander Stich schreibt,[27] ein Streit über „das tschechische nationale Naturell", über diese vage, doch real existierende Vorstellung. Rettigová wurde so als Vertreterin eines Typus der tschechischen Erwecker-Gesellschaft bewertet.

Rettigová wurde zum Symbol der böhmischen Küche bzw. der tschechischen National-Küche und gilt immer noch als dieses Symbol, obwohl die meisten ihrer Kochrezepte heutzutage nicht mehr zubereitet werden können und nur in Teilen zum heutigen „nationalen Speisenfundus" gehören. Die Platzierung Magdalena Dobromila Rettigovás im Wettbewerb um „Den größten Tschechen" im Jahr 2005 kann als Beleg für die noch heute im öffentlichen Diskurs bestehende enge Verbindung der „tschechischen Nationalküche" mit ihrem Namen angesehen werden. Sie ist eine von 17 Frauen aus der gesamten böhmischen/tschechischen Geschichte, die unter die ersten Hundert gewählt wurden.[28]

Die Geschichte der böhmischen Küche ist – das macht das Beispiel Rettigová deutlich – eng mit dem nationalen Selbstverständnis der tschechischen Bevölkerung des Landes verbunden.[29] Die Deutung des Kochbuchs der Rettigová und ihrer Tätigkeit ist in hohem Maße national ausgerichtet. Auch wenn sehr oft betont wird, dass das Kochbuch eine große Bedeutung im Prozess der nationalen tschechischen Wiedergeburt hatte und die Autorin es auch mit dieser Intention geschrieben hat[30], muss betont werden, dass sie das Kochbuch auch auf Deutsch veröffentlicht hat und dass sich viele spätere Autoren deutscher/österreichischer Kochbücher von ihr haben inspirieren lassen.[31] Die „böhmische Küche" Rettigovás wird in fachlichen und

---

(Madgalena Dobromila Rettigová, Jan Evangelista Purkyně, Alois Jirásek und Bedřich Smetana) darstellen. Der Darsteller von Rettigová bereitet für das Theaterstück Speisen nach ihrem Kochbuch zu. Siehe Libuše Moníková: Fasáda [Die Fassade]. Praha 2004, S. 96–118.

26 Siehe Wünschová (Stich) (Anm. 18), S. 10.
27 Wünschová (Stich) (Anm. 18), S. 10.
28 M. D. Rettigová rangierte auf Platz 88. Der Wettbewerb wurde vom Tschechischen Fernsehen 2005 ausgerufen. Bewohner der Tschechischen Republik konnten ihre Stimme für die ihrer Meinung nach bedeutendste Persönlichkeit der böhmischen/tschechischen Geschichte und Gegenwart abgeben. Es sollte sich um Personen handeln, die in Böhmen, Mähren oder Schlesien geboren wurden, dort gelebt oder gewirkt haben und das Leben in diesen Gebieten stark beeinflusst haben. Zu diesen „Top100" siehe <http://www.ceskatelevize.cz/specialy/nejvetsicech/oprojektu_top100> (08.07.2007).
29 Marlis Sewering-Wollanek: Der böhmische Knödel oder Die Heimat im Kochtopf. In: Joachim Hösler, Wolfgang Kessler (Hg.): Finis mundi – Endzeiten und Weltenden im östlichen Europa. Stuttgart 1998, S. 209–224, hier S. 214.
30 Als Beleg dazu wird immer wieder das Vorwort ihres Kochbuches von 1826 zitiert.
31 Magdalena Dobromila Rettigová hat auch ihren Platz in dem 1856–1891 veröffentlichten repräsentativen *Biographische(n) Lexikon des Kaiserthums Oesterreich* gefunden.

populären Deutungen des 19. und 20. Jahrhunderts zur „tschechischen Nationalküche" und so wird sie auch heute noch häufig interpretiert.

Rettigovás Rezepte wurden auch „exportiert". Wichtige Trägerinnen dieses Kulturaustausches waren die so genannten böhmischen Köchinnen, die, so wird tradiert, auf ihrem Weg zum Beispiel nach Wien das Kochbuch von Rettigová im Koffer hatten.[32]

Böhmische Köchinnen

Das Phänomen der „böhmischen Köchin" ist – wie zu zeigen sein wird – ein Hauptbestandteil des Bildes der böhmischen Küche und es ist nicht nur in der Belletristik und in der grauen Literatur der Heimatvertriebenen präsent.

Ende des 19. Jahrhunderts stieg die Zahl der häuslichen Dienstboten aufgrund des wachsenden Bildungs- und Wirtschaftsbürgertums stark an. Das Dienstbotenwesen war nun „immer weniger männlich und hierarchisiert", es wurde zunehmend weiblich (und es wurde dabei auch entwertet).[33] Hatte in den Küchen der Adelshaushalte des 18. Jahrhunderts zum Beispiel der Maître de cuisine dominiert, so führten nun in den bürgerlichen Küchen fast ausschließlich Köchinnen das Regiment.[34] Der Dienstmädchenberuf stellt, so Dorothee Wierling, eine „frauenspezifische Form der Teilhabe an der Industrialisierung und deren Förderung" dar.[35] Nicht die Fabrikarbeit, sondern der „Dienstleistungssektor" könne als Hauptmotor der Eingliederung breiter weiblicher Schichten in städtische Lohnarbeitsverhältnisse und in die moderne Gesellschaft angesehen werden.[36] In Wien zum Beispiel gab es zu Ende der 1890er Jahre bei etwa 1,4 Mio. Einwohnern über 91.000 Dienstboten. 97% davon waren Frauen und Mädchen.[37] Die größte Zuwanderung an Arbeitskräften nach Wien erfolgte im Laufe des 19. Jahrhunderts aus Böhmen

---

32 Vgl. dazu: Jana Hrušová, Libuša Janáčeková: Von Liwanzen, Kolatschen und Budweiser Biersuppe. Was die böhmische Köchin Blažena ihrer Herrschaft auf den Tisch gebracht hat. Weil der Stadt [1982], S. 9 und S. 12. Hier werden die Rezepte eingebettet in Geschichten aus dem Leben der (fiktiven) böhmischen Köchin Blažena. Auf ihren Weg von Prag nach Wien nimmt Blažena unter anderem das Kochbuch der Rettigová mit.
33 Cécile Dauphin: Alleinstehende Frauen. In: George Duby, Michelle Perrot: Geschichte der Frauen. 19. Jahrhundert. Frankfurt am Main 1994 [Rom 1991], S. 481–497, hier S. 487.
34 Vgl. dazu Georg R. Schroubek: Die Böhmische Köchin. Ihre kulturelle Mittlerrolle in literarischen Zeugnissen der Jahrhundertwende. In: Staatliche Museen Preußischer Kulturbesitz. Museum für Deutsche Volkskunde (Hg.): Dienstboten in Stadt und Land. Vortragsreihe zur Ausstellung „Dienstbare Geister. Leben und Arbeiten städtischer Dienstboten" im Museum für Deutsche Volkskunde Berlin, Februar bis März 1981. Berlin 1982, S. 59–72, hier S. 61–62.
35 Dorothee Wierling: Mädchen für alles. Arbeitsalltag und Lebensgeschichte städtischer Dienstmädchen um die Jahrhundertwende. Berlin, Bonn 1987, S. 14.
36 Vgl. dazu: Karin Walser: Dienstmädchen. Frauenarbeit und Weiblichkeitsbilder um 1900. Frankfurt am Main 1986, u. a. S. 20.
37 Marina Tichy: Alltag und Traum. Leben und Lektüre der Wiener Dienstmädchen um die Jahrhundertwende. Wien, Köln, Graz 1984 (Kulturstudien 3), S. 17.

Die böhmische Küche

und Mähren, so dass etwa ein Viertel der Bevölkerung Wiens aus diesen Regionen stammte. Böhmen und Mähren stellten „klassische Rekrutierungslandschaften" für das weibliche Hauspersonal in Wien dar.[38] Bereits 1880 stammten 46,8% der in Wiener Haushalten arbeitenden Frauen aus Böhmen und Mähren.[39] Diese Tatsache erklärt die große gegenseitige – österreichisch-tschechische und tschechisch-österreichische – Beeinflussung im Bereich der Küchensprache und der Speisebezeichnungen.[40] So führt etwa das 1911 von Johann Michael Heitz herausgegebene Kochbuch „Die Wiener Bürger-Küche" viele auch als solche bezeichneten „böhmischen" Speisen auf, wie etwa „Brünner Suppe" und „böhmische Knödel".[41]

In der Mehrzahl der gutbürgerlichen Haushalte Wiens waren nun „böhmische Köchinnen" angestellt. In der Literatur wie in der Malerei wurden ihnen zahlreiche Denkmale gesetzt.[42] Die böhmische Köchin wurde – so Georg Schroubek – nachgerade zum Topos für das großbürgerliche Leben in der K. und K. Monarchie.[43] Sie ist gemeint, wenn von der „heimliche(n) Macht in Böhmens [und in Wiens, E.F.] gehobenen Haushalten" die Rede ist: „Der Ruf der böhmischen Perlen verbreitete sich via Theaterstücke, Dreigroschenromane und Operetten in die

---

38 Schroubek (wie Anm. 34), S. 64. – Auch für andere Großstädte lassen sich solche Rekrutierungslandschaften ausmachen, für Berlin war das zum Beispiel Schlesien.
39 Michael John, Albert Lichtblau: Schmelztiegel Wien einst und jetzt. Zur Geschichte und Gegenwart von Zuwanderungen und Minderheiten. Wien, Köln 1990, S. 19.
40 Vgl. dazu: Libuše Spáčilová: Der gegenseitige Einfluß des Tschechischen und des österreichischen Deutsch in näherer Geschichte und Gegenwart. In: Rudolf Muhr, Richard Schrodt, Peter Wiesinger (Hg.): Österreichisches Deutsch. Linguistische, sozialpsychologische und sprachpolitische Aspekte einer nationalen Variante des Deutschen. Wien 1995 (Materialien und Handbücher zum österreichischen Deutsch und zu Deutsch als Fremdsprache 2), S. 327–353, hier v.a. S. 331–334.
41 Zit. nach Spáčilová (Anm. 40), S. 334, Spáčilová hat den Herausgebernamen irrtümlich als Heintz angegeben.
42 Vgl. etwa: Marie von Ebner-Eschenbach: Božena. 1876; Max Brod: Ein tschechisches Dienstmädchen. 1909; Franz Werfel: Barbara oder die Frömmigkeit. 1929; Franz Werfel: Der veruntreute Himmel. Die Geschichte einer Magd 1939; Gregor von Rezzori: Blumen im Schnee. München 1989. – Alfred Kubin zum Beispiel zeichnet sich selbst, „wie er die dralle böhmische Köchin Boschenka [des Wiener Braudirektors Alfred König, E. F.] auf Händen trägt – auf Händen davontragen will – in sein Zauberschlößl Zwickledt oberm Inn, weil sie halt gar so gut zu kochen und zu braten verstand". Leo Hans Mally: ... und dann redeten sie nur vom Essen. Alfred Kubin zeichnet die böhmische Köchin ins Geschenkbuch. In: Böhmerwäldler Jahrbuch 1976, S. 116–122, hier S. 120.
43 Schroubek (Anm. 34). – Welche Bedeutung den Köchinnen aus Böhmen und Mähren zu ganz anderen Zeiten und in vollkommen anderer Umgebung zukam, beschreibt Barbara Esser in ihrem 2002 erschienenen Roman „Sag beim Abschied leise Servus", in dem sie die Liebesgeschichte des jüdischen Librettisten Siegfried Tisch und seiner späteren Frau Ilse Lönhardt beschreibt. Beide entkommen dem Nazi-Terror durch Flucht ins Londoner Exil. Die aus Böhmen stammende Ilse schlägt sich in London als Köchin durch. Um das Einwanderungsland, in dem man Anfeindungen aller Art durchzustehen hatte, etwas „heimatlicher" zu gestalten, „inserierte" nämlich der, der es sich leisten konnte, „nach einer böhmischen Köchin". Barbara Esser: Sag beim Abschied leise Servus. Eine Liebe im Exil. Wien 2002.

ganze Monarchie."⁴⁴ Im Zuge dieser Popularisierung setzte eine Folklorisierung ein, die auch überhebliche und teilweise nationalistische Züge trug. Diese sind herauszulesen aus bildlichen Darstellungen von Köchinnen in ihrem sonntäglichen Ausgangsstaat, die – auch wenn man davon ausgeht, dass Köchinnen die am besten bezahlten weiblichen Dienstboten waren – immer auch eine Kritik an übertriebener Putzsucht sind, sie sind auch herauszulesen aus Texten wie der 1848 in Wien als Flugblatt erschienenen „Kuchelmadel-Deputation", einer satirischen Zusammenstellung von Forderungen, die böhmische Küchenmädchen (angeblich) vor Arbeitsantritt gewährt wissen wollten. Die in dieser „Deputation" immer wiederkehrende Floskel „doje nix für uns" [to je = das ist, E.F.] soll auf die mangelnde Dienstwilligkeit, die sexuelle Freizügigkeit, die Putzsucht usw. des böhmischen Personals hinweisen: „Dienst wo muß Arbeit viel, doje nix für uns", „Dienst wo nit mit Hausmeister darf machen Bandlerei, doje nix für uns", „Dienst wo nit darf Putz machen wie Frau, doje nix für uns".⁴⁵ Auch das Zelebrieren des „Böhmakelns" und des „Kuchelbehmischen", jener einfachen, phonetisch und grammatikalisch vielfach nicht korrekten Ausformungen des Österreichischen und des Tschechischen, denen, so will es die Folklorisierung „immer ein wenig Küchengeruch zu entströmen schien",⁴⁶ zeugen vom Desinteresse an den schwierigen Verhältnissen, in denen die fremdsprachigen zugewanderten Hausangestellten lebten.⁴⁷

Der Höhepunkt dieser Folklorisierung von deutscher und österreichischer Seite aus fällt in die Zeit nach dem Zweiten Weltkrieg. „Die Abschottung zur Zeit des Kommunismus und die weitgehend abgeschlossene Integration machte die einst verachteten und gefürchteten Tschechen schließlich zum Gegenstand der Nostalgie", so Wolfgang Bahr.⁴⁸ „Süß waren in den Ländern der Wenzelskrone nicht nur die Mädel; süß waren der Powidl und die besten Mehlspeisen des ganzen Donauraumes. Als Köchinnen, Ammen und Haushälterinnen wurden die ‚Mariens' Böhmens und Mährens begehrenswertestes Exportgut. Ihnen zuliebe darf man getrost nostalgisch werden",⁴⁹ heißt es in einem kulturgeschichtlichen Österreich-Album aus dem Jahre 1990. Diese Nostalgisierung ist im Zusammenhang mit der Verklärung der ausgehenden Habsburgermonarchie zu sehen. Kaum eine Epoche der österreichischen Geschichte findet bis heute so viel Interesse wie diese Zeit. In populären Liedern wie „Wie Böhmen noch bei Öst'reich war" (1967, Josef Petrak und Josef Fiedler) sind alle entsprechenden Klischees zusammenfasst.

---

44 Christiane Marie Magenschab: Die Welt der Großmütter. In: Hans Magenschab: Das österreichische Familienalbum. Böhmen – Mähren – Slowakei. Wien 1990, S. 188–223, hier S. 192.
45 <http://edocs.ub.uni-frankfurt.de/volltexte/2006/6173/> (07.07.2008).
46 Friedrich Torberg: Als noch geböhmakelt wurde. In: Ders.: Die Erben der Tante Jolesch. München 1978, S. 283–288, hier S. 284–285.
47 Vgl. dazu: John, Lichtblau, (Anm. 39), S. 215; Helmut Glück: Deutsch als Fremdsprache in Europa vom Mittelalter bis zur Barockzeit. Berlin, New York 2002, S. 361–364.
48 Wolfgang Bahr: Die Tschechen. In: Emil Brix, Ernst Bruckmüller, Hannes Stekl (Hg.): Memoria Austriae II. Bauten, Orte, Regionen. Wien 2005, S. 442–474, hier S. 462.
49 Magenschab (Anm. 44), S. 188.

Auch die böhmische Köchin taucht da auf, deren soziale Wirklichkeit dabei sehr wenig interessierte.[50] Das verfestigte Bild von der böhmischen Köchin und der von ihr hergestellten Küche ist langlebig. Im Merian-Heft 11/XXIV von 1971 lesen wir unter dem Titel „Powideltatschkerln aus der schönen Tschechoslowakei":

„Zu einem adligen oder gut bürgerlichen Wiener Haushalt gehörte früher die böhmische Köchin, im Umfang so gut geraten wie ein Guglhupf. Die Wiener und die Prager Küche sind überhaupt eng verwandt, der alte k.u.k.-Geschmack wabert eben zeit- und grenzenlos aus den Töpfen [...]."[51]

Die böhmischen Köchinnen werden – das war schon gesagt worden – immer wieder in der Nachfolge von Magdalena Dobromila Rettigová gesehen, deren in den 1820er und 1830er Jahren entstandene Kochbücher im Großstadtmilieu Wiens erst eigentlich zur Geltung kamen.[52] Die Rolle der Köchinnen als Vermittlerinnen im kulturellen Austausch wurde bisher noch nicht ausreichend untersucht.

Kochbücher nach Rettigová und neue Einflüsse auf die böhmische Küche/die tschechische „Nationalküche"

Wenn wir davon ausgehen, dass unter anderem die Kochbücher Einfluss darauf haben können, was als „Nationalküche" betrachtet wird, dass sie also das Bild der Nationalküche mitproduzieren, müssen wir diese weiter verfolgen. Die *Domácí kuchařka* [Hausköchin] von Magdalena Dobromila Rettigová hatte fast bis zum Ende des 19. Jahrhunderts keine Konkurrenz. Im späten 19. und in der ersten Hälfte des 20. Jahrhunderts haben für die Entwicklung des hier zu untersuchenden Bildes der böhmischen Küche auch andere Einflüsse ihre Rolle zu spielen begonnen, so zum Beispiel der Schulunterricht und die Entstehung spezialisierter Schulen, der so genannten Hauswirtschaftsschulen für Mädchen. Deren erste trug den

---

50 Bis heute lebt das Motiv der böhmischen/tschechischen Köchin weiter. In der Komödie „Ein verlockendes Angebot", produziert 2007 für ARTE (21.02.2007, 20.40 Uhr), spielt Christiane Paul die aus Liberec/Reichenberg stammende Köchin Maria, die vom Dorfgasthof eines thüringischen Dorfes in ein Restaurant nach Berlin wechselt und die sich – so heißt es in einer Kritik – am wohlsten fühlt, „wenn sie am eigenen oder am fremden Herd das böhmische Nationalgericht Svicková zubereiten darf: Lendenbraten mit Serviettenklößen". Zitat aus: <http://www.kleineprinz.net/2007/08/03/eine-restaurant-komoedie-ein-verlockendes-angebot> (13.08.2008).
51 Lutz Peschek: Powideltatschkerln aus der schönen Tschechoslowakei. In: Merian Heft 11/XXIV. Hamburg 1971, S. 49–50, hier S. 49.
52 Monika Glettler: „Böhmische Schwalben". Von Ammen und Ziegelschupfern in Wien. In: Peter Becher, Jozo Džambo: Gleiche Bilder, gleiche Worte. Deutsche, Österreicher und Tschechen in der Karikatur (1848–1948). Ausstellungskatalog des Adalbert Stifter Vereins. München 1997, S. 115–120, hier S. 117.

Namen *První česká škola vaření Domácnost* [Die erste tschechische Kochschule Haushalt]. Die goldene Zeit der Ausbildung in Hauswirtschaftsschulen waren die 1920er und 1930er Jahre, eine Tatsache, die, so Lydia Petráňová, typisch war: „an attempt to go beyond the bounds of national cuisine, which had been transformed in the second half of the nineteenth century, and to enrich it with new elements"[53] – und das vor allem Dank der Erfahrungen aus dem Ausland. Dieser Trend war nach 1948 unterbrochen, weil sich auch der Kochunterricht am sowjetischen Vorbild zu orientieren begonnen hatte – Lydia Petráňová zeigt das an den Lehrbüchern der Kochschulen auf, die viele Speisen aus der Sowjetunion beinhalten (Borschtsch, Piroggen, Pelmeni, Russisches Beefsteak, Kohlrouladen etc.).[54] Die erste Kochschule *Domácnost* hat 1890 auch ein neues Kochbuch herausgegeben. Das beliebteste Kochbuch der Zwischenkriegszeit war aber: *Kniha rozpočtů a kuchařských předpisů* [Das Buch der Haushaltung und der Kochrezepte] von Marie Janků-Sandtnerová ([1]1924). Dieses Kochbuch und seine Autorin wurden während der Zeit des Sozialismus verurteilt, ebenso wie die Nahrung der „bourgeoisen Mittelschichten", die im Kochbuch von Magdalena Dobromila Rettigová kodifiziert worden war. Interessanterweise wurde zwar gegen die bourgeoise Küche gekämpft, die Autorin jedoch wurde nicht kritisiert. Die Kritik der Ernährungswissenschaftler traf deren Nachfolger, weil diese die „volkstümlichen Züge in der Küche von Rettigová unterdrückt" hätten.[55]

Die neuen „sozialistischen" Kochbücher hatten laut Lydia Petráňová kein hohes Niveau. Das erste erfolgreiche Kochbuch – *Vaříme zdravě, chutně a hospodárně* [Wir kochen gesund, wohlschmeckend und sparsam] von Joza Břízová, Juliana Fialová und Maryna Klimentová – wurde 1952 herausgegeben. Es erreichte die Qualität der Kochbücher der Domácnost und erschien in mehreren Ausgaben.[56] Man kann sagen, dass die Autorinnen zu Stars im Bereich der Kochbuchszene der Sozialistischen Tschechoslowakei wurden, wie ihr Kochbuch zum Bestseller wurde.

Ähnlich wie die „bourgeoise Küche" nach dem Zweiten Weltkrieg bekämpft wurde, sah man in dieser Zeit zunehmend auch die Beziehung der böhmischen mittelständischen Küche zur österreichischen Küche als Problem. Die Vorstellung, die städtische böhmische Küche sei aus der österreichischen Küche hervorgegangen, schien inakzeptabel. Weil die Beziehungen zwischen beiden Küchen doch zu offensichtlich waren, bemühten die Ernährungswissenschaftler in den 1950er Jahren eine andere Interpretation, die das Bild der böhmischen/tsche-

---

53 Petráňová (Anm. 10), S. 174.
54 Petráňová (Anm. 10), S. 174.
55 Martin Franc: *Řasy nebo knedlíky?* [Algen oder Knödel?] Praha 2003, S. 35.
56 Petráňová (Anm. 10), S. 175f. Das Kochbuch *Vaříme chutně, zdravě a hospodárně* wurde zwischen den 1960er und den 1980er Jahren mehrmals herausgegeben (z. B. 12. Auflage 1974), zuletzt 2006.

chischen Küche weiterentwickelte und umwandelte. Die Wiener Küche sei dank der vielen tschechischen Dienstmädchen, die „den Ruhm der Wiener Küche dank ihrer anonymen Geschicklichkeit gegründet haben",[57] so berühmt. Anders gesagt: „das Geheimnis der Wiener Küche [sei] das Geheimnis von tschechischen und slowakischen Mädchen"[58]. Martin Franc spricht darüber, dass die Ernährungswissenschaftler mit dieser Argumentation ein neues Motiv in den zeitgenössischen Diskurs gebracht hätten, „aus dem gehassten Feind [Wiener Küche] wird ein geliebtes Kind der tschechischen Volks-Küche (česká lidová kuchyně)".[59]

Das Bild der tschechischen/böhmischen Küche wird nach dem Zweiten Weltkrieg modifiziert, was sich noch heute in den Kochbüchern zeigt. Der Fundus der „Nationalspezialitäten", die einen unbezweifelten Bestandteil des Bildes ausmachen, wurde erweitert, und zwar um Gerichte, die als „volkstümlich" bezeichnet wurden und meist regional spezifisch waren. Dies hängt mit einer neuen Welle der so genannten Volksnahrung zusammen, die die Kritik der bürgerlichen Nahrung begleitet hat. Diese „Volksnahrung" zu definieren, ist schwierig. Als Hauptwerk dient die Untersuchung *Česká strava lidová* [Die tschechische Volksnahrung] von Marie Úlehlová-Tilschová aus dem Jahre 1945.[60] Das Buch wurde bereits während des Zweiten Weltkrieges geschrieben. Die Autorin setzte mehrere neue Schwerpunkte – vor allem bewertete sie die Nahrung aus der Position der Ernährungswissenschaftlerin, die Arbeit sollte „Wege für die Zukunft"[61] liefern, Úlehlová-Tilschovás Ziel war es, „die letzten Reste unserer ursprünglichen, durch die Zivilisation noch nicht verdorbenen Nahrung aufzuspüren"[62], zu beweisen, dass die nur scheinbar eintönige Nahrung der einfachen Leute nicht einseitig ist, dass sie sich von der städtischen europäischen Nahrung positiv unterscheidet. Gereinigt von verschiedenen Makeln, sollte sie als Vorbild für die Nationalkultur dienen, sie sollte für die nächsten Generationen aufbewahrt werden,[63] weil sie viel Positives in sich trage – sie sei vor allem einfach und schnell zuzubereiten und Jahrzehnte lang erprobt.[64]

Doch die Betonung der „guten", „ehrlichen" ländlichen Nahrung als Gegensatz zu der „fremden" städtischen Nahrung war nicht neu – man begegnet ihr z. B. bei Božena Němcová. Mit der Entdeckung des Ländlichen wurde die ländliche

---

57 Marie Úlehlová-Tilschová: O kuchařském umění [Über die Kochkunst]. In: Výživa lidu 11 (1956), Nr. 3, S. 34 – zitiert nach Franc, Řasy (Anm. 55), S. 38.
58 Blažena Francová: Na skok u sousedů [Auf einen Sprung bei den Nachbarn]. In: Výživa lidu 19 (1964), Nr. 10, S. 152–153. Zitiert nach Franc, Řasy (Anm. 55), S. 38.
59 Franc, Řasy (Anm. 55), S. 38.
60 Marie Úlehlová-Tilschová ist eine der bekanntesten Ernährungswissenschaftlerinnen und Volkskundlerinnen, die sich mit der „Volksnahrung" beschäftigt haben.
61 Marie Úlehlová-Tilschová: Česká strava lidová [Die tschechische Volksnahrung]. Praha 1945, S. 5.
62 Úlehlová-Tilschová (Anm. 61), S. 5.
63 Úlehlová-Tilschová (Anm. 61), S. 6.
64 Úlehlová-Tilschová (Anm. 61), S. 614f.

Nahrung stilisiert, idealisiert und ideologisiert. Dabei interessierte nicht der zeitgenössische Zustand der Nahrung, sondern es wurde eine ideale Vorstellung propagiert, die ein Konstrukt aus verschiedenen regionalen und zeitlichen Nahrungsvarianten darstellte und von der man sagte, sie sei gesünder. Die Realität war jedoch anders, die Nahrung auf dem Lande war eintöniger, sie beinhaltete weniger Vitamine, weniger Obst und Gemüse als die Nahrung in der Stadt, eine Tatsache, die auch die Wissenschaftler gesehen haben – es wurde also damit argumentiert, man müsse zu den Wurzeln der Nahrung zurückkehren, d.h. bisweilen bis in die Steinzeit oder in die slawische Urzeit, weil bereits der späte Feudalismus (sicher aber der Kapitalismus) die „echte", „ursprüngliche" Küche verdorben hätten. Die ideale „Volksnahrung" wurde mit der Nahrung der vorindustriellen Gemeinschaft verknüpft.

Die Propagierung der „Volksnahrung" war nicht nur von marxistischen Vorstellungen abhängig. Laut Martin Franc hätten darin auch viel ältere, immer wiederkehrende Bilder einer idealen ländlichen Gemeinschaft (ländlichen Idylle) ihr Abbild gefunden, was gut mit dem Wort „ursprünglich" und „traditionell" zusammenpasste.[65] Dazu müsse noch ein weiterer Akzent in Betracht gezogen werden, und zwar das Lob der „Schlichtheit, Sparsamkeit, Einfachheit und des Erfindungsgeistes" (was in den Kochbüchern noch heute wiederholt wird) der „Volksnahrung". Letzteres war in den 1950er Jahren deshalb hoch willkommen, weil es sich damals noch immer um eine Zeit der Mangelwirtschaft handelte.[66] Später wurde die Berufung auf die Tradition immer stärker auch kommerziell genützt, eine Tatsache, die noch die heutigen Kochbücher und verschiedene Werbematerialen verdeutlichen – es tauchen immer dieselben idyllischen, mit Südböhmen verknüpften Vorstellungen auf oder ähnliche, mit der Schafzucht verbundene Vorstellungen und Produkte.[67]

Auch die Rolle der Volkskunde und der Volkskundler (neben den Ernährungswissenschaftlern) in diesem Prozess der Bildung und Propagierung einer neuen „Nationalküche" ist interessant, auch wenn diese Allianz nicht nur für die Tschechoslowakei der Nachkriegszeit typisch ist. Ähnliche Prozesse hat z. B. Ann Helene Bolstad Skejbred für Norwegen beschrieben und analysiert.[68] Sie belegt, wie die traditionelle als primitiv, ungesund und schlecht zubereitet erachtete Volksnahrung in Norwegen zunächst zum nationalen Symbol wurde und dann auch in Kochbüchern kodifiziert wurde.[69] Dabei wird deutlich, wie die Volkskunde als

---

65 Franc, Řasy (Anm. 55), S. 127.
66 Franc, Řasy (Anm. 55), S. 127.
67 Franc, Řasy (Anm. 55), S. 130.
68 Ann Helene Bolstad Skejbred: Nation-building, ethnology and Norwegian food. In: Oddy, Petráňová, Diffusion (Anm. 10), S. 43–49.
69 Das Buch Norsk mat [Norwegian food] von 1953, das von The Norwegian Society of Rural Women publiziert wurde – Olga Ambjørnrud u. a. (ed.): Norsk mat. Oslo 1965 – zitiert nach Skejbred (Anm. 68), S. 46.

Wissenschaft bzw. einzelne Volkskundler diese Prozesse (z. B. dank ihrer Definition des „Norwegischen" und des „Traditionellen") unterstützt haben.[70]

Wie wird die böhmische/tschechische Küche ins Ausland exportiert oder: Die Weltausstellungen und die auf Deutsch erschienenen tschechischen Kochbücher

Fast alle Autoren stimmen heute darin überein, dass erst die Weltausstellungen den Ruhm der böhmischen/tschechischen Küche nach dem Zweiten Weltkrieg und der Zeit der Mangelwirtschaft erneuert haben. Die Weltausstellungen in Brüssel (1958), in Montreal (1967) bzw. in Osaka (1970) wurden als „Siegeszug" der tschechischen Küche bezeichnet – die tschechischen und slowakischen Restaurants hätten „ständig Erfolg"[71] gehabt, es wird vom „ungeheuren Erfolg"[72] der Restaurants gesprochen.[73] Auf der Weltausstellung in Brüssel hat das Restaurant Praha den Grand Prix gewonnen und wurde als das beste Restaurant auf der EXPO bewertet.[74]

Bevor zu den Kochbüchern und der aus ihren Inhaltsverzeichnissen und den Vorworten abzulesenden Programmatik zurückzukommen sein wird, einige Worte dazu, wie die böhmische Küche im 19. Jahrhundert ausgesehen hat, welche Merkmale schon damals als „typisch" für sie angesehen wurden. Martin Franc hat sich mit der Nahrung der Prager Bürger in der ersten Hälfte des 19. Jahrhunderts befasst. Aufgrund der Analyse von Kochbüchern, Reiseberichten und belletristischer Literatur vermutet er, dass diese der Nahrung des Bürgertums in anderen großen Städten der Monarchie ähnlich war.[75] „Im Vormärz war die Prager bürgerliche Mittelschicht eng mit dem klassischen österreichisch-süddeutschen Modell der bürgerlichen Küche verknüpft. [...] Die große Zeit der ‚National'-Speisen in Prag sollte erst kommen, ebenso wie eine Ära kommerziell propagierter lokaler Spezialitäten"[76] (z. B. des Prager Schinkens[77]). Mit dieser These stimmen andere Wis-

---

70 Man muss natürlich zwischen der „norwegischen Küche" und der Küche in Norwegen unterscheiden.
71 Břízová, Klimentová (Anm. 12), S. 7.
72 Eva Kašparová: Tschechische Küche. Praha 1989, S. 9.
73 Gefeiert wurden die Restaurants auf den Weltausstellungen in Brüssel und Montreal von ihrem Direktor Miroslav Hříbek im Buch *Hostili jsme svět* [Wir haben die Welt bewirtet]. Im Buch hat der Autor nicht nur alle Vorbereitungen, technische Details der einzelnen Restaurants und ihr Personal, sondern auch die dort servierten Speisen und die Inneneinrichtung der Restaurants beschrieben. Miroslav Hříbek: Hostili jsme svět [Wir haben die Welt bewirtet]. Praha 1970, S. 54–56 (Brüssel), S. 121 (Montreal).
74 Hříbek (Anm. 73), S. 60. – Es würde hier zu weit führen, über diese Restaurants und ihre Strategien zu sprechen.
75 Franc, Strava (Anm. 11), S. 330.
76 Franc, Strava (Anm. 11), S. 335.
77 Siehe – Rudolf Habs, Leopold Rösner: Appetitlexikon. Leipzig, Frankfurt am Main 1998, S. 416.

senschaftler überein, die angeben, man könne erst in der zweiten Hälfte des 19. Jahrhunderts in den Kochbüchern „Typisches" wie vepřo-knedlo-zelo (Schweinebraten, Knödel, Sauerkraut)[78] oder Obstknödel finden. Doch schon zu Beginn des 19. Jahrhunderts tauchen hier einige Gerichte auf, die als „typisch böhmisch" bezeichnet und in der zeitgenössischen Kochliteratur so beschrieben werden. Es handelte sich laut Franc in Prag vor allem um Erbsengerichte und den sog. Karpfen „na černo" [Karpfen, schwarz]. Während *Hospodářská pražská kuchařka* [Das wirtschaftliche Prager Kochbuch] (1811) auch andere, „volkstümliche" Gerichte anführe – z. B. die so genannte „tschechische Hochzeit" (*česká svatba*, ein Gericht aus Graupen und Erbsen), seien zu dieser Zeit die regionalen Küchen in Böhmen und Mähren sehr unterschiedlich gewesen und Prag, das ein Zentrum der Francschen Betrachtungen darstellt, habe nur einige dieser regionalen Küchen assimilieren können.[79] Weitere „typische" oder „außergewöhnliche" Charakteristika der böhmischen Küche in dieser Zeit waren: die große „Beliebtheit von Gemüse" und ein starker Verzehr von Brot zum Essen. Diese beiden Gewohnheiten sollten das zu große Würzen der Gerichte mildern.[80] Lydia Petráňová beschreibt die böhmische Küche im 20. Jahrhundert als „a group of meals whose aesthetic appeal and taste suited the middle classes in the second half of the nineteenth century and which involved a large amount of starchy foods, stewed meats and sauces"[81]. Laut anderen Autoren und den meisten Kochbüchern sind für die böhmische/tschechische Küche typisch: Suppen, Kartoffelgerichte, Mehlspeisen und eine Vielzahl von Saucen und Knödel.

Wie heute die tschechische Küche[82] vorgestellt wird (und wie damit das von ihr konstruierte Bild weitertransportiert wird), zeigt eine Broschüre der Tschechischen Zentrale für Tourismus (Česká centrála cestovního ruchu – Czech Tourist Authority). Das Jahr 2002 wurde von dieser im Rahmen einer Jahresmarketing-Kampagne zum Jahr der tschechischen Küche erklärt. Dazu wurden Pressemitteilungen herausgegeben und verschiedenste Werbematerialen erarbeitet, wie z. B. eine Liste von Restaurants mit tschechischer Küche oder Kalender und Broschüren mit Kochrezepten für tschechische Speisen. Die Tourismuszentrale hat zudem mehrere Veranstaltungen

---

78 Knedlo – vepřo – zelo wurde bei Männern beliebt und hängt mit der Vereinfachung des Kochens zusammen (es wurden nicht mehr 5–6 Gänge serviert, als Hauptmerkmale dienten: schnell kochen, einfach servieren, satt machen und wenig schmutziges Geschirr produzieren) – siehe Beranová (Anm. 18), S. 26. (Kapitel *Jídelníček měšťan ské rodiny v 18. a 19. století* – Küchenzettel der bürgerlichen Familie im 18. und 19. Jahrhundert).
79 Franc, Strava (Anm. 11), S. 332. Das Essen der Bürger in Prag hat so ausgesehen: Essen dreimal pro Tag, Frühstück und Abendessen wurden vernachlässigt, Mittagessen – Suppe, Rindfleisch (kein Schweinefleisch wie heute) mit Sauce, Mehlspeise (in der Fastenzeit Fisch oder Eierspeisen, Hülsenfrüchte, Pilzgerichte) – siehe Franc, Strava (Anm. 11), S. 334–335.
80 Nach Hospodářská pražská kuchařka – siehe Franc, Strava (Anm. 11), S. 331.
81 Petráňová (Anm. 10), S. 168.
82 Wir sprechen nun über „tschechische Küche", weil die meisten Kochbücher gerade diesen Titel tragen, obwohl wir uns der Differenz zwischen „tschechisch" und „böhmisch" bewusst sind – siehe dazu oben.

Abb. 2: Europa-Briefmarke der tschechischen Post mit Grafik von Jiří Slíva, 2005, privat

mit Kostproben tschechischer Spezialitäten im Ausland vorbereitet. Auch die graphische und architektonische Darstellung der Stände und Expositionen auf verschiedenen Tourismus-Messen wurden dem Thema „Jahr der tschechischen Küche" angepasst, auf ausgewählten Messen wurden Kostproben typisch tschechischer Speisen wie Kartoffelpuffer, Liwanzen, Karlsbader Oblaten (!) gereicht.[83]

Die Tourismuszentrale hat zudem die Broschüre *Die tschechische Küche* herausgegeben, in deren Einleitung es heißt:

„Das Reisen ist die beste Art, ein fremdes Land kennen zu lernen. Macht man sich mit der Küche des jeweiligen Gastlandes bekannt, so hat man die Möglichkeit, seine wichtigsten kulturellen Wesenszüge und Traditionen zu erkunden. Manchmal gehört zweifelsohne etwas Mut dazu, ein andermal ist es mit kulinarischen Erlebnissen verbunden, die einen über Jahre andauernden wonnigen Nachgeschmack mit sich bringen. Immer ist es jedoch von Vorteil, sich den wohlgemeinten Rat eines erfahrenen Freundes anzuhören, der sich mir der entsprechenden Materie auskennt. So ist die Aufgabe unserer Publikation zu verstehen."[84]

---

83 Alle Infos hier – siehe *Výroční zpráva 2002* (Anm. 13). Für die Kostproben siehe Bild auf S. 16 im Jahresbericht. Die Karlsbader Oblaten werden auch unter den „typisch tschechischen Speisen" genannt, die historische Entwicklung wird nicht beachtet.
84 Ludmila Halkovová: Die tschechische Küche. Praha: CzechTourism 2006, S. 1. Ähnlich wie dieses will ein weiteres Kochbuch zur „Annäherung der Nationen" beitragen: Jana Frolíková: Tschechische Küche. Praha 1993, S. 12.

Was macht laut Verfasser, dem „erfahrenen Freund", also die tschechische Küche zur tschechischen Küche? Zuerst ist das die Landschaft, die in der Beschreibung fast wie das Gelobte Land auftaucht, natürlich ist alles „natürlich" und das seit aller Ewigkeit:

> „Die Einwohner unseres Landes konnten schon seit Menschengedenken auf die zahlreich vorhandenen natürlichen Ressourcen zurückgreifen – seien es die in großen Mengen gegebenen Fischvorkommen in den Gewässern, reichen Wildbestände in den Wäldern oder das Vorhandensein fruchtbarer Felder, deren Bewirtschaftung in der Vergangenheit hohe Erträge gebracht hatte. Die Geflügelzucht sowie die Rind- und Schweinehaltung lieferten genug Fleisch. Auch die Schafzucht bot unseren Vorfahren gute Möglichkeiten der Nahrungsmittelgewinnung."[85]

Weiter werden noch Suppen aus Hülsenfrüchten und diverse Breiarten als bei unseren Vorfahren beliebt genannt. „Die Kost war ausgewogen und reichhaltig", führt die Broschüre weiter an. Es werden die Einflüsse anderer nationaler Küchen erwähnt (vor allem aus der Zeit der K.u.k. Monarchie). Auch die tschechische Küche der Gegenwart sei durchaus zu schätzen. Die traditionelle – ohne Erklärung, was das genau heißt – tschechische Küche weise zahlreiche Superlative auf: Reichhaltigkeit, Vielfalt ihrer Geschmacksvarianten, diverse Möglichkeiten der Verwertung von durchwachsenem wie auch magerem Schweinefleisch, eine Unmenge von Mehlspeisgerichten und Beilagen. Natürlich wird der Knödel als die Nummer Eins genannt, weil der Knödel „eine kulinarisch einmalige Erscheinung ist, auch wenn diese Bezeichnung die Möglichkeit einer Verwandtschaft mit den deutschen oder Tiroler Knödeln/Klößen offen legt"[86]. Zu den Höchstleistungen dieser Küche könne man außerdem dank der „Kreativität des einfachen Volkes" entstandene Kartoffelspeisen rechnen, Saucen und zahlreiche Variationen der Zubereitung warmen Sauerkrautes.[87] In die Broschüre sind auch Informationen über Gerichte zu bestimmten Jahresfesten (Weihnachten, Ostern, Fasching, Kirmes) aufgenommen. Ausserdem sind Kochrezepte für „Spezialitäten, d.h. Gerichte, die als typische Nationalgerichte" gelten, für „populäre Gerichte", d.h. für geläufige Gerichte, die man in fast jedem Restaurant bestellen kann, abgedruckt.[88] Als „Spezialität Nr. Eins" ist Schweinebraten mit Knödel und Sauerkraut angeführt:

---

85 Halkovová (Anm. 84), S. 2. Ähnlich auch Frolíková, Tschechische Küche (Anm. 84), S. 12 oder Juliana Anna Fialová, Květoslava Styblíková: Böhmische Küche. Köln 1983, S. 8.
86 Halkovová (Anm. 84), S. 25.
87 Halkovová (Anm. 84), S. 3.
88 Halkovová (Anm. 84), S. 6.

Abb. 3: Karikatur von Jiří Slíva, aus <http://motls.blogspot.com/2006/03/czech-national-character.html>

„Diese fast magische Formel (also *vepřo – knedlo – zelo*) ertönt immer als Antwort auf die Frage nach dem typisch tschechischen Gericht. [...] Wer dieses Sinnbild des urtypischen tschechischen Gerichtes nicht zumindest gekostet hat, kann schwerlich behaupten, je in Böhmen gewesen zu sein. Dasselbe gilt selbstverständlich auch für Mähren. Als einziger kleiner Unterschied kann die dort etwas andere Zubereitungsart von Sauerkraut gelten. Aber auch dort ist es genauso köstlich. Es wäre eine Sünde, zu diesem Gericht etwas anderes als Bier zu trinken."[89]

Es lohnt sich auch Kartoffelspeisen zu nennen, vor allem Kartoffelpuffer, die ein „absolutes Muss"[90] sind, Pilzgerichte und dann natürlich Süßspeisen, vor allem Obstknödel: „Anderswo in der Welt werden Sie diese Knödel in der Tat nicht vorfinden!"[91] Ein weiteres „typisches tschechisches Dreigestirn" – Bier, Wein, Becherbitter – beendet die Vorstellung einzelner Spezialitäten.

Auch wenn die Broschüre, wie deutlich wurde, stark auf „Tradition" baut, hindert das die Autoren nicht, Folgendes zu erwähnen: „Seit geraumer Zeit kann man sich in tschechischen Gaststätten auch am Genuss von exotischen Fleischsorten, zum Beispiel vom Strauß oder Känguru, in verschiedenster Zubereitung er-

---

89 Halkovová (Anm. 84), S. 13.
90 Halkovová (Anm. 84), S. 18.
91 Halkovová (Anm. 84), S. 21.

freuen".[92] Man trifft hier also locker gemischt das, was als „tschechische Nationalspeisen" bezeichnet wird, mit exotischen Ausnahmen.

Die Broschüre arbeitet mit zwei grundlegenden Denk- und Handlungsmustern, die Bernhard Tschofen als unumgänglich für unseren spätmodernen Alltag ansieht, und zwar „erstens, die Vorstellung, dass kulinarische Praktiken dominant räumlich figuriert sind, und zweitens das Versprechen, dass sich die kulturelle Vielfalt und Differenz der Räume und Regionen besonders unvermittelt in der Begegnung mit ihren kulinarischen Systemen erfahren lässt"[93].

Die Broschüre verfolgt das Hauptziel, die tschechische Küche zu propagieren. Sie spricht also von Nationalspezialitäten, hebt keine „lokalen" Spezialitäten hervor, auch wenn sie einige nennt (z. B. die Suppe „kulajda" aus dem Riesengebirge). Einige ursprünglich lokaltypische Speisen wurden so auch zu „Nationalspeisen".

Die tschechischen auf deutsch veröffentlichten Kochbücher, die wir zusätzlich zu dieser Broschüre analysieren konnten, stammen vor allem aus den 1990er Jahren und vom Anfang des 21. Jahrhunderts. Einzig das Kochbuch von Joza Břízová und Maryna Klimentová (den „Stars" der tschechischen Kochliteratur), das parallel in Prag und in Leipzig in den 1980er Jahren veröffentlicht wurde (3. Ausgabe 1984),[94] vertritt die sozialistische Zeit. In der Intention auch anderer tschechischer Kochbücher dieser Zeit spricht es vor allem über die „Erziehung zur richtigen Ernährung", die eine grundsätzliche Veränderung gebracht habe – die tschechische Küche sei, so die Autorinnen, nun reicher an Gemüse und magerem Fleisch, von „befreundeten Ländern" seien auch mehrere Speisen aufgenommen worden und bereits heimisch geworden. Als Spezialitäten werden in das Kochbuch auch „einfache Gerichte der Bauernküche" aufgenommen, jedoch nicht ohne die Betonung, dass diese „gut, also nach den Erfahrungen von Ärzten und Ernährungsfachleuten ausgewählt wurden". Es handele sich nur um „bewährte traditionelle Rezepte der alten tschechischen Küche"[95], die durch neue Rezepte ergänzt wurden.

Die neue(re)n Kochbücher sprechen nicht mehr über gesunde Ernährung. Sie heben andere Dinge hervor und basieren vor allem auf den als „Nationalspeisen" angesehenen Gerichten:

„Verlockend duftender Schweinebraten mit gedünstetem Sauerkraut und Knödeln, mit einer Zitronenscheibe und Preiselbeeren garnierter Lenden-

---

92 Halkovová (Anm. 84), S. 17.
93 Bernhard Tschofen: Vom Geschmack der Regionen. Kulinarische Praxis, europäische Politik und räumliche Kultur – eine Forschungsskizze. In: Zeitschrift für Volkskunde 103 (2007), S. 169–195, hier S. 172. Tschofen macht darauf aufmerksam, dass Befragungen zeigen, dass deutsche Touristen meist viel über die Küche des besuchten Landes wissen, ihre Kenntnisse über Kultur, Geschichte, Sehenswürdigkeiten aber sehr gering sind.
94 Břízová, Klimentová (Anm. 12).
95 Alle Zitate: Břízová, Klimentová (Anm. 12), S. 7.

Abb. 4: Victor Faktor: Traditionelle Tschechische Küche. Praha 2007.

braten in Sahne, gebratene Gans, Schinken mit Meerrettich-Schlagsahne, Liwanzen mit Heidelbeersoße, Erdbeerknödel aus Hefeteig bestreut mit geriebenem Quark, Buchteln mit Mohn- und Quarkfülle oder Weihnachtsstriezel mit Rosinen und Mandeln: das sind die klassischen Leckerbissen, die die böhmische/tschechische (*česká*) Küche berühmt gemacht haben."[96]

Auch wenn die tschechische Küche im Vergleich zu den westeuropäischen „etwas fetthaltiger und damit kalorienreicher"[97] ist, ist sie in jedem Kochbuch als „Abbild der tschechischen Länder, ihrer Tradition, religiösen Bräuche und Naturverhältnisse"[98] zu finden. Ein anderes Kochbuch spricht von „typischen tschechischen Speisen, die von ihrer Herkunft her tief in die Vergangenheit zurückreichen"[99]. Der Einfluss der Landschaft auf die Küche wird nicht bezweifelt:

---

96 Lea Filipová: Tschechische Küche. Prag 2000, hintere Umschlagseite.
97 Jaromír Beránek: Tschechische Küche. Hradec Králové 1992, S. 14.
98 Frolíková (Anm. 84), S. 11.
99 Viktor Faktor: Traditionelle Tschechische Küche. Praha 2007, hintere Umschlagseite.

„Einen wichtigen Faktor bei der Entstehung und Entwicklung der nationalen Küchen stellte stets die Natur dar. [...] Dieser Reichtum, den Hof, Feld, Garten, Obstgarten, Wald und Gewässer boten, beeinflusste nun auch die Struktur der Küche in Böhmen und verlieh ihr den Geschmack und Duft. Von den Frauen wurde noch Scharfsinn, Können und Geist zugefügt."[100]

Auch wenn die Autoren der tschechischen auf Deutsch publizierten Kochbücher zugeben, die tschechische Küche werde in letzter Zeit von anderen Küchen beeinflusst, bezweifeln sie nicht, dass sie ihre charakteristischen Merkmale hat, die weiterbestehen[101], dass sie die Gerichte, durch die sie angereichert wurde, „zumeist nach eigener Manier behandelt"[102] und dass sogar ihre eigenen Gerichte eine solche Beliebtheit erreichen, dass „sie auch ins Ausland durchdringen und so das Bild unseres Landes, das viele Europäer wegen der noch vor kurzem bestandenen Grenzsperren nicht allzusehr kennen, vollenden"[103].

Eine (ur)alte Tradition,[104] der Einfluss der Landschaft auf die Küche, ihre Mannigfaltigkeit, die Kreativität des einfachen Volkes, die Beliebtheit der tschechischen Speisen auch im Ausland, die Rolle der Küche im Prozess des Kennenlernens anderer Völker – das sind die charakteristischen Merkmale, die in den Kochbüchern immer wieder betont werden. Ab und zu kommt als ein Charakteristikum auch die Deftigkeit[105] dazu. Sie wird entweder euphemistisch umschrieben oder als etwas Typisches gesehen[106] – und es gibt doch Bier und Becherbitter, die beim Verdauen helfen. Die Speisen werden nach den Kriterien beurteilt, nach denen sie auch definiert werden – nach Nationalität, Alter und Qualität.

In einige Kochbücher wird auch die lokale Küche miteinbezogen. Viel öfter sind jedoch, wie oben beschrieben, bestimmte „lokale" Spezialitäten zu „Nationalspezialitäten" geadelt worden. Die tschechische Küche kann also auch über

---

100 Fialová, Styblíková (Anm. 85), S. 8.
101 Kašparová (Anm. 72), S. 8.
102 Fialová, Styblíková (Anm. 85), S. 9 – weiter schreiben die Autorinnen: „Sie [die böhmische Küche] verlieh ihnen eigenen Geschmack, und wenn sie diese Speisen samt ihrem Geschmack aufnahm, gab sie ihnen zumindest ihren eigenen Duft."
103 Frolíková (Anm. 84), S. 12.
104 Natürlich wird hier nicht berücksichtigt, dass sich z. B. das Gericht „vepřo – knedlo – zelo" erst am Ende des 19. Jahrhunderts durchgesetzt hat.
105 Die Deftigkeit, die als typisch für die tschechische Küche angesehen wird, trifft auch als Hauptmerkmal der Kochrezepte in M. D. Rettigovás Kochbuch zu. Eine ihrer bekanntesten Sätze „Vraž do toho 12 vajec" – „Gib 12 Eier dazu" wird immer wieder zitiert. Die meisten Wissenschaftler machen jedoch darauf aufmerksam, dass die Kochrezepte meist für 6–8 Personen bestimmt seien und man deshalb auf diese Mengen von Zutaten käme.
106 So können wir z. B. lesen, dass die neuzeitliche Köchin nicht vergessen sollte, „dass manche der traditionellen böhmischen Speisen einen anderen Lebensrhythmus und namentlich einen wesentlich höheren Energieverbrauch verlangen, als dies bei der heutigen Lebensweise der Fall ist". Fialová, Styblíková (Anm. 85), S. 13.

"Nationalspezialitäten" definiert werden, wie das die Kochbücher zeigen. Die genaue Geschichte ist dabei nicht wichtig, viel wichtiger ist das Bild, das um die Speisen herum konstruiert und erzählt wird.

Das Bild der tschechischen Küche in deutschen Reiseführern und Reisefeuilletons

Vom Standpunkt einer gesunden Ernährung aus gesehen, eilt der tschechischen Küche – wir haben das bereits gehört – kein guter Ruf voraus. Als die Prager Produktionsfirma Aerofilms 2006, dem Vorbild des amerikanischen Dokumentarfilms „Super Size Me" folgend, einen Kandidaten beobachtete, der sich vier Wochen lang nur in einem „typischen tschechischen Wirtshaus" ernähren durfte, schien das Ergebnis so bereits im Vorhinein festzustehen. Wie bei dem im Selbstversuch 30 Tage lang ausschließlich bei McDonald's speisenden Regisseur Morgan Spurlock, vermutete man bei dem tschechischen Kandidaten eine Verschlechterung des Gesundheitszustandes und eine deutliche Gewichtszunahme. Doch weit gefehlt: Karel Gustav Bozan nahm während dieser Zeit sechs Kilo ab, sein Cholesterin-Spiegel sank, die Leberwerte verbesserten sich. Der das Projekt betreuende Arzt wertete dieses Ergebnis als „das Ende des Mythos, dass die böhmische Küche der direkte Weg ins Grab ist".[107]

„Sehr ausgiebig, schmackhaft und ziemlich schwer" – diese Attribute werden in Nagels Reiseführer Tschechoslowakei aus dem Jahre 1959 der tschechischen Küche, die hier von der slowakischen unterschieden wird, zugeteilt. Das käme daher, so liest man, dass „mehr Fleisch als Gemüse verwendet" werde und als Beilage Knödel – „eine echte Spezialität der Böhmischen Küche" – gereicht würden. Kritisch heißt es weiter: „Allerdings ist die sogenannte ‚Böhmische Küche' bei weitem nicht so bunt und vielfältig wie die Küche anderer Länder im Westen oder Osten Europas." Als „Nationalgericht" werden Schweine- und Gänsebraten genannt:

> „Jeder Tschechoslowake verbindet die Vorstellung einer reich gedeckten Tafel mit einem gut durchgebratenen Schweinebraten mit knuspriger Rinde, und dazu eine Schüssel Semmelknödel und ein Topf lecker zubereiteten Krauts – oder auch mit einer rosigen, gebratenen Gans."[108]

---

107 Mladá fronta Dnes, 09.03.2006, in deutscher Übersetzung zit. nach: <http://www.eurotopics.net/de/presseschau/autorenindex/autor_malkova_olga/> (31.07.2008). – Zu Spekulationen über die Gründe dieses Ergebnisses vgl.: Kirschner, Thomas: Die Heilkraft des Semmelknödels. Radio Prag, 18.03.2006, <http://www.radio.cz/de/artikel/76942> (01.08.2008).

108 Dieses Zitat und die vorhergehenden: Nagels Reiseführer Tschechoslowakei [Autor: Jiří Chyský]. Genf, Karlsruhe, Paris, New York 1959, S. 24–25.

Die hier getroffene Charakterisierung wird in sehr vielen in der Folge erschienenen Reiseführern unterschiedlicher Verlage teils wörtlich, teils leicht abgewandelt übernommen. „Die Böhmische Küche ist weltbekannt. Sie ist sehr ausgiebig, schmackhaft und ziemlich kräftig"[109] schreibt der Autor des Grieben-Reiseführers Tschechoslowakei Mitte der 1960er Jahre. Als „typische Spezialität" nennt er „die verschiedenen Arten von Knödeln", „die nicht nur als Beilagen zu Fleischspeisen, sondern auch als Süßspeise serviert werden".[110]

„Die böhmische Küche ist auch weit über die Grenzen des Landes hinaus bekannt und zeichnet sich durch deftige, schmackhafte Gerichte aus, bei denen Fleisch und Teigwaren überwiegen. Eine wichtige Grundlage der Hauptmahlzeiten bilden neben Nockerln (Klößen) und Nudeln die Knödel",[111] lesen wir im Baedeker und „Die tschechische Küche ist recht ausgiebig und schmackhaft. Eine ihrer bekanntesten Spezialitäten sind Knödel, die zum Fleisch gereicht werden. Sehr beliebt sind Schweinebraten oder Gänsebraten mit Knödeln und Kraut, die als Nationalgericht gelten. [...] Das Nationalgetränk Nr. 1 ist Bier [...]",[112] lautet die Darstellung der Küche in einem Prag-Reiseführer vom Anfang der 1970er Jahre.

Große Portionen, viel Fett, kein Gemüse, üppige Mehlspeisen – diese Charakteristika tauchen auch in allen von uns untersuchten, nach der Wende entstandenen Tschechien-Reiseführern und -Reisefeuilletons auf, sei es in der Zustandsbeschreibung der aktuellen Küche, sei es als Folie vor der man die „Wiedergeburt der böhmischen Küche" Ende des 20. Jahrhunderts anmerkt. „Von der ‚unerträglichen Leichtigkeit des Seins' ist in der böhmischen Küche wenig zu spüren", heißt es dementsprechend – in Anspielung an Kundera – in dem schweizerischen interhome Magazin Tschechien.[113] „Fett, Mehl und Zucker, die drei Könige der tschechischen Küche, herrschen also unangefochten weiter", schreibt Jiří Burgerstein 1998.[114] Der langjährige SZ-Korrespondent in Prag, Michael Frank, einer der heftigsten Kritiker des in Tschechien allerorten in Gasthäusern und Restaurants angebotenen „öde[n] Konfektionsfutter[s]"[115], nennt als zwei kulinarische Maximen Böhmens die Feststellungen Vitamine seien kein Essen, Bier und Wein kein Alkohol. „Sollte einmal in tschechischen Gasthäusern mitten im Sommer etwas Grünes, etwas wirklich Frisches auf den Teller kommen", so Frank weiter, „dann ist

---

109 Grieben-Reiseführer, Band 286: Tschechoslowakei. Westlicher Teil. München o. J. [ca. 1966], S. 50.
110 Grieben-Reiseführer Tschechoslowakei (Anm. 109), S. 50.
111 Baedekers Autoreiseführer Tschechoslowakei. Stuttgart 1968/69, S. 55.
112 Ctibor Rybár [sic]: Prag. Fremdenführer, Informationen, Fakten. Praha ³1974, S. 32.
113 Kuchar, bleib bei deiner svíčková! [sic!] Von der „unerträglichen Leichtigkeit des Seins" ist in der böhmischen Küche wenig zu spüren. In: <http://www.interhome.ch/Travelmagazine/Tschechien> (01.08.2008).
114 Jiří Burgerstein: Tschechien. München 1998, S. 168.
115 Michael Frank: Der bleiche Triumph des Schweinebratens. In: ders.: Nepomuken, die auf die Brücken spucken. Prager Hintergedanken. Wien 1999, S. 86.

der Kommunismus überwunden".¹¹⁶ „Um den Glanz und die Vielfalt der böhmischen Küche zu erleben", seien – so Jiří Burgerstein noch 1998 – private Kontakte erforderlich. Hier hätten „die gebratene Ente mit Speckknödeln, der Schweinebraten mit Kartoffelknödeln, das Rindfleisch mit Sahnesoße und Preiselbeeren oder der Apfelstrudel, die Zwetschgenknödel [...] und die Palatschinken weder unter dem Sozialismus noch unter der Marktwirtschaft gelitten".¹¹⁷

Das kulinarische Dreigestirn „Schweinebraten, Kraut und Knödel" (vepřo, zelo, knedlo) taucht in fast allen Reiseführern als Top-Spezialität auf.¹¹⁸ Daneben werden vor allem Suppen und Mehlspeisen gefeiert. Berichte darüber, dass in der Tschechoslowakei/der Tschechischen Republik „schon in aller Frühe in allen Dörfern und Städten Männer in Gaststätten sitzen" gehören wie das Lob des tschechischen Bieres zum Muss der meisten Reiseführer-Rubriken „Essen und Trinken".¹¹⁹ „Die Tschechen haben einen gesunden Appetit", liest man da¹²⁰ oder „Gut essen und trinken gehört in Böhmen zu den Kardinal-Tugenden. [...] Eine Schlankheitskur wird man in Prag nicht machen können [...]."¹²¹

Ab der zweiten Hälfte der 1990er Jahre ist in der Reiseliteratur immer häufiger von einer Reform der tschechischen Küche zu lesen. Diese plötzlich positiven Urteile sind häufig verbunden mit einem Rückgriff auf die böhmische Küche in den „goldenen Jahren" der K.u.K. Monarchie. „Die Zeiten langweiliger Einheitskost, wie sie in den ehemaligen kommunistischen Staatsbetrieben buchstäblich bis zum Erbrechen serviert wurde, sind vorbei. [...] Heute feiern die Privatrezepte böhmischer Großmütter auch in immer mehr Restaurants und Gasthäusern fröhliche Urständ", lesen wir im DuMont „Tschechien" aus dem Jahre 1996.¹²² Und im Stern heißt es: „[...]in Tschechien wird wieder böhmisch gekocht [...]. Die entbehrungsreichen Jahrzehnte der kommunistischen Planwirtschaft sind auch in Tschechien Vergangenheit. [...] Man schmaust wieder und ist zu den opulenten Portionen der böhmischen Küche zurückgekehrt."¹²³

Der EU-Beitritt der Tschechischen Republik im März 2004 scheint den Blick auf die Küche des jetzigen Partnerlandes erneut verändert zu haben. „Kulinarische Kostbarkeiten Osteuropas wagen die EU-Integration" lautet der Untertitel einer Beilage der österreichischen Zeitschrift „maxima" vom November 2005, die „Ost-

---

116 Frank (Anm. 115), S. 91.
117 Burgerstein (wie Anm. 114), S. 165–166.
118 Vgl. z. B.: Erhard Gorys: Tschechoslowakei (DuMont Kunst-Reiseführer). Köln 1990, S. 382; Stephen Brook: Prag und Tschechien (Der National Geographic Traveler). Hamburg 2003 [Washington D.C. 2003], S. 16; Annette Tohak: Prag und Westböhmen. Praktischer Kulturreiseführer (Peter Meyer Reiseführer). Frankfurt am Main ²1994, S. 222.
119 Gorys (Anm. 118), S. 383; Tohak (Anm. 118), S. 231.
120 Brook (Anm. 118), S. 16.
121 Tohak (Anm. 118), S. 222.
122 Eva Gründel und Heinz Tomek: Tschechien (DuMont Richtig Reisen). Köln 1996, S. 38.
123 Länderküche. Einfach zum Knödeln. In: Stern 39/1996, S. 330–332, hier S. 330.

europas Küchen" gewidmet war. Falsch sei, so heißt es dort, „die Behauptung, die osteuropäische Küche wäre primitiv, unterentwickelt und lediglich eine einfache Bauernküche". Die Gastronomie erhole sich nur einfach langsam „von ihrer totalen Pervertierung im Kommunismus".[124] In einem Artikel der Apotheken-Umschau vom März 2005 wird die tschechische Küche schließlich in einer etwas bemüht wirkenden Konstruktion plötzlich als ausgesprochen gesund beschrieben: „[...] Unsere neuen Partner in der EU verstehen es zu genießen – und beweisen, dass gutes Essen auch gesund sein kann", heißt es da als Einleitung.[125] Weil Sauerkraut viel Vitamin B 12 enthält, werden Schweinebraten – „mit gesundem Kümmel gebraten" –, Kraut und Knödel zum gesunden Gericht umgeschrieben, weil man zur Verdauung ein Gläschen des berühmten Karlsbader Kräuterlikörs Becherovka trinken kann, wird nach dem schweren Essen sogar noch ein Dessert empfohlen.[126]

Dennoch: Obwohl sich die Essgewohnheiten der östlichen Nachbarn schon etwas verändert hätten, sei die böhmische Küche „so richtig gesund [...] nicht", konstatiert Hans-Jörg Schmidt in seiner Nachbarschaftskunde Tschechien. „Zuviel Butter, zuviel Mehl, zuviel Zucker."[127] Durch die Vielzahl fremdländischer Lokale hätte sich jedoch – so Schmidt weiter – das Speiseangebot erweitert und man hätte sich zudem „von den Einheitsrezepten für die böhmische Küche getrennt, die zu sozialistischen Zeiten vorherrschten".[128] Und in einem Bericht von Radio Prag bedauert man 2006, noch nicht sehr viele Tschechen seien auf den Geschmack der Delikatessen gekommen, „die sich im Schlaraffenland jenseits von Gulasch, Knödeln und fetten Soßen verbergen".[129]

Der böhmische Knödel

„Die große Zeit der Knödel [...] begann" – so Roman Sandgruber – „mit dem Siegeszug der geformten Mehlspeisen in der frühen Neuzeit."[130] Hatte die Küche des Mittelalters vor allem Breie und Muse gekannt, verbreiteten sich seit dem 16. Jahrhundert Knödel und Nudeln immer mehr. Magdalena Beranová stellt in ihrer Untersuchung zu „Essen und Trinken in der Zeit Rudolfs II." fest, dass in den damaligen Kochbüchern häufig Knödel und Nockerl auftauchen, die jedoch mit „den heutigen tschechischen/böhmischen Knödeln [...] nichts Gemeinsames" hatten.

---

124 Osteuropas Küchen. Beilage zum Heft November 2005 von maxima, S. 7.
125 Land der Knödel und Suppen. In: Apotheken Umschau 03/05, S. 98–99, hier S. 98.
126 Land der Knödel (Anm. 125), S. 99.
127 Hans-Jörg Schmidt: Tschechien. Eine Nachbarschaftskunde für Deutsche. Berlin 2006, S. 184.
128 Schmidt (Anm. 127), S. 185.
129 <http://www.radio.cz/de/artikel/73341>
130 Roman Sandgruber: Der Knödel ist ein Österreicher. In: Birgitta Petschek-Sommer: Kloß-Knödel-Knedlík. Geschichte(n) zum Anbeißen. Deggendorf 2007 (Kataloge der Stadt Deggendorf 25; Deggendorf – Archäologie und Stadtgeschichte 14), S. 75–78, hier S. 75.

Letztere sind eine Erfindung des 18. und 19. Jahrhunderts.[131] In Johann Georg Krünitz' Oekonomischer Encyklopädie heißt es 1787: „Die Klöße, so fern sie eine Speise sind, führen im Oberdeutschen den Nahmen der Knödel, und wenn sie groß und fest sind, der Knoten. Im Böhm. *Knedlik.*"[132]

Ob der Knödel Böhme, Österreicher oder Bayer ist, ist nicht zu entscheiden, er hat sich aber vor allem in diesen Regionen in einer großen Zahl von Varianten durchgesetzt.[133] Vielfach sind die Versuche seiner Ideologisierung, vielfach aber auch die Darstellungen des Knödels als Grenzüberschreiter.[134]

In der böhmischen Küche sind Knödel so verbreitet, „dass sie längst zum Klischee geworden sind".[135] Auf keiner bildlichen Darstellung böhmischer Spezialitäten dürfen sie fehlen. Der Knödel hat auch seinen Platz in der neu erschienenen Enzyklopädie der Volkskultur von Böhmen, Mähren und Schlesien gefunden. Dort wird er als gekochte Mehlspeise aus Mehl, Wasser/Milch, Salz, bzw. Eiern und Backpulver beschrieben.[136] Eine Erwähnung bei Jan Hus wird in der Literatur immer wieder genannt. Hus habe – so wird übermittelt – vehement für die Verwendung des tschechischen Namens *šiška* statt der Benennung *knedlík* gekämpft.[137] Auch andere mittelalterliche und frühneuzeitliche Quellen sprechen über die knedlíky, jedoch wissen wir nichts über deren Zutaten, ihre Form oder Konsistenz. Im 19. Jahrhundert sind viele verschiedene Arten von Knödeln zu belegen, alle Angaben stimmen jedoch darin überein, dass Knödel „zäh, schwer wa-

---

131 Die Nockerl bestanden aus Fleisch, Eiern und Gewürz, aus Fisch, Pilzen oder Quark, sie wurden in Fett gebraten oder gekocht. Aus Mehl und geriebenem Brot hergestellte Nockerl wurden gebacken wie Krapfen. Magdalena Beranová: Essen und Trinken in der Zeit Rudolfs II. Praha 1997, S. 13.
132 Johann Georg Krünitz: Oekonomische Encyklopädie. Band 41, Berlin 1787, S. 610.
133 Zum Knödel als „ureigenstes Austriacum" vgl. etwa: Christa Fuchs, Gudrun Harrer: Scharfen Kanten abhold. In: dies.: Besoffene Kapuziner und andere Rezepturen zur kulinarischen Verbesserung Mitteleuropas. Wien 2005, hier S. 21–25.
134 Vgl. z. B. Jiří Gruša: Die Knödeleier. In: ders.: Gebrauchsanweisung für Tschechien. München, Zürich 1999, S. 63–70, hier S. 67: „Hier, zwischen Bayern und Böhmen […], ist es zu einer außerehelichen Befruchtung unserer Knödelkultur gekommen. Irgendwann in der Morgendämmerung des tschechisch-deutschen Neben-, Gegen-, Durch- und Miteinanders müssen wir uns hier irgendwo zum Fressen gern gehabt haben. Denn den tschechischen *knedlík* verdanken wir einem oberdeutschen Koch, dessen Knödel besser geschmeckt haben als unsere *šiška* (Zapfen)."
135 Eva Habel: Nicht nur Knödel – Geschmackserinnerungen aus dem Sudetenland. In: Petschek-Sommer (Anm. 130), S. 81–85, hier S. 81.
136 Artikel „Knedlík". In: Lidová kultura. Národopisná encyklopedie Čech, Moravy a Slezska. [Volkskultur. Volkskundliche Enzyklopädie von Böhmen, Mähren und Schlesien]. Praha 2007, S. 370.
137 Jan Neruda meint jedoch, dass knedlík (Knödel) ein „urururslawisches" Gericht ist, dies zeige das Wort selbst – man sollte eigentlich „gnedlík" sagen. Das Wort stamme aus der Zeit, in der in der slawischen Sprache „g" statt „h" benutzt wurde (Jan Neruda: Pražské nešpory a jiné časovosti [Prager Vesper und andere Aktualitäten]. Národní listy 12. července 1891. In: Sebrané spisy Jana Nerudy, řada 1, díl XXIV. Praha 1912, S. 422–428, hier S. 426).

Abb. 5: Kochbuch „Das schmeckt in Ostmark und Sudetenland. Landsmännische Rezepte für alle Mahlzeiten". Hrsg. v. Reichsausschuß für Volkswirtschaftliche Aufklärung. Berlin o.J. [ca. 1940]

ren, lange im Magen gelegen haben, aber schnell satt gemacht haben".[138] Die süße Variante – die Obstknödel – werden als eine der typischen Speisen der böhmischen Küche angesehen. Im 19. Jahrhundert wurden sie erstmals auch aus Kartoffeln (rohen, aber auch gekochten) zubereitet.[139] Von der Beliebtheit der Obstknödel in der Stadt zeugen zwei Feuilletons des bekannten tschechischen Schriftstellers Jan Neruda aus dem Jahre 1891, in denen er von Zwetschgenknödeln und Kirschknödeln schwärmt. In dem ersten beantwortet er die Frage, was man von der Jubiläumsausstellung 1891 in Prag als Erinnerungsstück nach Hause mitbringen solle, folgendermaßen:

„Wir haben verschiedene Sachen, die für uns, die Tschechen besonders sind [...]. Z. B. böhmisches Glas, böhmische Steine (Granat), böhmische Küche.

---

138 Artikel „Knedlík". In: Lidová kultura (Anm. 136), S. 370.
139 Obstknödel waren laut einigen tschechischen Wissenschaftlern in der bürgerlichen Küche zunächst „unbekannt" (sie sind z. B. nicht im Kochbuch von M. D. Rettigová vertreten), nicht so auf dem Lande, wo sie bereits in der ersten Hälfte des 19. Jahrhunderts belegt sind. Siehe dazu: Franc, Strava (Anm. 11), S. 335 – er zitiert die Erinnerungen von Josef Heřman Agapit Gallaš aus der Mährischen Walachei aus dem Jahre 1826.

Die böhmische Küche 133

[...] Böhmische Küche. Die gibt es noch, aber mit ihren Früchten ist es schwierig! Rosarote und azurene Zwetschgenknödel, goldene škubánky [...] – geschmackvolle, ausgezeichnete Sachen, aber wie mit ihnen in den Koffer oder in die Tasche?"

Neruda schlägt vor, man könnte Knödel aus Glas und Gips nachmachen, als Attrappe, aber „was wäre das? Immer nur eine tödliche Sünde gegen den Zwetschkenknödel!"[140] In ähnlicher Weise ironisierte Ende des 19. Jahrhunderts der Arzt und Schriftsteller Josef Thomayer: „Ich denke, dass die Abschaffung der Knödel [...] für das tschechische Volk eine Katastrophe wäre, von der ich mir nicht zutraue, sie mit einer anderen zu vergleichen".[141]
Jiří Gruša beschreibt das Knödelkochen als Ritual und widmet „seiner Majestät, dem Knödel" folgendes Gedicht:

Gelobt seist du also, Knödel, / der du uns gesättigt und sesshaft gemacht. / Du großer Humty Dumty / in unserem Wunderland. / Bruder der einsamen Tage / und Herr der Geselligkeit. // Auch ich verbeuge mich / und zupfe die Saiten / des Knedlíky-Schneiders, / gleichsam der Lyra Appollos, / das Lied.[142]

„Die Vorstellung, daß eine bestimmte Speise das Temperament und den Volkscharakter bestimmt, ist weit verbreitet und reicht weit in die Geschichte zurück [...]".[143] In den 1950er Jahren wurde der Knödel in der Tschechoslowakei zum Symbol des schwerfälligen, plumpen tschechischen Kleinbürgertums. Mit Hilfe ernährungswissenschaftlicher Argumente (zuviel Mehl und Sacharide seien ungesund) wurde er hart bekämpft. Doch wie die Ergebnisse verschiedener Befragungen und auch die untersuchten Kochbücher zeigen, wird er in Tschechien noch heute als „Nationalspeise" Nr. Eins angesehen. Eva Dittertová beschreibt den Knödel 2007 als „gesamtnationales Phänomen" mit einer unvorstellbaren Variationsbreite.[144]

---

140 Jan Neruda: Co přivézt z jubilejní výstavy? [Was soll man von der Jubiläumsausstellung mitbringen?] (Feuilleton in Národní listy 1. března 1891). In: Sebrané spisy (Anm. 137), S. 383–389, hier S. 385. Das zweite Feuilleton über Kirschknödel, aber auch über Kirschkolatschen usw.: Sebrané spisy (Anm. 137), S. 426–427.
141 Josef Thomayer: Skeptické kapitoly o výživě [Skeptische Kapitel über Nahrung]. In: Pestré kapitoly. Sebrané spisy, sv. 1. Praha 1919, S. 89, zit. nach: Franc, Řasy (wie Anm. 55), S. 40.
142 Gruša (Anm. 134), S. 70. Immer wieder wurde der Knödel und das richtige Knödelkochen zum Thema literarischer Texte. Vgl. z. B. Ota Filip: „Duftig und leicht wie eine Sommerwolke" – Weihnachtsknödel böhmisch. In: ders: ... die Märchen sprechen deutsch. Geschichten aus Böhmen. München 1996, S. 96–101, hier S. 98–99, freundlicher Hinweis von Dr. Jens Stüben, Oldenburg.
143 Sandgruber (Anm. 3), S. 183.
144 Eva Dittertová: Böhmen und Mähren – ein Knödelkönigreich. In: Petschek-Sommer (Anm. 130), S. 23–25, hier S. 23.

Auch der Knödel wurde ideologisiert. So tauchen in der vom „Reichsausschuß für Volkswirtschaftliche Aufklärung" herausgegebenen Sammlung landsmännischer Rezepte „Das schmeckt in Ostmark und Sudetenland" plötzlich „Egerländer Knödel" auf, die böhmischen werden hinter dem „neutralen" Namen „Semmelknödel" verborgen.¹⁴⁵ „Wann wechselt der Knödel seine ethnische Zugehörigkeit und ist dies dem Geschmack abträglich oder zuträglich" fragt Marlis Sewering-Wollanek¹⁴⁶ und sie weist auf ein Ende der 1920er Jahre erstmals erschienenes, ab 1949 mehrfach wiederaufgelegtes „sudetendeutsches" Kochbuch von Hedwig Tropschuh hin, in dem die böhmischen Knödel plötzlich „sudetendeutsche" sind.¹⁴⁷ In einem vom Hause Dr. Oetker um 1940 herausgegebenen „Kleine[n] Sudetendeutsche[n] Rezeptbuch", das „Dr. Oetker-Rezepte aus dem Altreich" versammelt, „die im Sudetenland mit besonderer Begeisterung aufgenommen worden sind", werden die Böhmischen Knödel gar zu (reichsdeutschen) „Knödel[n] mit glattem Mehl".¹⁴⁸

Laut Konrad Köstlin eignet sich die Küche besonders gut für die ethnische Selbstdarstellung, „nicht nur, weil sie immer wieder als der konservativste Teil des menschlichen Lebensvollzugs ausgewiesen wird; man kann sie sich einverleiben; sie ist gut kommunizierbar, weil man andere an ihr teilhaben lassen kann, man kann sie mitnehmen, vorführen".¹⁴⁹ Die ersten Kontakte Heimatvertriebener mit der fremden Alltagskultur der Umgebung werden deshalb oft anhand der unterschiedlichen Kochgewohnheiten thematisiert. Am Beispiel der „böhmischen Knödel" kann das demonstriert werden. So werden die bayerischen Reiberknödel von vielen als wichtigster Eindruck der ersten Küchenkontakte mit Einheimischen erinnert. Und auch für die bayerische Seite markieren die so unterschiedlichen Knödel eine immer wieder zitierte scharfe Grenze. Bernhard Setzwein etwa berichtet von einem Schriftsteller-Kollegen, der bei den „böhmischen" Eltern eines Schulfreundes „immer schon gegessen hatte", wenn ihm etwas angeboten wurde. Er tat das, weil ihm „grauste [...] vor den Knödeln im Teller, flachen Knödeln statt runden, welche in einer Sauce schwammen, die

---

145 Das Wort „böhmisch" findet sich unter den hier versammelten Rezepten nur mehr einmal (bei den „Böhmischen Dalken", die im Gegensatz zu den „Dalken" eigens benannt werden). Reichsausschuß für Volkswirtschaftliche Aufklärung (Hg.): Das schmeckt in Ostmark und Sudetenland. Landsmännische Rezepte für alle Mahlzeiten. Berlin o.J. [ca. 1940], Inhaltsverzeichnis.
146 Sewering-Wollanek (Anm. 29), S. 221.
147 Sewering-Wollanek (Anm. 29), S. 220. In ihrem Vorwort „An die Jugend!" mahnt die Autorin im Jahr 1955: „Wahret den Charakter der heimatlichen Küchengewohnheiten, damit unsere gute, sudetendeutsche Küche als Kulturgut auch unseren Nachkommen erhalten bleibt." Hedwig Tropschuh: Sudetendeutsches Kochbuch. Rehau 1955, S. 3.
148 Kleines Sudetendeutsches Rezeptbuch. Dr. August Oetker. Bielefeld [ca. 1940/41], S. 23. Freundlicher Hinweis von Dr. Tobias Weger, Oldenburg.
149 Köstlin, Konrad: Heimat geht durch den Magen. Oder: Das Maultaschensyndrom – Soul-Food in der Moderne. In: Beiträge zur Volkskunde in Baden-Württemberg 4 (1991), S. 147–164, hier S. 154.

sauer war".[150] Richard Zahnhausen beschreibt die Wiener Küche – und man kann das ebenso auf die böhmische Küche beziehen –, als „ein Geflecht von Strukturen, Techniken, Genüssen, Systemen, von Erinnerungen und Utopien". Wenn dem so ist, dann könne sich dort „nur unser sozialer Leib [...] wohlfühlen". „Geborgenheit ist dann eine Metapher für das Bekannte. Geborgenheit wäre dann aber auch eine Metapher für die Ablehnung des Fremden!"[151]

Zusammenfassung

Am Anfang unseres Beitrages haben wir vier Fragen gestellt: seit wann – so wollten wir wissen – spricht man über die böhmische Küche, welche Charakteristika machen sie von anderen Küchen unterscheidbar, welchen Veränderungen ist sie unterworfen und wie wird ihr Bild zur Vermarktung genutzt.

Die böhmische Küche ist ein Konstrukt des 19. Jahrhunderts. In der Forschung wird immer wieder beschrieben, wie Essen und Trinken als „signifiers of group culture and identity" begriffen werden können, wie sie Prozesse der Identifikation unterstützen, die sich „at the heart of ethnic, national, class, gender, sexual, local and other identities" befinden.[152] So wird im 19. Jahrhundert allmählich aus der böhmischen Küche im tschechischen Diskurs die tschechische Küche, die abgegrenzt und typisch (nur) für die Tschechen sei. Für die deutsche Seite ist Ähnliches zu beobachten.[153]

Die „tschechische Küche" am Ende des 20. Jahrhunderts besteht aus einigen Nationalspezialitäten und wird durch einige charakteristischen Merkmale definiert (Deftigkeit, Bodenständigkeit, Beliebtheit der Mehlspeisen, Suppen, dicken Saucen, Kartoffelgerichte). Sie wird also weniger als verfeinerte Küche, sondern eher als „Hausfrauenküche", als Alltagsküche präsentiert, sie hebt ländliche Nahrung und Hausmannskost hervor.[154] Diese Betonung des „Ländlichen" in der tschechischen Küche wird in der heutigen tschechischen Fachliteratur als Resultat der Tendenzen aus der Zeit des Sozialismus geschildert, in denen die Betonung der

---

150 Bernhard Setzwein: Das Glück ist ein scheibenförmiger Knödel. Was Bayern in und an Böhmen finden können. Manuskript der Sendung „Land und Leute" vom 13.06.2004, Bayerischer Rundfunk München, S. 3.
151 Zahnhausen (Anm. 4), S. 93.
152 Thomas M. Wilson: Introduction. Food, drink and identity in Europe: Consumption and the construction of local, national and cosmopolitan culture. In: Thomas M. Wilson (ed.): Food, drink and identity in Europe. Amsterdam, New York 2006, S. 11–29, hier S. 12.
153 Spätestens seit den frühen 1930er Jahren wird nun von der sudetendeutschen Küche gesprochen und ihre Beliebtheit bei den „reichsdeutschen Stammesbrüdern" gepriesen: Tropschuh (Anm. 147), S. 4 (Vorwort der Ausgabe von 1949); vgl. auch Kleines Sudetendeutsches Rezeptbuch (Anm. 148).
154 Siehe dazu Susanne Breuss, die ähnliche charakteristische Merkmale für die österreichische bzw. die Wiener Küche nennt. Susanne Breuss: Zur Bedeutung des Kulinarischen für die Konstruktion österreichischer Identität. In: Hannes Stekl und Elena Manová (Hg.): Heroen, Mythen, Identitäten. Die Slowakei und Österreich im Vergleich. Wien 2003, S. 351–372, hier S. 368.

unteren Schichten der Bevölkerung populär war. Dies ist aber auch als Resultat älterer Tendenzen der Verklärung des „Ländlichen", des „Eigenen" als dem „Authentischen" und „Unvermittelten" geschehen.[155]

Einige ausgewählte Teile aus der bürgerlichen Küche von Magdalena Dobromila Rettigová wurden so um einige regionale Speisen der „Arme-Leute-Küche" bereichert, die heutzutage schon als „Nationalspeisen" verkauft werden.

Reiseführer und Kochbücher verfolgen einfache Strategien, die auch bei der „Vermarktung" von „Nationalküchen" oder „regionalen Küchen" anderer Länder zu beobachten sind: die Aufwertung und Verfeinerung einfacher, wenig aufwändiger Gerichte zu „Spezialitäten" (etwa Gulasch oder Pizza – im tschechischen Fall Kartoffelgerichte – z. B. Kartoffelpuffer, die Suppe Kulajda u. a.) oder die Klassifizierung herausgehobener, nur zu besonderen Anlässen zubereiteter Gerichte als „typisch" und damit die Suggerierung einer historisch so nicht belegbaren Gängigkeit dieser Gerichte im Alltagsvollzug (im tschechischen Fall z. B. Lendenbraten, Gänsebraten)[156]. Dabei wird die Auswahl auf wenige „Nationalspeisen" begrenzt, die leicht zu erinnern sind und präsentiert werden können. Die mit ihrer Unterstützung gesungenen „Hymnen auf die Küche wandern von einem zum anderen Reiseführer und verfestigen sich in der Wiederholung".[157]

---

155 Die Idee, dass „das Heimische und Eigene zugleich das Authentische und Unvermittelte ist" beschreibt Bernhard Tschofen als „Bestandteil eines im 19. Jahrhundert angelegten und im 20. Jahrhundert immer dichter und konturierter gezeichneten Bildes der europäischen Volkskulturen". Tschofen, Bernhard: Herkunft als Ereignis: local food and global knowledge. Notizen zu den Möglichkeiten einer Nahrungsforschung. Österreichische Zeitschrift für Volkskunde 54/103 (2000), S. 309–324, hier S. 318.
156 Siehe Timo Heimerdinger: Schmackhafte Symbole und alltägliche Notwendigkeit. Zu Stand und Perspektiven der volkskundlichen Nahrungsforschung. In: Zeitschrift für Volkskunde (2005) 2, S. 205–218, hier S. 209. Vgl. dazu grundlegend Ulrich Tolksdorf: Essen und Trinken in alter und neuer Heimat. Zur Frage des Geschmacks-Konservativismus. In: Jahrbuch für ostdeutsche Volkskunde, 21 (1978), S. 341–364, hier S. 347–351. Tolksdorf hat am Beispiel der Heimatvertriebenen gezeigt, wie „Heimatspeisen", auch wenn sie kaum mehr konsumiert werden, als Unterschiede markierende Symbole weiter Verwendung finden. Gerade die Ablehnung durch andere stärkt das eigene Gruppenbewusstsein. Vgl. dazu auch Utz Jeggle: Kaldaunen und Elche. Kulturelle Sicherungssysteme bei Heimatvertriebenen. In: Dierk Hoffmann u. a. (Hg.): Vertriebene in Deutschland. Interdisziplinäre Ergebnisse und Forschungsperspektiven. München 2000 (Schriftenreihe der Vierteljahreshefte für Zeitgeschichte. Sondernummer), S. 395–407, hier S. 401–402.
157 Köstlin, Keine Wiener Küche (Anm. 1), S. 8.

Heinke M. Kalinke

Integration, Selbstbehauptung und Distinktion – Essen und Trinken als Zugang zur Erfahrungsgeschichte von Flüchtlingen, Vertriebenen[1] und Aussiedlern

Die Alltagsgeschichte der unmittelbaren Nachkriegszeit in Westdeutschland ist seit etwa Mitte der 1980er Jahre Gegenstand beinahe unüberschaubar vieler Veröffentlichungen und Ausstellungen, teils mit thematischen, teils mit lokalen Schwerpunkten. Nach sechzig Jahren sind die Jahre von 1945–1948 im kollektiven Gedächtnis endgültig zur „Entbehrungszeit"[2] geronnen, ja man könnte sie fast als „Erinnerungsort"[3] der Deutschen bezeichnen. In diesem Prozess der Historisierung haben sich Bilder verfestigt, sind Chiffren und „Typisierungen des Alltags"[4] entstanden, die den Blick auf die durchaus unterschiedlichen Lebenswirklichkeiten und Erfahrungen verstellen.

Die Ernährungslage, genauer die Chiffren ‚Hunger' und ‚Mangel', sind kanonisierter Bestandteil des Erinnerns an den Nachkriegsalltag. Überfüllte Hamstererzüge, Schlangen vor den Geschäften, Schulspeisungen und die glückliche Familie, die sich um das geöffnete Care-Paket versammelt – das sind Bilder, die wir alle kennen.

---

1   Das Begriffspaar ‚Flüchtlinge und Vertriebene' hat sich in der Bundesrepublik als pragmatisch gebrauchter Sammelbegriff (einzeln – auch alltagssprachlich – oft synonym verwendet) für Personen durchgesetzt, die ihren Wohnsitz infolge direkter Kriegseinwirkung dauerhaft verlassen haben (Flüchtlinge) oder durch Vertreibung oder Ausweisung nach Kriegsende zum dauerhaften Verlassen ihres Wohnortes gezwungen wurden; zur Begriffsgeschichte vgl. Mathias Beer: Flüchtlinge – Ausgewiesene – Neubürger – Heimatvertriebene. Flüchtlingspolitik und Flüchtlingsintegration in Deutschland nach 1945, begriffsgeschichtlich betrachtet. In: Ders. u. a. (Hg.): Migration und Integration. Aufnahme und Eingliederung im historischen Wandel. Stuttgart 1997 (Stuttgarter Beiträge zur historischen Migrationsforschung 3), S. 145–167.
2   Vgl. Brigitte Bönisch-Brednich: Das zwanzigste Jahrhundert in Dezennien. Populäre Geschichtsschreibung als Indikator kultureller Denkschablonen. In: Dies. u. a. (Hg.): Erinnern und Vergessen. Vorträge des 27. Deutschen Volkskundekongresses Göttingen 1989, S. 395–404, hier S. 401.
3   Im Gefolge von Pierre Noras Konzept der französischen ‚Lieux des mémoire' boomt auch in Deutschland das Thema Erinnerungsorte in Publikationen, Ausstellungen und Vorträgen. Vgl. etwa Etienne François, Hagen Schulze (Hg.): Deutsche Erinnerungsorte. 3 Bde. München 2001; Schleswig-Holsteinische Erinnerungsorte. Dauerausstellung des Volkskunde-Museums, Landesmuseum Schloß Gottorf, Schleswig (seit 2006) oder die Ringvorlesung „Ostmitteleuropäische Erinnerungsorte" im Forum „Mitteleuropa – Osteuropa" an der Carl von Ossietzky Universität Oldenburg im Wintersemester 2007/2008.
4   Albrecht Lehmann: Im Fremden ungewollt zuhaus. Flüchtlinge und Vertriebene in Westdeutschland 1945–1990. München 1991, S. 20.

Aber jenseits der Bildbände und populärwissenschaftlichen Veröffentlichungen gibt es erstaunlich wenig Literatur über die Ernährungslage nach dem Zweiten Weltkrieg in den westlichen Besatzungszonen. Zu nennen sind zunächst Darstellungen der Ernährungsverwaltung[5] sowie der politischen[6] bzw. medizinischen[7] Auswirkungen des Mangels. Seitens der Europäischen Ethnologie/Volkskunde wurde vor allem nach denen gefragt, die diese Situation als Betroffene erlebt haben. So ist denn auch hier die ‚schlechte Zeit' verschiedentlich auf der Grundlage biografischer Methoden untersucht worden.[8]

Im Folgenden soll nun der Versuch gemacht werden, den Komplex ‚Essen und Trinken in der Nachkriegszeit' dezidiert als Zugang zur Erfahrungsgeschichte von Flüchtlingen, Vertriebenen und Aussiedlern fruchtbar zu machen. Die Eingangsfrage lautet daher: Wie gehen Menschen mit fundamentalem, hier durchaus auch lebensbedrohlichem Mangel an Lebensmitteln um? Dabei meint ‚umgehen' grundsätzlich sowohl die ganz praktische, alltagswirkliche Seite des Überlebens als auch den Umgang damit als Erlebtem, als Erinnerung und Erfahrung. Ersteres kann hier allenfalls am Rande thematisiert werden. Vielmehr sind es die folgenden Aspekte, die hier im Mittelpunkt stehen sollen:

---

5   Gabriele Stüber: Der Kampf gegen der Hunger 1945–1950. Die Ernährungslage in der britischen Zone Deutschlands, insbesondere in Schleswig-Holstein und Hamburg. Neumünster 1984 (Studien zur Wirtschafts- und Sozialgeschichte Schleswig-Holsteins 6); Karl-Heinz Rothenberger: Die Hungerjahre nach dem Zweiten Weltkrieg. Ernährungs- und Landwirtschaft in Rheinland-Pfalz 1945–1949. Boppard/Rhein 1980 (Veröffentlichungen der Kommission des Landtages für die Geschichte des Landes Rheinland-Pfalz 3).

6   Hans Schlange-Schöningen (Hg.): Im Schatten des Hungers. Dokumentarisches zur Ernährungspolitik und Ernährungswirtschaft in den Jahren 1945–1949. Bearb. v. Justus Rohrbach. Hamburg, Berlin 1955; Michael Wildt: Der Traum vom Sattwerden. Hunger und Protest, Schwarzmarkt und Selbsthilfe in Hamburg 1945–1948. Hamburg 1986; Günther J. Trittel: Hunger und Politik. Die Ernährungskrise in der Bizone (1945–1949). Frankfurt/Main, New York 1990.

7   Günther Seel: Ernährung und Ernährungszustand der Bevölkerung der Britischen Besatzungszone Deutschlands in den Jahren 1947–1948. Düsseldorf 1950.

8   Meist beziehen sich die Untersuchungen auf das gesamte Spektrum des „Nachkriegsalltags" (z. B. Alexander Link: „Schrottelzeit". Nachkriegsalltag in Mainz. Ein Beitrag zur subjektorientierten Betrachtung lokaler Vergangenheit. Mainz 1990 (Beiträge zur Volkskultur in Rheinland-Pfalz 8), nur wenige Arbeiten thematisieren explizit die Ernährung, z. B.: Ernst Segschneider: Not kennt kein Gebot. Formen der Nahrungsbeschaffung nach dem Zweiten Weltkrieg im Raum Osnabrück. In: Rheinisch-westfälische Zeitschrift für Volkskunde 34/35 (1989/90), S. 205–238; Heinke M. Kalinke: Die Ernährungskrise nach dem Zweiten Weltkrieg. Eine Untersuchung über Selbsthilfe und Erfahrungen in einer ländlichen Kleinstadt. Göttingen (unveröff. Magisterarbeit) 1992; auch Dietmar Sauermann thematisiert in seiner Untersuchung die Ernährung in zwei Abschnitten: „Fern doch treu!" Lebenserinnerungen als Quellen zur Vertreibung und ihrer kulturellen Bewältigung, am Beispiel der Grafschaft Glatz. Marburg/Lahn 2004 (Schriftenreihe der Kommission für deutsche und osteuropäische Volkskunde 89), S. 126ff u. 251ff.

- Wie zeigen sich am Umgang mit der Ernährungskrise nach dem Zweiten Weltkrieg zentrale Aspekte der Erfahrungsgeschichte von Flüchtlingen und Vertriebenen?
- Und welche Parallelen und Unterschiede zeigt ein Vergleich mit Spätaussiedlern?

Zugrunde liegt die Überlegung, dass sich an einem ‚sozialen Totalphänomen'[9], wie es die Ernährung zweifelsohne darstellt, wichtige und grundsätzliche Erfahrungen sowie deren Niederschlag im Bewusstsein herausarbeiten lassen. Dabei geht es nicht nur ums Essen, sondern ebenso um die Beschaffung und Zubereitung von Nahrungsmitteln, um Essen und Trinken als soziales Ereignis sowie um damit verbundene Vorstellungen, Vorurteile und Wünsche.

Quellen sind im weitesten Sinne Erzählungen über das Essen in diesen Jahren, d.h. nicht empirisch gesicherte Angaben über das tatsächliche Ernährungsverhalten, sondern durch das Bewusstsein der Menschen gefilterte Aussagen darüber. Sie wurden festgehalten in biographischen Interviews.[10] Daneben werden vereinzelt andere Quellen wie Kochbücher, handschriftliche Aufzeichnungen, Erfahrungsberichte und Fragebögen herangezogen.

Zunächst jedoch ein kurzer Rückblick auf die Ernährungslage in und nach dem Zweiten Weltkrieg.[11] Schon seit 1939 gab es keine freie Verfügbarkeit der Lebensmittel mehr. Dennoch blieb bis 1942 die Versorgung zumindest physiologisch einigermaßen ausreichend, denn die intensive Ausbeutung besetzter Gebiete und der Einsatz von Zwangsarbeitern in der Landwirtschaft erlaubte Nahrungsmitteleinfuhren bzw. sicherte ein trotz des Krieges recht hohes Niveau an Eigenversorgung. Das änderte sich im Frühjahr 1942, als die Sollrationen erstmals und von da an dauerhaft unter die vom Völkerbund als Minimum festgelegten 2.400 kcal[12] für nicht körperlich arbeitende Menschen sanken. Hier begann auch die zunehmende Verschlechterung in der Zusammensetzung der Rationen, die gekennzeichnet war vor allem durch den Rückgang an Fetten und Eiweißen.[13]

---

9 Vgl. Alois Wierlacher: Einleitung. Zur Begründung einer interdisziplinären Kulturwissenschaft des Essens. In: Ders. u. a. (Hg.): Kulturthema Essen. Ansichten und Problemfelder. Bd. 1, Berlin 1993, S. 1–21, hier S. 2.
10 Die Interviews wurden geführt im Kontext meiner Magisterarbeit über die Erfahrungen mit der Ernährungskrise in der BBZ 1991/92 in Bad Bevensen, Kr. Uelzen (Anm. 8), bzw. meiner Dissertation in Göttingen und Northeim 1994/95: Heinke M. Kalinke: Die Frauen aus Zülz/Biała. Lebensgeschichten dies- und jenseits der deutsch-polnischen Grenze. Marburg 1997 (Schriftenreihe der Kommission für deutsche und osteuropäische Volkskunde 76).
11 Hierzu v. a.: Hubert Schmitz: Die Bewirtschaftung der Nahrungsmittel und Verbrauchsgüter 1939–1950, dargestellt am Beispiel der Stadt Essen. Essen 1956; G. Stüber (Anm. 5); Trittel (Anm. 6); Wildt (Anm. 6).
12 Die Kalorienangaben verstehen sich hier und im Folgenden pro Person und Tag.
13 Stüber (Anm. 5), S. 32.

Für die Flüchtlinge, die sich seit 1944 auf die Flucht vor der Roten Armee begaben bzw. von den deutschen Behörden ‚evakuiert' wurden, endete die geregelte Versorgung mit Lebensmitteln spätestens jetzt. Nahrungsmittel gehörten zum lebenswichtigen Fluchtgepäck, diejenigen, die nur Marken mitnehmen konnten, konnten diese unterwegs oft nicht einlösen, sie lebten von dem, was sie als Spende bekamen, durch Tausch oder Kauf erwerben oder ‚organisieren' konnten (s. u.). Hunger war einer der grausamen Begleitumstände der Flucht. Dennoch ist er angesichts anderer Gefahren eher selten thematisiert worden.[14] Viele Todesfälle auf der Flucht durch Krankheiten, Entkräftung und Kälte sind von der schlechten Lebensmittelversorgung zumindest mit verursacht und begünstigt worden.

Ebenso wie für die Flüchtlinge gilt für die Vertriebenen natürlich grundsätzlich, dass aufgrund der Verschiedenheit der Begleitumstände, der Differenziertheit des Phänomens Vertreibung/Aussiedlung generalisierende Aussagen nur sehr vorsichtig getroffen werden können. Dennoch können wir davon ausgehen, dass eine geregelte Lebensmittelversorgung spätestens mit Kriegsende aufhörte. Für viele Deutsche beispielsweise in den Polen angegliederten ehemals deutschen Reichsgebieten gab es schon seit dem Frühjahr 1945 keine offiziellen Lebensmittelzuteilungen mehr. Man lebte buchstäblich von der Hand in den Mund. Auch der Aufenthalt in Sammellagern und die Transporte mit dem Zug waren durch Mangel und Hunger gekennzeichnet.[15] Erst bei der Ankunft in einer der Besatzungszonen erhielten die Menschen wieder Lebensmittelkarten und damit Zugang zu einer, wenn auch schlechten, geregelten Versorgung mit dem Lebensnotwendigen.

Denn das Kriegsende führte in ganz Deutschland zunächst zum Zusammenbruch der Lebensmittelversorgung, die jedoch von den Besatzungsmächten so schnell wie möglich unter Beibehaltung der alten Strukturen wieder aufgebaut wurde.[16] Das heißt die Bewirtschaftung und Rationierung der Lebensmittel blieb bestehen, die Abgabe erfolgte weiterhin auf Karten, die nach Verbrauchergruppen gestaffelt waren. Es waren umfangreiche Importe nötig, um Hungerkrisen zu verhindern. Bis 1948 wurden in der britischen Besatzungszone (BBZ) rund 50% aller

---

14 Eine 1933 in Langenbielau/Bielawa, Niederschlesien, geborene Gesprächspartnerin erinnerte sich an einen Abschnitt ihrer Flucht in Richtung Prag/Praha im Frühjahr 1945: „Aber das war eigentlich, muß ich sagen, die schlimmste Zeit, die ich als Kind erlebt habe, denn man kriegte ja nichts zu essen, man musste sich ja alles erbetteln. [...] Dieses Hungern und Betteln, und dann am Bahndamm sitzen, nicht wissen, wie es weitergeht." In: Und in Emsbühren, da waren wir ja sofort gerne gesehen: „Jetzt kommen die Polacken!" In: Alte Heimat – Neue Heimat. Flüchtlinge und Vertriebene im Raum Lingen nach 1945. Hg. i. Auftrag der Stadt Lingen von Andreas Eiynck, Lingen 1997, S. 459–470, hier S. 460 u. 461.
15 „Wo haben wir im Zug etwas zu essen gehabt? Wer hat etwas gegeben? Irgendwo durften wir mal aussteigen, und es wurde Suppe ausgeteilt unterwegs" erinnert sich eine andere Zeitzeugin (geb. 1939) an den Vertreibungstransport aus Langenbielau/Bielawa, Niederschlesien, 1946. In: „Drüben im Osten ist eine Bombe gefallen – der Dreck ist bis hierher gespritzt." In: Alte Heimat – Neue Heimat (Anm. 1), S. 471–486, hier S. 473.
16 Der Abschnitt über die Ernährungslage nach Kriegsende beruht auf Trittel (Anm. 6), S. 17–43.

Integration, Selbstbehauptung und Distinktion 141

Abb. 1: Pflege- und
Gefährdeten-Zulagekarte
[Fleisch u. Butter],
Oktober 1949–
Januar 1950, privat

Nahrungsmittel importiert, vor allem Getreide aus den USA. Zu einer spürbaren Verbesserung der Ernährung kam es erst nach der Währungsreform 1948 und der guten Ernte dieses Jahres.

Am schlechtesten gestellt waren die Normalverbraucher, das waren Nichtselbstversorger ohne jede Zulagen, deren Rationen durchgängig unter 2000 kcal im Soll betrugen, meist aber nicht einmal 1500 kcal im Ist erreichten.

Diese Verbrauchergruppe machte mit rund 30% den Hauptanteil der Zuteilungsempfänger in der BBZ aus, auf die sich meine Angaben vor allem beziehen. Besonders schlecht war die Ernährungslage jeweils im Winter, wenn der so genannte übergebietliche Ausgleich aufgrund von Transportproblemen schwierig wurde, und im Frühjahr, wenn die Vorräte zur Neige gingen und nicht durch neue Ernten aufgefüllt werden konnten. Das führte im Frühjahr 1947 zu Kürzungen bei Brot und Nährmitteln von bis zu 500 kcal pro Tag, also einem Drittel der knappen Rationen.

Die angespannte Stimmung in der Bevölkerung wird deutlich an Gerüchten, nach denen etwa Lebensmittel aus der BBZ nach Berlin und England[17] exportiert würden und die besonders während der Winter- und Frühjahrskrisen Konjunktur

---

17 Gerade das Gegenteil war der Fall, denn auch in Großbritannien mussten ab Juli 1946 erstmals seit Kriegsbeginn einige Lebensmittel rationiert werden, um die Versorgung der BBZ sicherzustellen (s. Trittel [Anm. 6], S. 44ff).

hatten. Kritik an der Ernährungsverwaltung wurde laut, es folgten Streiks und Demonstrationen in größeren Städten und Ballungsräumen; die Militärregierung befürchtete eine Ausweitung der Proteste und war bemüht, den Gerüchten entgegenzutreten. Die Sorge um die Ernährung blieb bis zur Währungsreform die Hauptsorge der Deutschen, sie wurde dann abgelöst von der Sorge um Arbeit und Geld.[18]

Erst im März 1950 endete die Bewirtschaftung der letzten Lebensmittel wie Brot, Fleisch, Butter und Milch, auch wenn in der Erinnerung der Menschen die Währungsreform mit diesem Einschnitt verbunden wird, weil es danach viele lang entbehrte Lebensmittel frei zu kaufen gab. Allerdings führte nun der sprunghafte Anstieg der Preise zu neuen Härten, vor allem angesichts der hohen Arbeitslosigkeit. So blieb Schmalhans noch lange Küchenmeister in vielen Haushalten, mindestens bis Mitte bzw. Ende der 1950er Jahre.[19]

Aber zurück zum Höhepunkt der Krise. In einer Denkschrift zeigte die deutsche Ärzteschaft im Sommer 1947 auf, dass die niedrigen Rationen vom Frühjahr 1947 „in der Zeit von wenigen Monaten zum Tode führen würden", wenn sich die Menschen nicht zusätzliche Lebensmittel beschafften.[20]

Für alle, die keine Möglichkeiten der zumindest teilweisen Selbstversorgung (Landwirtschaft, Garten) hatten und über wenige oder keine sozialen und materiellen Ressourcen – also über Beziehungen im weitesten Sinne und über Tauschobjekte – verfügten, war die Situation also wirklich existentiell lebensbedrohlich.

Zu dieser Gruppe gehörten vor allem diejenigen, die als Flüchtlinge oder Vertriebene in die BBZ kamen. Ihre sozialen Netzwerke waren, zumindest anfangs, zerstört, sie verfügten größtenteils über keine andere ‚Währung' als ihre Arbeitskraft, die sie im Tausch gegen Lebensmittel einsetzen konnten. Zudem fehlten ihnen auch Kleidung, Möbel und Gebrauchsgegenstände, so dass sie mit dem Wenigen mehr anschaffen mussten als die Einheimischen, sofern sie nicht ausgebombt waren.

Das Thema Essen und Trinken stellt somit einen zentralen Zugang zur Erfahrungsgeschichte von Flüchtlingen und Vertriebenen in Westdeutschland nach 1945 dar.

Den Begriff der Erfahrungsgeschichte verwende ich in Anlehnung an Albrecht Lehmann, der Erfahrungen als Grundlage unserer Weltsicht und Begriffsbildung als Fundament lebensgeschichtlichen Erzählens ansieht.[21] So sind sie aus biogra-

---

18 Wildt (Anm. 6), S. 66.
19 Vgl.: Michael Wildt: Abschied von der ‚Fresswelle' oder: die Pluralisierung des Geschmacks. Essen in der Bundesrepublik Deutschland der fünfziger Jahre. In: Kulturthema Essen. Ansichten und Problemfelder. Hg. v. Alois Wierlacher u. a. Berlin 1993, S. 211–225, hier S. 211.
20 Die deutsche Ärzteschaft zur deutschen Ernährungslage. Brüggen/Niederrhein 1947, hier S. 2.
21 Albrecht Lehmann: Reden über Erfahrung. Kulturwissenschaftliche Bewusstseinsanalyse des Erzählens. Berlin 2007, S. 11.

phischen Erzählungen im Nachhinein wieder interpretierbar, selbstverständlich
unter Berücksichtigung folgender Prämissen:

- Menschen erzählen und interpretieren ihr Leben immer von der Gegenwart aus;
- die gesammelten Lebenserfahrungen sind nicht isoliert, sondern stehen in einem „Strukturzusammenhang" (Dilthey), d. h. neue Erfahrungen werden auf der Grundlage vorangegangener Erfahrungen interpretiert;
- also sind „Erfahren und Urteilen [...] untrennbar miteinander verbunden"[22];
- das Erzählen geschieht im Modus der Betroffenheit, nicht der Wahrheit, das heißt auch eine ‚unwahre' Geschichte kann eine authentische Erfahrung vermitteln[23];
- der situative und atmosphärische Kontext einer Erinnerungserzählung sind stets zu berücksichtigen[24].

Das tägliche Brot war also die Hauptsorge der Deutschen in der unmittelbaren Nachkriegszeit.[25] Die meiste Zeit, die meiste Energie wurde darauf verwendet, Lebensmittel zu besorgen, möglichst nahrhafte und genießbare Mahlzeiten zuzubereiten und sich, wenn möglich, durch Vorräte von der unsicheren Versorgungslage unabhängiger zu machen. Aber Sattwerden allein war nicht das Ziel. Essen ist stets mehr als Nahrungsaufnahme, ist immer auch Quelle kleiner Freuden und Genüsse, ist Stil- und Distinktionsmittel und soziales Ereignis. So galten die Anstrengungen der Menschen auch dem Besonderen, der Auszeichnung von Festen durch herausgehobene Speisen und Getränke, dem Genuss von Leibspeisen und Luxusgütern.[26] Insgesamt war man bestrebt, die Speisen und Mahlzeiten so weit wie möglich dem ‚normalen' Vorkriegsessen anzunähern, Tipps und Tricks dies zu erreichen hatten Hochkonjunktur, wie die vielen Rezepte mit dem Zusatz „falsch" oder „Ersatz-" deutlich machen.

Flüchtlinge und Vertriebene traf die gesamte Nachkriegskrise stärker als die Einheimischen. Nach den oft traumatisierenden Ereignissen bei Flucht und Vertrei-

---

22 Lehmann, Erfahrung (Anm. 21), S. 11.
23 Kalinke (Anm. 10), S. 18f., Lehmann, Im Fremden (Anm. 4), S. 12, ders., Erfahrung (Anm. 21), S. 54f.
24 Lehmann, Erfahrung (Anm. 21), S. 11f, 73ff.
25 Wildt, Traum (Anm. 6), S. 212.
26 Die gelegentliche Möglichkeit, sich eine besondere Speise, eine Leckerei o. Ä. zu leisten, ist eine wesentliche Voraussetzung für das Ertragen einer Hunger- oder Mangelsituation. Vgl. Alf Lüdtke: Hungererfahrungen, Essens-„Genuß" und Politik bei Fabrikarbeitern und Arbeiterfrauen. Beispiele aus dem rheinisch-westfälischen Industriegebiet, 1910–1940. In: Beiträge zur historischen Sozialkunde (15) 1985, Heft 2, S. 60–66, hier S. 63f.

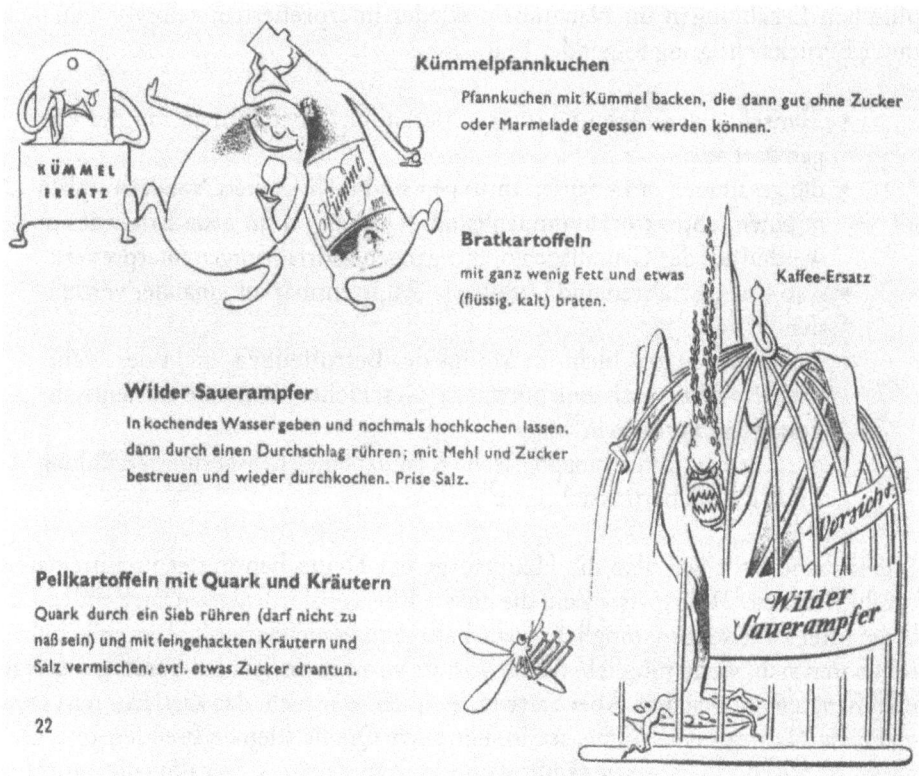

Abb. 2: Humorvoll aufbereitete Nachkriegsrezepte aus dem Kochbuch: Der heruntergekommene Lucull. Von Karola Moll, Hamburg 1948.

bung hatten die wenigsten eine Anlaufstelle im Westen Deutschlands, konnten nur wenige an bestehende soziale Beziehungen anknüpfen, die Übrigen sahen sich in einer fremden Umgebung mit einer ungewissen Zukunft konfrontiert. Die umfassende Versorgungskrise dieser Jahre traf sie auf allen Gebieten und mit größerer Härte als die Einheimischen, egal ob es den Wohnraum, die Versorgung mit Möbeln, Gebrauchsgütern, Kleidung, den Zugang zu Kultur und Bildung oder eben die Ernährung betraf.

Wie haben nun die Betroffenen über jene Jahre des Mangels und der Entbehrungen gesprochen? Wie stellen sie diese heute rückblickend dar und welche Erfahrungen sind in die Deutung der Vergangenheit eingeflossen, welche weggefallen?

„Aber von 45 bis 48, die drei Jahre, das war ne echte Hungerzeit." So resümierte eine Befragte, die als Flüchtling in die BBZ gekommen war, die unmittelbare Nachkriegszeit, und eine andere ergänzte: „Flüchtlinge, das war wirklich, also die wurden wirklich abgeschoben, die kriegten nichts."[27]

Integration, Selbstbehauptung und Distinktion

Der physische Hunger, der tägliche Mangel an ausreichendem und schmackhaftem Essen, der zu körperlichen Symptomen wie genereller Erschöpfung, Infektanfälligkeit, geringer Belastbarkeit, aber auch zu Hungerödemen und bei Heranwachsenden zu Mangelerscheinungen wie Rachitis und Wachstumsstörungen führen konnte, war eine schlimme Erfahrung dieser Jahre. Dennoch ist sie in der Erinnerung verblasst, wird abgeschwächt dargestellt aus der Perspektive einer Überflussgesellschaft, in der die meisten gern weniger äßen, erscheint bisweilen sogar leicht ironisch als eine Art Diät mit dem Tenor: „War ja gar nicht so ungesund, ohne das ganze Fett und so".
In vielen Aussagen treffen wir auf Formulierungen wie „wir haben nicht richtig gehungert" oder „nicht direkt gehungert". An ihnen wird zweierlei deutlich: Die schlechte Ernährungslage wird – zumindest im Rückblick – nicht als lebensbedrohlich angesehen; man hat sie ja auch tatsächlich überlebt, diese Mangelzeit. Aber Hunger hatte man schon, richtig satt war man selten, es war also ein akuter und stark empfundener Mangel, der diese Jahre kennzeichnete. Auch die künstliche Trennung zwischen Hunger und Appetit, dem Bedürfnis nach Sättigung auf der einen und Genuss auf der anderen Seite, verschwimmt hier: Man hatte Hunger auf bestimmte Zutaten und Speisen, auf gewohnte und geliebte Gerichte. So wurden vor allem Entbehrungen, Sehnsüchte, aber auch Abneigungen zu „Leitlinien des Erzählens"[28], an denen sich das Erzählen über das Essen der Nachkriegsjahre ausrichtete. Und, was vermisst oder abgelehnt wurde, bestimmte der Geschmack der Betroffenen.
Im Bereich des Essens treffen sich die beiden Bedeutungen des Begriffs Geschmack: Zum einen die der primären Sinnesempfindung des Schmeckens und zum anderen die bildliche des Geschmack-Findens an bestimmten Dingen, Tätigkeiten usw., die die Gestaltung und Aneignung der eigenen Lebenswelt maßgeblich beeinflusst. Dabei gilt Geschmack im Zusammenhang mit Essen oftmals fälschlicherweise als ‚ursprüngliche' Sinnesempfindung, deren kulturelle Bedingtheit übersehen wird. Wir wissen jedoch: Nicht nur in ‚normalen' Zeiten ist die Auswahl von Lebensmitteln oder Gerichten im Wesentlichen kulturell geprägt, sie bleibt es auch in Krisensituationen. „Der Mensch reagiert auch in einer so fundamentalen Bedürfnissituation wie der des Hungers zunächst einmal wie ein soziales, d. h. kulturelles Wesen"[29].

---

27 Gespräch mit Frau T. (geb. 1922 in Zülz, heute Biała) und Frau G. (geb. 1925 in Schönowitz, heute Szonowice, b. Zülz), seit 1946 in Northeim, Niedersachsen. Gespräch Oktober 1994.
28 Vgl. Albrecht Lehmann: Erzählstruktur und Lebenslauf. Autobiographische Untersuchungen. Frankfurt am Main, New York 1983, S. 89ff.
29 Ulrich Tolksdorf: Nahrung – Not und Überfluß. In: Umgang mit Sachen. Zur Kulturgeschichte des Dinggebrauchs. 23. Deutscher Volkskundekongreß. Hrsg. v. Konrad Köstlin u. Hermann Bausinger. Regensburg 1983 (Regensburger Schriften zur Volkskunde 1), S. 79–91, hier S. 81.

Was von den Menschen also besonders vermisst, entbehrt oder abgelehnt wurde, hängt vom Geschmack ab, der – ich verkürze hier Pierre Bourdieu – praktischer Vollzug des Habitus ist.[30] In der Erziehung erworben ist er wesentlich abhängig von den Parametern „Kapitalvolumen, Kapitalstruktur sowie [der] zeitliche[n] Entwicklung dieser beiden Größen"[31], wobei Bourdieu neben ökonomischem auch kulturelles und soziales Kapital berücksichtigt.[32] Bourdieu unterscheidet letztlich drei gesellschaftliche Klassen, deren Geschmack gekennzeichnet sei durch verschiedene Grade der Distanz zur Not(-wendigkeit).[33] Dem Geschmack der Oberschicht eigne demnach eine große Distanz und Distanzierung zur Not(-wendigkeit), während die unteren Schichten einen Notwendigkeitsgeschmack hätten, der gekennzeichnet sei durch das „Sich-in-das-Notwendige-fügen"[34]. Den Habitus der Mittelschicht sieht Bourdieu geprägt durch „Askese, Rigorismus, Rechtsgläubigkeit, jede Art von Akkumulationstrieb"[35].

Die Betonung der Entbehrungs- und Abneigungserfahrungen zeigt deutlich, dass die Befragten die erlittenen Einschränkungen als äußeren Zwang erlebt haben. Alle gehörten der mittleren Schicht an, die in wirtschaftlich normalen Zeiten einen Geschmack hat, der durch mehr oder weniger große Distanz zur Notwendigkeit gekennzeichnet ist. Sie können den unfreiwilligen Verzicht jedoch insofern rückblickend in ihren Habitus einbinden, als sie ihn als freiwillige, Bedürfnisbefriedigung in die Zukunft aufschiebende Askese deuten und einer Pragmatisierung unterziehen, wie das folgende Zitat zeigt:

> „Ja, wir waren ja auch nicht verwöhnt. Man war ja froh, man hatte Hunger, da schmeckt manches. [...] ja, wenn man Hunger hat, schmeckt manches gut. Das ist ja heute auch noch so. Wenn man keinen Hunger hat, schmeckt nichts so sehr gut. Und Hunger hatte man eben."[36]

Bescheidenheit und Bedürfnisnegierung kennzeichnen insbesondere den Habitus der aufstiegsorientierten Mittelschichten, die über wenig ökonomisches Kapital verfügen, während diejenigen, die eher zu den Wohlhabenderen gehörten, wie ein befragter Arzt, sich den genießenden Oberschichten annähern und von der „Nüchternheit und [dem] Maßhalten der Kleinbürgers"[37] unterscheiden.

---

30 Pierre Bourdieu: Die feinen Unterschiede. Kritik der gesellschaftlichen Urteilskraft. [franz. Originaltitel: *La distinction. Critique sociale du jugement.* Paris 1979]. Deutsch erstmals 1980, hier zit. n. 3. Aufl. Frankfurt am Main 1989.
31 Bourdieu (Anm. 30), S. 196f.
32 Bourdieu (Anm. 30), S. 195ff.
33 Bourdieu (Anm. 30), S. 289f.
34 Bourdieu (Anm. 30), S. 585.
35 Bourdieu (Anm. 30), S. 519.
36 Frau A., geb. 1906 in Schweidnitz/Świdnica, seit 1945 in Bad Bevensen, Kr. Uelzen, Niedersachsen. Gespräch im Februar 1992.
37 Bourdieu (Anm. 30), S. 297.

Er sagte, dass er auch damals jede Möglichkeit genutzt habe, um zu genießen, denn: „Das Leben geht weiter und soll ja auch schön sein".[38]

Die lebhaftesten Schilderungen von Entbehrungen, Wünschen und Abneigungen stammten von denjenigen Gesprächspartnern, die diese Zeit als Kinder und Jugendliche erlebt haben. Wenn der Habitus in der Sozialisation erworben wird, kann man davon ausgehen, dass die Kinder den asketischen Mittelschicht-Habitus damals erst erlernten, also den Verzicht noch als störende Einschränkung ihrer Genussmöglichkeiten empfanden und heute – im Rückblick – diese Empfindungen ihrem Kindsein zubilligen.

Die damals 14 Jahre alte Frau S. schilderte 1948 in einem Schulaufsatz einen Traum: „Neulich erzählte uns unsere Mutter, wie früher die Geschäfte voll von den schönsten Sachen waren. Noch im Bett ging mir alles im Kopf herum [...]"[39]

Im nun folgenden Traum erhält sie bei der Kartenstelle statt der 50g-Marken 500g-Marken und auf dem Weg nach Hause wird sie von verschiedenen Händlern aufgehalten, die ihr Lebensmittel aufdrängen. Zuerst Würstchen, Schinken und Aufschnitt, dann Konfekt, Butter, Zucker, Ölsardinen und Obstkonserven, anschließend Torte, Schlagsahne und Eis. Was für ein Wunschzettel!

Nachdem sie mir den Aufsatz vorgelesen hatte, sagte Frau S. jedoch relativierend: „Ich glaub, da hatte man gar nicht diese Bedürfnisse, da hatte man eigentlich nur das Bedürfnis, satt zu sein. Irgendwelche besonderen Bedürfnisse hatte man nicht. Luxus oder so, glaub ich nicht."

So farbig sie ihre Wünsche im Aufsatz, allerdings auch hier schon ins Unterbewusste des Traums verlagert, eingestanden hatte, so sehr spricht hier wieder die Erwachsene vom heutigen Standpunkt aus.

Heißhunger, Gier und Maßlosigkeit werden noch einmal Thema bei der Währungsreform, bei deren Schilderung die Erfüllung lang ersehnter Esswünsche im Vordergrund stand.

Meist waren es eher beschiedene Sehnsüchte, die nun befriedigt wurden: Schlagsahne, Fleischwurst, frische Brötchen mit Butter. Sie signalisieren im Erzählen das Ende der Krise, auch wenn der Mangel tatsächlich noch lange nicht vorbei war. Auf die verhassten Ersatzstoffe und Nährmittel wie Graupen, Grütze oder Maisbrot war man jedoch nicht mehr angewiesen. Brötchen, Butter, Bohnenkaffee und Schokolade blieben dennoch für die meisten noch jahrelang Luxusgüter.

Nicht nur die Entbehrungen, auch soziale Konflikte und negative Erfahrungen erscheinen von heute aus kleiner und unbedeutender, die „gelungene Integration"[40] wirkt sich gleichsam befriedend aus. Auch hier sind es eher diejenigen, die

---

38 Herr D., geb. 1916, wird hier als einziger Gesprächspartner zitiert, der schon vor 1945 in Bad Bevensen lebte. Gespräch im Januar 1992.
39 Frau S., geb. 1934 in Breslau/Wrocław, seit 1946 in Bad Bevensen. Gespräch im Februar 1992.
40 Entgegen früherer Integrationsvorstellungen, die die politisch gewünschte Integration relativ schnell erreicht sahen, sieht man den Vorgang heute differenzierter, indem neben ökonomischen u. sozialen Basisdaten auch die kulturelle Integration sowie subjektive, biographische

diese Jahre als Kinder oder Jugendliche erlebt haben, die negative Erfahrungen deutlicher schildern. Vor allem bei der Beschaffung zusätzlicher Lebensmittel gab es diese Erfahrungen. Anfangs blieben den Flüchtlingen kaum andere Wege der Nahrungsbeschaffung als Diebstahl, Betteln oder Arbeit gegen Naturallohn. Oft waren es gerade die Kinder, die losgeschickt wurden, um bei einem Bauern um Milch oder Kartoffeln zu betteln oder kleinere Diebstähle oder Mundraub in Gärten zu begehen. Zum einen erhoffte man sich mehr Großzügigkeit gegenüber Kindern und rechnete auch im Falle des Erwischt-Werdens mit milderen Strafen. Zum anderen fiel den Erwachsenen die demütigende Handlung des Bettelns schwerer. Dennoch empfanden auch die Kinder die Demütigung.

Frau R., damals 11 Jahre alt, erzählte: „Das war furchtbar, jeden Tag losziehen müssen und für den nächsten Tag ein paar Kartoffeln klauen oder besorgen. Herrgott noch mal, ja, das war schlimm!"[41]

Oftmals werden im Gespräch Umschreibungen wie „Besorgen" oder „Organisieren"[42] verwendet, die sowohl Diebstahl als auch Betteln meinen können. Beide Formen der Nahrungsbeschaffung sind über diese Begriffe eng miteinander verbunden, und das war wohl auch die Realität; denn wenn jemand „loszog", um etwas zu „besorgen", aber nicht über Tauschwerte verfügte, dann wurde häufig gebettelt oder gestohlen, je nachdem, wie es sich ergab. Beide Begriffe sind negativ besetzt, als Demütigung und als Illegalität, verweisen auf Armut und Kriminalität und sind gesellschaftlich entsprechend sanktioniert.

Immer wieder werden in den lebensgeschichtlichen Erzählungen von Flüchtlingen und Vertriebenen über die Nachkriegsjahre Vergleiche herangezogen. Der Vergleich ist ein alltägliches Muster unseres Denkens und Redens, denn er eignet sich besonders gut zur Verdeutlichung eigener Standpunkte in Abgrenzung oder Analogie zu anderen Meinungen. Albrecht Lehmann hat diese wichtige Beobachtung für die volkskundliche Erzählforschung fruchtbar gemacht und auch den Begriff des Schicksalsvergleichs eingeführt.[43] Auch diese Form des Vergleichs findet man häufig im Gespräch mit den untersuchten Gruppen.

Faktoren einbezogen werden. Die Arbeiten von Paul Lüttinger (Der Mythos von der schnellen Integration. Eine empirische Untersuchung zur Integration der Vertriebenen und Flüchtlinge in der Bundesrepublik Deutschland bis 1971. In: Zeitschrift für Soziologie 15 (1986) 1, S. 20–36; ders.: Integration der Vertriebenen. Eine empirische Analyse. Frankfurt am Main 1989) stellen den Wendepunkt der Integrationsforschung dar.

41 Frau R., geb. 1934 in Steinau/Ścinawa Mała, Kreis Neustadt/Prudnik in Oberschlesien, seit 1945 in Uelzen. Gespräch Oktober 1994.

42 A. Lehmann hat darauf hingewiesen, dass diese Verwendung des Begriffs „Organisieren" eine ironisierende Umkehrung des im NS-Staat so zentralen Wertes der Organisation darstellt (Albrecht Lehmann: „Organisieren". Über Erzählen aus der Kriegs- und Nachkriegszeit. In: Der Deutschunterricht 39/6, S. 51–63, hier S. 55).

43 Albrecht Lehmann: Der Schicksalsvergleich. Eine Gattung des Erzählens und eine Methode des Erinnerns. In: Erinnern und Vergessen. Vorträge des 27. Deutschen Volkskundekongresses Göttingen 1989. Hg. v. Brigitte Bönisch-Brednich u. a. Göttingen 1991, S. 197–207, hier S. 198 u. 201.

Der Vergleich, den man seitens der Flüchtlinge wohl am häufigsten erwarten würde, ist der mit den Einheimischen, die in der Regel besser gestellt waren. Dennoch wird nur selten und in abgeschwächter Form davon Gebrauch gemacht. Lediglich diejenigen unter meinen Gesprächspartnern, die sich oft und nachdrücklich als Flüchtlinge bezeichnet haben, wählten den direkten Vergleich mit der einheimischen Bevölkerung. Die übrigen bevorzugten andere Gruppen für die Charakterisierung ihrer Lage: Die Angehörigen der britischen Besatzungsmacht und die Bauern hätten praktisch alles gehabt und keinen Mangel gelitten, während die Städter und die Kriegsgefangenen als diejenigen angeführt werden, die „wirklich hungerten". Damit wiesen sich die meisten eine mittlere Position zu, die sie mit den Einheimischen teilten. Denn im Nachhinein wirkt heute das „verbindliche gesellschaftlich politische Orientierungsschema [...] ‚Integration'"[44], das die Konflikte der unmittelbaren Nachkriegszeit nivelliert und überdeckt. Der abgrenzende und aggressive Schicksalsvergleich mit den Einheimischen wird so zunehmend entbehrlich und unmöglich gemacht. Allenfalls implizit taucht er noch auf: „Aber von 45 bis 48, die drei Jahre, das war ne echte Hungerzeit. Vor allen Dingen, wenn man keine Beziehungen hatte und wenn man nichts zu tauschen hatte"[45]
Die Einheimischen werden so nicht als Gruppe genannt, der Vergleich wird versachlicht auf die Kennzeichen Beziehungen und Tauschwerte.

Dabei war das Essen – von der Nahrungsbeschaffung bis zur gemeinsam genutzten Küche – neben dem Wohnen vielleicht der Bereich, in dem sich die Konflikte zwischen Flüchtlingen und Einheimischen in den ersten Jahren nach Kriegsende besonders deutlich zeigten.

Metaphern aus dem Bereich Essen bzw. Verdauen sind deshalb in diesem Spannungsfeld häufig und aussagekräftig. Rainer Schulze wählte das Zitat „Die Flüchtlinge liegen uns alle schwer im Magen" als Titel für einen Aufsatz, und auch Utz Jeggle geht auf dieses Phänomen ein. Er sieht in diesen und ähnlichen Aussagen (Zitat: „Solche Elemente sind unerfreulich und nicht zu verdauen. Die aus dem Warthegau können sich hier nicht hineinfinden [...]"[46]) das Integrationsmuster des Essens und Verdauens.[47] Nicht um Empathie und Akzeptanz, sondern um Einverleibung bis zum Ausscheiden des Unverdaulichen, also um eine totale, auch physische Auflösung des Anderen geht es, unbewusst ausgedrückt im Bild. Selbst das

---

44 Lehmann, Schicksalsvergleich (Anm. 43), S. 202.
45 Frau R., geb. 1923 in Zülz/Biała, kam 1945 als Flüchtling zunächst nach Bayern, anschließend nach Bad Harzburg. Gespräch November 1994.
46 Doris von der Brelie-Lewin und Rainer Schulze: Flucht und Vertreibung – Aufnahme und Sesshaftwerdung. Neue Fragen und Ansätze für einen alten Themenbereich der deutschen Nachkriegsgeschichte. In: Jahrbuch für ostdeutsche Volkskunde 30 (1987), S. 94–119, hier S. 104.
47 Utz Jeggle: Kaldaunen und Elche. Kulturelle Sicherungssysteme bei Heimatvertriebenen. In: Vertriebene in Deutschland. Interdisziplinäre Ergebnisse und Forschungsperspektiven. Hrsg. v. Dierk Hoffmann u. a. München 2000 (Sondernummer der Schriftenreihe der Vierteljahrshefte für Zeitgeschichte), S. 395–407, hier S. 399.

Abb. 3: Anzeigen für ‚heimatliche' Produkte aus: Unsere Post.
Heimatzeitung der Ungarndeutschen 8 (1953), 8. November

Essen-Müssen, also Überleben-Wollen wird den Flüchtlingen zum Vorwurf gemacht, wenn es heißt: „Die meisten Flüchtlinge tun nichts, aber essen wollen sie alle"[48]. Auch einige der vielen Witze, Nachreden und Necknamen, keineswegs harmlos oder eben nur ein Spaß, greifen das Thema Essen auf. So sagte man den Flüchtlingen nach, sie hätten die Pilze ausgerottet, weil sie diese schätzten und – auch der Not gehorchend – sammelten und aßen. Auch Bezeichnungen wie „Paprika-" oder „Knoblauch-Siedlung" zeigen deutlich, was man anfangs von den Essgewohnheiten der Neubürger hielt. Bestimmte Zutaten oder Gerichte, die bei den Einheimischen unbekannt, unüblich oder gar missachtet wurden, wie eben Pilze, Paprika oder Kaldaunen, dienten als pars pro toto zur abwertenden Beschreibung der Flüchtlinge. Die ihrerseits hielten an diesen teilweise nun besonders fest bzw. entdeckten bestimmte Gerichte als „typisch" wieder und nutzen sie zur Abgrenzung, als Distinktionsmerkmal gegenüber den Einheimischen. Der immer wieder konstatierte Geschmackskonservatismus der Flüchtlinge, der zu Recht als die physische Einverleibung von Heimat im privaten Rückzugsraum gedeutet

---

48 Brelie-Lewin, Schulze (Anm. 46), S. 102.

wurde,[49] hatte eben auch diese Seite, vor allem, wenn es um abgelehnte Speisen ging und eine gewisse Öffentlichkeit[50] gegeben war: die demonstrative Identifikationsmöglichkeit mit der (Herkunfts-)Region und -gruppe.

Heute, wo die Konflikte Geschichte und nur noch Erzählanlass sind, werden harmlosere Gerichte gereicht am interkulturellen Tisch. Und jeder, der einmal Interviews mit Flüchtlingen, Vertriebenen oder Aussiedlern geführt hat, kennt diesen Demonstrationscharakter des Konsums: Da kann man sich je nach Herkunftsregion und Tageszeit recht genau auf Kalbspaprikasch, schlesischen Mohnkuchen, Danziger Goldwasser oder Bärenfang[51] einstellen. Der gemeinsame Verzehr ist Status-Demonstration seitens der Gastgeber und dessen Anerkennung seitens des Gastes – beiden wird das Bewusstsein der in Rede stehenden Herkunft gleichsam einverleibt.

In Heimatzeitungen und -blättern findet man seit ihrem Erscheinen regelmäßig Anzeigen für heimatliche Spezialitäten, von denen einige bald auch von den Einheimischen aufgegriffen wurden.

So heißt es 1956 in einem Fragebogen der Badischen Landesstelle für Volkskunde „Die Debreciner Wurst und die Paprika-Speckwurst wird übrigens auch von den Einheimischen gekauft."[52] Während Tracht, Mundart und Bräuche trotz zum Teil erheblicher heimatpflegerischer Anstrengungen (bis heute) recht schnell aus dem Alltag verschwanden und nur noch auf landsmannschaftlichen Treffen und Festen demonstriert werden, fanden einige Zutaten, Speisen und Getränke Eingang in die allgemeine deutsche Küche. Schlesische Wurstwaren erfreuen sich bald großer Beliebtheit nicht nur bei Vertriebenen[53], Mohnkuchen mit Streuseln backt heute fast jeder Bäcker ebenso wie das Schlesische Graubrot[54]; aber – das muss deutlich

---

49 Elisabeth Fendl: Aufbaugeschichten. Eine Biographie der Vertriebenengemeinde Neutraubling. Marburg/Lahn 2006 (Schriftenreihe der Kommission für deutsche und osteuropäische Volkskunde 91), S. 203ff.

50 Etwa beim Pilze Sammeln oder beim Verzehr bestimmter „Heimatspeisen" wie Fleck oder Neunauge in speziellen Lokalen oder auf Heimattreffen (s. Ulrich Tolksdorf: Essen und Trinken in alter und neuer Heimat. In: Jahrbuch für ostdeutsche Volkskunde 21 (1978), S. 341–364, hier S. 349ff, bes. S. 353.

51 Getränke, vor allem Schnäpse und Liköre, eignen sich besonders zum demonstrativen Konsum, da sie – anders als warme Gerichte – auch Fremden oder flüchtigen Bekannten angeboten werden können; ähnlich ist es mit Kleingebäck (Tolksdorf, Essen und Trinken [Anm. 50], S. 354f). Beide Gruppen sind auch längere Zeit haltbar und müssen nicht unmittelbar vor dem Verzehr zubereitet werden.

52 Erhebungsbogen der Badischen Landesstelle für Volkskunde, Ritterbrunnensiedlung, Gemeinde Adelsheim, Kr. Buchen, eingegangen 16.05.1956, Johannes-Künzig-Institut, Freiburg/Breisgau.

53 Vgl. Alfons Perlick: Ostdeutsches Brauchtumsleben in Nordrhein-Westfalen. In: Jahrbuch für Volkskunde der Heimatvertriebenen 1 (1955), S. 150–170, hier S. 163f.

54 Perlick (Anm. 53), 164f.

Abb. 4: Anzeige der Fa. Stobbe, Danzig-Tiegenhof, Zeitungsausschnitt vor 1914, privat

gesagt werden – nicht erst die Bevölkerungsverschiebungen nach dem Zweiten Weltkrieg bewirkten die Verbreitung ‚ostdeutscher' Spezialitäten. Bereits zuvor gehörten beispielsweise Liegnitzer Bomben und Thorner Kathrinchen wie die Nürnberger Lebkuchen zum festen Kanon weihnachtlichen Gebäcks und von den insgesamt wohl annähernd 1.500 ‚deutschen' Wurstsorten, stellen die ‚ostdeutschen' einen eher bescheidenen Anteil dar.[55] Dennoch wurden vormals regionale Spezialitäten nun auch im Westen nachgefragt und vor allem fanden Spirituosen – Liköre und klare Schnäpse – Abnehmer auch unter den Einheimischen. Zahlreiche Hersteller solcher Getränke wie Stonsdorfer Kräuterbitter gründeten bald neue

---

55 Tolksdorf, Essen und Trinken (Anm. 50), S. 359.

Integration, Selbstbehauptung und Distinktion 153

Abb. 5: Anzeige der Fa. Stobbe, Oldenburg (Oldb.), aus: Unser Danzig. Mitteilungsblatt des Bundes der Danziger 6/12 (1954), S. 24

Firmen in Westdeutschland. So wurde beispielsweise in Oldenburg seit 1951 der Danziger Machandel der Firma Stobbe wieder hergestellt.[56]

Essgewohnheiten, Rezepte, Speisen und Getränke gehören von jeher zum Gepäck derer, die in die Fremde müssen oder wollen. Das gilt auch für die Gruppe, auf die ich abschließend eingehen möchte, die Aussiedler, allerdings nicht ohne zuvor einen kurzen Blick auf die zweite Generation, die Kinder der Vertriebenen zu werfen.

Diese berichten, dass ihre Mütter bestimmte Alltags- und Festspeisen zubereitet hätten und diese in der Familie als Heimatgerichte bekannt und geschätzt gewesen seien. Aber noch weniger als die Angehörigen der Generation der Flüchtlinge und Vertriebenen, die manche ‚typischen' Gerichte selbst nur dem Namen nach kannten und selbst in der alten Heimat kaum oder gar nicht gegessen hatten, können die Nachgeborenen diese Speisen selbst zubereiten. Sie gehören nur in sehr geringem Umfang in den eigenen Speisekanon, sind eher etwas, was die Mütter oder Großmütter für sie oder die Enkel zu besonderen Gelegenheiten kochen.[57]

Ähnliches beobachtete man auch bei Aussiedlern, die Deutschland als Angehörige deutscher Minderheiten im östlichen Europa nach 1950 erreichten, die meisten von ihnen in den Jahren zwischen 1988 und 1997.[58]

Im Gegensatz zu den Flüchtlingen und Vertriebenen kamen sie nicht in eine von Hunger und Mangel gekennzeichnete Nachkriegsgesellschaft, sondern – pla-

---

56 Perlick (Anm. 53), S.166 u. <http://www.aefl.de/ordld/AK-Tiegenhof/tiegenhof4/tiegenhof.4.htm> (25.01.2008).
57 Susi-K. Reimann: „Ich habe nicht das Gefühl, dass ich hierher gehöre." Interviews mit der zweiten Generation der Heimatvertriebenen. München 2007, S. 53f.
58 Migrationsbericht der Bundesregierung 2005. Hrsg. v. Bundesministerium des Innern und dem Bundesamt für Migration und Flüchtlinge. Veröffentlicht als pdf unter <www.bmi.bund.de> (12.02.2008), hier S. 45.

kativ ausgedrückt – aus der Mangel- und Planwirtschaft in eine durch Überfluss und Verschwendung gekennzeichnete Konsumgesellschaft. Die Begegnung damit trägt denn auch in vielen Schilderungen Zeichen eines ‚Kulturschocks'.

„Alles war neu, einschließlich des Essens."[59]

„Was mich sonst so in der ersten Zeit beeindruckt hat, war der Überfluß! [...] Ich hab immer gedacht, das darf doch nicht wahr sein! Wer soll das denn alles essen?"[60]

„Ich weiß nicht, ob viele der Kinder, die von Rumänien kommen, Bananen oder Orangen überhaupt gekostet haben! [...] Auch Schokolade. Also die Zwölfjährigen vielleicht, aber die Drei- oder Vierjährigen, die kennen Schokolade nur, wenn sie vielleicht von Deutschland ein Paket gekriegt haben. [...] Mit der Butter genau dasselbe."[61]

Das Neue, auch das lang Entbehrte nahm die Menschen zunächst gefangen; es wurden Fertiggerichte ausprobiert bis schließlich alte Nahrungsgewohnheiten mit Neuem verbunden wurden nach dem Motto „Die Vorspeise war neu, der Hauptgang traditionell"[62].

Nach der anfänglichen Offenheit und Begeisterung für alles Neue kam wieder jene Grundhaltung zum Tragen, die sich in der folgenden Kapitelüberschrift ausdrückt: „In die Fremde, mit Rezepten gewappnet". Die Autorin schildert wie sie mit einem handgeschriebenen Kochbuch beschenkt aus dem siebenbürgischen Agnetheln zunächst innerhalb Rumäniens umzieht und später nach Deutschland kommt. Sie beschreibt, wie Nahrungsgewohnheiten und Rezepte Halt geben, Heimaterinnerungen essbar werden. So könne man ein Stück Heimat als Gastgeber anbieten, die so zum Gesprächsanlass werden und das Gefühl des Aufgehobenseins wieder erwecken kann. Denn Geschmack und Geruch vermögen wie keine anderen Sinneseindrücke, vergangene Emotionen heraufzubeschwören.[63]

---

59 Dagmar Dusil: Blick zurück durchs Küchenfenster. Heilbronn, Hermannstadt 2001, S. 197.
60 Aussage einer 1986 ausgesiedelten Deutschen aus Kronstadt/Brașov in Siebenbürgen (Rumänien), zit. n. Heidelore Daichent: Deutschland (k)ein Traumland. Erlebnisberichte Deutscher aus Rumänien. Marburg 1991 (Schriftenreihe der Kommission für deutsche und osteuropäische Volkskunde 56), S. 228.
61 Aussage eines 1987 ausgesiedelten Mannes, zit. n. Daichent (Anm. 60), S. 230.
62 Dusil (Anm. 59), S. 197.
63 Vgl. Andreas Hartmann: Zungenglück und Gaumenqualen. Geschmackserinnerungen. München 1994, S. 5ff; ders.: Der Esser, sein Kosmos und seine Ahnen. Kulinarische Tableaus von Herkunft und Wiederkehr. In: Ruth E. Mohrmann (Hg.): Essen und Trinken in der Moderne. Münster u.a. 2006 (Beiträge zur Volkskultur in Nordwestdeutschland 108), S. 147–157, bes. S. 148ff.

So „kehrten die Aussiedler zum Gewohnten zurück"[64], nachdem sie einige Monate lang dem Reiz des Neuen erlegen waren und ihren Nachholbedarf befriedigt hatten. Die größere Auswahl und Verfügbarkeit von Lebensmitteln in der Bundesrepublik führte zwar zu stärkeren Variationen bei Zutaten und Gerichten, etwa zum Konsum von mehr Brot- und Fleischsorten, ohne dass sich jedoch an Geschmack und Präferenzen grundsätzliches geändert hätte.[65] So habe beispielsweise bei Aussiedlern aus Polen in den 1980er Jahren der Konsum von Malzkaffee und Tee zugunsten von Bohnenkaffee abgenommen, da dieser bevorzugt werde und nun auch ständig verfügbar sei.[66]

Regionale oder landsmannschaftliche Gerichte wurden auch von den Aussiedlern in der Bundesrepublik häufiger zubereitet als zuhause, zum einen weil man die Zutaten jederzeit kaufen kann, zum anderen als ‚Heimaterinnerung' und Ausweis kultureller Identität.[67]

Der Komplex ‚Essen und Trinken' bietet verschiedene Ansätze, anhand derer sich zentrale Aspekte der Erfahrungsgeschichte von Gruppen oder Einzelpersonen herausarbeiten und analysieren lassen. Über die lebenswichtige Frage hinaus, wie man satt wird, dient Nahrung immer – auch in Notsituationen und im Rückblick – der sozialen Verortung, der Distinktion, ist Essen stets auch symbolischer Konsum. So avancierten bestimmte Gerichte zum Heimatsymbol,[68] wurden „Soul-Food"[69], wie Konrad Köstlin es mit Blick auf die schwäbischen Maultaschen genannt hat. Die Küche der Heimatvertriebenen und Aussiedler hat insofern einen Trend angeführt, dem später andere regionale Küchen folgten und der Gegenstand zahlreicher ethnologischer Untersuchungen wurde.[70] Denn „Speisen und Getränke können am ehesten Identifikationsmöglichkeiten bieten, da sie leichter verfügbar erscheinen als andere kulturelle Merkmale einer Region."[71]

---

64 Marie-Luise Rahier: Untersuchungen zur Stabilität von Ernährungsverhalten deutscher Aussiedler aus Polen. Diss. Gießen 1985, S. 196.
65 Vgl. Rahier (Anm. 64), S. 137.
66 Rahier (Anm. 64), S. 128.
67 Rahier (Anm. 64), S. 148ff. u. S. 208.
68 Schon Ulrich Tolksdorf u. a. konstatierten dies wiederholt (ders., Essen und Trinken [Anm. 50], S. 341–364, hier S. 341.
69 Konrad Köstlin: Heimat geht durch den Magen. Oder: Das Maultaschensyndrom – Soul Food in der Moderne. In: Beiträge zur Volkskultur in Baden-Württemberg 4 (1991), S. 147–164.
70 Z. B. Ueli Gyr: Währschafte Kost. Zur Kulinarisierung von Schweizer Spezialitäten im Gastrotrend. In: Österreichische Zeitschrift für Volkskunde (2002), S. 105–123; Konrad Köstlin: Die Revitalisierung regionaler Kost. In: Ethnologische Nahrungsforschung. Helsinki 1975, S. 159–166; Max Matter: Aspekte der Revitalisierung traditioneller Kost. In: Sigrid Weggemann (Hg.): Alte Landschaftsküchen in neuer wissenschaftlicher Bewertung. Frankfurt am Main 1988, S. 22–28.
71 Tolksdorf, Essen und Trinken (Anm. 50), S. 361.

Marta Augustynek und Gunther Hirschfelder

Integrationsmechanismen und Esskultur. Zur Akkulturation polnischer und moldawisch-gagausischer Migranten

Der folgende Beitrag beleuchtet das „soziale Totalphänomen" (Marcel Mauss) Ernährung unter dem Aspekt seiner Indikatorfunktion im Akkulturationsprozess von Migranten. Am Beispiel der Esskultur polnischer und moldawischer Migranten aus der Region Bonn sollen zwei Muster verdeutlicht werden. Zum einen ist zu zeigen, wie eng die Wechselwirkungen zwischen Essverhalten und Integration sind, zum anderen, dass der Komplex der Ernährung als Gradmesser für Akkulturation herangezogen werden kann.

Die Datenbasis bilden zwei aufeinander aufbauende Untersuchungen der Abteilung Kulturanthropologie/Volkskunde der Universität Bonn. Zunächst führte Marta Augustynek in ihrer Mikrostudie[1] neben Experteninterviews mit Besitzern eines polnischen Lebensmittelgeschäfts Leitfaden gestützte Interviews mit Angehörigen von fünf Familien, die zwischen 1987 und 1997 von Polen nach Bonn migriert sind[2]. In der Folgestudie Gunther Hirschfelders stehen fünf Männer zwischen 26 und 40 Jahren im Vordergrund, die aus dem zu Moldawien gehörenden autonomen Gebiet Gagausien stammen.[3] Anders als die polnischen Migranten, die

---

1 Grundlage dieser Studie bildet die unveröffentlichte Bonner volkskundliche Magisterarbeit, von Marta Augustynek „Beim Essen bin ich noch sehr polnisch" – Zur Relevanz der Ernährung im Akkulturationsprozess am Beispiel polnischer Migranten in Bonn (2005).
2 Sowohl die Wahl des Interviewortes als auch der Interviewsprache oblag den Gesprächspartnern. Die drei befragten Frauen luden die Autorin für das Interview zu sich nach Hause ein, mit den beiden Männern fand das Gespräch jeweils in Cafés statt. Bezüglich der Sprachauswahl zogen es die beiden im Erwachsenenalter ausgewanderten Personen vor, das Gespräch auf Polnisch zu führen. Die Interviews mit den drei jüngeren Gesprächspartnern fanden auf ihren Wunsch hin auf Deutsch statt. Da Sprache Ausdruck von Identität und Kultur ist, konnten aus dieser Entscheidung bereits erste Erkenntnisse bezüglich der nationalen Identität der Interviewten gezogen bzw. (fehlende) Sprachkenntnisse als möglicher Gradmesser für Integration thematisiert werden. Bei einigen hier auf Deutsch zitierten Gesprächsausschnitten handelt es sich demnach um Übersetzungen der Verfasserin, die die Interviews bei der Transkription mit der gebotenen Vorsicht sinngemäß ins Deutsche übersetzte.
3 Die fünf Interviews wurden im November 2008 in Bonn geführt, drei davon in der temporären Wohnung der Gewährspersonen, zwei in der Wohnung des Interviewers. Die Gespräche wurden auf Deutsch geführt, wobei der am besten Deutsch sprechende Gewährsmann (Igor I.) bei zwei der Gespräche als Übersetzer (Russisch-Deutsch) fungierte. Kürzere Passagen oder einzelne Worte wurden ohne Übersetzung auf Russisch kommuniziert. Da die Russischkenntnisse des Interviewers nur rudimentär sind und die Moldawier einzelne Begriffe zwar auf dem eng mit dem Rumänischen (und anderen romanischen Sprachen) verwandten Moldawisch

dauerhaft und im Familienverband ihre Heimat mit der Intention verließen, in Deutschland ein neues Leben zu beginnen, kamen die Gagausen zwar auch für einen langen Zeitraum nach Deutschland, meist jedoch alleine bzw. in homogenen Kleingruppen und so gut wie ausschließlich zum Arbeiten. Diese Ausweitung der Datenbasis um Untersuchungspartner völlig anderer Migrations- und Integrationsmotivation als auch die methodische Ergänzung durch teilnehmende Beobachtungen lassen ein zunehmend differenzierteres Bild der komplexen Zusammenhänge von Ernährung und Migration entstehen.[4]

Ernährung und Migration

Essen und Trinken sind ein Mittel der Integration und Distinktion. Durch die seit Geburt „täglich wiederkehrende Handlung zu einer bestimmten Zeit und in einem bestimmten sozialen Raum"[5] bildet sich ein relativ konstantes Nahrungsverhalten aus, welches das Individuum gleichzeitig im sozialen Raum verortet, also Identität schafft. Je nach Situation oder Lebenslage kann durch die Ernährung kulturelle Zugehörigkeit in Bezug auf Gemeinschaften, Regionen, Ethnien oder Nationen zum Ausdruck gebracht werden. Denn die gleiche Nahrung stellt kulturelle Gemeinsamkeiten her, vermittelt Zusammengehörigkeit und grenzt gleichzeitig sich anders Ernährende aus.[6] Sergej Aleksandrovič Tokarev hat in diesem Zusammen-

---

kannten, nicht aber auf Russisch, wurden einige Passagen auch auf Französisch-Rumänisch (Interviewer-Interviewte) gesprochen. Auch hier handelt es sich bei einigen hier auf Deutsch zitierten Gesprächsausschnitten um Übersetzungen des Verfassers, die dieser nach den Gesprächen und gemeinsamer Durchsicht mit Igor I. sinngemäß ins Deutsche übersetzte und transkribierte. Um die Anonymität der Gewährspersonen zu gewährleisten, kommen an dieser Stelle Pseudonyme zur Anwendung.

4 Die Analyse der Ernährungsgewohnheiten der Informanten erfolgte auf der Basis des von Ulrich Tolksdorf entwickelten Ernährungsmodells, welches von der nahrungsethnologischen Grundeinheit ‚Mahlzeit', d. h. der aktuellen Verzehr-Situation ausgeht. Diese gliedert sich auf erster Differenzierungsebene in die Konstituenten ‚Speise' und ‚soziale Situation', auf der nächsten Ebene dann in das eigentliche ‚Nahrungsmittel' und die ‚kulturelle Technik', mit der es für den menschlichen Verzehr zubereitet wird, schließlich die ‚soziale Zeit' und den ‚sozialen Raum' der Nahrungsaufnahme. Vgl. Ulrich Tolksdorf: Strukturalistische Nahrungsforschung. Versuch eines generellen Ansatzes. In: Ethnologia Europaea 9 (1976), S. 64–86.

5 Ulrich Tolksdorf: Nahrungsforschung. In: Rolf W. Brednich (Hg.): Grundriß der Volkskunde. 3., überarbeitete und erweiterte Auflage. Berlin 2001 (1988), S. 239–254, hier S. 239.

6 Eva Barlösius: Soziologie des Essens. Eine sozial- und kulturwissenschaftliche Einführung in die Ernährungsforschung. Weinheim 1999, S. 124. Diskussion der Problematik in historischer Perspektive bei Peter Scholliers (Hg.): Food, Drink and Identity: Cooking, Eating and Drinking in Europe since the Middle Ages. Oxford 2001. Vgl. Gunther Hirschfelder: Schauen statt schmecken. Die kulturelle Dimension von Ernährung und Genuss. In: Goetz Hildebrandt (Hg.): Geschmackswelten. Grundlagen der Lebensmittelsensorik. Frankfurt am Main 2008, S. 224–233, sowie grundlegend ders.: Europäische Esskultur. Geschichte der Ernährung von der Steinzeit bis heute. Frankfurt am Main, New York 2005.

hang die kategorische Einteilung in „die Nahrung, die die Menschen vereinigt, und die Nahrung, die sie trennt" vorgenommen.[7]

Diesem Phänomen kommt bei Migration eine ganz neue Bedeutung zu. So wird gerade bei Migranten immer wieder eine hohe Konstanz der traditionellen Ernährungsweise in dem Aufnahmeland festgestellt, die oft in einem krassen Widerspruch zu der gewandelten wirtschaftlichen und sozialen Umwelt steht.[8] Bereits Wilhelm Heinrich Riehl hatte postuliert, dass der Mensch nirgends konservativer sei als dort, wo es ums Essen gehe.[9] In den 1970er Jahren beobachtete Ulrich Tolksdorf[10] bei Migranten eine hohe Konstanz traditioneller Ernährungsweisen im Zielland; ein Muster, das später auch von der Soziologin Eva Barlösius[11] beobachtet wurde.

Warum diese Konstanz? Wer als Migrant in eine neue Umgebung kommt und nicht etwa als neugieriger Tourist, erleidet häufig einen mobilitätsbedingten Vertrautheitsverlust – Dinge oder Handlungen, die identitätsbildend wirken und emotionale Sicherheit geben, sind nicht mehr verfügbar. Gerade Nahrung als bewegliches Kulturgut kann bei mobilitätsbedingtem Vertrautheitsverlust eine Hilfestellung zur emotionalen Bewältigung des Unbekannten sein. Die Tatsache, dass die Ernährung ein Bereich ist, der komplett dem eigenen Verantwortungsbereich unterliegt und zudem relativ leicht in das Migrationsland mitgenommen werden kann, vereinfacht diese Bemühungen. Sind die nötigen Zutaten vorhanden, kann heimatliche Nahrung demzufolge in Situationen der Irritation und Entfremdung zur Erreichung von emotionaler Sicherheit beitragen und identitätsstabilisierend wirken.[12] Daneben lässt sich häufig beobachten, dass im Zielland noch praktizier-

---

7 Sergej Aleksandrovič Tokarev: Zur Methodik der ethnographischen Erforschung der Nahrung. In: Studia ethnographica et folkloristica in honorem Béla Gunda. Debrecen 1971, S. 297–302, hier S. 299ff.
8 Vgl. zu den gegenwärtigen Trends der Kulturanthropologie resp. Europäischen Ethnologie/Volkskunde, Migrationsphänomene zu analysieren, etwa Katerina Kratzmann: Lost in Europe. Mobilitäten undokumentierter Migranten. In: Kerstin Pöhls, Asta Vonderau (Hg.): Turn to Europe. Kulturanthropologische Europaforschungen. Münster 2006 (Berliner Blätter. Ethnographische und ethnologische Beiträge 41), S. 127–145, sowie Johanna Rolshoven: Woanders daheim. Kulturwissenschaftliche Ansätze zur multilokalen Lebensweise in der Spätmoderne. In: Zeitschrift für Volkskunde 102 (2006), S. 179–194. Vgl. zur historischen Perspektive und zur Geschichte volkskundlicher Migrationsforschung Gunther Hirschfelder: Die Auswirkungen der Amerikaauswanderung auf die rheinischen Lebenswelten des 19. Jahrhunderts. In: Rheinisch-westfälische Zeitschrift für Volkskunde 45 (2000), S. 153–170.
9 Wilhelm Heinrich Riehl: Die Pfälzer. Ein rheinisches Volksbild. 3. Aufl. Stuttgart/Berlin 1907.
10 Ulrich Tolksdorf: Ein systemorientierter Ansatz in der ethnologischen Nahrungsforschung. In: Kieler Blätter zur Volkskunde 4 (1972), S. 55–72; Tolksdorf: Strukturalistische Nahrungsforschung (Anm. 4).
11 Barlösius (Anm. 6).
12 Eva Barlösius, Gerhard Neumann: Leitgedanken über die Zusammenhänge von Identität und kulinarischer Kultur im Europa der Regionen. In: Hans J. Teuteberg, Gerhard Neumann, Alois Wierlacher (Hg.): Essen und kulturelle Identität. Europäische Perspektiven. Berlin 1997, S. 13–23, hier S. 18.

bare kulturelle Muster – hier vor allem das Essen – überhöht und intentional zur Inszenierung der nationalen Identität instrumentalisiert werden.

Dass diese Prozesse wie die meisten kulturellen Muster keineswegs so bewusst und intentional vonstatten gehen und die vermeintliche Konstanz als einzige Konstante den ihr innewohnenden Wandel vorweisen kann, wird im Folgenden erläutert. Dabei ist jedoch zu beachten, dass Migration, Akkulturation und Integration zwar in der älteren Forschung und auch heute noch meist als lineare Prozesse mit klarem Anfangs- und Endpunkt interpretiert werden, dass sich in der globalisierten postmodernen Welt jedoch inzwischen neue Formen der Mobilität herausgebildet haben. Die klassische Migration hat sich häufig zu einer in Phasen gegliederten Mobilität entwickelt, die anders wahrgenommen wird und die auch neue Bewältigungsstrategien zur Folge hat, welche auf ausgeprägtem Pendeln auf der einen und auf neuen netzbasierten Kommunikationspraxen auf der anderen Seite basieren. Die Grundstrukturen der Migrationsprozesse haben sich in jüngster Zeit derart schnell weiterentwickelt, dass trotz einer im Grunde guten Forschungslage im Bereich der Nahrungs- und der Mobilitätsforschung laufend neue Forschungslücken entstehen.[13] Daher kann es sich bei den hier vorgestellten Beobachtungen allenfalls um flüchtige Momentaufnahmen handeln.[14]

Die polnische Migrantengruppe

Die Befragten – drei Frauen und zwei Männer – sind zwischen 25 und 55 Jahre alt, bis auf eine Ausnahme berufstätig und haben inzwischen die deutsche Staatsbürgerschaft erhalten. Sie migrierten teils als Entscheidungsträger, teils passiv als Kin-

---

13 Vgl. zur Migrationsforschung grundlegend Klaus J. Bade, Pieter C. Emmer, Leo Lucassen, Jochen Oltmer (Hg.): Enzyklopädie Migration in Europa. Vom 17. Jahrhundert bis zur Gegenwart. Paderborn 2007, sowie aus spezifisch kulturanthropologischer Perspektive Brigitta Schmidt-Lauber: Ethnizität und Migration. Einführung in Wissenschaft und Arbeitsfelder. Berlin 2007; ferner: Katharina Eisch: Interethnik und interkulturelle Forschung. Methodische Zugangsweisen der Europäischen Ethnologie. In: Silke Göttsch, Albrecht Lehmann (Hg.): Methoden der Volkskunde. Positionen, Quellen, Arbeitsweisen der Europäischen Ethnologie. 2. Aufl. Berlin 2007, S. 141–167. Für die intensiven Diskussionen innerhalb der Kulturanthropologie/Volkskunde sei stellvertretend genannt Sabine Hess: Transit Migration. Kulturanthropologische Anmerkungen zur Europäisierungsforschung. In: Zeitschrift für Volkskunde 103 (2007), S. 21–37. Zur Frage, wie weit sich die Praxis der Ernährung inzwischen von den stereotypen Vorstellungen über die Ernährung entfernt hat, vgl. etwa Gunther Hirschfelder, Anna Palm, Lars Winterberg: Kulinarische Weihnacht? Aspekte einer Ernährung zwischen Stereotyp und sozialer Realität. In: Rheinisch-westfälische Zeitschrift für Volkskunde 53 (2008), S. 289–313.
14 Vgl. zu den Grundstrukturen und quantitativen Aspekten moderner Migrationsphänomene Michael Bommes, Werner Schiffauer: Migrationsreport 2006. Fakten – Analysen – Perspektiven. Frankfurt am Main 2006; Statistisches Bundesamt (Hg.): Bevölkerung und Erwerbstätigkeit. Bevölkerung mit Migrationshintergrund – Ergebnisse des Mikrozensus 2005. Aktualisiert am 5. Juni 2007. Wiesbaden 2007.

der oder Jugendliche ausreisender Familien mit Verweis auf das Aussiedler-Motiv[15] von Polen[16] nach Deutschland. Ihr Eingliederungsprozess in Deutschland lässt sich fast ausnahmslos sowohl auf beruflicher wie privater Ebene als geglückt bezeichnen. Lediglich bei einer Befragten, die etwa 40-jährig ausgewandert ist und heute keine Arbeit hat, kann eine fehlende soziale Integration beobachtet werden, die nicht zuletzt in ihrem Rückkehr-Wunsch zum Ausdruck kommt.

Dass die polnischen Migranten einen im Vergleich sehr erfolgreichen Akkulturationsprozess[17] durchlaufen haben, hat mehrere Gründe: Zum einen weisen beide Nationen weder kulturell noch konfessionell gravierende Abweichungen auf, und die polnische Landwirtschaft unterscheidet sich strukturell kaum von der hiesigen; beide

---

15 Bezugnehmend auf das 1953 erlassene Bundesvertriebenen- und Flüchtlingsgesetz (BVFG) stand dem Antragsteller bei Anerkennung des Nachweises erstens durch das „Bekenntnis zum Deutschtum" und zweitens einen aus diesem Bekenntnis resultierenden „Vertreibungsdruck" die deutsche Staatsangehörigkeit zu, aus der ein uneingeschränktes Aufenthalts- und Arbeitsrecht resultierte. Mehr als ein Drittel der seit 1950 bis Ende der 1990er Jahre in die Bundesrepublik zugewanderten vier Millionen Aussiedler stammten aus Polen. Insgesamt sind zwischen 1980 und 1993 allein 800.000 polnische Aussiedler nach Deutschland eingewandert. Fast zwei Drittel dieser Menschen kamen allein in den Jahren 1988, 1989 und 1990. Zur Migration aus Polen nach Deutschland in den 1980er und 1990er Jahren Christoph Pallaske: Migrationen aus Polen in die Bundesrepublik Deutschland in den 1980er und 1990er Jahren. Migrationsverläufe und Eingliederungsprozesse in sozialgeschichtlicher Perspektive. Münster u. a. 2002.
16 Abgesehen von einem Befragten, der von Krakau aus mit seinen Eltern nach Deutschland migrierte, stammten die übrigen vier Gesprächspartner aus Schlesien. Diese Überrepräsentation von schlesischen Aussiedlern beim Untersuchungssample erklärt sich aus der generellen regionalen Verteilung der Aussiedlermigration aus Polen nach Deutschland, die in den meisten Fällen von Schlesien, insbesondere Oberschlesien, ausging. Während nämlich nach 1945 in weiten Teilen der ehemals deutschen Gebiete Pommern, Ostpreußen und Brandenburg ein nahezu vollständiger Bevölkerungsaustausch stattgefunden hat, wurde die Bevölkerung in Schlesien, soweit sie über mehrere Generationen ansässig war, von den Aussiedlungsmaßnahmen mehr oder weniger ausgenommen. Vgl. dazu Joachim Bahlcke: Schlesien und die Schlesier. München 1996 (Studienbuchreihe der Stiftung Ostdeutscher Kulturrat 7), S. 182ff.
17 Akkulturation wird hier in Anlehnung an den Akkulturationsansatz Heckmanns als identifikatorische Annäherung an die Aufnahmegesellschaft bei gleichzeitiger Reduzierung der eigenen ethnischen Identität verstanden. Gradmesser für eine erfolgreiche Akkulturation ist demnach vor allem die Teilhabe der Migranten am gesellschaftlichen Leben im Zuwanderungsland, die in Abhängigkeit zu der Migrationsmotivation und dem Verlauf der sozialen Integration steht. So ist neben der Anpassungsbereitschaft der Migranten auch die Offenheit der Aufnahmegesellschaft ihnen gegenüber von großer Bedeutung. Diese Offenheit ist nicht lediglich im Sinne eines politisch-rechtlichen, sozialen und ökonomischen Entgegenkommens gemeint, sondern schließt auch die mental bedingte Aufnahmebereitschaft der Einheimischen mit ein. Vgl. Friedrich Heckmann: Ethnische Minderheiten, Volk und Nation. Stuttgart 1992, S. 30ff. Akkulturation stellt einen sozialisationsähnlichen Lernprozess dar, bei dem die akkulturierende Wirkung mit steigendem Alter nachlässt. Während bei im Kindesalter Ausgewanderten noch von Sozialisation gesprochen werden kann, findet bei erwachsenen Migranten eine Re-Sozialisation statt. Die These des Drei-Generationen-Zyklus beschreibt diesen altersdifferenzierten Prozess der Akkulturation. Vgl. dazu Eli Frogner: Probleme der Migrationssoziologie aus der Lebenslaufperspektive. In: Arthur J. Cropley (Hg.): Aussiedler und Flüchtlinge in Deutschland. Göttingen 1994. S. 105–129.

Faktoren führen dazu, dass die kulturellen Differenzen leichter zu überbrücken sind als im Falle vieler Migranten aus der ehemaligen Sowjetunion, die häufig orthodoxen Glaubens und an die Arbeit auf agro-industriellen Großbetrieben gewöhnt sind. Zum anderen war die Aussiedler-Migration an bestimmte Eingliederungshilfen wie beispielsweise die Finanzierung eines Sprachkurses und Förderungsprogramme zur beruflichen Integration geknüpft,[18] was ihr den Ruf einer „ethnisch privilegierten Migration" und „Einwanderung de luxe"[19] einbrachte.

Neben der Offenheit und der Angebote und Hilfestellungen seitens der Aufnahmegesellschaft war aber auch die hohe Anpassungsbereitschaft der Befragten für ihren Akkulturationsprozess von großer Bedeutung. Ganz anders als die moldawischen Untersuchungspartner – ihnen werden wir uns an späterer Stelle gezielt zuwenden –, deren Aufenthalt in Deutschland zwar lange währt, aber nicht auf Dauer angelegt ist und demnach keinen konkreten Integrationswunsch impliziert, planten die polnischen Befragten durchweg, ihr Leben in der Bundesrepublik Deutschland neu und auf Dauer beginnen zu wollen.

Die entscheidenden push-Faktoren für diesen Entschluss waren weder – wie es das Aussiedler-Motiv der Befragten vermuten ließe – eine deutsche Sozialisation noch Vertreibungsdruck. Beides war de facto kaum vorhanden, wie es eine Befragte darstellt:

„Bei uns im Wohnblock wohnten fast nur richtige Polen. Uns hat das nichts ausgemacht, wir haben da keine Unterschiede gemacht. [...] Ich hatte, ehrlich gesagt, recht viele Schulfreunde und auch später als verheiratete Frau viele Bekannte, die Polen waren. Ich habe da nie Unterschiede gemacht und die Polen genauso wenig." (Frau I.; Interview vom 02.08.2005)[20]

Viel schwerwiegender wurde die bedrückende politische Lage Polens in den 1980er Jahren und vor allem die daraus resultierende wirtschaftliche Misere und schlechte Versorgungslage empfunden, die das Schlange stehen zur Kollektiverfahrung der polnischen Bevölkerung machte. Die Anziehungskraft[21], die Deutschland auf die Migranten ausstrahlte, kommt im folgenden Zitat zum Ausdruck:

---

18 1993 wurden diese Leistungen nur noch in erheblich gekürztem Umfang gewährt; vgl. dazu Wilfried Heller, Hans-Joachim Brückner, Hans-Jürgen Hofmann: Migration, Segregation und Integration von Aussiedlern. Ursachen, Zusammenhänge und Probleme. In: Hartmut Heller (Hg.): Neue Heimat Deutschland: Aspekte der Zuwanderung, Akkulturation und emotionale Bindung. Erlangen 2002, S. 79–105, hier S. 81.
19 Zit. nach Heller u. a. (Hg.) (Anm. 18), S. 81.
20 Frau I. (Jahrgang 1953) ist mit ihrem Mann und Sohn 1988 von Bytom/Beuthen nach Bonn migriert. Sie arbeitet als Aushilfskraft im Altenheim und ihr Mann an einer Tankstelle. Während I. in Polen Hausfrau war, arbeitete ihr Mann im Bergbau. Die Großmutter der Informantin mütterlicherseits, die sie regelmäßig besuchte, war bereits seit den frühen 1970er Jahren in Deutschland. Frau I. wollte bereits in den 1970er Jahren nach Deutschland immigrieren, ihr Mann hat sich aber erst 1988 einverstanden erklärt, auszuwandern.

„Und man hörte dann auch immer von allen Seiten, wie toll es denen in Deutschland geht. Die schicken dann Pakete zu den Feiertagen mit lauter Sachen, die man hier nicht hatte. Damals waren die Unterschiede zwischen Polen und Deutschland einfach so groß. Man wollte all das auch."
(Herr A.; Interview vom 13.08.2005)[22]

Nun aber zum Ernährungsverhalten der Befragten. Auf die Frage, was sich durch den 16-jährigen Aufenthalt in Deutschland bezüglich ihrer Essgewohnheiten geändert habe, antwortete eine Befragte: „Fast gar nichts, nur dass hier so viele Produkte verfügbar sind." Lediglich Pizza und Nudeln hätten ihren Speiseplan bereichert. „Aber sonst hat sich nichts verändert. Ich habe auch meine Angewohnheiten schon gehabt, ich war schließlich auch schon 18 Jahre in Polen verheiratet gewesen. Und man kann hier ja auch alles Nötige kaufen im polnischen Geschäft" (Frau I.).

Diese Aussage verweist nicht nur auf ein grundlegendes empirisches Problem der Ernährungsforschung. Denn Menschen, die nach ihrer Ernährungsbiografie gefragt werden, erzählen zwar gerne, was sie vor zehn oder 20 Jahren gegessen haben – aber diesem Bild haftet oft ein Konstruktcharakter an. Bei der Analyse des aktuellen Ernährungsverhaltens ist zu bedenken, dass Menschen durchaus über ein „kulinarisches Gedächtnis",[23] wie es Andreas Hartmann unlängst genannt hat, verfügen, welches uns allerdings oft gewaltig zu trügen vermag.

Vor allem weckt aber solch eine vermeintliche Konstanz Argwohn. Denn die esskulturelle Kontinuität, so Jakob Tanner, bedeutet ja nicht das schematische Festhalten an Überliefertem, sondern es handelt sich vielmehr um einen kreativen Prozess, in dem Menschen sich ihre Kultur immer wieder auf neue Weise aneignen und sich in einer veränderten Umgebung neu definieren.[24] Dabei sind es besonders die ökonomisch-sozialen Bestimmungsgrößen wie Einkommensverhältnisse, Berufstätigkeit, Wohnsituation, Lebensstandard und Familienstand, die das Ernäh-

---

21 Laut einer Studie zum Thema Globalisierung und Migration, die von der Weltarbeitsorganisation ILO im März 2000 veröffentlicht wurde, war die deutsch-polnische Grenze noch Ende der 1990er Jahre diejenige mit dem weltweit größten Wohlstandsgefälle.
22 Herr A. ist Jahrgang 1980 und im Jahr 1997 aus Koźle/Kosel mit seiner Mutter nach Bonn migriert. Herrn A.s ältere Schwester war zum Zeitpunkt seiner Auswanderung ebenso wie andere Familienangehörige bereits in Deutschland und hat ihnen die Anfänge erleichtert. Dass Herr A. und seine Mutter erst später ausreisten, liegt darin begründet, dass der Vater, der 1995 verstarb, zu Lebzeiten stets die Migration ablehnte. Herr A. ist alleinstehend und gelernter Kommunikationskaufmann, machte allerdings zum Zeitpunkt des Interviews eine Ausbildung zum medizinischen Bademeister.
23 Andreas Hartmann: Der Esser, sein Kosmos und seine Ahnen. Kulinarische Tableaus von Herkunft und Wiederkehr. In: Ruth-E. Mohrmann (Hg.): Essen und Trinken in der Moderne. Münster 2006, S. 147–157.
24 Jakob Tanner: Italienische „Makkaroni-Esser" in der Schweiz. Migration von Arbeitskräften und kulinarische Traditionen. In: Teuteberg u. a. (Hg.) (Anm. 12), S. 473–497, hier S. 496.

rungsverhalten bedingen. Aber auch technologische Voraussetzungen und Angebotsfaktoren wie Verfügbarkeit von Lebensmitteln sind von Bedeutung.[25]

So relativiert sich das oben erwähnte „Fast gar nichts" im weiteren Gesprächsverlauf, indem die Auswirkungen eben dieser Einflussfaktoren deutlich werden. Nicht nur haben Convenience-Produkte[26] Einzug gehalten, auch die sozialen Aspekte des Essens haben sich stark verändert. So ist das Essverhalten besonders dynamisch, wenn externe Faktoren wie etwa Einkaufsmöglichkeiten oder die Zeiten des Essens wirken. Eine Befragte berichtete: „In Polen musste man immer dann einkaufen, wenn was verfügbar war. Hier bekam man ja immer alles. Es waren so viele Produkte verfügbar, man hat dann viel ausprobiert" (Frau M.; Interview vom 11.07.2009)[2]. Außerdem hat die bessere Versorgungslage dazu geführt, dass die gewohnten Speisen hochwertiger und vor allem energiedichter zubereitet werden konnten als in Polen:

„Eines Tages wollte ich żur[28] machen. Und meine Mutter guckte nur ganz entsetzt, was ich nicht alles in diese Suppe gepackt habe. Ich habe da Kartoffeln rein gemacht und dann eine ganze Packung Speck mit Zwiebeln in der Pfanne angebraten und dann in die Suppe getan. So reichhaltig machen die das nicht. In Polen kocht man sparsamer. Wenn man Fleisch kocht für eine Suppe, dann kann man den Rest des Fleisches durch den Fleischwolf drehen, ein bisschen Sauerkraut dazu geben und Pierogi[29] draus machen." (Frau I.)

Da in Polen zum Zeitpunkt der Migration starre Arbeitszeiten vorherrschten, wurden die Mahlzeiten regelmäßiger eingenommen; in der deutschen Gegenwart

---

25 Marie-Luise Rahier skizziert in ihrer Studie die einzelnen Einflussfaktoren auf das veränderte Ernährungsverhalten nach der Migration von Aussiedlern aus Polen nach Deutschland; Marie-Luise Rahier: Untersuchungen zur Stabilität von Ernährungsverhalten deutscher Aussiedler aus Polen. Gießen 1985.
26 Convenience-Produkte sind ganz oder teilweise vorgefertigte Komponenten von Gerichten oder auch komplette Fertiggerichte, deren Hauptanliegen es ist, die Zubereitung des Essens zu erleichtern und zu verkürzen.
27 Frau M. ist Jahrgang 1950 und migrierte 1990 mit ihrem Mann und den beiden Kindern von Zabrze/Hindenburg nach Bonn. Sie ist Hausfrau und kümmert sich um ihre pflegebedürftige Mutter. Ihr Mann, der bei dem Interview dabei war, ist von Beruf Elektriker und seit einigen Monaten arbeitslos. In Polen war die Informantin Hausfrau und ihr Mann im Bergbau tätig. Frau und Herr M. hatten bereits Mitte der 1970er Jahre Ausreisepläne, die allerdings scheiterten und auf Eis gelegt wurden. Als Ende der 1980er Jahre Frau M.s Geschwister und Mutter nach Deutschland auswanderten, verließ auch sie mit ihrer Familie 1990 das schlesische Zabrze. Familie M. lebte fünf Jahre lang in einem Übergangswohnheim in Köln bis sie schließlich eine eigene Wohnung in Bonn zugeteilt bekam.
28 żur: saure Suppe aus Schrotmehl.
29 Pierogi: in Polen weit verbreitete Teigtaschen, die sowohl süß mit Früchten als auch herzhaft mit Fleisch, Sauerkraut, Käse und Pilzen gefüllt, in Salzwasser gekocht und anschließend angebraten werden.

sind die Chronologien dynamisiert, so dass die Hauptmahlzeiten dem allgemeinen Trend folgend stärker am Abend eingenommen werden:

„Ich mache ja Schichtarbeit. Deswegen essen wir meistens abends warm statt mittags. Zu Mittag essen wir dann entweder auf der Arbeit oder mal eine Kleinigkeit irgendwo. So gegen sechs, da sind wir dann beide zu Hause. In Polen haben wir immer schon so um drei zu Mittag gegessen. Ich habe ja nicht gearbeitet und der Sohn war dann aus der Schule wieder da und mein Mann kam meistens auch so um die Zeit." (Frau I.)

Im Gegenzug nehmen Mahlzeiten am Wochenende, speziell am Sonntag, einen höheren Stellenwert ein. Hier werden vor allem die Verzehrgemeinschaft und die innerfamiliäre Kommunikation betont: „Sonntags wird auch immer gut aufgetischt. Besonders wenn meine Schwester und ich meine Ma besuchen. Dann gibt es mittags immer zwei Gänge und was typisch Polnisches zu essen. Das ist dann wie früher" (Herr A.).

Zwar werden die polnischen Alltagsspeisen in Deutschland nach wie vor zubereitet, das Gerichterepertoire hat sich jedoch um Mahlzeiten der Aufnahmegesellschaft erweitert:

„Man kocht sehr gemischt inzwischen. Ich koche noch das, was wir noch aus der Jugend kennen und ich muss das kochen, was die Kinder mögen, irgendwelche Nudeln, Nudelauflauf mit Schinken oder viel Salat. Aber es ist in jedem Fall mehr polnisch als deutsch würde ich sagen. Wenn ich aber polnisch koche, dann eben polnisch. Sauerkraut, Kartoffeln, Klöße und Fleisch. Da behalte ich den polnischen Geschmack bei." (Frau M.)

Trotz allen Wandels fällt auf, dass der Gewürzkomplex eine erstaunliche Konstanz aufweist, was Ulrich Tolksdorf als „Geschmackskonservativismus" bezeichnet hat.[30] So berichtet ein Befragter über seine Mutter: „Sie kocht gemischt, aber schmecken tut es irgendwie immer ähnlich. Keine Ahnung, sie benutzt irgendwie immer die gleichen Gewürze oder Zutaten oder so" (Herr A.). Zubereitungsart sowie Speisen- und Geschmackspräferenzen, also Faktoren, die im eigenen Entscheidungs- und Kompetenzbereich liegen, haben demnach deutliche Beharrungstendenzen.

Die Ernährungsweise der Befragten hat sich zwar zunehmend um deutsche Einflüsse erweitert und es ist zu einer Hybridisierung gekommen, aber in den Aussagen der Gewährspersonen begegnet doch eine auffallende Betonung der Zubereitung und des Verzehrs spezieller polnischer Speisen. Arnold Zingerle vermerkt dazu:

---

30 Tolksdorf: Strukturalistische Nahrungsforschung (Anm. 4), S. 69.

„Eine Verwendung einzelner Speisen in symbolischer Funktion ist für die Identität von Ethnien oder von Orts- und Regionalkulturen charakteristischerweise immer dann registrierbar, wenn die Traditionen ihre Selbstverständlichkeit verlieren und/oder wenn sich das Selbstverständnis der Individuen angesichts kultureller Umbrüche herausgefordert sieht, besonders aber im Fall von Differenzerfahrungen, wie sie sich durch Fremdheitserlebnisse bei Wanderungen ergeben."[31]

Dabei müssen die Speisen aber genau definiert sein, um ihre identitätsstiftende Funktion erfüllen zu können. Auf die Frage, welche Gerichte regelmäßig auf den Tisch kommen, berichteten fast alle Befragten von einem festgelegten Kanon: Bigos, Pierogi, Gołąbki, żur und Barszcz.[32] Es handelt sich dabei durchweg um Speisen, die sich in Polen überregionaler Beliebtheit erfreuen und die Hanna Szymanderska zufolge „typisch polnisch" sind.[33] Die Speisen sind somit mehr oder weniger standardisiert und symbolisieren die Herkunftsidentität eindeutig: „Meine Mutter machte die besten Pierogi mit Sauerkraut und Pilzen. Meine Frau macht die auch manchmal und dann erinnert mich das an damals. Schmeckt so nach Heimat" (Herr M.; Interview vom 11.07.2005).

In der fremden Umgebung werden Alltagsspeisen häufig symbolisch umbesetzt und aufgewertet. Polnische Alltagsspeisen werden in Deutschland zu polnischen Spezialitäten. Eric Hobsbawm hat mit seinem Konzept der Invention of Traditions auf diesen Mechanismus aufmerksam gemacht, bei dem die Aneignung und Umwertung des Gewohnten unter veränderten, verunsichernden Bedingungen vonstatten geht.[34] Sie ist als Form der Re-Sozialisierung, so Rudolf Braun, „im Sinne einer Vergegenwärtigung dessen, was als Resultat einer primären Sozialisierung zustande kam" zu verstehen.[35] Bereits bestehende kulturelle Praxen werden dabei modifiziert, ritualisiert und schließlich für einen neuen Zweck institutionalisiert. Das Erfinden von Traditionen meint daher nicht, dass Menschen etwas anderes tun, sie geben vielmehr dem, was sie schon immer getan haben, eine neue Wertschätzung.

Am konstantesten erwiesen sich bei allen Befragten die Festtagsspeisen – vor allem zu Weihnachten –, die starken Symbolcharakter haben und primär im inner-

---

31 Arnold Zingerle: Identitätsbildung bei Tische. Theoretische Vorüberlegungen aus kultursoziologischer Sicht. In: Teuteberg u. a. (Hg.) (Anm. 12), S. 69–85, hier S. 83.
32 Bigos: Eintopf mit verschiedenen Wurst- und Fleischsorten, Sauerkraut, Weißkohl und Pilzen; Barszcz: Rote Bete-Suppe; Gołąbki: Kohlrouladen gefüllt mit Reis und Fleisch.
33 Hanna Szymanderska: Kuchnia Polska. Regionalne potrawy [Polnische Küche. Regionale Gerichte]. Warszawa 2003, S. 16ff.
34 Eric Hobsbawm: Introduction: Inventing Traditions. In: Eric Hobsbawm, Terence Ranger: The Invention of Traditions. Cambridge 1983, S. 1–14.
35 Rudolf Braun: Sozio-kulturelle Probleme der Eingliederung italienischer Arbeitskräfte in der Schweiz. Erlenbach bei Zürich 1970, S. 221.

häuslichen und innerfamiliären Rahmen konsumiert werden. Das Weihnachtsessen beschreibt ein Befragter folgendermaßen:

„Karpfen, Klöße und Blaukraut, Barszcz mit Pierogi. Was noch? Pilzsuppe, Nudeln mit Mohn. Wir essen an Weihnachten das gleiche wie in Polen auch. Zwölf fleischlose Gerichte wie immer. Nein, so ist man es gewöhnt und man kennt es nicht anders. Weihnachten wäre sonst auch kein Weihnachten. So fühlt man sich wie zu Hause. Ist dann ja gleiches Essen, gleiche Traditionen, man sitzt mit der Familie zusammen. Da hat sich fast nichts geändert, ist wie damals in Polen." (Herr B.; Interview vom 26.08.2005)[36]

Diese allgemeine Entwicklung der Ernährung zwischen Kontinuität und Wandel erscheint in individueller Perspektive unterschiedlich intentioniert, denn heimatliche Nahrung kann im Akkulturationsprozess mehrere Funktionen erfüllen: „Die ganzen neuen Eindrücke, das war schon schwierig. Da war ich froh, wenn ich wenigstens polnisch essen und sprechen durfte" (Frau M.).

Während nämlich für jene, die im Jugendalter nach Deutschland gekommen sind, Erinnerung an polnisches Essen mit glücklicher Kindheit assoziiert wurde, spielt der Ort, an dem diese Kindheit verbracht wurde, kaum eine Rolle: „Ich glaube nicht, dass ich die Sachen esse, weil sie polnisch sind. Ich habe mir da nie Gedanken drum gemacht. Aber ich glaube einfach, dass ich es esse, weil ich es aus der Kindheit her kenne und weil es mir schmeckt" (Frau J.; Interview vom 25.07.2005)[37]. Frühe Kindheitserfahrungen sind grundsätzlich mit bestimmter Nahrung verknüpft, und praktisch überall favorisieren Menschen das Essen ihrer Kindheit, um emotionale Sicherheit zu erlangen; außer bei Kindheitstraumata. Bei Migranten kommt solchen Erinnerungen dann zusätzlich eine nostalgische Heimat-Komponente zu. Beides, sowohl die Kindheit als auch die Heimat, sind unwiederbringlich verloren. Bei den jüngeren Auswanderern wecken polnische Lebensmittel und Speisen also primär Kindheitserinnerungen; sie dienen nicht der

---

36 Herr B. ist Jahrgang 1976 und mit seinen Eltern 1987 von Krakau migriert. Der Befragte ist Einzelkind und zurzeit Single. Er lebte mit seinen Eltern bereits Anfang der achtziger Jahre zwei Jahre in Düsseldorf, da sein Vater dort Humboldt-Stipendiat war. 1987 ist Herr B. mit seiner Mutter im Zuge der Familienzusammenführung zu seinem Vater, der bereits ein Jahr vorher ausgereist war und alle Formalitäten erledigt hatte, nach Deutschland gekommen. Darüber hinaus waren keine anderen Familienangehörigen in Deutschland und sind auch später nicht immigriert. Herr B. ist in Jülich aufgewachsen und 1997 nach Bonn gezogen, um Politologie und Geschichte zu studieren. Zum Zeitpunkt des Interviews promovierte Herr B. am Seminar für Osteuropäische Geschichte.
37 Frau J. (Jahrgang 1981) ist als Tochter von Frau und Herrn M. 1990 von Zabrze/Hindenburg migriert. Sie ist wenige Monate vor dem Interview bei ihren Eltern ausgezogen, um mit ihrem deutschen Freund in Bonn zusammenzuziehen. Nach ihrer Ausbildung zur Bankkauffrau studiert Frau J. Volkswirtschaftslehre an der Universität Bonn.

Betonung und Stabilisierung ihrer nationalen Identität. Dies spiegelt sich auch darin wider, dass diese Befragten nach eigener Aussage selbst keine polnischen Lebensmittel kaufen oder heimatliche Speisen zubereiten. Die elterliche und traditionelle Versorgung an Sonn- und Festtagen befriedigt ihre Bedürfnisse hinreichend. So wurde die Frage nach den Kochgewohnheiten einer Gewährsperson, die als Kind nach Deutschland gekommen war, folgendermaßen beantwortet:

> „Ne, polnisch koche ich gar nicht. Ich koche meistens Nudeln und Aufläufe und so. Die polnischen Sachen sind irgendwie zu umständlich, ich kann die gar nicht. Ich mag viele Gerichte wirklich gerne. Pierogi könnte ich jeden Tag essen. Ich bin aber, was polnisch Kochen anbelangt, ein wenig ungeschickt, dann esse ich lieber bei meiner Mutter." (Frau J.)

Die heimatlichen Speisen erfüllen offensichtlich nur noch im Familienzusammenhang ihre Funktion, wo sie zwar passiv, aber durchaus gerne die ‚polnische' Küche der Eltern oder Großeltern genießen. Es ist also davon auszugehen, dass das Ernährungsverhalten der jüngeren Befragten als Indikator für deren Akkulturationsgrad angesehen werden kann.

Bei den älteren Befragten stellt sich die Situation anders dar. Der größte Unterschied liegt darin, dass ihre Ernährungs- und Kochgewohnheiten zum Zeitpunkt der Ausreise stark verinnerlicht waren. Sie kochen heute Polen-orientiert. Die Intention ist bei den beiden Informantinnen allerdings unterschiedlich: Bei derjenigen Frau, deren soziale Integration als gescheitert bezeichnet werden kann, fungiert das bewusste polnische Kochen und Essen als Kompensation und dient der Erlangung emotionaler Sicherheit. Der Einsatz vertrauter Speisen dient der Rekonstruktion und Vergegenwärtigung der verlassenen Heimat:

> „Wissen Sie, es sind die Erinnerungen an die Heimat. Ich koche teils noch Gerichte, die hat meine Mutter schon gekocht. Das schmeckt einfach wie zu Hause und tut gut. Das ist ja auch für die Kinder wichtig, damit sie den Geschmack nicht vergessen." (Frau M.)

Gerade wegen der missglückten sozialen Integration besinnt sich die Gewährsperson auf ihre polnische Identität. Ihr Ernährungsverhalten erwies sich von allen Befragten am konstantesten. Analog zur Idealisierung der Heimat werden auch polnische Lebensmittel und Speisen idealisiert, wie das folgende Zitat verdeutlicht:

> „Jaja, der Rhabarber ist saurer und die Gurke leckerer und die Erdbeeren saftiger. Radieschen kann ich hier problemlos essen und in Polen brennt das richtig, so scharf ist das dann. Da tränen die Augen. In Polen schmeckt vieles besser. Oder wenn man die deutsche Wurst mit unserer vergleicht." (Herr M.)

Diese Gewährsperson kauft von allen Befragten am häufigsten und regelmäßigsten polnische Lebensmittel ein und legt Wert darauf, traditionelle polnische Speisen mit polnischen Produkten zuzubereiten. Auch hier spiegelt sich in der starken Betonung der heimatlichen Ernährungsgewohnheiten die mangelnde Akkulturation.

Ganz ähnlich ist das Ernährungsverhalten einer ebenfalls im Erwachsenenalter ausgewanderten, aber besser integrierten Gewährsperson. Auch sie gibt an, größtenteils polnisch zu kochen: „Beim Essen bin ich noch sehr polnisch. Das ändert sich nicht so schnell" (Frau I.). Ein weiteres Zitat zeigt, dass sie nicht polnisch kocht, um nationale Identität zu konstruieren, sondern als Ergebnis eingeschliffener Gewohnheiten und Kenntnisse:

„Ist schon ein zu langer Zeitraum. Inzwischen kann ich auch ohne polnische Sachen leben. Man freut sich zwar, wenn was da ist, wenn nicht, ist auch in Ordnung. Ich koche polnisch, weil ich es nicht anders kann. Wissen Sie, hätte ich eine Köchin, die könnte kochen, was sie will, Hauptsache lecker." (Frau I.)

Die moldawische Untersuchungsgruppe

Die moldawischen Gewährspersonen bilden in gewisser Hinsicht den Gegenpol zu den polnischen Migranten. Vor dem Hintergrund ihrer Migrationsmotivation, welche am treffendsten als Arbeitsmigration bezeichnet werden kann, stellt sich ihr Ernährungsverhalten anders dar und lässt ein zunehmend differenzierteres Bild entstehen.[38]

Doch zunächst zu den Migrationshintergründen: Die fünf befragten Männer stammen aus der, so der offizielle Name, Autonomen territorialen Einheit Gagausien [Unitate teritorială autonomă Găgăuzia], einem autonomen Gebiet im Süden Moldawiens um die Stadt Comrat. Von den etwa 250.000 Gagausen weltweit leben heute gut 150.000 in Moldawien, wobei ein großer Teil der arbeitsfähigen Männer als Arbeitsmigranten tätig ist. Die Gagausen gehören zu den Turkvölkern und kamen wahrscheinlich um die Wende zum zweiten Jahrtausend vom Altaigebirge über das Schwarze Meer auf den Balkan, von wo aus die Mehrzahl zu Beginn des 19. Jahrhunderts nach Bessarabien gelangte. In Gaugausien wird bis heute ein Turkdialekt gesprochen, so dass sich die Gagausen zwar mit Türken verständigen können, aber sowohl Moldawisch als auch Russisch meist erst in der Schule erlernt werden. So befindet sich die gagausische Kultur, die seitens der Europäischen Eth-

---

[38] Migrationsprozesse aus Moldawien sind bislang nicht Gegenstand kulturanthropologischer Studien gewesen. Vgl. einführend Holm Sundhaussen: Südosteuropa. In: Bade u. a. (Hg.) (Anm. 13), S. 288–313.

nologie bislang kaum Aufmerksamkeit erfahren hat, heute am Schnittpunkt postsowjetischer, moldawischer und türkischer Einflusssphären.[39] Wie viele der gagausischen Arbeitsmigranten haben unsere Gewährspersonen neben moldawischen auch bulgarische Pässe, so dass die Aufenthalte in Deutschland konfliktfrei zu organisieren sind. Die im Rahmen dieser Studie interviewten Männer leben seit sieben bis zehn Jahren jeweils etwa drei Viertel des Jahres in Deutschland, um hier zu arbeiten. Dem für diese Gruppe vorherrschenden Kulturmuster entsprechend wohnen die Männer bei ihren Deutschlandaufenthalten wenn möglich in einer gemeinsamen Wohnung, in diesem Fall zu fünft in einem Eineinhalbzimmer-Apartment, das über eine kleine Küchenzeile verfügt. Ein Integrationswunsch besteht durchaus, und alle Gewährspersonen kennen mehrere dauerhaft nach Deutschland migrierte gagausische Familien. Dieser Integrationswunsch spiegelt sich etwa im Kleidungsverhalten, wie es der zweitjüngste Gewährsmann äußert: „Wir wollen so aussehen, dass man gar nicht erkennt, dass wir aus Moldova kommen!" (Igor I.).[40] Was sich beim Kleidungsverhalten durch die Möglichkeit täglicher Beobachtung im öffentlichen Raum vergleichsweise einfach gestaltet – schließlich können die moldawischen Arbeiter täglich leicht beobachten, wie man sich hier kleidet – ist beim Essen schwieriger, denn die Befragten kennen spezifisch oder vermeintlich deutsches Essen nur aus der Fernsehwerbung – Kochsendungen schauen sie sich übrigens nicht an – und von den Besuchen beim Discounter, wo das Warenangebot sondiert wird. Gedanken darüber, was die Bonner essen, machen sie sich nicht. „Was sollen die schon essen", sagt ein Gewährsmann, „wahrscheinlich normal, Fleisch und Kartoffeln und Pizza und Brot." (Vladimir C.)[41]

Die moldawischen Gewährsleute berichten über die Struktur ihres Essens deutlich zögernder als die polnischen Gewährsleute. Fragt man sie nach der Er-

---

39 Aus der Perspektive der Europäischen Ethnologie ist die Forschungslage zur Gegenwartskultur der Gagausen als unbefriedigend zu bezeichnen. Vgl. zu den Rahmenbedingungen Jeff Chinn, Steven D. Roper: Territorial Autonomy in Gagauzia. In: Nationalities Papers 26 (1998), S. 87–101; Stefan Troebst: Die bulgarische Minderheit Moldovas zwischen nationalstaatlichem Zentralismus, gagausischem Autonomismus und transnistrischem Separatismus (1991–1995). In: Südosteuropa 44 (1995), S. 560–584.

40 Igor I. (Jahrgang 1978) stammt aus dem gleichen südlich Comrat gelegenen moldawischen Dorf wie die übrigen Gewährspersonen. Alle sind miteinander verwandt oder verschwägert. Igor I. kam 2002 erstmals nach Deutschland und verbringt seither meist zwischen vier und acht Monate in unterschiedlichen Städten, seit 2005 zunehmend in Nordrhein-Westfalen. Igor H. hat in Moldawien ein Studium der Agrarwissenschaften abgeschlossen, arbeitet aber in Deutschland als Bauhandwerker. Er ist verheiratet und hat eine Tochter. Seit Februar 2008 wohnen seine Ehefrau und seine Tochter in der moldawischen Stadt Tiraspol', der Hauptstadt der auf Separation drängenden, aber nur von Russland anerkannten Transnistrischen Moldauischen Republik [Pridnestrovskaja Moldavskaja Respublika].

41 Vladimir C. (Jahrgang 1983) kam 2006 erstmals nach Deutschland. Er ist meist zwischen sieben und neun Monate pro Jahr in Nordrhein-Westfalen tätig. Vladimir C. ist gelernter Handwerker und spricht kaum Deutsch. Er ist verheiratet und hat zwei Söhne. Der Lebensmittelpunkt ist in seinem Heimatdorf.

nährung an Wochentagen, antwortet der älteste: „Auf dem Weg nach Hause kaufe ich bei Plus ein. Dann koche ich. Meistens Suppe mit Kartoffeln. Dazu gibt es Brot. Nein, nicht moldawisch. Normal eben. Muss billig und schnell sein."

Bei einer teilnehmenden Beobachtung werden die Strukturen dann deutlicher: Es gibt eine klare Affinität zu Eintopfgerichten, die eine Fleisch/Wurst- und eine Kartoffelkomponente aufweisen, wenn möglich zudem Paprika und Tomaten. Als Hauptwürzbestandteile fungieren neben Pfeffer und Salz vor allem Lorbeer, außerdem Knoblauch, Zwiebeln und Paprika. Als Beilage wird in der Regel geschnittenes Graubrot gegessen. Wenn Gäste kommen, wird ungeröstetes Toastbrot mit dick geschnittenen Salami- oder Speckscheiben aufgetischt. Fleischwurst wird trotz des großen Angebots nicht gegessen. Als Grund für diese Zusammenstellung gibt der Hauptgewährsmann an: „Eben wie zu Hause" (P. V.).[42] Auch hier lässt sich eine klare Unterscheidung zwischen Alltags- und Festernährung beobachten. Allerdings werden im Rahmen der Arbeitsaufenthalte nicht die Sonntage als Festtage wahrgenommen, sondern jene Termine, an denen man sich mit gagausischen oder anderen moldawischen Freunden trifft. Das können Sonntage sein, aber auch Wochentage, während an gastfreien Sonntagen wie werktags gegessen wird. Finden größere Gemeinschaftsessen an arbeitsfreien Tagen statt, wird wenn möglich gegrillt, und zwar eingelegtes Fleisch mit Zwiebeln (Schaschlik). Dazu gibt es Kartoffelsalat, oft auch geräucherten Fisch. Festtagskost wird bevorzugt im russischen Supermarkt eingekauft. Neben dem Essen und den Getränken (Wodka und Bier, die in diesem Kontext als spezifisch moldawisch wahrgenommen werden) spielt vor allem gagausische Musik bei der Erzeugung des für die Feste notwendigen Heimatgefühls eine Rolle. Das gagausische Festgericht Kawirma allerdings wird ebenso wenig gegessen wie der moldawische Maisbrei Mamalija[43] – wohl nicht zuletzt aus Unkenntnis ihrer Zubereitung, die zu Hause von den Frauen verrichtet wird.

Insgesamt erweist sich die Speisenwahl der moldawischen Gewährsleute stark vom Preis abhängig, da sie so viel Geld wie möglich nach Hause zu transferieren bestrebt sind. Dieser Mechanismus führt dazu, dass die Struktur der Gerichte stark funktional ist. Sie ist jedoch von ihrer Funktion her unabhängig von einer ‚nationalen' Identität – die bei den Gagausen ohnehin nicht stark ausgeprägt ist. Dafür, dass das Essen der Gewährsleute aber auch auf die Erlangung emotionaler Sicherheit ausgerichtet ist, spricht die häufige Hervorhebung des Heimischen, des

---

42 P. V. (Jahrgang 1978) ist der erfahrenste und routinierteste Arbeiter der Gruppe. Er ist jedoch deutlich wortkarger als die übrigen Gewährsleute. Er wuchs in der Zeit auf, als Moldawien autonome Republik der Sowjetunion war. Einer Ausbildung an der Sporthochschule im ukrainischen Odessa folgten ein zweijähriger Militäreinsatz in Afghanistan und mehrere Jahre als Wanderarbeiter in Sibirien. Seit 2003 arbeitet P. V. immer wieder regelmäßig in Deutschland, aber je nach Gelegenheit auch in Russland. Er ist verheiratet, hat einen Sohn und eine Tochter und möchte in naher Zukunft in seinem Heimatdorf einen Gewerbebetrieb eröffnen.

43 Mamalija ist ein Fladengebäck aus Maisgrieß. Bei Kawirma handelt es sich um ein weit verbreitetes Festtagsgericht, das auf Reis, Lammfleisch und Gemüse basiert.

„wie zu Hause"[44]. In dieser Funktion spiegelt sich das wider, was Konrad Köstlin als „Soul-Food"[45] bezeichnet hat.

Die moldawisch-gagausischen Migranten haben in Deutschland ein spezifisches Essverhalten herausgebildet, das in hohem Maße funktional geprägt ist, sich primär an der Kost der Heimat orientiert und fast resistent gegen deutsche Einflüsse scheint. Dieses Muster ist auf mehrere Faktoren zurückzuführen: Zum einen ist das Interesse an Aufnahmegesellschaft und -kultur nur schwach ausgeprägt, da das Bewusstsein stark auf die Heimat und die dort lebenden Familien ausgerichtet ist. Deutschland wird auf Baustellen und in Baumärkten einerseits und in der kurzen Frei- bzw. Erholungszeit im privaten Rückzugsraum andererseits erfahren – der Aufenthalt ist auf das Notwendigste reduziert. Zudem führen die Tatsache, dass die Migranten in Deutschland primär als billige Arbeitskräfte wahrgenommen werden und der Umstand, dass man sich im Gastland kaum für das kulturelle Gepäck der Migranten interessiert, zumal kaum stereotype Vorstellungen über Moldawien und erst recht nicht über Gagausien in Umlauf sind, zu einem zusätzlichen und reziproken Desinteresse der Migranten an Deutschland.[46] Allerdings ist das Maß an sozialer Integration auch stark von den Sprachkenntnissen abhängig: jene Gewährsperson, die am besten deutsch spricht, verfügt über intensivere private Kontakte zu Deutschen und pflegt regelrechte Freundschaften, ohne dass dies jedoch Auswirkungen auf die Struktur der meist in der Gruppe der Moldawier eingenommenen Mahlzeiten hätte. Die partiellen Übernahmeversuche hiesiger Kulturmuster – zu nennen ist in erster Linie das Kleidungsverhaltens oder – wie folgendes Zitat verdeutlicht – die deutsche „Imbiss-Kultur" – können wohl eher als Ausdruck einer gewissen Zwangsläufigkeit des jahrelangen Aufenthaltes in Deutschland gewertet werden, zumal es sich dabei um auch für moldawische Bauarbeiter leicht zugängliche Bereiche handelt: „Eigentlich egal. Als ich in Berlin gearbeitet habe, habe ich gerne Eisbein gegessen, und wenn es gegenüber der Baustelle Pizza gibt, esse ich Pizza. Aber am liebsten türkisch." (Igor I.).

Festzuhalten bleibt, dass zwischen dem Adaptionsprozess der Ernährungsgewohnheiten der Aufnahmegesellschaft und dem Akkulturationsstand der befragten Migranten ein direkter Zusammenhang besteht. Allerdings ist weder die Übernahme hiesiger noch das Festhalten an mitgebrachten Ernährungsgewohnheiten per se ein Indiz für Akkulturationserfolg oder -misserfolg.

---

44 Diese Wendung taucht in allen Interviews immer wieder auf.
45 Konrad Köstlin: Heimat geht durch den Magen. Oder: Das Maultaschensyndrom – Soul-Food in der Moderne. In: Beiträge zur Volkskunde in Baden-Württemberg, Bd. 4 (1991), S. 147–164. Beate Binder: Heimat als Begriff der Gegenwartsanalyse? Gefühle der Zugehörigkeit und soziale Imaginationen in der Auseinandersetzung um Einwanderung. In: Zeitschrift für Volkskunde 104 (2008), S. 1–18.
46 Vgl. auch Wolfgang Kaschuba: Ethnische Parallelgesellschaften? Zur kulturellen Konstruktion des Fremden in der europäischen Migration. In: Zeitschrift für Volkskunde 103 (2007), S. 65–85.

Bei den polnischen Migranten lässt nicht die individuelle Ernährungsweise, sondern erst die Intention hinter diesem Verhalten Rückschlüsse auf den Grad an Akkulturation zu. So konnte anhand des Integrations- und Akkulturationsverlaufs einer der Befragten gezeigt werden, dass sie trotz gelungener Akkulturation an ihren Koch- und Essgewohnheiten festhält. Erst die Tatsache, dass sie diesen Gewohnheiten nachgeht, ohne diesen eine besondere Bedeutung beizumessen oder sie symbolisch zu besetzen, erklärt diese augenscheinliche Dissonanz. Migranten, die versuchen, ihre heimatliche Ernährungsweise beizubehalten, gliedern sich also nicht zwangsläufig schlechter oder langsamer ein. Geschieht dies allerdings intentional zur Betonung der Herkunftskultur bei gleichzeitiger Abgrenzung und Distanzierung von der Aufnahmegesellschaft, kann dies als Antwort auf Ablehnung, aber auch auf das eigene Integrationsversagen als ein Indiz für fehlgeschlagene soziale und identifikatorische Integration und Akkulturation gewertet werden. Idealisierung und Stilisierung sind in diesem Zusammenhang klare Anzeichen und beschreiben zugleich beides: „Orientierungskrise und deren kulturellen Lösungsversuch"[47].

Die moldawischen-gagausischen Migranten sind dagegen so wenig akkulturiert, dass sie nicht zuletzt wegen ihrer Unkenntnis der rheinischen oder Bonner Essgewohnheiten kaum eine Chance haben, diese zu adaptieren. Sie fühlen sich in Deutschland nicht akzeptiert – und sind es letztlich auch nicht – und haben daher auch kaum Affinität zur deutschen Küche. Die Orientierung ist klar auf die Heimat gerichtet, und daher kennt diese Parallelwelt auch keine Orientierungskrise.

---

47 Ulrich Tolksdorf: Heimat und Identität. Zu folkloristischen Tendenzen im Ernährungsverhalten. In: Edith Hörandner, Hans Lunzer (Hg.): Folklorismus. Neusiedl/See 1982, S. 223–251, hier S. 250.

Eva Krekovičová

Neue multikulturelle Nahrungsgewohnheiten in der Slowakei nach 1989 am Beispiel des Wandels von Restaurants

Forschungen zu Identität und Identifikationsprozessen bestätigen immer aufs Neue die Erkenntnis, dass es unter den Phänomenen der Alltagskultur und der Lebensweise zwei spezifische Bereiche gibt, die im Zuge der Globalisierungsprozesse eine besondere Stellung einnehmen. Es handelt sich um die Bereiche des Gesangs (der Lieder) und der kulinarischen Kultur. Beide Gebiete lassen sich durch die Fähigkeit zum symbolischen Transfer des Kultur-Identifikation-Codes vom kollektiven Gedächtnis (inklusive des ethnisch und national signifikanten Codes) charakterisieren. Diese Funktion bleibt auch dann erhalten, wenn der Kultur-Identifikation-Code in anderen Bereichen der Kultur und in der Sprache in Vergessenheit gerät oder schon geraten ist. Man darf sich also nicht wundern, dass in den letzten zwanzig Jahren das Interesse für ‚ethnische Musik' und ‚world-music' oder auch Folklore-Festivals in Ostmitteleuropa gestiegen ist. Neben der Beharrungskraft der Essgewohnheiten in der Privatsphäre, vor allem in der Familie, können in der Präferenz bestimmter Speisen und Getränke konservative Tendenzen sowie auch eine Rückkehr zu den ‚typisch nationalen', aber auch ‚typisch lokalen' Küchen im Bereich der Gastronomie verfolgt werden. Einen außerordentlichen Boom erleben auch Kochbucheditionen, die aus den kulinarischen Traditionen verschiedener exotischer Länder und ‚nationaler Küchen' schöpfen. Gleichfalls erfreuen sich Kochsendungen im Fernsehen, die neue Rezepte anbieten, sowie auch solche, die eine Rückkehr zu ‚Großmutters Speisen' präsentieren, großer Beliebtheit. Ein weiteres Merkmal, an dem sich die Veränderungen der Essgewohnheiten in Zeiten rapiden gesellschaftlich-politischen Wandels auf den ersten Blick zeigen, stellen die Einrichtungen von Restaurants (Restaurants, Bierstuben, Weinstuben, Pubs, Weinkeller usw.) dar.

In meinem Beitrag versuche ich, anhand von ausgewählten konkreten Restaurants die Vielfalt der kulinarischen Kultur in der Slowakei seit dem Jahre 1989 zu demonstrieren. Ich konzentriere mich dabei auf den öffentlichen Bereich, wobei ich aus dem Kontext der Gastronomie die Fast-Food-Restaurants und großen Einkaufsketten bewusst ausklammere. In meiner Forschung habe ich die Namen der Restaurants, die angebotenen Speisen und Speisekarten sowie die Räumlichkeiten/Interieurs der Lokale (Inneneinrichtung und Dekoration) sowie auch ihre Präsentation (Werbung) im Internet und in den Branchenverzeichnissen betrachtet.

Das erforschte Territorium unterlag in den Jahren zwischen 1989 und 2008 zwei grundsätzlichen Umbrüchen:

1. der Wende vom November 1989, die den Fall des totalitären Regimes und der Planwirtschaft bedeutete und infolgedessen entscheidende Veränderungen in den ökonomischen Bedingungen der Gastronomie (die Rückkehr des Privatunternehmens) gebracht hat. Der Fall des Eisernen Vorhangs hat zugleich das Durchdringen der Globalisierungstrends beschleunigt, und die Slowakei somit zusammen mit anderen Transformationsländern in Europa zu einem interessanten ‚Laboratorium' für die ethnologische Forschung gemacht;
2. dem Zerfall und der Teilung der Tschechoslowakischen Republik und der Entstehung der selbstständigen Slowakischen Republik im Jahre 1993; sie haben noch einige weitere neue Impulse in diese Prozesse gebracht. So verstärkten sie die Ethnisierung der Kultur und den Revivalismus. Im allgemeinen öffentlichen Diskurs nehmen Fragen der ethnischen und der staatlichen Identität derzeit sowohl im tschechischen wie auch im slowakischen Teil des ehemaligen gemeinsamen Staates größeren Raum ein. Indirekt wirkt sich dieser veränderte Diskurs auch im Bereich der Gastronomie und Werbung aus.

Im Zusammenhang mit unserem Thema erwiesen sich gerade die 1990er Jahre als wichtig und entscheidend. Ich denke dabei vor allem an die Restitutionen des Eigentums, die Kapitalisierung der Wirtschaft, die Entstehung des privaten Sektors, die Herausbildung einer Unternehmerschicht und die Zufuhr von ausländischem Kapital. Durch die Öffnung zur restlichen Welt kam es selbstverständlich auch zu grundsätzlichen Veränderungen des Konsumverhaltens und der Verbrauchergewohnheiten. Man könnte dem Zusammenhang zwischen diesen Veränderungen und dem sich ständig für immer breitere Bevölkerungsschichten erweiternden Warenangebot nachgehen. So berichteten die Tageszeitungen in der Slowakei im Jahr 2008 zu Ostern als Kuriosum, die Stadtbewohner in der Slowakei legten bei ihren vorfeiertäglichen Einkäufen eine Vorliebe für ‚nicht-traditionelle' Lebensmittel wie etwa für Känguruh- und Straußenfleisch oder Wachteleier an den Tag.[1] Gleichzeitig verstärkt sich in der Alltagskultur und im Alltagsleben auch der Trend zur Angleichung von Stadt und Land, und immer größerer Wert wird auf gesunde Ernährung und Bio-Produkte gelegt.[2] Ebenso hat die Beliebtheit der vegetarischen Küche zugenommen und zu einer größeren Nachfrage an vegetarischen Angeboten geführt, während vor 1989 in Bratislava nur ein vegetarisches Restaurant existierte, das den Charakter eines Selbstbedienungsrestaurants hatte. Das Niveau und der Stil seines Interieurs und der angebotenen Dienste entsprachen weitgehend dem von Betriebskantinen der damaligen Zeit. Dies bedeutete, es

---

1 Vgl. die Tageszeitung SME, 22.03.2008, S. 6.
2 Am 28.02.2008 wurde in Bratislava das erste Bio-Restaurant der Slowakei feierlich eröffnet (vgl. SME, 28.02.2008).

war preiswert, nur mit einfachen Möbeln ausgestattet und bot lediglich drei Menüs zur Auswahl an. Dennoch war es sehr beliebt und wurde häufig auch von Nicht-Vegetariern besucht. Im Mai und Juni 2008 wurde in Bratislava in den Medien ein Kampf um das umgangssprachlich „Vegetka" genannte vegetarische Restaurant sowie um ein Diät-Restaurant an derselben Adresse geführt, die sich an einem lukrativen Platz in der Altstadt (Laurinská 8) befinden. Der Kampf schien einen kommerziellen Hintergrund zu haben und wurde zwischen der Öffentlichkeit und dem Magistrat ausgetragen. Letzterer plante nämlich, beide Lokale einem anderen Mieter zu überlassen. Dieser Plan hat seitens der Kundschaft, die ihre Küche außerordentlich hoch schätzt, eine Protestwelle ausgelöst. Zu den Gästen gehören vor allem in der Umgebung lebende oder arbeitende Bürger von Bratislava, die sie täglich besuchen. Diese Stammgäste lassen sich auch durch die langen Wartezeiten vor den Restaurants um die Mittagszeit nicht beirren.

Der Gastronomiesektor nahm nach 1989 einen großen Aufschwung, und vor allem in den 1990er Jahren wurde eine starke Dynamisierung spürbar, die bis einschließlich 2008 anhielt.[3] Mit dem Anstieg der Preise stieg auch das Niveau der Speisen. Nach ausländischem Vorbild, vor allem aus Österreich und Deutschland, vergrößerten sich auch die Portionen.

Zu dem spezifischen Problem der Slowakei – etwa im Vergleich mit der Tschechischen Republik – gehört praktisch bis zum heutigen Tag ein starkes wirtschaftliches Gefälle zwischen Bratislava als der an der österreichischen, tschechischen und ungarischen Grenze liegenden Hauptstadt und den restlichen Regionen. Den größten Kontrast zu der sich schnell entwickelnden Stadt Bratislava bilden manche Regionen der Ost-, Mittel- und Südslowakei (Zips/Spiš, Semplin/Zemplín, Gömör/Gemer, Bezirk Neusohl/Banskobystrický kraj usw.), die durch hohe Arbeitslosigkeit, mangelnde Wirtschaftskraft und somit auch niedrigeren Lebensstandard charakterisiert sind.

Ich habe meine Forschungen vor allem auf die Stadt Bratislava konzentriert, in der sich die größte Dichte von Restaurants befindet und dadurch auch die stärkste Konkurrenz spürbar ist. Aus der Untersuchung der Internetportale geht hervor, dass sich sowohl einheimische als auch fremde Unternehmer im Bereich der andersartigen ‚exotischen' Küche nicht nur für die Hauptstadt, sondern auch für die kleineren Städte und Gemeinden in der gesamten Slowakei interessieren. Was die weiteren Globalisierungserscheinungen in der Gastronomie betrifft, bin ich zu einem entsprechenden Ergebnis gekommen. Doch sind die Unterschiede auf den ersten Blick augenfällig, vor allem hinsichtlich der Fülle und Vielfalt der Speisekarte; manchmal allerdings auch der unvergleichbaren Preise für die Speisen. Bratislava ist nämlich in der Regel wesentlich teurer. Unter den Restaurants, die die Produkte einer ausländischen/andersartigen Küche anbieten, dominiert derzeit

---

3 Die grundlegende Erhebung wurde in den Monaten Februar – März 2008 durchgeführt. Einige neu entstehende Lokale sind auf verschiedenen Internetseiten auch im Jahr 2008 zu finden.

mit Abstand die italienische Küche.⁴ Freilich handelt sich dabei nicht nur um zahlreiche Pizzerien. Die Produkte der italienischen Küche (vor allem Pizza, Lasagne oder verschiedene Arten von Pasta) sind zurzeit ein verhältnismäßig vertrauter Bestandteil der Restaurants in den Städten und auf dem Lande.

Bei der Etablierung verschiedener Handelsketten oder anderer Formen des Unternehmerkapitals dürften die Strategien der einzelnen internationalen Firmen und Korporationen in allen sich öffnenden Regionen vermutlich entsprechend aussehen. Ein Unterschied könnte dann nur im Ausmaß ihres langfristigen Erfolges in der jeweiligen Umgebung bemerkbar werden, wie auch hinsichtlich ihrer Anpassung an das Markt- und Konsumverhalten der Bevölkerung in den einzelnen Regionen.

Zu Formen der Ethnisierung

Im Zusammenhang mit der Entwicklung des Tourismus wird der Ethnisierungsprozess auch in diesem Bereich evident. Auf der einen Seite lässt sich im Vergleich zur Zeit vor 1989 ein Zuwachs der Restaurants mit der Bezeichnung ‚slowakisch' beobachten, gleichzeitig kommt es aber zu einer markanten Bereicherung der Restaurantvielfalt, vor allem dank der massiven Verbreitung ethnischer, mehr oder weniger exotischer Küchen. Dabei sollten gewiss auch andere Faktoren in Betracht gezogen werden. Unter anderem würde ich zum Beispiel gerne die Konkurrenz und die Bemühungen der Eigentümer nennen, durch die Fülle des Angebots ein möglichst breites Spektrum an potenziellen Gästen anzusprechen oder sich mittels eines einzigartigen Angebots auf eine speziell orientierte und umso stabilere Kundschaft zu konzentrieren.

Das Phänomen der Ethnisierung bietet für sich genommen bereits eine Menge an interessantem Material, so dass diesem Bereich der Gastronomie eine eigene Studie gewidmet werden könnte. Ich werde deshalb an dieser Stelle keine erschöpfende Analyse der Ethnisierung in ihrer ganzen Breite durchführen. Auf interessante Weise spiegelt sich in diesem Bereich etwa die Achtung vor einigen historischen, ethnischen bzw. nationalen Mythen und Stereotypen wider. In diesem Fall handelt es sich unter anderem um die Art und Weise der Präsentation von Selbst- und Fremdbildern (Tschechen, ‚Rest der Welt'), sowie auch das historisch determinierte und vor allem nach dem Jahr 1993 durch populistische und national orientierte Politiker wiederholt instrumentalisierte ‚Bild des Feindes', etwa des Ungarn als historischem ‚Unterdrücker der Slowaken'.

---

4   Im Internet deklarieren sich 151 Lokale als „italienisch"; vgl. <www.obedovat.sk/bratislava/restaurant> (Zugriff Mai 2008).

Selbst-Bild

Allein in Bratislava existieren heutzutage ungefähr fünf slowakische Restaurants,[5] weitere fünf deklarieren im Internet ihre Küche als „slowakisch". Dabei gab es im Vergleich dazu während der Zeit des Realsozialismus nur ein allgemein bekanntes und beliebtes, da direkt im Zentrum gelegenes slowakisches Restaurant. Allerdings werden in den Speisekarten von nahezu allen Restaurants in Bratislava und auch außerhalb der Stadt in der Regel mehrere „slowakische Speisen" angeführt, wobei die Brimsennockerl [Bryndzové halušky] auf keinen Fall fehlen dürfen.[6] Eine Ausnahme bilden nur spezialisierte, auf eine engere Kundschaft abgestimmte Lokale, wie etwa vegetarische Restaurants, Pizzerien oder Restaurants mit einer andersethnischen, vor allem exotischen Küche, nämlich Sushi Bars, chinesische, indische, libanesische, kubanische, einige mexikanische, arabische, asiatische und andere Restaurants. Auf dem Lande und in den kleineren Städten war es vor dem Jahr 1989 üblich, die Speiselokale überwiegend als Restaurants, Kantinen, Gaststätten usw. zu bezeichnen. Die Speisekarten sahen in der Regel fast alle gleich aus. Die Restaurants unterschieden sich nur durch die Qualität der angebotenen Dienstleistungen und durch die Preise mittels der Eingliederung in die so genannte Preisklasse bzw. Kategorie.[7]

Im Zusammenhang mit einer gemeinsamen Identität ist in der Gastronomie Bratislavas eine Präsentation lokaler bzw. regionaler saisonaler kulinarischer Traditionen zu beobachten. Aus der Sicht des Wir-Bildes ist bei der Gastronomie in

---

5 Laut der schon zitierten Homepage ist eines davon im Stadtzentrum situiert, auf dem Hviezdoslavovo námiestie [Hviezdoslav-Platz], an der Stelle des ehemaligen „Ungarischen Restaurants". Es wird allgemein für eines der besten Restaurants in der Stadt gehalten und gehört somit auch zu den teuersten. Weitere als „slowakisch" deklarierte Restaurants sind die „Koliba EXPO Kamzík" (in einem Luxusvillenviertel, auch ein bekannter Ausflugsort für die Einwohner von Bratislava), die Slovenská jedáleň [Slowakische Kantine] (Námestie SNP 25, in dem renovierten Gebäude der alten Markthalle, ein billiges Selbstbedienungsrestaurant im Zentrum der Stadt); die Reštaurácia Slovakia (Líščie Nivy – Bratislava Dúbravka) und die Slovenská reštaurácia Delfín [das Slowakische Restaurant Delphin] (Ružová dolina). Als Restaurants mit „slowakischer Küche" präsentieren sich im Internet sogar 56 Firmen, davon noch in Bratislava das Slovak pub – First Slovak pub (Obchodná 52), Leberfinger (am rechten Donauufer), die Slovenská reštaurácia [das Slowakische Restaurant] in Bratislava-Petržalka, die Slovenská reštaurácia [das Slowakische Restaurant] in Bratislava-Rača, die Gaststätte Slovenská pivnica [Slowakische Bierstube] (ul. Krasinského). Im Mai 2008 ließ sich ein Zuwachs der Restaurants mit „typisch slowakischer Küche" in Bratislava verzeichnen: Im Internet präsentiert sich etwa der Jánošíkov dvor [Jánošíks Hof] (außerhalb des Zentrums, ul. Krajinská 10) mit saisonalem „traditionellen slowakischen Schmaus" bzw. speziellen Angeboten zum Kirchweihfest.

6 In der Zeit vor 1989 waren die Brimsennockerln [bryndzové halušky] (als zu jener Zeit relativ billiges Gericht) vor allem in Restaurants in Bratislava ein proportional außergewöhnlicher Bestandteil der Speisekarte.

7 In der gesamten Slowakei deklarieren auf den Homepages 56 Lokale ihre Küche als „slowakisch".

Bratislava auch die Präsentation der lokalen bzw. regionalen Spezifika, das heißt der örtlichen saisonalen kulinarischen Traditionen, aktuell. So führt das Restaurant Apetit (Dunajská 12, im Stadtzentrum) auf seiner Speisekarte so genannte „Speisen des alten Pressburg" oder auch saisonale Angebote wie ein „Süßes Faschingsgericht", „Schlachtfest", „Fischwochen", „Cooler Sommer – Eiscreme", oder „Gänseschmaus". Einen besonderen Bestandteil der im Internet gezeigten Speisekarten bilden auch „beliebte Speisen der Tschechoslowakischen Küche" als Andenken an die historische Epoche, während der „Prešporok – Pressburg" zur Tschechoslowakischen Republik gehörte. In einigen Orten in der Umgebung Bratislavas wie Slowakisch-Eisgrub/Slovenský Grob, Kroatisch-Eisgrub/Chorvátsky Grob, Limbach und anderen inserieren die Webseiten saisonale herbstliche Gänsegerichte, die hier zu den älteren lokalen Traditionen gehören, an denen auch während der Jahre 1948–1989 festgehalten wurde. In der Hauptstadt Bratislava berufen sich Restaurants durch ihren Namen oder in ihren Speisekarten auf die „Hausmannskost", auf „hausgemachte Küche", auf „hausgekochte Gerichte", „Mamas Küche", oder „Großmutters Speisen".[8] Daneben tauchen auch die zuvor nicht benutzten Bezeichnungen „altslowakische", aber auch „alttschechische Gerichte" – letztere auf der tschechischen Seite der slowakisch-tschechischen Grenze – auf. Ein interessantes Beispiel für das Bestreben eines Restaurantbetreibers, möglichst viele Gäste anzusprechen, bietet die Speisekarte der Griechischen Taverne im weiteren Stadtzentrum von Bratislava, auf der Salate unter der Überschrift „Zo starkinej záhrady" [Aus Omas Garten] angeboten werden.[9] Auf der Speisekarte des seit 1994 existierenden Lokals Hysteria Pub, das sich laut Internet-Werbung und der überwiegenden Zusammensetzung und Bezeichnungen der angebotenen Gerichte als „mexikanische Bierstube" präsentiert, sind verschiedene „hysterische Gerichte" zu finden, zum Beispiel eine „Hystericá pani" [Hysterische Dame], aber auch eine Gruppe von Speisen, die als „slowakische Küche" bezeichnet werden, gleich gefolgt von Gerichten, die unter der Rubrik „aus dem Rest der Welt"[10] aufgeführt sind.

---

8 Das Restaurant U mamičky [Bei Mama] (Palisády 40), Omama café (Sasinkova 19, eingerichtet als lebendiges Handelsmuseum) – beide im weiteren Stadtzentrum.
9 Die Angabe stammt vom März 2008; im Mai 2008 war das Restaurant auf der Homepage nicht mehr zu finden.
10 Welche Speisen werden darin angeboten? Bei ihren Benennungen kamen Phantasie und Humor wirklich nicht zu kurz: „Partisanenteller", „Acht Soldaten", „Vergnügen der Aphrodite", „Der Teller des Paschas", „Trampeltier", „Teller des Naschmauls", „Fallschirmspringer in Geheimhaltung", „Gedanke eines Deutschen", „Trächtiges Huhn", „Gib mir auch was, Onkel", „Griechischer Orient", „Teller des Chefkochs".

Das Bild der Anderen

Im Internet sind im Jahr 2008 im Stadtbereich von Bratislava lediglich drei Restaurants zu finden, die sich als international präsentieren: Biela pani [Weiße Dame] (ul. Jozefská 2), Mediteran (Hviezdoslavovo námiestie) und Riviéra (im Stadtviertel Karlova Ves).

Als „tschechisch" deklarieren sich in Bratislava wenigstens vier Lokale, alle im weiteren Zentrum der Stadt: Česká pivnica [Tschechische Bierstube] (ul. Radlinského, verbunden mit Metal-Music-Konzerten), Plzeňská pivnica [Pilsner Bierstube] (ul. Rajská), Plzeňský bar [Pilsner Bar] (ul. Cintorínska) und Krušovická pivnica [Kruschowitzer Bierstube].

Während der sozialistischen Ära gab es in Bratislava auch ein sehr gutes und bei den Einwohnern beliebtes ungarisches Restaurant im Stadtzentrum, am Hviezdoslavovo námiestie. Heute befindet sich an seiner Stelle das oben erwähnte Slowakische Restaurant. Heutzutage existiert in Bratislava kein einziges Restaurant mit der Bezeichnung ‚ungarisch', obwohl Gerichte der ungarischen Küche in vielen Restaurants der Stadt angeboten werden.[11] Auf den Homepages habe ich aber die Čunovská čárda [Sarndorfer ungarische Landgaststätte] (ul. Petržalská) gefunden, die in der Vorstadt Sarndorf/Čunovo gelegen ist. Außerhalb Bratislavas kann man verschiedene Werbehinweise, etwa für den Uhorský dvor [Ungarischen Hof] in Kaschau/Košice finden, der „typisch ungarische Speisen" anbietet, oder für die Čárda Baštu (mit dem Titel in slowakischer und ungarischer Sprache) in der Grenzstadt Komárno/Komarom an der slowakisch-ungarischen Grenze mit einer überwiegenden Mehrheit ungarisch sprechender Einwohner, wo auf dem Restaurantgelände auch ein so genannter Europäischer Platz errichtet wurde. Im weiteren Stadtzentrum von Bratislava, an der Stelle des ehemals bekannten Kaffeehauses und Kinos Metropol, befindet sich heute unter dem selben Namen ein russisches Restaurant, das zu den teuersten in der Stadt gehört; vor 1989 gehörte das französische Restaurant im Hotel Devín zu den teuersten in der Stadt.

Der Genius loci im Dienste der Werbung und Konkurrenzfähigkeit

Das mir zur Verfügung stehende Forschungsmaterial bietet Stoff für mehrere Untersuchungen. Eine davon wäre zum Beispiel der Humor auf den Speisekarten. Man könnte vielleicht – ähnlich wie im Fall der spezifisch thematisch kreierten Interieurs – von einer spezifischen Form der ‚geschriebenen Folklore' sprechen.

---

11 Es könnte angenommen werden, dass die Situation ein Ergebnis eventueller Befürchtungen der Unternehmer vor Vandalismus darstellt. Es könnte aber auch mit zeitweiligen politischen Spannungen zwischen Ungarn und der Slowakei in Zusammenhang gebracht werden. Dazu kam es in den Perioden der Präsenz der nationalistischen Slowakischen Nationalpartei in der Regierungskoalition (auch in der Wahlperiode 2006–2010).

Meine Überlegungen führen zu verschiedenen Restaurants, die sich bemühen, etwas Originelles zu präsentieren, eine einzigartige und nicht wiederholbare Umgebung zu schaffen und somit durch ihre Individualität eine stabile Klientel zu gewinnen. Die Eigentümer versuchen, einen virtuellen Genius loci zu schaffen – mit dem Ziel, ihre Gäste an sich zu binden, aber auch zu unterhalten und zu überraschen. Auf jeden Fall möchten sie die Aufmerksamkeit der potenziellen Gäste gewinnen.

Für meinen Beitrag habe ich drei Gruppen von konkreten Beispielen der Realisierung von eigenständigem Genius loci ausgewählt. Es handelt sich um:

1. Einrichtungen außerhalb von Bratislava, die an regionale bzw. lokale Traditionen anknüpfen. Die ersten beiden vorgestellten Restaurants aus dieser Gruppe beziehen ihre Einzigartigkeit aus der Revitalisierung lokaler bzw. regionaler Helden. Eines davon ist die Jánošíkova koliba [Jánošík-Hütte] in Terchová. Es handelt sich um ein Restaurant im Geburtsort einer historischen Gestalt, des berühmten slowakischen Räubers Juraj Jánošík (1668–1713), das in einer für diese Region typischen hölzernen Hütte (zrub) platziert ist. Die Speisekarte beinhaltet überwiegend Gerichte, die für spezifisch slowakisch gehalten werden oder durch ihre Namen, die aus der mythologisierten Version der Geschichte Jánošíks stammen, an die Lokalgeschichte gebunden werden.[12]

Ein weiteres Beispiel bildet das Restaurant Nácko in Schemnitz/Banská Štiavnica. Nácko stellt den Prototyp einer aus bereits publizierten folkloristischen Anekdoten bekannten regionalen komischen Figur dar. Die Speisekarte des Restaurants ist im Dialekt Banská Štiavnicas verfasst, den auch der Nácko spricht. Die Speisebezeichnungen beziehen sich auf diese Figur und weitere aus den Anekdoten bekannte Gestalten und haben gleichfalls einen komischen Unterton (Abb. 1).

Ein drittes Beispiel stellt das Restaurant auf der Autobahn D1, zwischen Bratislava und Prag/Praha mit der Bezeichnung U devíti křížů [Zu den neun Kreuzen] dar. Es gehört zu den beliebten Raststätten für Fernbusse, die auf dieser Trasse verkehren. Als Haltestelle ungefähr 30 km von Brünn/Brno entfernt in Richtung Prag gelegen, existierte sie schon zu sozialistischen Zeiten und war ursprünglich ein billiger Autobahnkiosk mit Selbstbedienung. Heute steht an dieser Stelle ein neu erbautes Luxusgebäude mit einem relativ teuren Restaurant. Unter dem Aspekt der Implementierung eines eigenen Genius loci ist sowohl seine Speisekarte, als auch die gleich bei ihr stehende ‚Almhütte' interessant. Auf der Speisekarte sind als erstes Gericht der „alttschechischen Küche" Brimsennockerln [Bryndzové halušky] angeführt, die in dieser Region allgemein für ein typisch slowakisches Essen gehalten werden. In der Almhütte – einer einfachen hölzernen Hütte neben dem Restaurant – bieten die Verkäufer Brimsen, nicht traditionelle Formen des geräucherten Schafskäses (des so genannten „oštiepok" in der Gestalt einer spezifischen Hirten-

---

12 Vgl. Joanna Goszczyńska: Mit Janosika w folklorze i literaturze słowackiej XIX. wieku [Der Janosik-Mythos in der slowakischen Folklore und Literatur des 19. Jahrhunderts]. Warszawa 2001.

axt „valaška"), Käsetierchen oder auch andere kleine Figuren an sowie „žinčica", Milchwasser mit einer genauen Inhaltsbeschreibung und Hinweisen zur Lagerung und wohltuenden Wirkung auf die Gesundheit. Die Verkäufer sind höchstwahrscheinlich Slowaken, da es sich um typische Produkte aus den Bergregionen der Nordslowakei handelt, die sich durch spezifische Formen der Schafzucht für die Milchgewinnung auszeichnet, aus der unter anderem Schafsbrimsen, Käse, Selchkäse und geräucherte Käse hervorgehen. Außerdem kann man eine 100-Gramm-Packung geräucherten Speck kaufen, der zur Zubereitung der Brimsennockerln gebraucht wird. Beide Elemente, das Angebot der Speisekarte sowie auch die ‚exotische' Almhütte mit ihrem Angebot an Lebensmitteln, stehen indirekt in der Tradition der tschechoslowakischen „vzájomnosť" [Gegenseitigkeit], also der gegenseitigen guten Beziehungen von Tschechen und Slowaken, und stellen diese zur Schau. Sie erhielt nach der Teilung der Tschechoslowakei eine neue Bedeutung. Das Restaurant und die Almhütte sprechen dadurch Kunden aus beiden Hauptstädten des ehemals gemeinsamen Staates an.

2. Beispiele aus Bratislava. Alle Restaurants sind im Stadtzentrum, also in der Gegend mit der größten Konkurrenz (ul. Obchodná, ul. Vysoká) situiert. Unter dem Aspekt eines eigenen, spezifischen Genius loci kam es an dieser Stelle nách 1989 zu einer Häufung der ‚originellsten' Lokale. Dabei handelt es sich um eine ursprüngliche Winzergegend mit Winzerhäusern und der Tradition der Bratislava-Heurigen sowie kleinen Kneipen, die hier auch während der Zeit des Realsozialismus überlebt hatten. Alle Restaurants sind auf dieselbe Zielgruppe ausgerichtet. Das angebotene Sortiment gehört im Vergleich mit dem Rest des Stadtzentrums zu den billigeren Essensmöglichkeiten. Sie konzentrieren sich auf Studenten sowie einheimische und ausländische Touristen, die hier in der Gegend in kleinen Geschäften und Boutiquen ihre Einkäufe machen.

Zwei Lokale präsentieren sich durch eine humorvolle Überspitzung der realsozialistischen Epoche. Es handelt sich zum einen um das Restaurant KGB (ul. Obchodná 52), das sich auf seiner Homepage als Memento für den Kommunismus deklariert. Diese Idee wird durch die Innenausstattung unterstrichen. Im Innern des Lokals dominiert eine überlebensgroße Statue von Vladimir Iľ'ič Lenin (1870–1924). Die Wände sind mit Portraits kommunistischer Parteiführer und Politiker, Flaggen und kommunistischen Symbolen geschmückt. Zum andern handelt es sich um das Restaurant U majora Zemana [Bei Major Zeman] (ul. Vysoká 37) mit einer ähnlichen Ausrichtung. Major Zeman war die Hauptfigur in der tendenziösen Fernsehserie *Tridsať prípadov majora Zemana/Tricet případů majora Zemana* [Die 30 Fälle des Major Zeman] aus der Tschechoslowakei während der ‚Normalisierung' der 1970er Jahre.[13]

---

13 Mit diesem Ausdruck bezeichnete die offizielle Ideologie in der ČSSR die Zeit nach dem Scheitern der Reformbewegung des Prager Frühlings und dem Einmarsch der Warschauer Pakt-Truppen in die Tschechoslowakei im August 1968, sowie auch die folgende Präsenz der Soldaten der Sowjetischen Armee auf dem Gebiet der Republik.

Die Existenz solcher Lokale führt uns zu der komplexen Problematik, die in der ehemaligen DDR als ‚Ostalgie' bezeichnet wird. Menschen, die die sozialistische Ära nie erlebt haben, behandeln die totalitäre Vergangenheit der ehemaligen Ostblock-Länder auf einer ähnlich oberflächlichen Ebene, wie es unter anderem in dem bekannten deutschen Film *Good bye, Lenin!*[14] gezeigt wird. Die Art und Weise, wie man sich mit dem Leben im Totalitarismus auseinandersetzte, war aber nach der Wende des Jahres 1989 in jedem der betroffenen Länder in vielerlei Hinsicht ziemlich spezifisch. In dem Maße, wie die einzelnen Ausprägungen des Sozialismus spezifisch waren, waren auch die historischen Schicksale jedes dieser Länder unterschiedlich. Auch wenn einige Züge dieser Prozesse ähnlich erscheinen, nehmen die Arten des Erinnerns an die sozialistischen Regime bei Weitem nicht nur nostalgische Formen an. In erster Linie handelt es sich hier um eine Traumabewältigung. Ein Trauma, welches das Regime hinterlassen hat, unter dem die Menschen lebten, aber auch ein Trauma angesichts der schwierigen Situation, in der sie sich nach dem Fall des Regimes befanden.

Es scheint ziemlich kompliziert zu sein, etwa die Situation in der ehemaligen DDR mit der in Kroatien zu vergleichen. Heutzutage werden dort interessante Formen der Auseinandersetzung mit dem starken Personenkult um Josip Broz Tito (1892–1980) registriert. So werden dort zum Beispiel Ausflüge junger Menschen aus Slowenien auf den Spuren der jugoslawischen Partisanen organisiert, die mit Restaurierungen von Gedenkstätten für Josip Broz Tito (etwa in den Jahren 2006 und 2007) einhergehen.[15] In Kroatien wurde unlängst eine CD mit festlichen Liedern über Tito unter dem Titel *Ide Tito* [Tito kommt] verlegt.[16] Die Aufnahmen schöpfen aus propagandistischen Aufbau- und Marschliedern, die nach sowjetischem Muster entstanden sind. Sie sind jenen sehr ähnlich, die in Deutschland während der Zeit des Nationalsozialismus gesungen wurden. Es werden aber auch neuere Lieder gesungen, die aus folkloristischen oder neueren und zeitgenössischen Folk- und Popliedern mit ähnlicher Thematik entstanden sind. Ein derartiges Phänomen ist im tschechischen, slowakischen oder polnischen Kontext nicht zu finden. Es handelt sich um eine typisch jugoslawische Art der Auseinandersetzung mit dem postsozialistischen Trauma. Die Jugend in der Slowakei parodiert hingegen die Feierlichkeiten zum Jahrestag der ‚Großen Sozialistischen Oktoberrevolution' oder zum 1. Mai und sammelt die Kultbücher des Sozialismus wie *Das Kapital* von Karl Marx (1818–1883) oder die *Geschichte der Kommunistischen Partei der Sowjetunion*, die *Geschichte der Kommunistischer Partei der Tschechoslowakei* bzw. Zitate von Mao Tse-tung (1893–1976). Das alles wird als parodie-

---

14 2003, Regie: Wolfgang Becker.
15 Für diese Information danke ich der Kollegin Mgr. Michaela Ferencová, die während ihres Studienaufenthaltes in Ljubljana an einem solchen Marsch persönlich teilgenommen hat.
16 Ide Tito... 33 najlepše pesme o Titu [Tito kommt... Die 33 besten Lieder über Tito]. Copyright PGP-RTS (osim br. 20 – CROATIA RECORDS)/2006 ZMEX. ISBN 86-85363-76-4.

render, humorvoller Umgang mit der Geschichte und zugleich als Andenken an eine Welt wahrgenommen, die zu existieren aufgehört hat. Diese Prozesse zu untersuchen, wäre Aufgabe für weiter gehende Studien in den betroffenen Ländern.

Der First Slovak Pub schafft sich durch Bezugnahme auf die Geschichte und vor allem durch die Darbietung der Mythen der Slowaken und des Gebiets der heutigen Slowakei in postmoderner Weise sein ‚Image' in einem postmodernen Geist (Abb. 2). Elena Mannová hat in der Einführung zu dem Buch *Mýty naše slovenské* [Unsere slowakischen Mythen] im Jahre 2005 bereits darauf aufmerksam gemacht.[17] Das Restaurant repräsentiert eine virtuelle Konzentration der grundlegenden slowakischen nationalen Mythen an einem Ort, der vor allem in den Jahren nach der Entstehung der Slowakischen Republik revitalisiert wurde und um einige ad hoc für diese Gelegenheit ‚fabulierte' und vervollständigte historische Mythen ergänzt wurde. Die Räumlichkeiten des Pubs sind thematisch herausragenden Persönlichkeiten der slowakischen und der großmährischen Geschichte zugeordnet, wobei auch die Vorgeschichte nicht ausgelassen wurde: Im Keller siedeln die Kelten, im Erdgeschoss sind es die Persönlichkeiten des Großmährischen Reiches – die Heiligen Kyrill (um 826–869) und Method (um 815–885) (Abb. 3), der slawische Fürst Pribina (†861) mit einem neuen, direkt für die Zwecke des Restaurants gestalteten mythologischen Heer von ‚Rittern' und ihrem Gebet (Abb. 4), das freimütig auf die Wand geschrieben wurde. Im Restaurant gibt es auch ein Bild aus dem Arbeitszimmer des letzten Großmeisters des Templerordens (Abb. 5). Der Raum von Anton Bernolák (1762–1813) ist mit dem Portrait dieses Autors geschmückt, der sich als erster des Slowakischen als Literatursprache bediente (Abb. 6). Ein weiterer Raum ist L'udovít Štúr (1815–1856) gewidmet, der die heutige slowakische Schriftsprache kodifizierte (Abb. 7). Hier finden die Gäste auch den Text der Hymne der Slowakischen Republik, der aus dem Jahre 1848 stammt (Abb. 8). In diesem Restaurant können die Besucher auch in einem Dichterzimmer unter dem Gedicht *Das Gebet für die Slowakei* von Milan Rúfus (1928–2009) speisen (Abb. 9). Auf der Terrasse dominiert ein weiteres slowakisches Symbol, das Doppelkreuz (Abb. 10).[18] Natürlich konnte ein weiterer Held der nationalen Mythologie nicht unberücksichtigt bleiben – der bereits erwähnte Räuberhauptmann Juraj Jánošík (Abb. 11). Ein spezieller Raum, der offiziellen Erklärung nach das Original einer Holzhütte (koliba) aus seinem oben erwähnten Geburtsort Terchová, ist ihm gewidmet (Abb. 12).

---

17 Elena Mannová: Mýty nie sú slovenským špecifikom [Mythen sind kein slowakisches Spezifikum], in: Eduard Krekovič, Elena Mannová, Eva Krekovičová (Hg.): Mýty naše slovenské [Unsere slowakischen Mythen], Bratislava 2005, S. 7–8.
18 Das Doppelkreuz bildet bis zum heutigen Tage einen Bestandteil des Staatswappens und der Flagge der Slowakischen Republik; in der Slowakei wird es für ein slowakisches Symbol gehalten. Näheres dazu Jozef Novák: Štátne znaky v čechách a na Slovensku dnes aj v minulosti [Die Staatssymbole in den Böhmischen Ländern und in der Slowakei heute und in der Vergangenheit], Bratislava 1990, S. 10.

In eine zeitlich noch weiter zurückliegende Epoche entführt uns das Restaurant Neolit schon durch die Werbung im Internet (Abb. 13). Es bietet neben anderen Speisen auch Gerichte aus „wilden Tieren" (Fröschen, Schnecken, Kängurus, Straußen, Flusspferden, Zebras usw.) an. Die in der Werbung (Abb. 14) proklamierten Speisen „vom Wild" kann man hier zwar nicht direkt finden, die Reklame benutzt aber eine für diese Zwecke speziell komponierte Musikkulisse, die an verschiedene Geräusche der Fauna erinnert, die die virtuelle Umgebung der jüngeren Steinzeit ergänzt. Die Auswahl der Geräusche stellt gleichzeitig eine Werbung für die Musikgruppe dar, die sie komponiert und aufgenommen hat.

Zum Schluss

Hand in Hand mit der Globalisierung, Ethnisierung und Kreolisierung der Kultur könnte man die gegenwärtige Situation in der Slowakei als ein Fortbestehen lokaler und regionaler Vielfalt charakterisieren. Meine Untersuchungen haben im Hinblick auf die Unternehmensstrategien auch zunehmende Individualisierungsprozesse gezeigt. Das Bemühen, anders zu sein und damit Interesse zu erwecken, hängt sehr eng mit der Werbung zusammen. Es geht dabei vor allem um die Strategie, sich gegenüber der Konkurrenz durchzusetzen. Das Ergebnis solcher Bemühungen um die individuelle Identität mancher Restaurants, Weinstuben oder Pubs sind manchmal interessante, häufiger aber pittoreske Formen der Selbstdarstellung. Ihre Erfinder greifen dabei zu verschiedenen Formen und Schichten des kollektiven Gedächtnisses und ‚Erinnerns'. Sie nutzen Elemente der Re-Interpretation von Nationalmythologie und historischem Gedächtnis (First Slovak pub), Revivalismus (die komische Figur des Štiavnycký Nácko), Parodierung (KGB, inoffiziell auch die Kneipe der Gourmands aus Bratislava) und politischem Ressentiment (U majora Zemana). Die Lokale benutzen das Komische häufig mit dem Ziel, ihre Besucher zu unterhalten, wodurch sie auf sich selbst aufmerksam machen. Komische Elemente können, müssen aber nicht als ein Produkt der Kommunikation des Milieus des Restaurants mit ihrem Besucher instrumentalisiert werden, wie es etwa bei der mythologischen Reinterpretation des historisches Gedächtnisses im First Slovak Pub der Fall ist.

Ein spezielles Problem, das weitergehende Untersuchungen erfordert, stellen verschiedene Formen der Ethnisierung im Bereich der Gastronomie dar; ferner auch die Frage nach verschiedenen Ausdrücken des politischen Ressentiments, das den Besuchern als Memento angeboten wird. Gleichzeitig ist in diesem Bereich eine beträchtliche Dynamik erkennbar, die beinahe zwanzig Jahre nach der gravierenden Veränderung auf dem Gebiet der ökonomischen Verhältnisse andauert.

Neue multikulturelle Nahrungsgewohnheiten in der Slowakei

J e d á l n y   l í s t o k

"NÁCKO„ STRAČINA Vladimír
POHOSTINSTVO - Striebomá 7
Banská Štiavnica 969 00

Predjedlá	: Pečená šunka s vajcom	100g	33,90
	Pečená Náckova klobása	100g	31,90
	Náckove miešanie vajcia	120g	25,90

Polievky	:		
	Náckova kapusnica	0,33l	19,90
	Držková	0,33l	23,90
	Hovadzia	0,33l	15,90

Hotové jedlá	: BORČČ	0,33l	24,90
	Náckov guláš s kotla	0,33l	34,90
	Lényne pacale	200g	39,90
	Maďarský guláš	200g	39,96

Minútky	: Vyprážané rybie filé	120g	45,90
	Náckova ryba	120g	43,90
	Náckva pípka nadrobno	150g	67,90
	Lényn splnený sen	150g	85,90
	Náckov moriak v	150g	95,90
	Bilinková Pepkina morka	150g	89,90
	Svinací šnycel	150g	65,90
	Štyavnycký sen	150g	79,90
	Náckova ryt s hríbikamy	150g	78,50
	Pepkina pomsta	150g	87,90
	Prechlastaná pečen	150g	35,90
	Lényna pečienka	150g	34,90
	Náckov bujačí chrbát	150g	84,90
	Pepkin chrbátik	150g	85,90
	Nácko Šatobrian	300g pre dvoch	249,90
	Kuchárovo tajomstvo	300g pre dvoch	199,90
	Nácova tajná špécia	150g	114,90
	Zbičuvaný Nácko	150g	85,90
	Pepkin vyprážaný sýr	100g	46,90
	Náckovo rizoto	150g	29,90

Múčniky	:		
	Lényne palacinke	80g	29,90
	Pepkine palcinke	80g	31,90

Prílohy	:		
	Hranolke	100g	21,90
	Kroketke	100g	24,90
	Opekané zemiaky	200g	23,9
	Varené zemiaky	200g	18,9
	Ryža	150g	13,9
	Knedľa	100g	13,9

Šaláty	:		
	Šalát podľa chuti	120g	18,9
	Náckov miš-maš	125g	27,9
	Kyslá uhorka	100g	9,9

Abb. 1: Speisekarte des Restaurants Nácko in Banská Štiavnica
Alle Aufnahmen: Eva Krekovičová

Abb. 2: First Slovak Pub, Bratislava

Abb. 3: First Slovak Pub, Dekoration mit den Heiligen Kyrill und Method

Neue multikulturelle Nahrungsgewohnheiten in der Slowakei 189

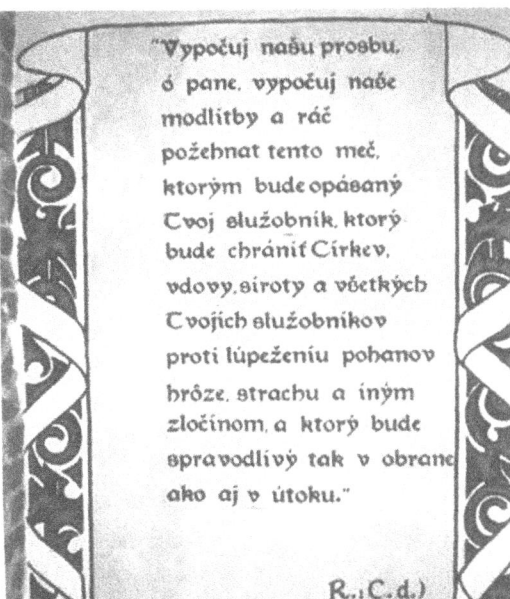

Abb. 4: First Slovak Pub, Dekoration mit Gebet der angeblichen ‚Ritter' des Fürsten Pribina

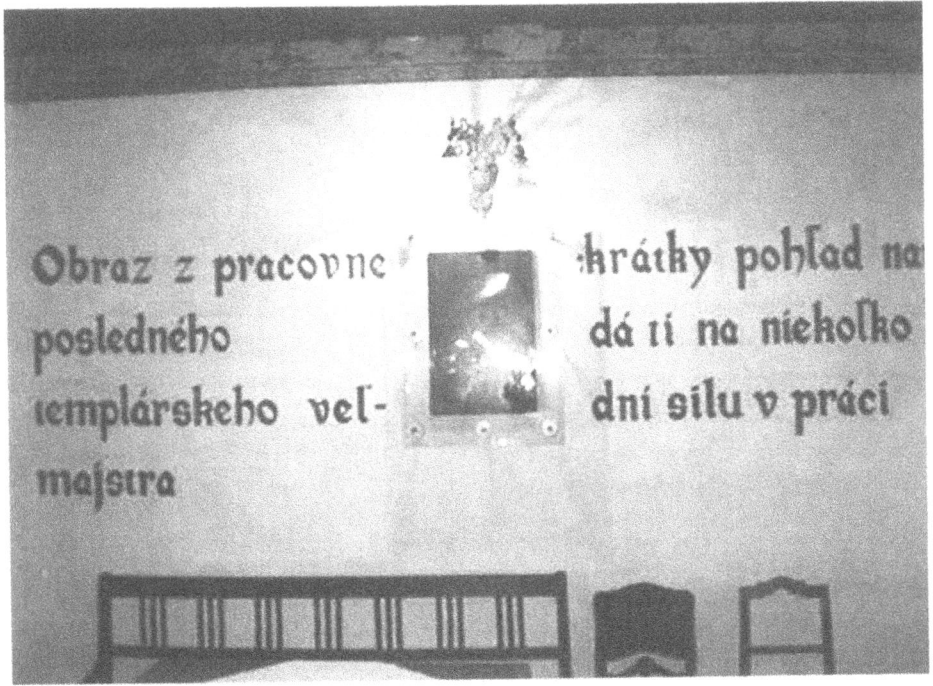

Abb. 5: First Slovak Pub, Dekoration; die Inschrift lautet übersetzt: „Bild aus dem Arbeitszimmer des letzten Großmeisters des Templerordens. Sein Anblick verleiht dir für mehrere Tage Kraft in der Arbeit."

Abb. 6: First Slovak Pub, Dekoration mit dem Theologen und Philologen Anton Bernolák

Abb. 7: First Slovak Pub, Dekoration mit dem Philologen und Politiker Ľudovít Štúr

Abb. 8: First Slovak Pub, Dekoration mit der Nationalhymne der Slowakei („Nad Tatrou sa blýska…" – „Es blitzt über der Tatra…")

Abb. 9: First Slovak Pub, Dekoration mit dem Gedicht Das Gebet für die Slowakei von Milan Rúfus

Abb. 10: First Slovak Pub, Dekoration der Terrasse mit slowakischem Doppelkreuz am Giebel

Abb. 11: First Slovak Pub, Dekoration mit dem Räuberhauptmann Juraj Jánošik

Abb. 12: First Slovak Pub, Dekoration, die einer Holzhütte (koliba) nachempfunden ist

Abb. 13/14: Internet-Werbung des Restaurants Neolit in Bratislava

Sanja Kalapoš Gašparac
Die Bedeutung des Essens im Tourismus von Crikvenica

Anders als heute waren Reisen zunächst nicht als Urlaub oder als Kennen lernen neuer Länder, Kulturen oder Völker und ihrer Sitten konzipiert und können deshalb nicht als touristische Reisen betrachtet werden. Der Beginn des Tourismus ist vor allem mit Wallfahren verbunden, worauf auch das englische Wort für Urlaub, ‚holidays', verweist. Wallfahrer haben neue Arten des Reiseverhaltens eingeführt, die auch für die heutigen Reisenden charakteristisch sind, beispielsweise das Kaufen von Souvenirs und deren langjährige Aufbewahrung zu Hause oder die Versorgung der Reisenden mit Übernachtung und Essen. Wallfahrtstourismus ist bis heute eine wichtige Branche des Fremdenverkehrs. Auch der Kurtourismus ist eine alte Art des Tourismus, die sich im 18. Jahrhundert intensivierte. Neben dem günstigen Klima, den Heilbädern und der ärztlichen Versorgung war (und ist) das Essen ein wichtiger Teil des Kurtourismus. Frühe Anfänge hat auch der Kulturtourismus, und zwar in den spätmittelalterlichen ‚Grand Tour'-Reisen. Adelige, vor allem aus England, unternahmen regelmäßig so genannte Grand Tours, um die Kultur, Geschichte, Denkmäler und Landschaften Mitteleuropas und Italiens kennen zu lernen. Solche Reisen dienten der Bildung, der Vertiefung der Sprach- und Kulturkenntnisse, waren aber auch Statussymbole.[1] Heutzutage sind solche Studienreisen demokratisiert und werden von Mitgliedern aller Sozialschichten unternommen.

Der heutige Tourismus ist einerseits eng spezialisiert und andererseits breit aufgefächert: Neben Angeboten, die die ‚klassischen' Sommer- und Winterurlaube oder Stadtreisen beinhalten, gibt es Gastro-Tourismus, Ökotourismus, Abenteuertourismus, Sporttourismus, kreativen Tourismus, umweltverträglichen Tourismus, Kongresstourismus und viele andere Subkategorien. Eine Klassifikation der Reisen nach ihrer Art ist daher schwierig. Es gibt immer mehr Urlauber, die nicht nur baden, in der Sonne liegen und faulenzen möchten, sondern durch einen aktiven Aufenthalt lokale Kulturen und Traditionen kennen lernen wollen, wobei die Küche eine immer größere Rolle spielt. Kulturtourismus bietet nicht nur materielle Sehenswürdigkeiten wie etwa Denkmäler, Schlösser oder Brücken oder das Erbe der Volkskultur wie z.B. Trachten, Möbel oder traditionelles Essen; dem Besucher werden auch traditionelle und heutige immaterielle Kulturwerte wie Bräuche, Sprache, Glaube, Volkskunst u.ä. angeboten.[2]

---

1 Attilio Brilli: Als Reisen eine Kunst war. Vom Beginn des modernen Tourismus: Die „Grand Tour". Berlin 1997; Christoph Henning: Reiselust – Touristen, Tourismus und Urlaubskultur. Frankfurt am Main 1997; Orvar Löfgren: On Holiday. A History of Vacationing. Berkeley 1999.
2 Vesna Dokić Dojčinović: Kulturni turizam. Menadžment i razvojne strategije [Kulturtourismus. Management und Entwicklungsstrategien]. Belgrad 2005.

Tourismus in Crikvenica[3]

Das Gebiet von Crikvenica ist seit der Steinzeit besiedelt. Im frühen Mittelalter wurde dort eine Befestigung gebaut und bereits 1412 wurden die ersten Schulen gegründet. Seit 1760 ist es das Verwaltungszentrum der Region. 1844 wurde in Opatija, einer nicht weit entfernten Stadt, das erste Hotel gebaut. Der elegante und luxuriöse Kur- und Badeort wurde von vielen Prominenten besucht, unter anderem von Mitgliedern der österreichischen Kaiserfamilie. Die Gäste aus Opatija entdeckten bald auch Crikvenica, woraus die Anfänge des lokalen Tourismus entstanden: Die ersten Villen, Pensionen, kleinen Hotels, Gaststätten und Strandkabinen wurden gebaut. Im Jahr 1887 wurde die Firma ‚Crikvenica' gegründet mit dem Ziel, eine öffentliche Schwimmzone zu bauen, die dann 1888 eröffnet wurde. In dieser Zeit wurde Crikvenica auch ein regionales Fischereizentrum. 1891 erschien der erste Reiseführer, „Klimatischer Curort und Seebad Crikvenica", auf Deutsch in Graz; sein Autor war Professor Johannes Frischauer. Im gleichen Jahr öffnete das erste Luxushotel, 1895 das zweite, das heutige Hotel ‚Therapia'. Anfangs war Crikvenica in erster Linie ein Kurort für den Wintertourismus und es dauerte einige Jahre, bis die Gäste es auch als Ziel für den Sommerurlaub entdeckten.

In den 1890er Jahren entwickelte sich die Stadt sehr schnell; Parks und Strände, Kurhäuser und Hotels wurden gebaut. 1894 erschien ein Reiseführer in kroatischer Sprache („Crikvenica, morsko kupalište i klimatsko lječilište" [Crikvenica, Seebad- und Kurort]) des kroatischen Autors Franjo Hasper. 1898 wurde der Verein zur Förderung von Crikvenica und seiner Umgebung gegründet, und 1908 publizierte Roko Joković den ersten viersprachigen Reiseführer. Um die Jahrhundertwende waren prominente Gäste wie z.B. königliche Familien aus Griechenland, Bulgarien und Schweden, europäische Adelige und Intellektuelle regelmäßige Gäste. 1919 wurde Ostern zum offiziellen Beginn der Sommersaison erklärt, 1920 entstand im Stadtzentrum und am Strand die erste Fußgängerzone und 1922 wurden die ersten Tennis-, Golf- und Fußballplätze gebaut. Ungefähr 300 englische Lords besuchten den Ort jeden Winter zur Jagd. 1933 drehten Oktavijan Miletić und Branko Blažina den ersten Film über Crikvenica, und seit 1934 gab es in Crikvenica Lehrveranstaltungen zum Tourismus. Einige Jahre später wurden zwei weitere Filme über die Stadt gedreht.

Nach dem Zweiten Weltkrieg war der Tourismus weitaus schwächer. Es gab kaum Gäste, vor allem keine ausländischen. 1950 versuchte Ivan Andres den Tourismus wiederzubeleben, aber seine Vorschläge wurden abgelehnt. Zwei Jahre später wurde schließlich doch der Tourismus-Verein von Crikvenica gegründet, und man begann mit geplanten Aktivitäten, allerdings für den Massentourismus: Ein Campingplatz und viele billige Arbeiter- und Gewerkschaftshotels wurden gebaut. 1962

---

[3] Boris Vukonić: Povijest hrvatskog turizma [Geschichte des kroatischen Tourismus]. Zagreb 2005 und die Tourismus-Web-Seite der Gemeinde der Stadt Crikvenica (<http://www.crikvenica.hr/home.asp?id=25&glavni=25>) (14.10.2007).

wurde eine Tourismusschule und 1963 eine Fährlinie nach Šilo auf der Insel Krk eröffnet. 1972 erschien der erste Fotoband über Crikvenica, und 1988 wurden die ersten hundert Jahre organisierter Tourismus mit einem Jubiläum gefeiert.

1990 wurde die Republik Kroatien gegründet und schon 1991 kamen viele Flüchtlinge aus den kroatischen Kriegsgebieten nach Crikvenica und wurden in Hotels und Pensionen untergebracht. Während des Krieges 1991–1995 stagnierte der Tourismus, doch schon 1995 gab es Versuche, den Tourismus wiederzubeleben. Dabei spielte die Gastronomie eine zentrale Rolle. 2008, zur Feier von 120 Jahren Tourismus in Crikvenica, wurde die traditionelle Küche ganz in den Mittelpunkt gestellt.[4]

Die lokale Gastronomie

Bereits 1908 gewannen zwei Köche aus Crikvenica, Marija und Josip Crnković, goldene Medaillen auf kulinarischen Ausstellungen in Paris und Karlsbad. Seither wurde die lokale Küche bei den Gästen zunehmend beliebt und geschätzt. Die Rolle dieser lokalen Küche im heutigen touristischen Angebot zu ermitteln, war Ziel meiner Feldforschung im Juni 2005 in Crikvenica. Aufgabe meiner qualitativen Untersuchung war es herauszufinden, wie intensiv die lokalen Traditionen und das kulturelle Erbe den Touristen angeboten werden und welche Bedeutung dabei die traditionelle lokale Küche spielt. Ich habe mit den Eigentümern der drei bekanntesten Restaurants (,Moslavina', ,Burin' und ,Fontana') sowie Mitarbeitern des Tourismusvereins und mehrerer lokaler Kulturinstitutionen ausführliche narrative Interviews[5] geführt. Meine Gesprächspartner äußerten sich kritisch über die heutigen Touristen, speziell im Vergleich zu den prominenten Gästen aus der Zeit vor dem Zweiten Weltkrieg, waren aber fast durchgehend der Meinung, dass den Touristen zu wenig lokale Kultur angeboten werde. Crikvenica habe keine Angebote für heutige Gäste, die Luxusangebote seien zu teuer für jene, die in erster Linie einen preisgünstigen Badeurlaub an der Adria verbringen wollten. Um wirtschaftlich zu überleben, müssten sich die lokalen Geschäftsleute den Gästen und ihren Bedürfnissen anpassen.[6]

---

4 „Završen tečaj pripremanja autohtonih crikveničkih jela" [Kurs über die Zubereitung die traditionellen Gerichte Crikvenicas ist beendet], Web-Seite „120 godina turizma" [120 Jahre Tourismus], (06.03.2008).
5 Zur Methode des narrativen Interviews und seinen Vorzügen s. George Gaskell: Individual and Group Interviewing. In: Martin W. Bauer, George Gaskell (Hg.): Qualitative Researching with Text, Image and Sound. A Practical Handbook. London, Thousand Oaks 2000, S. 38–56, hier S. 38f.
6 Vgl. dazu John Urry: The Tourist Gaze. Thousand Oaks 2002, S. 48: „All these different types of small capital in the hotel and catering industry show enormous vulnerability in the market. A quarter of such establishments close within two years, half within four. About one-quarter do survive while the remaining three-quarters are in a continuous state of flux. The rate of turnover is considerably higher in this industry than in most others, which means that there is great job insecurity."

Abb. 1 und 2: Hinweisschilder der Restaurants Moslavina und Burin in Crikvenica, Aufnahme der Autorin

Die lokale Gastronomie reagiert auf die Situation, indem sie den Touristen ein breites Spektrum an kulinarischen Angeboten macht. Die anspruchsvolleren Restaurants führen in der Regel kein Fast-Food-Essen und bieten bekannte Speisen aus dem klassischen Repertoire der europäischen Küche an, zum Beispiel Wiener Schnitzel und Cordon Bleu. Ein weiteres Angebot besteht aus der ‚klassischen', nicht unbedingt regional typischen mediterranen Küche: Fisch und Meeresfrüchte, viel Mittelmeergemüse (vor allem Tomaten), Knoblauch, Prosciutto, Oliven und Olivenöl usw. Ein drittes Angebot schließlich umfasst lokale Gerichte. Sie sind primär Teil der mediterranen Küche und deshalb manchmal schwer zu unterscheiden von den erwähnten ‚klassischen' Mittelmeer-Gerichten. Die wichtigste Eigenschaft der lokalen Küche ist zum einen die Verwendung lokaler Zutaten und zum andern die ortspezifische Zubereitung.[7]

---

7   Einige Beispiele lokaler Gerichte: *Batuda* – Suppe mit Bohnen, Mais, Kartoffeln und geräuchertem Fleisch; *Braveća juha* – Rindfleischsuppe; *Buzara od mrkača* – Tintenfisch mit Kartoffeln und Knoblauch; *Miješana buzara* – gemischte Meeresfrüchte: Garnelen, Miesmuscheln, Tomaten, Knoblauch und Wein; *Oslić na crikvenički način* – Dorsch, traditionell zubereitet, mit Zwiebeln, Tomaten, Fischsuppe und Wein; *Pogača sa slanim srdelama* – rundes Brot mit Sardellen; *Rezani govedi biftek s kuhanim povrćem* – Beefsteak mit gekochtem Gemüse; *Riblji odresci s komoračem* – Fischsteaks (Goldbrasse oder Wolfsbarsch) mit Fenchel; *Salata od slanih inćuna* – Salzsardellensalat mit Knoblauch, Olivenöl, Zitrone, Oliven und Tomaten; *Uštipci s jabukama* – traditionelle Apfelkrapfen; *Mendule u cukru* – Mandeln in Zucker.

Abb. 3 und 4: Eingang und Terrasse des Restaurants Fontana in Crikvenica, Aufnahmen der Autorin

Die Befragten hatten eine genaue, natürlich inoffizielle persönliche Klassifikation der Gäste: Eine Gruppe möchte nur internationale Gerichte und ist, wie die Inhaber der Restaurants meinten, nicht an der lokalen Kultur interessiert. Eine zweite, in sich differenzierte Gruppe bilden jene Gäste, die die lokale Kultur besser kennen lernen wollen und die lokale Küche bevorzugen. Eine dritte, große Gruppe von Gästen besucht fast ausschließlich Fast-Food-Restaurants und zeigt nahezu kein Interesse an der traditionellen Küche.

Ein wesentliches Ziel der Feiern des Jubiläums ‚120 Jahre organisierter Tourismus' war es, die Bedeutung der traditionellen Küche hervorzuheben. Von den neun für das Jubiläum gegründeten Kommissionen war eine die Kommission für Gastronomie[8]. Als Teil des öffentlichen Festes, das das ganze Jahr dauerte, wurde ein kostenloser Kochkurs angeboten; die Teilnehmer erhielten ein Zertifikat, das ihre Fähigkeit bestätigt, die traditionellen Gerichte Crikvenicas zuzubereiten. Der Kurs fand im Februar 2008 im Hotel *Kaštel* statt, Leiter waren bekannte und mit mehreren Preisen ausgezeichnete Köche. Es wurde gezeigt, wie man 29 traditionelle Gerichte aus Crikvenica und Umgebung (Selce, Dramalj und Jadranovo) zubereitet. Diese Gerichte werden in den lokalen Restaurants angeboten, wodurch Crikvenica als einzige Stadt Kroatiens Restaurants hat, die für die Zubereitung lokaler Gerichte zertifiziert sind. Die Form der Bestätigung hat die Kommission für Gastronomie entworfen, die damit einem wachsenden Interesse der kroatischen und ausländischen Gäste für traditionelle regionale Kost entsprach. Um ein solches Zertifikat zu erhalten, muss in dem Restaurant wenigstens ein Koch, der den Kurs erfolgreich absolviert hat, tätig sein.[9] Von den 43 Köchen, die bisher den Kurs besucht haben, haben nur 26 die Prüfung bestanden und das Zertifikat erhalten. Die genauen Regeln für die Nutzung des Zertifikats sind noch nicht definiert, doch es wird bald festgelegt werden, wie viele lokale Gerichte jedes Restaurant anbieten muss, um das Zertifikat nutzen zu dürfen.[10] Für den öffentlichen Gebrauch hat die Kommission für Gastronomie zudem ein Kochbuch mit 30 traditionellen Rezepten herausgegeben und ins Internet gestellt.[11]

Es ist klar, dass das Anbieten traditioneller regionaler oder lokaler Kost heutzutage in erster Linie wirtschaftlichen Zwecken dient: Die Gäste verlangen lokale Authentizität und die Gastgeber bieten sie an. Dabei ist es meist nicht so wichtig, ob diese ‚Authentizität' auch wirklich ‚authentisch' oder nur (zum Teil) konstruiert ist;[12] die regionalen Elemente einer Kultur werden ständig neu gestaltet und in diese erneuerte Gestaltung fließen immer wieder alte Elemente ein und übernehmen neue Funktionen. Die Restaurants spielen hier eine weitere Rolle: Die wirtschaftlichen Bedingungen[13] begrenzen zu einem großen Teil das kulinarische An-

---

8 Die anderen Kommissionen befassten sich mit Gesundheitstourismus, Kultur und Kunst, Sport, Geschichte und kulturellem Erbe, Unterhaltungsprogrammen in der Gemeinde, Fischerei, Öffentlichkeitsarbeit, Marketing und visueller Identität sowie mit Gästebetreuung. In: „Odbori" [Kommissionen], Website „120 godina turizma" [120 Jahre Tourismus] (Anm. 3) (02.03.2008)

9 Dieses Beispiel zeigt, wie wichtig die Rolle des Kochs ist: „Chefs and cooks, particularly in private hotels and restaurants, typically have an orientation to the idea of service. There is the dedication to task because of the belief that the work they do is skilled, interesting and offers extensive scope for expressing their craft-like abilities." Urry (Anm. 6), S. 68. Mehr über Köche bei Anthony Bourdain: Dosje kuhinja. Mračne tajne kulinarskog svijeta. Zagreb: Fraktura 2007 (Kitchen Confidential: Adventures in the Culinary Underbelly, 2000)

10 Wie Anm. 4 und „Odbor za gastronomiju" [Kommission für Gastronomie], die Web-Seite „120 godina turizma" (<http://www.crikvenica.hr/home.asp?id=25&text=84&glavni=0>) (06.03.2008).

11 „Autohtona crikvenička jela" s. (24. 03.2008)

12 Urry (Anm. 6), S. 9.

13 „[…] restaurants were enterprises, confronted with marked rules of price setting, production cost, sale figures, workforce turnover, productivity and competitiveness." Marc Jacobs, Peter

gebot¹⁴, und die Restaurants müssen immer wieder um Status, Gäste und Umsatz kämpfen. Daher gibt es einerseits Anpassungen an die Bedürfnisse der Gäste und andererseits Innovationen, Spezialisierungen und eine wachsende Auswahl.

Unabhängig von der wirtschaftlichen Seite ist das Essen ein bedeutsamer Teil der lokalen Kultur und Identität. Für den Fremden sind Restaurants oder Gasthäuser der beste und manchmal auch der einzige Ort, wo man die lokale Küche kosten kann. Es sind nicht erst die heutigen Touristen, die so denken: "Nineteenth-century English and American tourists in Paris were among the first to assume that local 'national character' revealed itself in restaurant dining rooms"¹⁵. Doch es ist nicht nur das Essen selbst, sondern auch die Begegnung mit der lokalen Bevölkerung (als Personal oder als Gäste), die der Besucher in Restaurants interessant findet. Da die Besucher immer wieder neue Inhalte brauchen, wird das touristische Angebot auch immer wieder neu zusammengestellt.¹⁶ Im Fall von Crikvenica sind mehrere Faktoren miteinander verknüpft: wirtschaftliche mit kulturellen, historische mit dem Jubiläum sowie mit dem globalen Trend zur Revitalisierung von Elementen der ‚immateriellen Kultur' bei der Suche nach dem ‚Ursprünglichen'.

Dörfer, Städte oder Regionen, manchmal auch ganze Länder oder Weltregionen haben oft charakteristische, spezifische Lebensmittel oder Arten der Zubereitung, die wichtige Elemente der lokalen Identifikation sind. Nicht selten ist gerade das Essen das Hauptelement der Erzeugung von lokaler Identität. In manchen Regionen, die durch ihr Essen und Trinken bekannt sind, beispielsweise die Toskana, werden mehrtägige Reisen organisiert, die allein gastronomischen Zielen dienen: Man lernt die lokalen Restaurants kennen, macht Weinproben und nimmt aktiv an der Zubereitung des Essens, an Kochschulen u. ä. teil. Der Zeitplan solcher Reisen ist oft so dicht, dass es keine Zeit für Stadtbesichtigungen, Museen oder Spaziergänge gibt. Da das Gastro-Angebot zum elitären Tourismus gehört, gibt es auch eine entwickelte Industrie kulinarischer Reiseführer in Form von Büchern oder

---

Scholliers: Vaut ou ne vaut pas le détour. Conviviality, Costom(er)s and Public Places of New Taste since the Late Eighteenth Century. In: Marc Jacobs, Peter Scholliers (Hg.): Eating Out in Europe: Picnics, Gourmet Dining and Snacks since the Late Eighteenth Century. Oxford 2003, S. 1–15, hier S. 10.

14 „[…] a restaurant offered a choice of dishes, thus leaving the decision of that to eat to the individual. […] The change of the menu card reflected this innovation: before the breakthrough of the restaurant (an still today at weddings or private parties) a menu was mostly a card that informed the eater what he or she would eat, but with the restaurant a menu became a card that informed the eater about the choice and the price. It was a key element that allowed the marking of the boundaries, the stressing of preferences, the construction of good taste […]" In: Jacobs, Scholliers (Anm. 13), S. 10.

15 Rebecca L. Spang: The Invention of the Restaurant. Paris and Modern Gastronomic Culture. Cambridge 2000, (Harvard Historical Studies 135), S. 4.

16 Mirko Štifanić: Sociologija turizma [Soziologie des Tourismus]. Rijeka 2002, S. 41.

Fernsehsendungen. So gestaltet der Kochstar Anthony Bourdain die Sendung No Reservations (Discovery Travel & Living), in der er eine Weltreise macht und die lokale Gastronomie den Zuschauern vorstellt. Er hat mehrere Bücher veröffentlicht, die Bestseller wurden. In ähnlicher Form unternimmt die amerikanische Schauspielerin Joan Cusak eine Europareise und besucht die Küchen bekannter Restaurants, aber auch ‚normaler' Leute. Der gleiche Sender bietet auch die Sendung World Cafe, in der verschiedene Getränke und mit ihnen verbundene Bräuche gezeigt werden.

Die Befriedigung der Bedürfnisse von Reisenden ist, so können wir resümieren, ein komplexer Vorgang, der mehrere Wirtschaftsbranchen benötigt; die Gastronomie ist nur eine davon. Restaurants sind in erster Linie Wirtschaftsunternehmen und bieten an, was sich am besten verkaufen lässt, darunter auch Authentiziät; wenn nötig auch eine inszenierte Authentiziät. Crikvenica und seine systematische Förderung der ‚traditionellen lokalen Kost' fügen sich problemlos in diese Entwicklung.

Petăr Petrov

Die Inszenierung regionaler Nahrung.
Agrarprodukte und Festivalisierung in Bulgarien

Betrachtet man Nahrung in ihrem Zusammenhang mit Festen, so fällt fast überall in Europa wie auch in den USA ein Aufschwung der so genannten kulinarischen Feste ins Auge. In Ansätzen nach dem Zweiten Weltkrieg, verstärkt aber seit den 1970er Jahren eingeführt, erleben die Feste rund um regionaltypische Nahrungsprodukte und kulinarische Spezialitäten in den letzten etwa zehn Jahren einen wirklichen Boom. Kirschen-, Apfel-, Kartoffel-, Kürbis-, Melonen- und sonstige Obst- und Gemüse-Feste gibt es nun in großer Zahl. Sie prägen sehr deutlich die Fest- und Erlebniskultur in den südlichen Regionen Europas, besonders in Südspanien, Südfrankreich und Italien, ebenso an der mediterranen Küste der Türkei, wo nicht nur die Vielfalt der essbaren Pflanzen, sondern auch die Zahl der Touristen größer ist als im Norden. Allein für Sardinien listen die Reiseführer rund einhundert kulinarische Feste auf. Im Fokus dieses Beitrags wird Bulgarien stehen, ein Land, das zwar nicht im viel bereisten mediterranen Raum liegt, in dem sich aber in letzter Zeit die kulinarischen Feste ständig vermehren. Und mit ‚Vermehrung' meine ich sowohl die Tatsache, dass deren Zahl wächst, als auch die ‚Fortpflanzung' dieser Feste als Metapher, denn ein Fest liefert Muster für die Entstehung und Entwicklung weiterer oder neuer Feste. Im Folgenden möchte ich mich den Fragen zuwenden, wie Menschen in bestimmten Orten Bulgariens mit landwirtschaftlichen Nahrungsprodukten festlich umgehen und warum sie das tun. Es wird also um die Formen und Funktionen der Feste gehen.

Tabelle 1 listet 18 Feste auf, deren Entwicklung ich seit 2003 durch Feldforschung oder durch Auswertung von Medienberichten verfolge. Es existieren auch weitere Feste, über die ich jedoch nur spärliche Informationen habe, und es wird sicherlich noch andere geben, von denen ich nicht einmal gehört habe. In allen 18 Fällen stehen ausschließlich pflanzliche Nahrungsprodukte im Mittelpunkt der Festivitäten.[1] Die in der Tabelle aufgelisteten Entstehungsjahre zeigen, dass es nur ein einziges Fest älteren Datums gibt: das Melonenfest im Dorf Petrevene, 1937 zum ersten Mal gefeiert. Zwei Feste – das Kartoffelfest in der Kleinstadt Klisura (1986) und das Melonenfest im Dorf Salmanovo (1989) – sind in den letzten Jahren der Volksrepublik eingeführt worden, als in den frühen 1980er Jahren die staatli-

---

1 Nicht berücksichtigt wird eine kleine Zahl von Festen, die sich auf Produkte aus der Viehzucht oder auf kulinarische Spezialitäten richten. Hierzu gehören ein Salami- und zwei Joghurtfeste sowie zwei Feste, die Blätterteiggerichten gewidmet sind.

che Regulation des sog. „sozialistischen Fest- und Ritual-Systems"[2] gewisse Spielräume für lokale Initiativen zuließ. Die Premieren aller anderen Feste fanden erst im 21. Jahrhundert statt. Das älteste unter ihnen ist das Kartoffelfest in der Stadt Velingrad (2000), und die jüngsten – das Apfelfest im Dorf Ekzarch Josif, das Melonenfest im Dorf Zavoj und das Kartoffelfest in der Kleinstadt Čepelare – sind 2008 während der Entstehung des vorliegenden Artikels ins Leben gerufen worden.

Tabelle 1

Fest	Ort (Bezirk) Einwohnerzahl 2008	Entstehungsjahr
Melonen-	Petrevene (Loveč) 666	1937
Kartoffel-	Klisura (Plovdiv) 1.314	1986
Melonen-	Salmanovo (Šumen) 901	1989
Kartoffel-	Velingrad (Pazardžik) 25.714	2000
Pfirsich-	Gavrailovo (Sliven) 1.208	2002
Bohnen-	Raduil (Sofia) 1.127	2003
Bohnen-	Smiljan (Smoljan) 1.757	2003
Erdnuss-	Sadovo (Plovdiv) 2.457	2004
Paprika- und Tomaten-	Maraš (Šumen) 582	2005
Himbeeren-	Dolna Banja (Sofia) 4.803	ca. 2005
Erdbeeren-	Berkovica (Montana) 14.639	2006 (?)
Birnen-	Lovec (Šumen) 433	2006
Kürbis-	Sevlievo (Gabrovo) 26.329	2006
Kirschen-	Gabarevo (Stara Zagora) 1.695	2007
Mais-	Isperih (Razgrad) 10.147	2007
Apfel-	Ekzarch Josif (Ruse) 607	2008
Melonen-	Zavoj (Jambol) 1.067	2008
Kartoffel-	Čepelare (Smoljan) 5.546	2008

Die Agrarprodukte, die gefeiert werden, ergeben sich eindeutig aus den geographischen und klimatischen Bedingungen und somit aus der lokalen bzw. regionalen landwirtschaftlichen Situation. So befinden sich die Orte mit den drei Kartoffelfesten und den zwei Bohnenfesten in Gebirgsregionen. Im Nordosten des Landes, einer Region der Getreideproduktion, wird das Maisfest gefeiert. Im Flachland bzw. in den Ebenen nördlich und südlich des Balkangebirges, wo der Gemüse- und Obstanbau entwickelt ist, finden sich entsprechend die meisten Obst- und Gemüse-Feste. So befindet sich zum Beispiel das Dorf Gavrailovo mit

---

2 Petăr Petrov: Dorffest in Raduil. Zur sozialistischen Umgestaltung eines religiösen Festes in einem bulgarischen Dorf. In: Frank-Dieter Grimm, Klaus Roth (Hg.): Das Dorf in Südosteuropa zwischen Tradition und Umbruch. München 1997, S. 224-245, hier S. 225-230.

seinem Pfirsichfest im so genannten Tal der Pfirsiche bei der Stadt Sliven, südlich des Balkangebirges, und somit im größten geschlossenen Pfirsich-Anbaugebiet Bulgariens, wo ca. ein Drittel der Pfirsichgärten des Landes liegen. In den nur fünf Kilometer voneinander entfernten Dörfern Maraš und Salmanovo im Bezirk Šumen baut fast jede Familie Gemüse und Melonen an. Daraus entstand in Maraš das Fest der Paprika und Tomaten und in Salmanovo das Melonenfest. Aus landwirtschaftlicher Perspektive betrachtet, hätte praktisch jedes beliebige Dorf bei Šumen das Anrecht auf ein Melonen- oder Paprikafest, genau so wie jeder Ort im Pfirsich-Tal ein Pfirsichfest feiern könnte. Aus diesem Grund war auch das Pfirsichfest in den ersten drei Jahren seiner Existenz (2002-2004) ein Wanderfest, das jedes Jahr in einem anderen Ort veranstaltet wurde, und erst seit 2004 ist es in Gavrailovo endgültig beheimatet. Als Ausnahmen können die zwei Bohnenfeste betrachtet werden, die nämlich in Dörfern stattfinden, in denen man lokale und ausschließlich vor Ort gedeihende Sorten anbaut. Das heißt, nur hier hat man es mit echten lokal-spezifischen Produkten als Mittelpunkt der Feste zu tun.

Doch wie entsteht so ein Fest? Das Melonenfest in Petrevene ist nicht nur das einzige Fest mit einer längeren Geschichte, sondern auch das einzige, das aus einem konkreten Ereignis hervorgegangen ist. Wie trivial es auch immer erscheinen mag, bei diesem Ereignis handelte es sich um eine Überproduktion. Nach langjährigen Streitigkeiten und Gerichtsprozessen wegen eines Streifens Land zwischen Petrevene und dem Nachbardorf entschied das Gericht 1936 den Fall zugunsten der Petrevener Bauern, die auf dem erworbenen Boden Melonen anbauten. So kam es im Sommer 1937 zu einer Überproduktion. Zur selben Zeit war im Dorf eine Karikaturenausstellung organisiert, die Durchfahrende[3] durch das unübliche Angebot der Veranstalter anzog: Ausstellungsbesucher durften kostenlos Melone essen. So erwuchs aus diesem einmaligen Ereignis ein wiederkehrendes Melonenfest, das Gäste aus der sieben Kilometer entfernten Kreisstadt Lukovit und aus anderen Orten der Region lockte.[4]

Alle anderen 17 Feste wurden nicht infolge bestimmter Ereignisse ins Leben gerufen. Das heißt jedoch nicht, dass es keine Anlässe gegeben hätte. In allen Fällen kann man als Anlass den Wunsch der Bewohner betrachten, im eigenen Ort etwas Einmaliges und Kennzeichnendes zu schaffen, also etwas Besonderes. Das Beispiel eines der jüngsten Feste, des Apfelfestes in Ekzarch Josif, kann dies verdeutlichen. Seine Premiere wurde auf einer Pressekonferenz der Gouverneurin des Bezirks Russe am 27.2.2008 angekündigt[5]: Es würde am Tag von Mariä Himmel-

---

3 Das Dorf liegt auf dem Hauptweg zwischen den Großstädten Sofia, Pleven und Ruse, und die Verkehrsstraße ist gleichzeitig die Hauptstraße des Ortes.
4 Die Entstehungsgeschichte ist unter anderem auf der Webseite des Dorfes erzählt: <http://www.petrevene.com>. Das Fest ist ein Topos in den Erinnerungen meiner Mutter (in der Kreisstadt genau im Jahr des ersten Festes geboren) an ihre Kindheit und Jugend.
5 Darüber wurde berichtet in den Tageszeitungen und auf der Webseite der Bezirksverwaltung.

fahrt stattfinden und das *einzige* Apfelfest in Bulgarien werden. Ziel ist also die Kreation einer einzigartigen Form. Deutlich sind die expressiven und repräsentativen Funktionen des in Entstehung begriffenen Festes. Die Gouverneurin wies aber auch auf den tieferen Sinn des Unternehmens hin, nämlich auf „die Idee, durch neue Attraktionen Touristen anzuziehen" (so wie die Bauern von Petrevene 70 Jahre zuvor Besucher in die Ausstellung zu locken versuchten). Das Fest ist also eine Attraktion, seine instrumentelle Funktion ist in der Aussage der Gouverneurin explizit genannt.

Diese Entstehungsgeschichte kann stellvertretend für die Initiierung aller anderen Feste stehen. Unterschiede gibt es nur in den Ebenen, die die Ideen hervorbringen. Im Fall des Apfelfestes entsprang sie der mittleren Ebene der Bezirksverwaltung. In den meisten anderen Orten wurden jedoch die Feste ‚von unten' initiiert – vom Bürgermeister, dem Gemeinderat, vom örtlichen Kulturverein oder von einem Initiativkomitee und somit anders als in der sozialistischen Zeit, als Verordnungen oder Impulse für neue Feste vorwiegend ‚von oben' kamen.

Im Folgenden gehe ich auf die Fest-Elemente ein, die sich im Grunde nur wenig voneinander unterscheiden. So entwickelt sich z. B. das Kartoffelfest in Velingrad in Richtung einer überregionalen bzw. nationalen landwirtschaftlichen Messe (teilweise bedingt durch die Teilnahme des Verbands der bulgarischen Kartoffelanbauer als Mitveranstalter), während das Bohnenfest in Raduil immer stärker die Merkmale eines Folklorefestivals aufweist. Besonderheiten ergeben sich auch infolge des Stadt-Land-Gefälles: Den Festen in den Städten geht eine strengere Planung und Organisation voraus, während sich die Dorffeste durch Flexibilität und Spontaneität auszeichnen. Für die Zustellung der Gerichte für die kulinarischen Ausstellungen gibt es in den Städten festgelegte Termine. In den Dörfern dagegen kann man sein Gericht im letzten Augenblick, bis kurz vor der Eröffnung, mitbringen.

Zahlreicher sind allerdings die Gemeinsamkeiten. Wie schon gesagt, sind all diese Feste für Bulgarien neu, und zwar nicht nur im zeitlichen Sinne. Sie gehören einem neuen Festtyp an, d.h. sie haben keine Vorgänger und keine Entsprechungen, weder in der bäuerlichen Festkultur, auch wenn diese agrarkultisch geprägt war oder ist, noch in den Festen der Zünfte (Patronatstage der Zünfte im Bereich der Gastronomie) oder in den sozialistischen, von Partei und Staat verordneten und gelenkten Berufsfesten (Tag des Weinbauern und ähnliche mehr). Die Veranstalter greifen aber auf bestehende Formen zurück und führen Elemente aus den unterschiedlichsten Bereichen und Festtypen zusammen:

- aus der bäuerlichen Festkultur: Marktfeste und rurale Feste, auf denen Eintopfgerichte zubereitet werden, religiöse Kalenderfeste um die Erntezeit (etwa Mariä Himmelfahrt), Erntebräuche und sonstige Bräuche, die das Ende der Arbeitszeit markieren. Die neuen Feste sind aber ausschließlich weltlich und weisen in ihrer Dramaturgie keine geistlichen Zeremonien oder Bräuche mit Bindungen an die Religion

auf. Die einzige Ausnahme bilden der Gottesdienst und die Segnung
der Kessel mit Bohnensuppe auf dem Bohnenfest in Raduil;
- aus der gepflegten, folklorisierten Volkskultur: Folklorefestivals und
  andere folkloristische Darbietungen mit dem dazugehörigen Arsenal:
  Trachten, Lieder, Tänze, inszenierte Bräuche;
- aus der urbanen Popular- und Massenkultur, also aus der städtischen
  bzw. medial vermittelten Unterhaltungs-, Erlebnis- oder Spektakel-
  kultur: Party, Show, Miss-Wahlen, einschließlich ‚Miss nasses T-Shirt';
- aus den Zunftfesten und den großen überregionalen kulinarischen
  Messen wie ‚Bulpek' (Bäckermesse) und ‚Mesomania' (wörtlich
  ‚Fleisch-Manie', Metzgermesse) mit den für sie typischen Ausstellungen und Verkostungen;
- aus dem Paganismus oder, genauer gesagt, dem Neuheidentum: Auf
  dem Gemüsefest in Maraš etwa wird ein ‚Feuer der Fruchtbarkeit' ent-
  zündet, um das die Festanten Reigen tanzen;
- aus dem Bereich der Wissenschaft und Forschung: Auf jedem Fest
  wird am Vormittag oder, wenn es mehrere Tage dauert, am ersten Tag
  eine Rundtisch-Diskussion, ein Seminar oder sogar eine Konferenz
  veranstaltet, wo führende Experten für die jeweilige Pflanzenkultur
  ihre Forschungsergebnisse und Ideen in Fachbereichen wie Selektion,
  Agrotechnik, moderne Anbaumethoden, Ökonomie und Patentrecht[6]
  präsentieren. Seit 2004, also drei Jahre vor dem EU-Betritt des Landes,
  stehen im Mittelpunkt der Vorträge und Diskussionen die Probleme
  der Vermarktung konkreter Agrarprodukte in der EU und entsprechend die Anforderungen, deren Erfüllung das Erscheinen bulgarischer Produkte auf dem EU-Markt ermöglichen würde.

Schon bei der Premiere des Bohnenfestes in Raduil im Jahr 2003 standen 27 Ein-
zelveranstaltungen auf dem Programm, die auf drei Tage verteilt waren, den 15.–
17. August. Der erste Tag (Mariä Himmelfahrt) begann mit einem Gottesdienst in
der Kirche. Ihm folgte eine Diskussion von Experten, und für den dritten Tag war
unter anderem Felsklettern vorgesehen, dessen Teilnehmer das Logo des Festes an
die Felsen oberhalb des Dorfes anzubringen hatten. Am gleichen Tag sollten die
Gewinner der Wettbewerbe des vorigen Tages junge Bäume pflanzen und damit
die ersten Meter einer ‚Ehrenallee des Bohnenfestes' gestalten.[7]

---

6 Nach einem langjährigen Verfahren wurde 2007 die Smiljaner Bohne mit geschützter Ortsangabe ins Patentregister eingetragen und das Zertifikat wurde auf dem Bohnenfest 2007 feierlich
   präsentiert.
7 Das Programm wurde in einer anlässlich des Festes auf acht Seiten erschienenen Lokalzeitung
   veröffentlicht.

Die Feste leben von der stets neuen Auswahl und Kombination von Bestandteilen unterschiedlicher Provenienz. Im Unterschied zu den alten, meist religiös begründeten Festen, die gekennzeichnet sind durch festgelegte Abläufe und Handlungen sowie durch die Tendenz zur Beharrung, ist die Dramaturgie der neuen Feste durch die Suche nach Neuem und nach Vielfalt geprägt, die keine fest umrissenen Formen und Rollen zulässt. Trotzdem zeigt sich bereits mit den ersten Wiederholungen ein Regelmäßigkeitscharakter der Handlungen. Schließlich sind auch die Wahl- und Kombinationsmöglichkeiten nicht unbegrenzt, so dass eine gewisse Uniformität aller Feste entsteht, unter anderem auch durch die unvermeidliche Nachahmung. Denn Fernsehsender, Zeitungen und die zahlreichen Nachrichtendienste im Internet berichten in Bild und Wort über die Feste. So stellen die Reportagen für potentielle Festveranstalter Quellen dar, aus denen sie neue Ideen und Elemente schöpfen.[8] Sie gucken Formen und Motive voneinander ab. Die Feste sind nur insofern unterschiedlich, als die unterschiedlichen Produkte jeweils andere Inhalte der Festelemente vorgeben.

Auf jedem Fest werden die Produkte in Reihen von Ausstellungen, Darbietungen und Wettbewerben in Wort, Bild und Bewegung zelebriert. Hier seien die wichtigsten Bestandteile der Feste, in denen sich die Fantasie von Veranstaltern und Teilnehmern im kreativen Umgang mit den Produkten entfaltet, vorgestellt.

Im literarischen und musikalischen Bereich werden Essays, Gedichte, Lieder, lustige Kurzgeschichten, Witze und verbale Kurzformen wie Aphorismen und Rätsel rund um das Produkt vorgetragen. Dem theatralischen Bereich lassen sich die auf das jeweilige Agrarprodukt fokussierten Sketche zuordnen. Breitere Spielräume eröffnet der Kunst-Bereich: vom Produkt inspirierte Malereien und Karikaturen sowie Ausstellungen und Wettbewerbe, in denen das Produkt selbst das Rohmaterial ist. Hierzu gehören bemalte Kürbisse, Kürbis- und Melonenschnitzereien, aus Kürbissen, Melonen oder anderen Gemüsesorten gebastelte Figuren (kleine Skulpturen oder Puppen), Mosaiken aus Kürbis-, Bohnen- oder Erdnusskernen. In Smiljan, wo die lokale Bohnensorte große Kerne (länger als 3 cm) hat, werden die Kerne wie Ostereier bemalt. In all diesen Bereichen präsentieren sich grundsätzlich Kinder und Jugendliche, beim Figurenbasteln dürfen auch Erwachsene mitmachen, und auf manchen Festen, wie etwa dem Raduiler Bohnenfest, beteiligen sich sogar auch führende Karikaturisten und Satiriker.

Im Bereich Produktion konkurrieren Landwirte miteinander: Wer ist der beste Hersteller, wer hat seinen Stand am schönsten gestaltet und wer zeigt die größte Sortenvielfalt. Den Höhepunkt bilden aber das Abwiegen bzw. das Vermessen und die Prämierung des größten gezüchteten Produkts – die schwerste Melone, Kartoffel, Aubergine, Tomate usw., oder die längste Paprikaschote. Prämiert werden auch die kleinsten sowie die originellsten essbaren Exponate, d.h. die Mutanten

---

8 In einem Gespräch mit mir hat die Bürgermeisterin von Maraš auf die Rolle der Fernseh-Berichte aus anderen Orten für die Gestaltung des örtlichen Gemüsefestes hingewiesen.

und die ‚Exoten' – eine Aubergine und eine Kartoffel, die wie ein Pinguin und eine Schildkröte aussehen, oder eine Karotte, deren dreigliedrige Wurzel an einen nackten männlichen Unterkörper erinnert.

Erotik und Sexualität werden auf allen Festen thematisiert, sei es aufgrund der natürlichen Form der Früchte und des Gemüses, sei es durch die gebastelten Figuren oder mittels verbaler Aussagen und körperlicher Bewegungen. Das Vermessen der Melonen wird z. B. als das Maßnehmen von deren Brustumfang inszeniert. Und wenn die Gewinnerin unter den Melonen von einer Frau gezüchtet und mitgebracht worden ist, wie das auf dem Fest in Salmanovo 2006 und 2007 der Fall war, wird auch noch Maß vom Brustumfang der Melonenbesitzerin genommen und mit dem ihrer Melone verglichen. Ferner gibt es eine Miss-Wahl, und zwar ‚Miss Melonenbrüste', wobei die Kandidatinnen besondere T-Shirts tragen: Die Aufschrift auf der exakten Höhe der Brüste lautet „Wir schmecken gut." 2008 wurde das Festprogramm in Salmanovo um die Wahl von ‚Miss Melonen-Po' erweitert. Die spielerische Überschreitung sittlicher Grenzen reicht bis hin zu Tabuthemen wie dem Furzen. Absichtlich wird hier genau dieses Wort verwendet, so wie es auf den Bohnenfesten explizit benutzt wird, und nicht etwa euphemistische Bezeichnungen. Da Bohnen, wie übrigens alle Hülsenfrüchte, die stärksten Gasproduzenten im Darm sind, wird aus dieser Tatsache in Raduil und Smiljan in Wort, Bild und symbolischen Handlungen Gebrauch gemacht. Zahlreiche Scherze und lustige Geschichten werden erzählt; auf der Karikaturenausstellung in Raduil 2003 war ein Kochtopf in der Form einer Kanone zu sehen, und Kanonenschüsse eröffnen das Smiljaner Bohnenfest: Eine winzige Kanone feuert Bohnenkerne ab.[9]

Die phantasievollsten Kreationen findet man im kulinarischen Bereich, denn auf den Ausstellungstischen liegen nebeneinander lokale bzw. regionale Kost und international beeinflusste Gerichte und Kuriositäten, die eher einen ästhetisch-dekorativen als einen gastronomischen Wert aufweisen. Um in dieser eklektizistischen Wirre Ordnung zu schaffen, haben sich z. B. die Veranstalter des Kürbisfestes entschieden, den Wettbewerb in zwei Kategorien zu teilen: traditionelle und nichttraditionelle Gerichte. Da in Bulgarien der Kürbis nur als Nachtisch gewürdigt wird, gelten aus bulgarischer Perspektive nur die süßen Gerichte (gebackener oder gekochter gesüßter Kürbis, Blätterteiggerichte mit Kürbisfüllung) als traditionell. Entsprechend nichttraditionell ist alles, was aus dem ‚Westen' kommt, nämlich Kürbissuppe sowie Vor- und Hauptspeisen aus Kürbis. Darin zeigt sich eine umgekehrte Sicht auf das Exotische. Aus westeuropäischer Perspektive

---

9 Diese Anspielungen sind wohl die öffentliche Ausdehnung einer üblicherweise auf den privaten Raum beschränkten Scherz- und Lachkultur, wo die genannten Themen kein Tabu sind. In meiner Interpretation ist aber das öffentliche Vortragen auf den Festen weitgehend ein Ausdruck der seit der Mitte der 1990er Jahre zunehmenden Sexualisierungs- und Vulgarisierungstendenzen in der bulgarischen Popularkultur.

würde man eher an Gerichte aus Asien und von den Südseeinseln denken, während die bulgarische das Exotische im Westen Europas verortet.

Neben den ausgestellten mitgebrachten Speisen wird auf dem Festgelände Kochkunst live demonstriert. Die Besucher können die lokalen Zubereitungsarten und Konservierungsmethoden nicht nur beobachten, sondern bekommen auch die Möglichkeit, mit den Köchen zu interagieren – Fragen zu stellen, Erfahrungen auszutauschen, Rezepte zu bekommen, die Speisen zu kosten. Diese Möglichkeit gibt es erneut, wenn die Wettbewerbskommission die ausgestellten Gerichte gekostet hat. Dann dürfen auch diese Speisen von allen probiert werden. Man bekommt ‚Geheimtipps' für die Zubereitung und bezüglich der Wirkung des Produkts auf die Gesundheit, das Wohlbefinden und die Sexualität. Auch erhält man Informationen über die Vorzüge des lokalen Produkts im Vergleich zu andernorts hergestellten Exemplaren. Besonders hart ist die Konkurrenz überall dort, wo ein und dieselbe Pflanzenart gefeiert wird, etwa auf den Bohnenfesten in Raduil und Smiljan. Die Raduiler versuchen die Besucher zu überzeugen, dass ihre Sorte die bessere sei, denn die Bohnenkerne enthielten mehr Fett als die der Smiljaner Sorte, und die Smiljaner Kerne seien wegen ihrer zähen Hüllen schwer zu verdauen und überhaupt kaum zu genießen. Auf den meisten Festen steht der Ort auch außerhalb des Festgeländes im Zeichen des jeweiligen Produkts. So bieten die Gaststätten in Klisura, Sevlievo und Smiljan Kartoffel-, Kürbis- bzw. Bohnengerichte an.

Schließlich muss noch jener Bereich der Demonstration von Fertigkeiten erwähnt werden, der sich der höchsten Beliebtheit erfreut – die lustigen Spiele und Wettbewerbe rund um das jeweilige Produkt, an denen sich jeder beteiligen darf: Wer bereitet am schnellsten einen Salat zu, wer wirft eine Tomate am weitesten oder wer spuckt einen Melonenkern am weitesten; wer erreicht als erster das Ziel mit einem Sack voll Melonen auf dem Rücken oder wer schafft mehr Seilsprünge mit Melonen unter den Armen. Stets findet auch ein Wettessen statt: Zwei oder mehrere Personen essen Melone, Pfirsiche, Salate oder gefüllte Paprikaschoten um die Wette, wobei das spielerische und lustige Element im Zentrum steht (z.B. die Melonenstücke essen, ohne die Hände zu benutzen), und nicht etwa das sportliche, denn ein Wettessen als Sport gibt es auch. Oft sind die Spiele etwas mehr als lustige Wettkämpfe. Sie orientieren sich an kulturellen und sozialen Mustern und artikulieren, inszenieren oder kommentieren in spielerischer Form alltägliche Erfahrungen und Verhaltensweisen. So spielt etwa das Melonenkern-Weitspucken auf die Verhältnisse zwischen verfeindeten Nachbarn oder zwischen Schwiegermutter und Schwiegertochter an. 2007 fand das Melonenfest in Salmanovo zwei Monate vor den Kommunalwahlen, d.h. gerade während des Wahlkampfes statt, so dass der Wettbewerb im Kerne-Weitspucken ganz im Zeichen des gegenseitigen Anspuckens politischer Opponenten stand.

Es ist offenkundig, dass die Feste von spielerischen Selbstdarstellungen, Geselligkeit und Ausgelassenheit beherrscht werden und das Bedürfnis nach Vergnügen befriedigen. Trotzdem kann man nicht behaupten, dass die instrumentellen Funktionen wegfallen. Im Gegenteil, meiner Meinung nach überwiegen sie sogar. Anders aber als bei vergleichbaren Festen im westlichen Europa stehen bei den bulgarischen Festen kommerzielle Interessen nicht unmittelbar im Zentrum: Die ausgestellten Agrarprodukte und Speisen werden billig verkauft, und von einer Direktvermarktung lokaler Sorten kann oft nur sehr begrenzt die Rede sein. Die Bauern in Smiljan (und ähnlich in Raduil) bauen auf kleinen Flächen Bohnen an, denn der Arbeitsaufwand (manuelle Arbeit) ist bei der lokalen Sorte sehr groß. Mit nur etwa 500 qm pro Familie werden im ganzen Dorf nur zwischen 5 und 10 Tonnen im Jahr geerntet. Ein Teil davon bleibt für den Eigenbedarf, ein anderer geht an die Verwandten in den Städten, und der größere Teil wird an Stammkunden verkauft. Für eine echte Vermarktung bleibt also nichts übrig. Hieraus ergibt sich die These, dass im Fest keine unmittelbar mit dem Produkt verbundenen kommerziellen Absichten stecken, zumindest keine kurzfristigen. Das heißt jedoch nicht, dass die Feste keine pragmatische Relevanz haben. Im Gegenteil, die Veranstalter ordnen ihnen diese Bedeutung zu, doch handelt es sich eher um die Erwartung künftiger als um gegenwärtig realisierte Gewinne. Es liegt der Schluss nahe, dass die Feste zu Ehren der Agrarprodukte als Teile größerer langfristiger kommunaler Entwicklungspläne, hauptsächlich im Bereich des Tourismus, konzipiert sind.[10] Diese instrumentelle Funktion der Feste wurde von der eingangs zitierten Bezirksgouverneurin von Ruse explizit betont. Ein weiteres Beispiel ist das Himbeerfest von Dolna Banja: Als Wissenschaftler von der Universität für Volks- und Betriebswirtschaft Sofia 2006 eine Strategie für die Tourismusentwicklung in der Gemeinde entwarfen, arbeiteten sie das Fest als ein attraktives Element des ‚touristischen Produktmenüs' in die Strategie ein. Das Produkt sind hier eben nicht die Himbeeren, sondern es ist das Fest selbst.

Ich habe hier verschiedene Agrarprodukte erwähnt, doch als tatsächliches Produkt auf dem Fest erweist sich letztendlich stets das Fest selbst, und zwar als Attraktion, die zugunsten weiterreichender kommunalpolitischer und -wirtschaftlicher Ziele eingesetzt wird. Die Feste funktionieren somit als *Werbe-Feste*, durch die die Veranstalter die öffentliche Aufmerksamkeit auf die Orte lenken wollen. Davon zeugen die wirkungsvollen Präsentationen ebenso wie auch die Bemühun-

---

10 In den meisten Orten wird der Tourist aber auf die Verwirklichung der Entwicklungspläne lange warten müssen. Im Dorf Maraš macht der Zustand der Hauptstraße und der Gebäude in der Ortsmitte keinen guten Eindruck, und wenn man von dort Richtung Festplatz geht, eröffnet sich in den staubigen Nebenstraßen ein ziemlich trostloses Bild: ungepflegte Lehmziegelhäuser und -mauern, deren Verputz vom Regen teilweise weggespült ist. Auch dieses Dorf will Fremdenverkehr entwickeln, und zwar, wie es nun überall Mode ist, einen Wellness- und Spa-Tourismus, da am Rande des Ortes Mineralquellen vorhanden sind. Anders als im Westen Europas, wo Touristen erst nach der Ausdehnung bzw. Aufbesserung der örtlichen Infrastruktur mit kulinarischen Festen gelockt werden, veranstaltet man in Bulgarien zunächst die Feste und wartet dann auf einen Zustrom ausländischer Touristen. Insofern erscheint deren Ausbleiben nur konsequent.

gen der Veranstalter, prominente Personen aus Politik, Wirtschaft, Show-Business und Sport sowie möglichst viele Journalisten von überregionalen Medien einzuladen. Besonders eifrig und somit erfolgreich ist die PR der Organisatoren des Raduiler Bohnenfestes, die bereits bei der Premiere 2003 viele Berichterstatter gewinnen und sich zahlreicher Fernseh- und Zeitungsberichte[11] erfreuen konnten. Einen eindeutigen Werbewert hatte die Berichterstattung im Vorfeld desselben Festes 2004 und 2005, als zentrale Sofioter Zeitungen mehrere Artikel und Interviews über die Festvorbereitungen und die geplanten Ausstellungen und Wettbewerbe veröffentlichten. Die Veranstalter in den anderen Orten stehen den Raduilern jedoch kaum nach. Durch Pressekonferenzen und durch die Bulgarische Nachrichtenagentur BTA verbreitete Meldungen zu den Festprogrammen erreicht die Information über bevorstehende Feste praktisch alle Medien. Darüber hinaus findet sie Eingang ins Internet auf touristische Seiten und in kulinarische Foren. Auf den Festen selbst stehen die Journalisten geradezu im Zentrum des Festgeschehens, wobei sie nicht nur beobachten, filmen und interviewen, sondern stets in den Ausstellungen, Demonstrationen und Wettbewerben intervenieren.[12] Ich habe mehrmals beobachtet, wie Festteilnehmer, besonders die Zuschauer, auf störende Zeitungsfotografen und Fernseh-Kameraleute verärgert reagierten. Von den Veranstaltern werden sie aber geduldet, denn durch die Medienberichte, die in der Regel durch selektive und zum Teil sogar manipulative Verfahren für die Leser stets ein tolles, gelungenes Fest konstruieren, erreicht das Fest ein wesentlich breiteres Publikum. Seine Bekanntheit wächst und mit der Popularisierung des Festes popularisiert sich der Ort selbst.

Die Feste sind damit eindeutig *nach außen* orientiert und geöffnet. Sie sind nicht so sehr als Feste für die jeweiligen Ortsbewohner zu verstehen, sondern vielmehr als Feste für die Ortsfremden. Im Gegensatz zu den älteren, meist religiösen Festen, deren integrative und identitätsbildende Funktionen in der Regel nach innen, auf die in-group zielen, liefert die Selbstdarstellung auf den neuen Festen Identitätsangebote nach außen (im Sinne von PR und Image-Making) und zielt somit auf die out-group. Das heißt, jeder Ort will ein bestimmtes Bild von sich nach außen vermitteln und bei der out-group verfestigen, so dass möglichst viele Menschen in Bulgarien den Ort sowohl über das Agrarprodukt als auch über das Fest als einzigartig identifizieren.

Betrachtet man die Feste schließlich – auf einer etwas abstrakteren Ebene – als Indikatoren für kulturelle Prozesse, lässt sich folgende Entwicklung feststellen.

---

11 *24 časa* (19.08.2003) und *Standart* (17.08.2003), zwei wichtige Sofioter Tageszeitungen mit landesweitem Vertrieb, publizierten umfangreiche Berichte, Interviews und viele Bilder. *Standart* widmete dem Ereignis zwei ganze Seiten.
12 Meine These ist, dass die Journalisten durch ihr Verhalten nicht nur das Fest für die Leser und Fernsehzuschauer inszenieren, sondern auch das Fest für die Teilnehmer und Besucher vor Ort mitgestalten.

Durch die zentralistische Lenkung aller öffentlichen Feste in der Zeit des Sozialismus war die Mehrheit der Bulgaren in die Passivität getrieben worden, wodurch die Kreativität ihres Handelns bei der Gestaltung öffentlicher Feste stark eingeschränkt wurde. Die staatliche Lenkung veränderte ihre Mentalitäten und ihr Verhalten dahingehend, dass sie in den ersten Jahren nach dem politischen Umbruch 1989 (und in vielen Orten bis heute) die Gewohnheit beibehielten, auf Angebote und Maßnahmen ‚von oben' zu warten, ohne die Rolle aktiver (Mit-)Gestalter zu übernehmen.[13] Dadurch erklärt sich die Tatsache, dass in den 1990er Jahren kein einziges ‚kulinarisches Fest' entstand. Das Jahrzehnt war vielmehr, besonders auf dem Lande, geprägt durch die Rückkehr zu religiösen, kirchlichen Festen[14], die man im atheistischen Staat vernachlässigt oder gar aufgegeben hatte und nun revitalisieren wollte. Erst seit ca. 2000 lässt sich eine neue Tendenz beobachten, nämlich eine gewisse Abwendung von den religiösen Festen und zugleich die Suche nach neuen Festen aus Anlässen in fast allen denkbaren Bereichen, die ausschließlich auf spielerisches Spaß-Erleben zielen.[15] Diese Tendenz, die ich als „Festivalisierung"[16] bezeichnen möchte, äußert sich sehr prägnant in den Festen zu Ehren von Agrarprodukten.

---

13 Vgl. Petrov (Anm. 2), S. 242f.
14 Siehe: Milena Benovska-Săbkova: Obrok. A Type of Religious Behavior in the Post-Totalitarian Period. In: Christian Giordano u.a. (Hg.): Bulgaria. Social and Cultural Landscapes. Fribourg 2000, S. 115-125.
15 Der Wandel ist unter anderem dadurch zu erklären, dass in der Zwischenzeit viele Bulgaren die Möglichkeit hatten, ins westeuropäische Ausland zu fahren und dort neue Unterhaltungsformen kennen zu lernen oder diese Formen durch die Medien vermittelt zu bekommen. Dazu hat offensichtlich auch der bayerische Feste-Export beigetragen. Im Herbst 1993 veranstalteten bayerische und deutsche Vertretungen in Sofia zum ersten Mal ein Mini-Oktoberfest. Seither finden in Sofia und anderen Städten regelmäßig Bierfeste statt. Übernommen wurde sogar das deutsche Wort Fest. So heißt das Bohnenfest in Raduil auf Bulgarisch „Bob-Fest" (Bob = Bohne).
16 Klaus Roth: Alltag und Festtag im sozialistischen und postsozialistischen Osteuropa. In: Ders. (Hg.): Feste, Feiern, Rituale im östlichen Europa. Studien zur sozialistischen und postsozialistischen Festkultur. Münster 2008, S. 11-29, hier S. 21ff.

*Abb. 1: Paprika- und Tomatenfest in Maraš, 25.8.2007 –
Teil der kulinarischen Ausstellung*

*Abb. 2: Paprika- und Tomatenfest in Maraš, 25.8.2007 –
Verkauf ausgestellter Gerichte*

*Abb. 3: Melonenfest in Salmanovo, 26.8.2007 –
Gestaltung eines Ausstellungsstands: Fruchtsalate in Melonenhälften und -schalen*

*Abb. 4: Melonenfest in Salmanovo, 26.8.2007 –
die größte Melone wird gesucht.*

*Abb. 5: Melonenfest in Salmanovo, 26.8.2007 –
Vermessen der Melonen*

*Abb. 6: Melonenfest in Salmanovo, 26.8.2007 – Andrang von Fotoreportern bei
der Präsentation der größten und der kleinsten Melone*

Agrarprodukte und Festivalisierung in Bulgarien 217

*Abb. 7: Melonenfest in Salmanovo, 26.8.2007 –
Seilspringen mit Melonen in den Armen*

*Abb. 8. Melonenfest in Salmanovo, 26.8.2007 –
Wettessen im „Fokus" der Aufmerksamkeit*

Alle Aufnahmen: Petăr Petrov, Sofia

Max Matter

Siegt das Virtuelle über die Realität – oder wo bleiben die wesentlichen Sinneseindrücke? Medialisierte Nahrungszubereitung

In den letzten Jahren ist immer mal wieder behauptet worden, es hätte sich eine große Kluft aufgetan zwischen dem Essen im ganz normalen Alltag einerseits und zu herausgehobenen Gelegenheiten andererseits. Dies gelte, so ist gesagt worden, nicht nur für das, was gegessen wird, sondern auch dafür, wann, wie, mit wem und unter welchen Umständen Mahlzeiten eingenommen werden. Trotz eigentlich guter Voraussetzungen, täglich etwas frisch Zubereitetes auf den Tisch zu bringen, greife man im Alltag auf industriell Vorgefertigtes zurück. Statt selber zu kochen, rühre man nur noch zusammen, taue auf und erhitze. Auch die Essenskonsumation sei informalisiert: man würde, statt zu festgesetzten Zeiten, gerade dann essen, wenn man Appetit verspüre, vielfach allein und nicht in Gemeinschaft mit anderen, womöglich noch im Gehen und aus der Hand. Solch kulturkritischen Bemerkungen zu Nahrungskultur und Etikette ist entgegnet worden, der Prozess der Zivilisation sei nicht gestoppt oder gar rückläufig, Informalisierungen würden die Regeln nicht grundsätzlich, sondern nur vorübergehend außer Kraft setzen. Zu besondern Gelegenheiten und je nach Personen bzw. Gruppierungen würde man zu fast jedem Abendessen, mindestens zum familiären Sonntagsbrunch, bei Einladungen zum Essen, Familienfeiern usw. dann dafür besonders auf die Einhaltung von Essensregeln achten. Es sei gerade ein Zeichen moderner Esskultur, dass man situationsgerecht sich eben einmal so und dann wieder anders verhalten könne. Trotz aller Apologetik, die Kritik überwiegt: So meint etwa der Gastrokritiker und ZEIT-Kolumnist Wolfram Siebeck: „Viele Deutsche kochen heute überhaupt nicht mehr. Sie kaufen nur Fertigprodukte. Rein in die Mikrowelle, fertig. Das ist ein absoluter Einbruch in unserer kulturellen Entwicklung."[1] Und, so Siebeck weiter: „Der Familientisch in seiner Eigenschaft als Schule des Geschmacks existiert kaum noch. Die Kinder, mit Nutella, Pommes und Majo plus Limo abgefüttert, sind auf Jahre für den kulinarischen Genuss verloren; für Erwachsene rangiert Genuss weit hinter Geiz."[2]

---

1 Arno Makowsky: Wolfram Siebeck über Deutsche. Ein Interview mit Deutschlands bekanntestem Gourmet-Kritiker, der unablässig gegen die Grobschlächtigkeit der deutschen Esskultur kämpft. In: Süddeutsche Zeitung, 23.12.2006; <http://www.sueddeutsche.de/leben/artikel/125/96029/> (September 2008).
2 Wolfram Siebeck: Vorsicht, Schlaraffenland! Wolfram Siebeck kämpft seit dreißig Jahren für mehr Genuss und besseres Essen. Mittlerweile ist ihm die Kochbegeisterung der Deutschen nicht mehr ganz geheuer. Eine Neujahrsansprache. In: Die Zeit, 29.12.2005.

Andererseits, so scheint es, bringt man bei aus dem Alltag herausgehobenen Gelegenheiten dann all sein kulinarisches Wissen und Können sowie auch nicht wenig Geld zum Einsatz. Das Dinner hat dann, ganz in Anlehnung an eine der Fernsehkochshows „perfekt" zu sein. Überlegungen dazu, was man seinen Gästen auftischen möchte, können sehr zeitaufwändig sein, werden dabei doch gerne Kochbücher, Zeitschriften, eigene Rezeptsammlungen usw. durchstöbert. Auch eingekauft wird nicht, wie vielleicht im Alltag, beim Discounter, es kann ruhig etwas mehr kosten, muss dann aber auch ganz frisch und vom Spezialisten, am besten vom Erzeuger direkt sein. Die Zubereitung macht, mindestens bei der Erzählung darüber beim späteren Essen, nur Spaß und geht locker von der Hand. Je nach Anlass und Gästerunde gehört vielleicht auch schon die Essensvor- und -zubereitung in lockerer Atmosphäre bei einem Glas Wein – ganz wie bei Biolek – zur Abendeinladung dazu. Ein Blick in Magazine, die sich der Gastrosophie verschrieben haben und sich an selbsternannte Feinschmecker richten, ergibt, dass sich, im Vergleich zu noch vor wenigen Jahren, immer mehr Sternelokale etablieren und offenbar auch halten können. Umfragen zeigen auch, dass die Gäste im Schnitt immer mehr bereit sind, mehr Geld pro Restaurantaufenthalt auszulegen.

Schon vor Jahrzehnten machte Ulrich Tolksdorf deutlich, dass in unserer Gesellschaft die alltägliche Nahrungszubereitung für die eigene Familie, die Endoküche, den Frauen zugeordnet ist, dass aber die Essenszubereitung, die sich nach außen wendet, das Kochen für Gäste usw., die Exoküche, gerne von Männern übernommen wird.[3] Einmal abgesehen davon, ob Frauen dann tatsächlich – wie oft behauptet – nur als Küchensklaven zum Putzen und schnippeln sowie zum Abwasch zugelassen sind, Männer – so scheint es – kochen anders. Konrad Köstlin vertritt die Auffassung, gelegentlich einmal kochende Männer wären dafür verantwortlich, dass sich in zahlreichen Küchen, in denen im Alltag hauptsächlich aufgewärmt wird, Spezialgeräte und teure Küchenmaschinen in großer Zahl finden lassen.[4] Es sind Männer, die Spezialreiben zum Abreiben von Zitrusfruchtschalen oder sonst mindestens einen Zestenreißer für diese Arbeit kaufen oder sich schenken lassen. Auch Anschaffungen wie Trüffelhobel, Fleischkerntemperaturmesser, Pinzetten zum Ziehen von Fischgräten, Austernöffner, irrsinnig teure Messer, Spitzsiebe – um nur einige wenige für Hobbyköche absolut unentbehrliche Küchengeräte zu nennen – werden von Männern getätigt oder mindestens veranlasst. Nach wie vor haben Kochbücher, zu den verschiedensten Küchen der Welt und immer aufwändiger illustriert, Konjunktur.[5]

---

3   Ulrich Tolksdorf: Grill und Grillen. Oder: die Kochkunst der mittleren Distanz. Ein Beschreibungsversuch. In: Kieler Blätter zur Volkskunde 5 (1973), S. 113–133.
4   Konrad Köstlin: Neue Männer an neuen Herden. Zelebration am heiligen Ort. In: Schweizerisches Archiv für Volkskunde 101 (2005), S. 91–102.
5   So sieht man zum Beispiel auf der Internetseite <http://www.buchhandel.de>, dass mit den Erscheinungsjahren 1999 und 2000 nur 47 Ergebnisse für den Suchbegriff „Kochbuch" gefunden werden. Für den Zeitraum 2003 bis 2004 gibt es 152 und für die Jahre 2006 und 2007 bereits 237 Ergebnisse (September 2008).

Zahlreiche Magazine zu den Themen Essen und Trinken, zum Lifestyle finden ihre Abnehmer.

In den letzten Jahren sind verstärkt auf fast allen Fernsehsendern, insbesondere aber beim Privatsender VOX, zum Teil mehrmals täglich, Sendungen zum Kochen, Essen und Trinken usw. zu sehen. Wer den Fernseher einschaltet und ein wenig herumzappt, landet meist nach wenigen Minuten bei einer Kochsendung. Die bekanntesten unter ihnen erreichen traumhafte Einschaltquoten. So haben sich fast zwei Millionen Zuschauerinnen und Zuschauer einzelne Darbietungen von Kerners Köchen angeschaut und dies, obwohl die jeweiligen Erstsendungen am Freitagabend um 23 Uhr ausgestrahlt werden. Um eine schlichte Ratgebersendung zur gesunden Ernährung kann es sich dabei wohl nicht handeln. Wo aber liegt der Mehrwert? Warum hat Kochen und darüber reden überhaupt einen Unterhaltungswert?

Wie lässt sich das zweifellos bestehende Zuschauerinteresse an Kochsendungen erklären? Bestehen vielleicht Zusammenhänge zu der eingangs aufgezeigten Diskrepanz zwischen einer Aufwärm-, Schnell- und Dürftig-Küche im Alltag und einer höchst elaborierten Festtags- und Ausnahme-Küche andererseits? Und, so wäre zu fragen, gilt dieses Interesse an der Arbeit von Profi-Köchen, an Produktinformationen, Rezepten und Kochshows für die Gesellschaft insgesamt oder doch nur für bestimmte Schichten und Milieus? Sind wir gar bestrebt mehr über gutes Essen und Trinken zu erfahren? Dann wären Befürchtungen, wie sie oft geäußert werden, Kenntnisse über die Zubereitung von Speisen gingen immer mehr verloren, Convenience- und Fastfood dominierten unsere Ernährung zunehmend, überhaupt grundlos. Der vielfach ausgezeichnete Starkoch Eckart Witzigmann, der Kochsendungen und Fernsehköchen durchaus kritisch gegenübersteht, stimmt dem gewissermaßen zu, wenn er meint, dass in Deutschland etwas in Bewegung sei, der Stellenwert von Essen und Trinken steige.[6] Trifft dies wirklich für die Bevölkerung in ihrer gesamten Breite, oder doch nur für Teile der Bessergestellten zu? Kann und will man überhaupt mit solchen Kochsendungen auf das Ernährungsverhalten der Vielen einwirken, werden intelligente Gerichte entwickelt, gesunde, der Zeit und den neuen Essgewohnheiten angepasste Speisen präsentiert?

Wenn ich mich im Folgenden mit Kochsendungen, ihren Akteuren und ihrer Beliebtheit beim Publikum auseinander setze bin ich mir bewusst, dass das vor mir in unserem Fach schon andere getan haben.[7] In wie weit es gelingt, über bereits Präsentiertes hinauszukommen, muss sich später zeigen. Die Frage nach den Gründen der Beliebtheit dieses Programmtyps ist nur sehr schwer zu beantworten

---

6 Gala, 15.11.2007. Zitiert nach <www.blogjoy.de/tag/kochsendung> (September 2008).
7 So zum Beispiel Sabine Allweier: Ein Conférencier des guten Geschmacks. Notizen zur Kochsendung „Alfredissimo!". In: Schweizerisches Archiv für Volkskunde 98 (2002), S. 89–100; Kathrin Heise: „The Naked Chef". Performanz in der Küche. In: Volkskunde in Niedersachsen 21/2 (2004), S. 21–33.

und auch Kochshow-Stars wie Tim Mälzer können selber nicht sagen, was an Kochen so faszinierend sein soll. Mälzer meint: „Es ist Entertainment und natürlich auch Ersatzbefriedigung: Zugucken macht auch satt."[8]

Lange bevor deutsche Nachahmer des englischen Jungstars Jamie Oliver wie Ralf Zacherl und Tim Mälzer auf dem Bildschirm anfingen zu zeigen, wie leicht und schnell alles geht, wie rasant sie schnippeln und schwatzen können und selbst Jahre vor den x-fach wiederholt ausgestrahlten Sendungen mit dem Gentlemankoch und Plauderer Alfred Biolek gab es Kochsendungen im Fernsehen. Als erster deutscher Fernsehkoch gilt der 1906 geborene Carl Clemens Hahn, der ab 1953 unter dem Pseudonym Clemens Wilmenrod in der Sendung *Bitte, in zehn Minuten zu Tisch – Kochkunst für eilige Feinschmecker* Tipps für die moderne Hausfrau bot. Der Mann, der als Markenzeichen eine Karikatur seines eigenen Portraits auf seiner Kochschürze trug, war Schauspieler und kein gelernter Koch. Phantasie bewies er bei der Namengebung seiner Kreationen, etwa als er gewöhnlichen Buletten den exotischen Namen „Arabisches Reiterfleisch" verpasste. Ihm wird auch die Erfindung des Toasts Hawaii zugeschrieben. Die Kombination von süß, sauer und salzig bzw. Toastbrot, Schinken, Dosenananas und Edamerkäse war in den 1950er Jahren ungewohnt, nahm Geschmackserlebnisse, die erst später auf die Deutschen zukommen sollten, voraus, hatte tatsächlich eine exotische Note und entsprach einer neuen kulinarischen Offenheit und den wieder vorhandenen Möglichkeiten der beginnenden Wirtschaftswunderzeit. Wie bei einigen heutigen Fernsehköchen musste es auch bei Clemens Wilmenrod schnell, „in 10 Minuten zu Tisch" gehen. Eine Hilfe war ihm da sein „Heinzelkoch", ein „Schnellbrater" mit zuschaltbarem Infrarotgrill der Firma Müller-Schuss aus Bad Berleburg.[9] Wenn Wilmenrod damals auch seiner Zeit und dem Motto „Bitte, in zehn Minuten zu Tisch" entsprechend, keine Scheu hatte, Dosengemüse, Saucenpulver, Ketchup usw. zu benutzen, so dürfte er doch nicht unerheblich dazu beigetragen haben, dass die Deutschen offen wurden auch für fremdländische Gerichte und Zutaten, die er angeblich während seiner Reisen kennen gelernt hatte. Wilmenrod war bei seinen Zuschauern, insbesondere bei Hausfrauen sehr beliebt. Seine Gerichte wurden vielfach nachgekocht bzw. seine Zubereitungsarten übernommen. Bekannt geblieben ist die Geschichte darüber, dass Tage nach einer Sendung, in der er Kabeljau zubereitet hatte, Kabeljau weitgehend ausverkauft war.[10]

---

8 Vanity Fair, 47 (2007). Zitiert nach: <http://www.blogjoy.de/2007/11/14/tv-koch-tim-maelzer-aergert-sich-ueber-kritik-von-kollegen/> (Oktober 2008).

9 Nach anderen Angaben handelte es sich um ein Produkt der Firma EMKA-Metallwarenfabrik zu Lüdenscheid i. W. Daneben gibt es glaubhafte Hinweise darauf, der Heinzelkoch sei von der gleichnamigen Dortmunder Firma gefertigt worden.

10 „Als Wilmenrod Kabeljau auf eine besonders schmackhafte Art anbot, war Kabeljau am nächsten Tag in Düsseldorf ausverkauft", berichtete das *Düsseldorfer Handelsblatt* 1954. Siehe: <http://www.willmenrod.de/Ort/fkoch/donclemente.htm> (September 2008).

Wilmenrod blieb als Fernsehkoch nicht lange alleine. Sein späterer Freund und Kollege, der Küchenmeister und vormalige Schiffskoch Hans Karl Adam trat bald als *Der Fernsehkoch* beim Bayerischen Fernsehen auf. Er verfasste – zum Teil bezogen auf seine Fernsehsendungen, aber auch weit darüber hinaus – über siebzig Kochbücher. Ab 1964 kochten der Journalist Ulrich Klever und der Koch Max Inzinger im ZDF in der Sendung *Die Drehscheibe*. Beide haben mindestens Kücheninteressierte bestimmter Jahrgänge nachhaltig geprägt, so finden sich noch heute Hinweise im Internet, von Inzinger hätten sie den Tipp, an bestimmte Fleischgerichte Zimt zu geben, eine Sache, die ihnen zuerst sehr fremd gewesen sei, heute aber ganz selbstverständlich zu ihrem Kochstil gehöre.

Neben weiteren Kochsendungen machten ab 1982 im deutschen Südwesten das ‚Rentnerpaar' Kathrin Rüegg und Werner O. Feißt ihre Zuschauer mit dem bekannt, „was die Großmutter noch wusste". Bis zum Tod von Werner O. Feißt 2006 wurden ihre Sendungen mit einem eindeutig nostalgischen Anstrich in regelmäßigem Abstand ausgestrahlt. Man mochte Rüegg und Feißt, oder eben auch nicht. Das eine oder andere des von ihnen Gezeigten wird zur Nachahmung angeregt haben, die wenigsten Zuschauer dürften aber die Rezepte wirklich ausprobiert haben. (Etwa: „Wir bereiten nun „Arme Ritter" zu, ein ganz tolles Gericht zur Verwertung von altem Brot.") Nach heutigem Verständnis handelt es sich nicht eigentlich um eine Kochsendung, sondern es wurde gezeigt, wie ganz anders das Leben zu „Großmutters Zeit" war. Nirgends wurde deutlich ausgesprochen, ob Katrin Rüegg – nun gewissermaßen im Großmutteralter – sich auf ihre eigene Jugendzeit oder doch eher auf die Zeit ihrer eigenen Großmutter bezieht. Es darf aber angenommen werden, dass es um die Zeit gehen soll, in der Rüeggs Großmütter im jungen Erwachsenenalter waren. Damit käme man in die Nähe solcher Sendungen, die das Alltagsleben vor rund hundert Jahren thematisieren.[11]

Für die Anhänger und Bewunderer von Alfred Biolek ist es eine ausgemachte Sache, dass erst er mit seiner Sendereihe *alfredissimo*, einer Kombination von Koch- und Plauderstunde, den wahren Fernsehkochboom ausgelöst habe. Zwölf Jahre lang kochte er in über 450 Sendungen mit Gästen in „seiner Küche", unterhielt sich mit ihnen und gab in Richtung seiner Zuschauer seine Weisheiten wie: „ich nehme immer einen Wein zum Kochen, den ich auch gerne trinke", oder „verwenden Sie nur allerbestes kalt gepresstes Olivenöl" usw. zum Besten. Auch er ist offenbar der Meinung, den Kochsendungsboom ausgelöst zu haben, meinte er doch: „Ohne zu übertreiben kann man sagen, dass *alfredissimo* Auslöser einer ganzen Fernsehgattung war."[12]

---

11 Zu denken wäre an Sendungen wie *Das Schwarzwaldhaus 1902* eine Dokumentation über eine Familie von heute, die wie vor hundert Jahren für ein paar Wochen auf dem Kaltwasserhof gelebt hat. S. <http://www.swr.de/schwarzwaldhaus1902/index.html>.
12 Zitiert nach: Letzte Runde für „alfredissimo". In: WDRPrint, 366 (2006), S. 13.

Eine Reihe weiterer Köche, aber auch Gastrokritiker, die in den 80er und 90er Jahren ihre Sendungen bekamen, wären zu nennen. Einige von ihnen kochen heute noch im Fernsehen, die Sendungen anderer wurden eingestellt, was aber nicht heißt, dass sie nicht mehr in der Szene präsent wären. Einer von denen, für die nach sechs, zehn oder zwölf Sendungen Schluss war, ist der als Gourmet-Papst bejubelte und als Snob kritisierte Wolfram Siebeck. In der Wochenzeitung DIE ZEIT beschrieb er rund 25 Jahre später, wie er für jede Folge seiner Sendung hoch dekorierte Köche zu sich nach Hause einlud und ihnen ein Menü kochte. „Sie kamen alle, Haeberlin, Jung, Stucki, Winkler, Huber und wer damals sonst noch zwei oder drei Michelin-Sterne besaß", so Siebeck, „und ließen sich von mir bekochen. Sie hatten nichts zu tun als aufs Essen zu warten, während mir in der Küche vor der Kamera die Topfdeckel aus den Händen fielen. Dann wurde mein Menü gegessen, welches die Großmeister kommentieren mussten. Manches ging schief, das ist unvermeidlich, wenn Amateure es den Meistern gleichtun wollen. Aber es hat großen Spaß gemacht. Nicht nur mir. Offenbar war das Prinzip der Sendungen – Amateur kocht zu Hause für Profiköche – so neu, dass sogar die ‚Herald Tribune'[13] ausführlich darüber berichtete."[14]

Die Idee war sicher neu und pfiffig und könnte heute wieder eine Erfolgschance haben. Nur damals kam nach zwölf Sendungen das Aus. Neben einigen Weiteren, die damals im Fernsehen den Kochlöffel schwangen und sich charmant mit Gästen unterhielten und trotzdem aufhören mussten, sind ‚Urgesteine' wie Vincent Klink, Alfons Schuhbeck und Johann Lafer auch heute noch aktiv dabei. Zum Teil treten sie nun sogar häufiger als ehedem und in neu konzipierten, verstärkt auf Unterhaltung ausgerichteten Sendungen auf. Trotz allem bleiben einzelne Darbietungen dieser Herren etwas trocken und haben immer noch mehr von einer Ratgeber- als von einer Unterhaltungssendung an sich. Bei allen von ihnen kann man, wenn man denn will, tatsächlich kochen lernen oder mindestens eine Menge von Kochtipps mitnehmen. Diese Köche zeichnen sich darüber hinaus dadurch aus, dass sie sich für ihre Restaurants Sterne erkocht haben und erfolgreich große Gastronomieunternehmen leiten, die sich in Restaurants, Kochschulen, Verlage, Produktlinien usw. diversifiziert haben. Alle drei sind also sehr erfolgreiche Kochprofis.

Von Kochprofi in einem eigentlichen Sinne wird man bei Jamie Oliver, einem jungen englischen Koch, der meiner Meinung nach der eigentliche Auslöser des heutigen Kochhypes war, sicher nicht sprechen können. Auch wenn heute Jamie

---

13 Richard Berstein: Why are there no shallots in Germany? One man dared to ask, and today he is rich, powerful and known as Mr. Food. In: International Herald Tribune, 03.11.2008.
14 Wolfram Siebeck: Big Brater. Wolfram Siebeck war selbst einmal Fernsehkoch. Umso mehr bedauert er den Sterne-Koch Christian Rach, der sich seit voriger Woche auf RTL in „Teufels Küche" begibt, wo ihn nervige Promis in den Wahnsinn treiben. In: Die Zeit, 14.04.2005. <http://www.zeit.de/2005/16/Siebeck_2fKolumne_Kochshows> (September 2008).

Oliver genauso wie etwa Johann Lafer und Alfons Schuhbeck seine Kochbücher, Videos, DVDs, seine Restaurants und eine umfangreiche Produktpalette, die unter seinem Namen läuft, vermarktet, – und so auch Profi ist – gibt er sich nach wie vor als cooler Jungkoch. Er präsentiert sich als Wirbelwind, der durch die großzügig geschnittene und toll ausgestattete Küche saust. Höchstselten – wenn überhaupt – zeigt er sich in Berufskleidung; der „naked chef" ist zwar nicht nackt, trägt aber saloppe Freizeitkleidung, meist T-Shirts, die mehr oder weniger zu seinem entsprechenden Kochanlass passen. Bei ihm scheint ein Stück weit demonstrativ vorgeführte Unprofessionalität zum Markenzeichen zu gehören. Er gibt sich als Naturtalent, als Junge, dessen Eltern einen Pub betreiben, in dem er schon mit acht Jahren in der Küche aushalf und dies nicht nur beim Spülen. „Mit elf konnte ich schon hacken wie der Teufel." Sechzehn Jahre alt, so erfährt man in seiner biographischen Selbstdarstellung, war er so schlecht in der allgemein bildenden Schule, dass er sie verließ, um an einem Catering College zu ‚studieren'. Dort scheint er einiges gelernt zu haben. Zumindest berichtet er immer wieder gerne von dem, was er auf diesem College alles vermittelt bekommen habe. Doch das meiste seines Kochwissens und -könnens, so behauptet er wenigstens, habe er sich selber beigebracht oder sei ihm quasi im Schlaf eingefallen. Ob ihm alle seinen ihm häufig und leicht von den Lippen gehenden Ausspruch: „Das war eine geniale Erfindung von mir", für wahr abnehmen, wenn er etwa behauptet, er hätte eine bestimmte, an und für sich aber weit herum bekannte, Pastasauce erfunden, können wir hier ruhig in Frage stellen. Alles geht easy und locker von der Hand – kochen ist cool. Genaues Abwiegen und Abmessen der Zutaten scheint unwichtig: „Da gehen wir einfach einmal mit der Olivenölflasche etwas darüber, so, das werden nun etwa sechs Esslöffel voll gewesen sein. Gut so!" Man kann auch sonst Regeln ignorieren: „Der Teig müsste nun eigentlich zwei Stunden ruhen, wir haben aber keine Zeit, macht nichts, wir machen einfach weiter." Oder: „Wenn gerade kein Rindfleisch da ist, nehmen wir doch einfach Huhn." Sowie etwa: „Hier gehört eigentlich Korianderkraut rein, ich hab jetzt keines, macht auch nichts." Ob solche Reduzierungen und Substituierungen noch vertretbar sind, bleibt fraglich. Und auch wenn es einmal daneben geht, ist alles nur halb so schlimm. Nachdem die in Alufolie eingewickelten und auf dem Grill gegarten Zwiebeln sich beim Auswickeln, bei dem Jamie vorspielt, sich die Finger verbrannt zu haben, dazu aber schelmisch lächelt, als angekokelt erweisen, löst er die obersten beiden Zwiebelschichten ab und meint: „So, alles gerettet! Das sind nun die superleckersten Zwiebeln der Welt." Jamie lobt sich und die Ergebnisse seiner Kochkünste häufig und über alle Maßen und lässt sich auch von seinen Gästen, die zu seiner Show gehören und die er bekocht, die auch zum Schluss alles, aber auch absolut alles, verputzen, auf eine Art und Weise rühmen, die schon in Lobhudelei übergeht.

Das Fernsehteam um Jamie Oliver zeigt die Hauptperson, Jamie, nicht nur bei der eigentlichen Nahrungszubereitung. Man lässt die Zuschauerinnen und Zuschauer teilnehmen an Jamies Leben, erfährt etwas über seine Eltern, seine Frau und seine Töchter. So locker, wie er kocht, erzählt er auch aus seinem Leben. Auch dabei zeichnet er sich nicht durch Bescheidenheit aus. Seine eher zufällige Entdeckung 1997 im Londoner River Café wird nicht als Glücksfall verstanden, sondern als von Jamie herbeigeführt. „Sie drehten damals eine Dokumentation über des Restaurant und die Produzenten filmten dabei ziemlich oft auch diesen vorlauten Jungen, der so mit Kochen beschäftigt war, dass er dem Fernsehteam freche Antworten gab. Am Tag nach der Ausstrahlung bekam ich Anrufe von fünf Produktionsfirmen, die alle über die Möglichkeiten einer Show mit mir sprechen wollten. ... Das Ergebnis der Anrufe jedenfalls war die Kochserie: The Naked Chef." So locker und easy geht eben alles bei Jamie.

Das Fernsehpublikum darf auch an seinem Alltagsleben teilnehmen, an seinen Reisen, etwa an der, die veranlasst war durch seine Überarbeitung im Job in England, und die ihn mit seinem VW-Bus nach Italien, ja bis nach Sizilien führte. Dass er dort kochte ist klar. Klar ist auch, dass er in Sizilien – wie auch anderswo, wo er sich gerade aufhält – wieder eine Menge dazulernte, was er dann später in seinen Sendungen zum Besten geben kann. Jamie kocht nicht einfach für die Zuschauer, nein, er bereitet Essen zu einem bestimmten Anlass zu, zu einem Treffen mit alten Freunden etwa, kocht für Kinder oder auch für Gefängnisinsassen usw.

Dabei beginnt der Fernsehfilm vielleicht schon mit den Überlegungen, die Jamie darüber anstellt, was er für seine Gäste zubereiten soll. Dann nimmt er das Fernsehpublikum mit auf seine Einkaufstour mit seinem VW-Bus oder mit seinem Roller. Man kann zusehen, wie ein charmanter junger Mann, der weiß, wo man das jeweils beste Produkt, das man sucht, erhält, einkauft, sich in den Geschäften mit den anderen unterhält und rechtzeitig zum Kochen wieder zurück ist.

Dem Fernsehpublikum sein Tun als Selbstverständlichkeit darstellend, hackt er seine Kräuter samt Blüten so wie er sie vor den Zuschauern im Garten abgerissen hat, das heißt ohne sich die Mühe zu machen, sie zu waschen. Er reibt das Spanferkel mit Honig und Senf ein, füllt die Kräuter in den Bauch, platziert es in eine Saftpfanne, in die er zuvor klein geschnittenes Wurzelgemüse gegeben hat. Dazu etwa sein Kommentar: „Den Lauch, die Möhren und die Sellerieknolle habe ich gewaschen, schälen braucht man das Zeug nicht, nur etwas klein schnippeln, dann rein damit." Im Hintergrund trinken schon einmal die zum Essen eingeladenen Kumpels ihre Bierchen. Jamie kocht nach dem Motto: „Ich zeige dir, dass man sensationelle Gerichte mit viel Fun und ohne Firlefanz zubereiten kann." Das gefällt sogar Altmeister und Oberkritikast Wolfram Siebeck, der Jamie Oliver zugesteht, dass er mit seinem lockeren Umgang mit Kochen und Essen dem Publikum die Furcht vor der Kochkunst nehme.

Man mag, wie vermutlich nicht wenige denken, Jamie Oliver vorwerfen, er könne gar nicht besonders gut kochen, man sei ihm sogar ebenbürtig oder überlegen, alles sei nur Promotion, von anderen aufbereitete Schau. Dies mag sein, dennoch ist Jamie Vorbild für eine Reihe anderer Köche und Kochshows geworden. Seine Erfolge bleiben nach wie vor erklärungsbedürftig.

Selbst wenn man Jamie Oliver nicht für einen herausragenden Koch hält und seine Nachahmer gar für arme Tröpfe, wird man eine gewisse Bewunderung für sein soziales Engagement empfinden müssen. In seinem 2002 in London gegründeten und nun sehr erfolgreich arbeitenden Restaurant ‚fifteen' – der Name nimmt Bezug auf die anfänglichen fünfzehn Mitarbeiter – bekocht man nicht nur in zwei Schichten pro Abend unzählige Gäste, die sich lange vorher anmelden müssen und bereit sind, sehr viel Geld für Durchschnittliches auszugeben. Die fünfzehn Mitarbeiter – von denen im Restaurantnamen die Rede ist – sind junge Menschen ohne Schul- und Berufsabschluss, denen Jamie eine Chance, eine Ausbildung und einen Arbeitsplatz bietet. Mittlerweile hat Jamie drei weitere ‚fifteen' in Cornwall, Melbourne und Amsterdam eröffnet.

Auch sein Einsatz für eine gesunde Schulspeisung an den britischen Schulen ist zweifellos begrüßenswert. Oliver befasst sich über lange Zeit mit Fragen zum Essverhalten britischer Schulkinder und präsentiert auf seiner Internetseite *jamie's school dinners* Fakten darüber, wie erschreckend schlecht Schulkinder tagsüber verpflegt werden oder sich selbst mit Süßigkeiten, Kartoffelchips, Fastfood versorgen.[15] Er legt Zahlenmaterial darüber vor, wie viele Kinder überhaupt eine Mahlzeit in der Schule einnehmen bzw. sich mit Mitgebrachtem, meist industriell gefertigten Schokoladenriegeln usw. voll stopfen oder gar nichts zu sich nehmen können. Auch die technischen Voraussetzungen an den einzelnen Schulen, ein frisch zubereitetes Mittagsmahl bereitstellen zu können, wurden geprüft. Auch hierzu liegen erschreckende Ergebnisse vor. Jamie Olivers Kampagne für eine bessere Schulverpflegung veranlasste die Regierung eine gemeinnützige Stiftung, den School Food Trust, ins Leben zu rufen. Dank Jamies Popularität ging man daran die Speisepläne wenigstens einiger Musterschulen zu verbessern.[16] Die Regierung stellte 280 Mio. £ über drei Jahre verteilt zur Verfügung, unter anderem um Schulküchen so herzurichten, dass frisch gekochte und nicht nur aufgewärmte Speisen angeboten, dass gesündere und qualitativ hochwertigere Produkte verarbeitet, die Schulköchinnen (dinner ladies) besser motiviert, geschult und auch bezahlt werden konnten. Oliver erließ sein *manifesto for school dinners*, in dem er einen Zehnjahresplan zur Umerziehung der Bevölkerung hin zu einem gesünderen Essverhalten und das nötige Geld dazu forderte. Mit diesem Manifest spricht er die Regierung, die Schulen, die Schulleiter und Lehrerinnen und Lehrer, die Schulköchinnen und vor allem auch die Eltern an. Nur wenn alle diese Einrichtungen und Personen zusammen arbeiten und alle gleichermaßen eine Verbesserung des Schulessens wollen, sieht Jamie Oliver eine Chance, dies auch verwirklichen zu können.[17] Die Kinder versucht man direkt über die bunt aufgemachten und sehr vielseitigen Internetseiten[18] zu erreichen. Ein Trickfilm mit

---

15 <http://www.channel4.com/life/microsites/J/jamies_school_dinners/campaign/keyfacts.html> (September 2008).
16 Jürgen Dollase: Ein toller Kohlgestank. In: Frankfurter Allgemeine Zeitung, 09.02.2007, S. 33.
17 „Wenn nur einer von diesen nichts davon wissen will, fällt alles auseinander." Jamie Oliver zitiert in: Dollase, Kohlgestank (Anm. 16).
18 <http://www.channel4.com/life/microsites/J/jamies_school_dinners/index.html> (September 2008).

einem Professor F. Rankfurter, einer Art Frankenstein, zeigt, wie dieser Rankfurter aus Geldgier die Chicken-Nuggets erfindet, fettreiche Kuchen herstellt, Chemie und Zucker in Cola gibt und bei einem Selbsttest an seinen Produkten fast zu Tode kommt.[19] Oliver fordert „Kochen" als Pflichtfach an allen Schulen einzuführen und sieht dieses Fach als mit allen andern gleichgestelltes. „Es ergibt keinen Sinn", so Oliver, „die Schule zu verlassen und zwar etwas über Mathematik zu wissen, nicht aber darüber, wie man sich ein nahrhaftes, gut schmeckendes und nicht zu teures Gericht zubereitet."[20]

Seit Beginn der Kampagne 2004 soll sich vieles verbessert haben. Rückschläge blieben aber nicht aus. Nachdem es in den Schulen nun keine Schokoriegel und Chipstüten mehr zu kaufen gibt, bringen die Schüler diese eben mit. Es ist nicht verwunderlich, dass Kinder, die, wie zu Beginn der Aktion ermittelt, Kartoffel und Brokkoli nicht benennen konnten, die ihnen unbekannten und ungewohnten Gemüsesorten, etwa Rosenkohl, als „ekelhaft" zurückweisen. Fastfood-Buden und Kioske in Schulnähe profitieren von heimlich getätigten Einkäufen der Kinder. Aber auch Eltern stellen sich gegen das abwechslungsreiche und gesunde Essen. Sie sind gegen den übertueren mageren Quatsch.[21] Stimmen sind laut geworden, es sei Jamies Schuld, dass die Kinder immer wählerischer werden, wenn es ums Essen gehe. Dies könnte man aus der Sicht der Regierung, der Schulbehörden und sicher auch Jamies als Erfolg feiern, zeigt dies doch, dass die Ideen vom gesunden und guten Essen bei den Kindern angekommen sind. Solche Aussprüche von Seiten einiger Eltern zeigen aber auch, wie wenig Wissen über Ernährung und Gesundheit in der Bevölkerung verbreitet ist.

Trotz des sozialen Engagements darf nicht vergessen werden, dass Jamie selbst daran noch gut verdient. Seine Arbeit im ‚fifteen' und das Schulspeise-Projekt waren Gegenstand verschiedener Sendungen und hoben seine Popularität auch in Kreisen, die ihm vorher eher reserviert begegneten. Mittelschichtsangehörige über Vierzig sind so auf ihn aufmerksam geworden, sehen nun auch seine Sendungen – aber noch wichtiger – essen in seinen Restaurants, kaufen seine zahlreichen Kochbücher und seine Produkte. Auch der in letzter Zeit etwas vernachlässigte Internetauftritt dient der Vermarktung. So wird etwa nicht nur im Tagebuch vom Skiurlaub mit Frau und Freunden in der Schweiz berichtet, sondern auch gleich

---

19 Take a tour of Professor F Rankfurter's lab of horror, where you will witness the hideous creation of a junk meal. Discover the depths of depravity to which he sinks and the sickening consequences of his greed – if your stomach can stand it! Take a tour of Professor F Rankfurter's lab of horror, where you will witness the hideous creation of a junk meal. Discover the depths of depravity to which he sinks and the sickening consequences of his greed – if your stomach can stand it! <http://www.channel4.com/life/microsites/J/jamies_school_dinners/fowl/index.html> (September 2008).
20 Dollase, Kohlgestank (Anm. 16).
21 Claudia Bröll: Hamburger statt Magerquatsch. In: Frankfurter Allgemeine Zeitung, 22.09.2006, S. 7.

darauf hingewiesen, dass die schweizerische Detailhandelskette COOP Jamies Produkte, Nahrungsmittel und Küchenutensilien, in ihrem Sortiment habe.

Als Jamie 1997 mit 22 Jahren im River Café entdeckt wurde, war dies ein Zufall und für ihn ein Glücksfall. Mit seinem jungenhaften, lockeren Auftreten, dem Herumwirbeln in der Küche und seiner unkonventionellen Art, Kochen als Spaß und das Ergebnis als „superlecker" darzustellen, hat er sicher dazu beigetragen, dass heute Kochsendungen im Fernsehen auch von einem Publikum gesehen werden, das sich früher für Kochen und Essen nicht hätte begeistern lassen. „Die lässigen Sprüche, die liebevolle Art und die angeborene Coolness faszinieren nicht nur seine Fans – und wenn er am Ende jeder Show seine Kumpels an den Tisch bittet, wäre jeder gerne dabei."[22] Ob es ihm allerdings gelungen ist, durch Konzentration auf das Wesentliche, die Betonung, alles ginge schnell, sei unkompliziert und könne eigentlich nicht misslingen, eine größere Zahl von Menschen dazu zu bringen selber zu kochen, wage ich zu bezweifeln. Dass er den Weg geebnet hat für neue Formen, Kochen im Fernsehen zu präsentieren, steht aber außer Zweifel.

Obwohl Jamie Olivers Kochsendungen in Deutschland als Wiederholungen bei RTL II in einer synchronisierten Fassung zu sehen sind, ist es um ihn etwas still geworden. Sein deutscher Nachahmer, Tim Mälzer, aber gilt als Deutschlands beliebtester TV-Koch und dies trotz der Rückschläge, die er hinnehmen musste, und trotz massiver Kritik. Von Mälzer und seiner Produktionsfirma ist gesagt worden, sie hätten Olivers Art sich zu präsentieren bis ins Detail studiert, übernommen und verbessert, so dass Mälzer heute in vielem Oliver sogar überlegen sei. Kritiker werfen ihm Übertreibungen vor: So gäbe er sich noch fahriger und unprofessioneller als Jamie, obwohl er Abitur habe, eine Kochlehre absolviert, diese mit Auszeichnung beendet und in namhaften Häusern im Ausland gearbeitet habe. Auch in seiner Ausdrucksweise, so scheint es, muss er Jamie, der einen englischen Unterschichtsslang spricht, noch übertrumpfen. Was bei Jamie Oliver als „superlecker" daher kommt, ist bei Mälzer „schweinelecker" usw. Auf die Frage, wieso seine Fernsehauftritte so beliebt seien, antwortet Mälzer mit: „Vielleicht auch einfach, weil ich ein Proll bin". Besser hätte er wohl gesagt, „weil ich mich als Proll gebe". Jürgen Dollase von der *FAZ* beschreibt Mälzer als antiautoritär bis leicht anarchisch.[23] Und Christiane Rösinger von der *taz* fiel als Frau auf, dass sich Tim Mälzer gezielt als echter Kerl, eben als junger Wilder gibt, der beim Kochen und sich in der Küche hin und her bewegend, nicht nur ununterbrochen brabbelt, sondern auch schnaubt und stöhnt und möglichst viele Schimpfwörter platziert. Dazu passt auch, dass er sich erlaubt, die Namen seiner Gäste zu vergessen oder auf ihre Kosten Späße zu machen. Und trotzdem hat Mälzer gerade in der Mittelschicht Erfolg. Mälzers einfache Lösungen korrespondierten, so Jürgen Dollase, hervorragend „mit den Erwartungen einer vom komplexen Leben ermatteten Mittel-

---

22 <http://www.daskochrezept.de/jamie-oliver/> (September 2008).
23 Jürgen Dollase: Kochkunst gibt's nicht. In: Frankfurter Allgemeine Zeitung, 23.06.2006, S. 45.

schicht", die nun auch beim Kochen und Essen endlich das Simple wieder finden wolle. Da kommt Mälzer gerade recht, der verkündet, „dass man – zack! – dies nicht brauche und – zack! – jenes viel zu kompliziert sein wo doch alles – nochmals zack! – mit ein paar pfiffigen Zutaten in Sekundenschnelle erledigt werden könne."[24] Diese offenbar von vielen begrüßten Simplifizierungen, Mälzers Unkompliziertheit und Lockerheit sowie das an ihm bewunderte Tempo rufen den Unmut etablierter Köche und Gastrokritiker hervor. So meinte Eckart Witzigmann: „Das Traurigste ist, dass es immer schnell, schnell, schnell gehen muss. Ich persönlich denke, es besteht auch eine Gefahr darin, dass der Kochberuf so dargestellt wird, ... dass alles so spielerisch leicht geht. Was im Fernsehen vermittelt wird, ist allenfalls der Beginn oder eine Ahnung."[25] Gastrokritiker wie Dollase merken an, dass hier nicht nur locker in der Gegend herumgekocht werde, sondern auch auf massive Art und Weise der Diskurs rund ums Essen bestimmt werde. „In dem Maße, wie sich durch die einseitige mediale Vergrößerung der Olivers und Mälzers dieser Welt eine bestimmte Sehweise auf die Esskultur durchsetzt, werden alle andern zurückgedrängt – zumal nennenswerte Unterstützung für eine qualitativ intensivierte Kochkunst kaum noch auszumachen ist."[26] Kann man also bei Kochshows nicht nur nichts lernen, sind sie sogar gefährlich?

Darf man überhaupt pauschal von Kochsendungen im Fernsehen sprechen oder muss man nicht viel mehr differenzieren zwischen den verschiedenen Genres und Akteuren, die sich auch an unterschiedliche Zuschauergruppen wenden. Vor ein paar Monaten hat sich Jakob Strobel y Serra in der Frankfurter Allgemeinen über Kochsendungen etwas lustig gemacht und dabei auch eine Einteilung dieses Sendetyps in verschiedene Kategorien versucht. „Unverwüstlich ist die klassische Hausfrauenunterhaltung, die seit Anbeginn der Flimmerkiste existiert, meist in den dritten Programmen läuft, das Hohelied der heimatlichen Hausmannskost singt und von einem Koch Typus Gemütsonkel mit Schürze und Schnauzbart, gern auch mit Dialekt und leichtem Übergewicht, repräsentiert wird.

Die zweite Kategorie sind Lifestyleformate wie Johannes B. Kerners freitägliche Quasselkochrunde und die zahllosen Sendungen mit all den Wiedergängern von Jamie Oliver, deren frohe Botschaft lautet: Kochen ist chic, Kochen ist hip, Köche haben immer Spaß und sind Popstars, und jeder, der kocht, ist auch ein kleiner Popstar. [...] Wie wenig dieses Schnellschnibbeln bei gleichzeitigem Schnellsprechen mit Haute Cuisine zu tun hat, merkt man, wenn sich bei Kerner einmal ein leibhaftiger Drei-Sterne-Küchengott wie Dieter Müller oder Heinz Winkler die Ehre gibt. Dann sind die Plappermäuler ganz stumm und starr vor Ehrfurcht."[27]

---

24 Dollase, Kochkunst (Anm. 23).
25 Eckart Witzigmann: Nicht jeder Fernsehkoch ist auch zwangsläufig ein guter Koch. In: Gala, 15.11.2007.
26 Dollase, Kochkunst (Anm. 23).
27 Jakob Strobel y Serra: Wir haben noch viel mehr Appetit. In: Frankfurter Allgemeine Zeitung, 17.12.2007, S.33.

Zu einer dritten Kategorie fasst Strobel y Serra Sendungen wie „Das perfekte Dinner" zusammen, Sendungen in denen Laien für Laien kochen und sich gegenseitig zu überbieten versuchen. Auch wenn „Das perfekte Dinner" und „Das perfekte Promi-Dinner" derzeit Schwindel erregende Einschaltquoten erzielen, soll hier nicht weiter darauf eingegangen werden, da hier eine Auseinandersetzung mit diesem Typ von Kochshow genau so wenig gewollt und möglich ist, wie mit seiner vierten Kategorie, den wissenschaftlichen Beiträgen zu Kochen, Nahrung, Nahrungsmitteln sowie zum Essen und Trinken.[28]

Kochsendungen der ersten Art gibt es nach wie vor, und auch einige der bekannten Fernsehköche sind primär hier einzuordnen. Hier kann man in der Tat etwas dazulernen, kann man Berufsköchen bei der Zubereitung interessanter Speisen und ganzer Menüs zusehen und ihnen dabei auch noch den einen oder anderen Trick abschauen.

Von besonderem Interesse sind in unserem Zusammenhang aber die Sendungen, die Strobel y Serra den Lifestyleformaten zuordnet. Hier dürfte es den wenigsten Zuschauern ums Kochenlernen gehen. Unterhaltung ist angesagt und so muss jeder Fernsehkoch auf je eigene Art einen gewissen Unterhaltungswert mitbringen, bestehe er in seinem Aussehen, seiner Kleidung, seiner Ausdrucksweise. Böse Zungen haben in Anspielung auf Ralf Zacherl behauptet, um ins Fernsehen zu kommen, müsse man nicht kochen, sondern sich einen Ziegenbart wachsen lassen können. Ist schon der einzelne Koch für sich witzig, spaßig, komisch oder wie immer, so lässt sich das durch eine Kombination von Gegensätzen, wie bei *Lafer, Lichter, Lecker* noch steigern. Fast schon nach dem Muster „Dick und Doof" treten der österreichstämmige Sternekoch in perfekter Kochmontur und der schnauzbärtige Lichter mit einer etwas dämlichen Kochschürze angetan und zweifellos unter Lafers Kochniveau stehend, gemeinsam auf. Späße gehen in der Regel auf Kosten Lichters. Der Erfolg von Kerners Köchen könnte unter anderem darin liegen, dass hier viele Zuschauer mindestens einen Typ von Koch vorfinden, der ihrem ganz persönlichen Geschmack entspricht.

Besonders unterhaltsam scheinen Sendungen zu sein, in denen zwei Personen oder zwei Mannschaften gegeneinander kochen, braten, dünsten, dämpfen usw. Dabei ist vorgegeben, extrem kurze Zeiten einzuhalten und mit anderen Erschwernissen zurechtzukommen. Das Spannende etwa beim legendären „Kochduell" war, zu sehen, was die Köche mit den unmöglichen, nie zusammen passenden, eigentlich kein Menü hergebenden Einkäufen ihrer Laienmitspieler dann doch noch zustande brachten. In der „Kocharena", in der Hobbyköche gegen Profis antreten, hofft man gespannt, der Amateur möge gewinnen. Und immer mag auch ein Stück Schadenfreude im Spiel sein, so, wenn auch einem Berufskoch etwas misslingt. Je mehr es um Siegen oder Verlieren in einem Wettkampf geht, desto geringer dürfte der Zugewinn an Kenntnissen über Kochen und Essen ausfallen.

---

28 Strobel y Serra (Anm. 27).

Falls man aus solchen Sendungen Rezepte übernimmt, dann, so vermute ich, nicht für den alltäglichen Gebrauch. Vielmehr wird man bei speziellen Gelegenheiten damit seine Freunde und Bekannte zu beeindrucken versuchen. Die allermeisten der Zuschauer werden überhaupt nie eines der vorgezeigten Gerichte nachkochen. Einmal ganz abgesehen davon, dass man aus dem Gezeigten den Herstellungsprozess eines Gerichtes ohnehin nicht nachvollziehen kann.

Aber, wenn es nicht darum geht, seine kulinarische Kompetenz zu erweitern, worum geht es dann? Finden bei Kochsendungen – wie es Tim Mälzer andeutete – Ersatzbefriedigungen statt? Wird man vom Zuschauen auch satt? Dient gar das Essen als Fetisch ungestillter Sehnsüchte in ganz anderen Bereichen, wie der Koch, Buchautor und Provokateur Anthony Bourdain meinte, der davon sprach, die Begeisterung für das Kochen im Fernsehen habe ihren Ursprung darin, dass die Leute nicht genug Sex hätten. Kochshows seien, so Bourdain, eine neue Form von Pornographie, man errege sich dabei und sei gleichzeitig auch etwas angewidert, schaue sich im Fernsehen etwas an, was man selber nie tun würde oder schon lange nicht mehr getan hat. Oder kurz: man schaut nur zu und tut es nicht selber, die wesentlichen Sinneseindrücke fehlen.[29]

Lustäußerungen, wie das von Biolek beim Probieren sämtlicher Gerichte ausgestoßene „Mmmmhh", bei gleichzeitigem Augenverdrehen, können kein Ersatz für ein eigenes Lustempfinden sein, das dem Zuschauer vorenthalten bleibt, genauso, wie er ja auch nichts riechen und eben nichts schmecken kann; die wesentlichen Sinneseindrücke fehlen. Essen, auf Hören und Sehen reduziert, wird bald als fad empfunden, irgendwann hat man sich satt gesehen. Wir dürften nahe bei diesem Punkt angelangt sein. Der Zenit der Kochsendungen, so zeigen Umfragewerte, scheint überschritten zu sein. Die meisten wollen keine neuen Kochsendungen mehr und vielen sind sie zu viel. Der liebste Fernsehkoch des Autors ist ohnehin der Swedish Chef, ich nehme an, alle Leser und Leserinnen kennen ihn, ja richtig: Smörebröd, Smörebröd, Römpömpömpöm. Ihm wird man noch zusehen, nachdem die Mode der Kochsendungen im Fernsehen zu ihrem Ende gekommen sein wird.

---

29 Jörg Häntzschel: „TV-Kochshows sind die neue Pornographie". Anthony Bourdain – Koch, Autor und Provokateur – über miese Lokale, tolle Gen-Tomaten und schauerliche Vegetarier. In: Süddeutsche Zeitung, 21.03.2007. Siehe <http://www.sueddeutsche.de/leben/artikel/548/106442/> (September 2008).

Detlef Haberland

Essen im Film. Ein Beitrag zur Visualisierung von sozialer und ethnischer Alterität

„Das Essen kocht uns"
Doris Dörrie[1]

Die Nahrungsaufnahme ist ein praktisch allgegenwärtiges Phänomen (nicht nur aufgrund der sich überall ansiedelnden Essens-Tankstellen mit dem Hinweis „to go"),[2] es gehört substantiell zum menschlichen Leben. Essen und Trinken sind aber nicht nur als physiologische Elemente, sondern auch als kulturelle Ingredienzien essentielle Bestandteile unseres Lebens und daher logischerweise mit zahlreichen mythischen, symbolischen, kultischen, sozialen und anderen Implikationen besetzt.[3] Essen und Eros, Essen und Thanatos[4] – zwischen diesen beiden Polen entfaltet sich das weite Feld der künstlerischen Realisationen von Essen und Trinken auch im historischen Sinn, die unsere, aber natürlich nicht nur ausschließlich die europäische Kultur bestimmen: Zwischen dem Apfel, den Eva dem zu ihrer Zeit einzigen Mann auf der Welt reichte und dem gigantischen Essen, mit dem Kommissar Bärlach am Ende von Dürrenmatts Roman *Der Richter und sein Henker* seinen todkranken Magen füllt, zwischen Goyas Bild *Saturn verschlingt eines seiner Kinder* und dem Film *Rezept zum Verlieben* mit Catherine Zeta-Jones spannen sich verschiedenste Konzeptionen, in denen es ums Essen und Gefressenwerden im weitesten Sinne geht.

Die reine Beschreibung einer Mahlzeit, der sprachliche Nachvollzug eines bestimmten Genusses bleibt jedoch stets hinter der visuellen Eindrücklichkeit des Bildes zurück – man denke in diesem Zusammenhang nur an die zahlreichen üp-

---

1 Interview mit Dieter Oßwald zu ihrem Film *How to Cook your Life*. 2004.<http://www.subway.cc/content/filmtipps/content/interviews> (13.09.2007).
2 Siehe dazu etwa Rainer Alsheimer: Essen auf der Straße. In: Hans-Jürgen Hohm (Hg.): Straße und Straßenkultur. Interdisziplinäre Beobachtungen eines öffentlichen Sozialraumes in der fortgeschrittenen Moderne. Konstanz 1997, S. 249–257 (Passagen und Transzendenzen 2). – Die historische Dimension etwa bei: Harald Dehne: Das Essen wird also auch „ambulando" eingenommen. Das „belegte Brot" und andere Kostformen für Berliner Arbeiterinnen und ihre Kinder im Kaiserreich. In: Martin Schaffner (Hg.): Brot, Brei und was dazu gehört. Über sozialen Sinn und physiologischen Wert der Nahrung. Zürich 1992, S. 105–123.
3 Neben den zahlreichen Einführungen in die Kulturgeschichte des Essens, die diese Aspekte in unterschiedlichster Weise einbeziehen, siehe Gertrud Benker: Für Leib und Seel. Nahrung als Botschaft und Zeichen. Oberschönenfeld 1996 (Schriftenreihe der Museen des Bezirks Schwaben 15).
4 Siehe hierzu Stefan Hardt: Tod und Eros beim Essen. Mit einem Vorw. v. Hartmut Böhme. Frankfurt am Main 1987 (Die weiße Reihe).

pigen Stillleben des Barock. Und selbst diese können nicht mithalten, wenn der Vorgang der Nahrungsaufnahme und die ihn begleitenden Umstände als Prozess gezeigt werden, wie das eben nur im Film möglich ist. Hier lassen sich, vom Kochen über die Vorbereitung des Tisches, über das Servieren bis hin zur Darstellung von Varianten des Genusses alle Stadien dieses Vorganges zeigen, der sowohl ganz schrecklich banale und Ekel erregende Szenen wie auch Momente von höchster Sinnlichkeit und Ästhetik beinhalten kann.

Essen und Trinken sind auf diese Weise feste Bestandteile des allgemeinen Bewusstseins, dass sie – wenigstens in Gestalt allgemein bekannter großer Marken – als Erkennungszeichen in unterschiedlichsten Kontexten benutzt werden können. Gerade die Werbung verschafft sich durch den Déjà-vu-Effekt beträchtliche Vorteile.

Zu dem Themenbereich ‚Essen in der Literatur' sind bereits derart viele Arbeiten erschienen, dass sie seit langem ein eigenes Forschungsfeld darstellen. Wenn man einmal von der Mediävistik absieht[5] – die der Neueren deutschen Literaturwissenschaft freilich immer schon in der Art voraus war, die der Soziologe Robert K. Merton auf den Begriff „Zwerge auf den Schultern von Giganten" gebracht hatte –, so beginnt ein ausgebreiteteres Fachinteresse an dem Thema eigentlich erst mit Alois Wierlachers Arbeiten gegen Ende der 1970er und zu Beginn der 1980er Jahre.[6] Die Veränderung der Wissenschaftsparadigmen und das Aufbrechen des literarischen Kanons lenkte die Aufmerksamkeit von den großen philologisch-philosophischen Theorien und Konzepten, die die Literatur transportiert, zu den ‚Kulturthemen', die zwingend die reale und fiktive Welt um die Kunstwerke herum konstituieren. Der Themenkreis ‚Essen und Trinken' ließ sich auf einmal als ein Bindeglied zwischen sozialer Realität und ihrer ästhetischen Realisation verstehen, dessen Bedeutung über eine rein motivische Funktion in der Dichtung hinausgeht.[7] Innerhalb dieses Kontexts geriet er damit geradezu notwendigerweise in den Fokus der sich zur Kulturwissenschaft erweiternden Germanistik. In die-

---

5 Irmgard Bitsch, Trude Ehlert, Xenja von Ertzdorff (Hg.): Essen und Trinken in Mittelalter und Neuzeit. 1990. 2. Aufl. Sigmaringen 1990.
6 Alois Wierlacher: Der Diskurs des Essens und Trinkens in der neueren deutschen Erzählliteratur. Zur Literaturwissenschaft eines „sozialen Totalphänomens". In: Jahrbuch Deutsch als Fremdsprache 3 (1977), S. 150–167; Ders.: Zur Thematisierung des Essens in der neueren deutschen Literatur. In: Acta Germanica. Jahrbuch des Südafrikanischen Germanisten Verbandes 13 (1980), S. 201–217; Ders.: Antal Mádl, Miklós Salyámosy (Hg.): Die allernächsten Dinge. Mahlzeitdarstellungen bei Thomas Mann, insbesondere in den Buddenbrooks. In: Welt und Roman. Visegráder Beiträge zur deutschen Prosa zwischen 1900 und 1933. Budapest 1983, S. 223–234.
7 Alois Wierlacher: Vom Essen in der deutschen Literatur. Mahlzeiten in Erzähltexten von Goethe bis Grass. Stuttgart 1987; Gerhard Neumann: „Jede Nahrung ist ein Symbol". Umrisse einer Kulturwissenschaft des Essens. In: Alois Wierlacher, Gerhard Neumann, Hans Jürgen Teuteberg (Hg.): Kulturthema Essen. Ansichten und Problemfelder. Berlin 1993, S. 385–444 (Kulturthema Essen 1); Kathrin Kiss: Nahrung Zeit. Über das Zusammenspiel zwischen Eßakten und Identität in den Kinderbüchern Pippi Langstrumpf und Momo. In: Zeitschrift für Kul-

sem Sinne gehört er genuin zu einer systemischen und prozessualen Kulturraumforschung, wie es sie in anderen europäischen Ländern schon gibt.[8]

Damit ist ‚Essen und Trinken' als darstellerischer Komplex in den Künsten als ästhetisch aufbereitetes Medium der „Selbstverständigung einer Kultur" zu verstehen, das „in einen kritischen und einen modellbildenden Diskurs" gegliedert werden kann. Im „epochalen Mit- und Gegeneinander dieser beiden Diskurse" lässt sich in etwa der „fundamentale[n] Rahmen und Gegenstand einer zukünftigen Kulturwissenschaft des Essens" verorten.[9] Gerhard Neumann formuliert diesen Sachverhalt intentional allerdings so, dass die „Problemkonstellation von Eßakt und Zeichenbildung (als Vorgang der Menschwerdung) im ‚Erzählen einer Geschichte' als Ursprungsmythos organisiert [ist]: die Geschichte vom Sündenfall und vom Sterblichwerden des Menschen, wie sie die Genesis überliefert."[10] In dieser Definition ist jedoch der Rahmen so weit gespannt, dass praktisch alle kulturellen Äußerungen in diesem Raster Platz finden.

Die inhärente Fragestellung ist jedoch, das lässt sich an einzelnen Aufsätzen und Monographien zu diesem Thema ablesen (und dieser Zugang kann auch auf das ‚Erzählen' im Film übertragen werden), im Wesentlichen immer gleich: Welche strukturelle Position nehmen Essen und Trinken in den behandelten Werken ein? Was tragen sie zu einer Erweiterung bereits bestehender Interpretationen bei? Wie ist das Ganze des Werkes durch diese Vorgänge bestimmt? Lässt sich also vielleicht durch die Analyse von Essen und Trinken nicht nur eine neue Deutungsschicht erschließen, sondern eventuell sogar ein überraschend neuartiger Gehalt? Hierzu gibt es inzwischen eine Reihe von Beiträgen, die dieses Thema für einzelne Schriftsteller und Werke ausschöpfen.

Zu dem ästhetischen Teilbereich ‚Essen im Film' hingegen fehlt es weitgehend an genaueren Studien.[11] Das mag zunächst damit zusammenhängen, dass in prak-

---

tur- und Geisteswissenschaften 4 (1997) 13, S. 61–72; Jocelyne Kolb: The Ambiguity of Taste. Freedom and Food in European Romanticism. Ann Arbor 1995; Kikuko Kashiwagi: Festmahl und frugales Mahl. Nahrungsrituale als Dispositive des Erzählens im Werk Thomas Manns. Freiburg im Breisgau 2003 (Rombach Wissenschaften. Reihe Cultura 36); Daniel Fulda (Hg.): Das andere Essen. Kannibalismus als Motiv und Metapher in der Literatur. Freiburg im Breisgau 2001 (Rombach Wissenschaften. Reihe Litterae 70); Cordula Hupfer: „Und Zuckererbsen nicht minder". Die kulinarische Metaphorik im Gesamtwerk Heinrich Heines. Düsseldorf 2005.
8 Siehe dazu Alois Wierlacher: Einleitung. In: Ders.: Kulturthema Essen (Anm. 7), S. 1–21, hier S. 11: „Würde die angestrebte Kulturwissenschaft des Essens, ‚Kultur' verstanden als System und als Prozeß, als Kulturraumforschung der europäischen Länder, also etwa im Sinne der European Studies, angelegt, ergäbe sich aus dieser Konturierung eo ipso die Aufgabe, an der Klärung fundamentaler Lebensfragen dieses Kulturraumes durch komparative und fremdheitswissenschaftliche Untersuchungen mitzuarbeiten."
9 Wierlacher, Einleitung (Anm. 8), S. 20.
10 Neumann (Anm. 7), S. 407.
11 Siehe dazu: Michaela Krützen: „I'm having an old friend for dinner". Ein Menschenfresser im Klassischen Hollywoodkino. In: Fulda (Hg.) (Anm. 7), S. 483–531; Gerhard Neumann: Tania

tisch jedem Film irgendetwas gegessen wird – von den zahlreichen Trinkszenen in Bars, Flugzeugen, Eisenbahnen, Wohnzimmern und auf Schiffen etc. ganz zu schweigen.[12] Drei beliebige Beispiele mögen dies illustrieren: In *Heimat* von 1938 bricht der Vater (Heinrich George) über dem Lebensweg seiner Tochter (Zarah Leander) beim Frühstück endgültig den Stab, während er krachend in ein Brötchen beißt und lautstark Kaffee schlürft. Diese Szene hebt noch ein weiteres Mal den Charakter dieses Mannes hervor, der durch Lebensfülle und patriarchalischen Starrsinn geprägt ist. Die Szene wird also benutzt, um bereits vorhandene und zum Ausdruck gebrachte Persönlichkeitsmerkmale zu vertiefen.

In *Alien* von 1979 versammelt sich die Mannschaft des Raumschiffs, nachdem das von dem Alien infizierte Besatzungsmitglied aufgewacht ist, um gemeinsam zu essen. Das in dessen Magen abgelegte kleine Alien wird durch die Nahrungsaufnahme sofort gestört und beißt sich den Weg durch seine Magenwand frei, entkommt und stellt nun die filmfüllende Bedrohung für das Raumschiff dar. Hier kommt es nicht darauf an, was gegessen wird. Das reguläre gemeinsame Essen an Bord ist lediglich der Auslöser für die weitere Entwicklung, die durch das erzwungene Entkommen des Alien für den Zuschauer beschleunigt wird.

In *Terminal* von Steven Spielberg (2004) schließlich kommt das Abendessen zwischen Victor Navorsky (Tom Hanks) und Amelia (Catherine Zeta-Jones) gar nicht erst richtig zustande, obwohl es mit großem Aufwand an Slapstick vorbereitet wird. Es dient nur als Vorausdeutung, da die Liebesgeschichte der beiden nicht mit einem Happy End abgeschlossen wird.

Diese Beispiele zeigen zunächst die Vielfältigkeit dieses filmischen Motivs als handlungstragende Sequenz, aber sie eröffnen zugleich unmittelbar den thematischen Problemhorizont: Wenn ‚Essen und Trinken im Film' unter dem Ansatz ‚Esskultur und kulturelle Identität' aussagekräftige Sequenzen enthalten soll, dann darf der Bereich ‚Nahrungsaufnahme' nicht nur partiell motivierendes Beiwerk oder psychologisch bereichernde Ergänzung, sondern muss konstituierend für die Gesamthandlung und -aussage der filmischen Handlung sein. Essen und Trinken

---

Blixen: Babettes Gastmahl. In: Wierlacher u. a. (Hg.): Kulturthema Essen (Anm. 7), S. 289–318; Ders.: Filmische Darstellungen des Essens. In: Ebd., S. 343–366 (besprochen werden *Babettes Gastmahl*; Louis Malle: *Milou en Mai* (1989) sowie Peter Greenaway: *The Cook, the Thief, his Wife and her Lover* (1989)); siehe auch Maurizio Catani: Faim, mendicité, usure dans „La terre sans pain" Buñuel, 1933) et, finalement, gastronomie. In: Ethnologie française. Revue trimetrielle de la Société d'Ethnologie Française 27 (1997), S. 103–112; Werner Biedermann, Johannes Horstmann (Hg.): Mahl halten. Essen und Trinken in neueren Filmen. Schwerte 2001; zu Greenaways Film siehe Matthias Hurst: Feine Speise – rohe Sitten. Sinnlichkeit und Ästhetik des Essens in Peter Greenaways Film *Der Koch, der Dieb, seine Frau und ihr Liebhaber* (1989). In: Dietrich von Engelhardt, Rainer Wild (Hg.): Geschmackskulturen. Vom Dialog der Sinne beim Essen und Trinken. Frankfurt am Main, New York 2005, S. 193–204.

12 Eine sicher nicht vollständige Übersicht, verbunden mit zahlreichen Rezensionen und Zitaten, bietet die Broschüre *100 Jahre Essen im Film*. Bearb. v. Walter Stock u. Roswitha Vorndran. Marktbreit am Main o. J. [1995].

müssen also als handlungs- und sinnstiftende Einheiten hervorragen. Es kommen daher für die nachfolgende Betrachtung nur solche Filme in Frage, in denen die Nahrungsaufnahme (sowie Zubereitung etc.) die Handlung grundsätzlich bestimmt. Durch eine derartige Auswahl werden Art und Anzahl möglicher Filme sofort entscheidend eingeschränkt.[13]

Anhand dieser sachlichen Eingrenzung wird unmittelbar erkennbar, welche Unterthemen transportiert werden. So geht es zwar in Peter Greenaways *Der Koch, der Dieb, seine Frau und ihr Liebhaber* von 1989 fast ausschließlich ums Essen. Das jedoch ist für den Ganoven Albert die beste Möglichkeit, Macht auszuüben und soziale wie sexuelle Unterdrückung zu praktizieren. Dass er selbst auf geradezu kulinarische Weise dem diktatorischen System zum Opfer fällt, das er errichtet, ist die Pointe. Der „Paul Bocuse des Films" Greenaway übt mit opernhafter Theatralik und einer geradezu manieristischen Bildgestaltung letztlich Kritik an den krankhaften Macht- und Kommunikationsstrukturen der Gesellschaft, wobei die immanente Aussage „Fressen und Gefressen werden" im Film selbst fürchterliche Realität wird.

Denkt man an ‚Essen im Film', fällt, natürlich, immer sogleich *Das große Fressen* von Marco Ferreri aus dem Jahr 1973 ein. Was seinerzeit aus verschiedensten Gründen – dem Film wurde Verletzung ästhetischer, moralischer, sozialer Normen und Regeln vorgeworfen – zu einer höchst kontroversen Debatte führte, sieht sich heute, 35 Jahre nach seinem Release, ganz anders an. Gewiss, es geht substantiell um die Zubereitung und den Verzehr von Nahrung sowie die Konsequenzen, die übermäßiges Essen hat. Immer neue Gerichte werden zubereitet, immer neue kulinarische Höhepunkte gezaubert, die die Protagonisten sogar den Spaß am Sex vergessen lassen bzw. Erotik in Essen und Essen in Tod verwandeln. Was aber die vier Protagonisten verloren haben und woran sie letztlich zugrunde gehen, ist die *religio*, ihr Vertrauen in die Sinnhaftigkeit ihres je individuellen Lebens mit einer je eigenen Problematik. Ihr Essen ist ein Essen zum Tod hin und nicht zum Leben.

Die Herausforderung des Todes ist ein altes künstlerisches Thema, man denke etwa nur an Orpheus und Eurydike, Tristan und Isolde oder Romeo und Julia. Wenn eines der Callgirls in dem Film sagt: „Ich finde euch widerlich, grotesk und dekadent! Warum esst ihr so viel, ihr habt ja gar keinen Hunger! So viel frisst nicht einmal ein primitives Tier!" – so wird klar, dass dieses Mädchen zum Essen wie zum Leben ein ganz einfaches, ungebrochenes Verhältnis hat: Essen dient nach ihrem Verständnis dem Lebenserhalt und zu nichts weiter. Alle weiteren Implikationen sind in dieser Aussage ausgeblendet.

---

13 Lena Mares hat 20 Filme in Kürzestcharakteristiken versammelt, in denen Kochen, Essen und Trinken im Mittelpunkt stehen; das ist jedoch bei weitem nicht alles. Lena Mares: Das große Fressen. Gourmet-Gourmand-Filme. München 2000. Siehe auch die Liste in Neumann: Filmische Darstellungen des Essens (Anm. 11), S. 345, Anm. 4.

Damit ist aber der Kernaspekt des Themas angesprochen: Wenn der Mensch durch Essen sein physisches Leben erhält, so erhält er damit zugleich seine Identität als Individuum. Diese ist jedoch auch davon abhängig, *was* er zu ihrem Erhalt benötigt. Essen, Nahrungsaufnahme ist die essentielle Form der Identität, und damit ist nicht allein die Frage nach Geschmack oder Vorlieben beantwortet, sondern das Tor zu dem weiten Feld der sozialen, mentalen, religiösen und nicht zuletzt regionalen Zugehörigkeit geöffnet. Essen, Essgewohnheiten, -vorlieben und -riten haben etwa in der Märchenforschung und in der volkskundlichen Forschung einen bedeutenden Stellenwert.[14]

Gerade auch für die Kenntnis regionaler Besonderheiten ist das Essen stets ein Gradmesser eigener Art. Regionale Kochbücher, auch gerade des östlichen Europas, transportieren nicht nur die Ressourcengeschichte, sondern sind heute, da die identitären Essgrenzen immer mehr verschwimmen, memoriale Marksteine, um die je eigene Geschichte und die der vergangenen Umwelt zu verstehen.[15] Daher dürfte von der pommerschen über die schlesische bis hin zur böhmischen und siebenbürgischen Küche wohl kaum eine Region fehlen, die nicht ihre speziellen Konservierungsmethoden, Kochrezepte und Präsentationsweisen aufbereitet hätte.

Interessant und fruchtbar wird der Diskurs über das Essen in einem Medium wie dem Film allerdings erst, wenn man ihn aus der Struktur von Themen und Motiven als kleinste Einheiten, aus der Struktur der takes im filmischen Erzählen, befreit. Hierbei hilft die Bestimmung des Films als „Erzähltext, der eine mit literarischen Textstrukturen kompatible Struktur aufweist", und dies „zeigt der Filmwissenschaft zugleich methodische Wege zur Bewältigung dieser allgemeinen Aufgabe an, die sie auf weite Strecken mit der Literaturwissenschaft gemeinsam hat".[16]

Man kann noch weitergehen, indem man in Anlehnung an Gilles Deleuze dem Film eine prinzipiell noch größere Aufgabe zubilligt, die mittels kritischer und wissenschaftlicher Aufbereitung formuliert werden kann: „Aufgabe der [Film-]Kritik ist es, Begriffe zu bilden, die selbstverständlich nicht im Film ‚gegeben', aber doch nur dem Film, einer bestimmten Filmgattung oder einem bestimmten Film angemessen sind – eigene Begriffe für den Film, die aber nur philosophisch gebildet werden können."[17]

---

14 Es sei hingewiesen auf die zahlreichen Einträge in Hanns Bächtold-Stäubli u. a. (Hg.): Handwörterbuch des deutschen Aberglaubens. Berlin, Leipzig 1927–1942; hier genannt seien nur: Brot, Fisch, Fleisch, Kaffee, Kuchen, Milch, Wein. – Siehe in: Enzyklopädie des Märchens. Handwörterbuch zur historischen und vergleichenden Erzählforschung. Hg. v. Kurt Ranke u. a., Bd. 4. Berlin, New York 1984, Sp. 469–478, die Belege für ‚Essen' im Märchen. In den relativ wenigen Einträgen wird jedoch auf die weite Verbreitung des Motivs verwiesen. Siehe auch ebd. Bd. 2 (1979), Sp. 308–316, den Eintrag zu ‚Bier'. – Die Bände mit den Einträgen ‚Trinken' und ‚Wein' etwa sind noch nicht erschienen.
15 Dieser Zusammenhang wird in dem Beitrag von Elisabeth Fendl und Jana Nosková über die böhmische Küche in diesem Band behandelt.
16 Anke-Marie Lohmeier: Hermeneutische Theorie des Films. Tübingen 1996 (Medien in Forschung + Unterricht A 42), S. 49.
17 Gilles Deleuze: Über das Zeit-Bild. In: Dimitri Liebsch (Hg.): Philosophie des Films. Grundlagentexte. 2. Aufl., Paderborn 2006, S. 150–154, hier S. 150.

Das stimmt mit dem Konzept von Mary Douglas überein, die analog vom „deciphering a meal" gesprochen hat.[18] Hiermit sind wir auf den, letztlich allen Phänomenen zugrunde liegenden Erkenntnismodus des Hermeneutischen gekommen. Ob es „illness as metaphor" ist, die Susan Sontag zum Paradigma für eine Epoche erhob,[19] oder die Metapher vom Lager als dem Kennzeichen des 20. Jahrhunderts durch Giorgio Agamben[20] – immer wieder ist es der Versuch, mittels eines umfassenderen Zugriffs ein Thema oder einen Themenbereich grundsätzlicher zu begreifen und ihm über die Funktion eines Motivs hinaus einen gesamtästhetischen und/oder kulturellen Stellenwert von hoher Signifikanz zu verleihen.

Auf diese Weise ist der hermeneutische Zugriff entscheidend erweitert. Bei einer etwas weiteren Auslegung des „Philosophischen" von Deleuze nämlich lassen sich Essen und Trinken als Konstituens des Eigenen und Fremden sinnvoll als filmische „Meistererzählungen" auffassen. Dieser Begriff ist zwar von seinem Ursprung her determiniert als historiographisches Reflexionsinstrument.[21] Allerdings lassen sich die verschiedenen Dimensionen dieses auf die Vergangenheit bezogenen Begriffs durchaus auch auf die jüngste Vergangenheit und ihre aktuell virulenten ästhetischen Umsetzungen beziehen.[22] Wenn man der Auffassung ist, dass „Meistererzählung" auch eine „diskursive Grundstruktur [thematisiert], die auf die Denkordnung zielt, in der historische Wirklichkeit jeweils konstituiert wird",[23] wenn darüber hinaus eingefordert wird, dass sie „eine semantische Komponente [hat] und [...] sich sowohl auf den Begriffshaushalt wie auf die narratologischen Prinzipien der jeweiligen Vergangenheitsaneignung [richtet]"[24], dann lassen sich auch große Zusammenhänge wie der Nahrungskomplex in der ästhetischen Umsetzung im Film als „Meistererzählung" begreifen. Das Thema der Nahrung im Film ist dann nicht nur ein optischer Aufheller für spannende oder gefühlvolle Handlungen, sondern entfaltet in dem gegebenen Kontext „seine potentiellen Funktionen als Träger mehr oder weniger komplex strukturierter uneigentlicher (symbolischer oder allegorischer) Bedeutungen, die wesentlichen Konstituenten der uneigentlichen Bilderrede sind"[25].

---

18 Neumann: Tania Blixen: Babettes Gastmahl (Anm. 11), S. 297.
19 Susan Sontag: Krankheit als Metapher. München 1978 (Übersetzung von *Illness as Metaphor*. 1978) (Reihe Hanser 262).
20 Giorgio Agamben: Homo sacer. Die souveräne Macht und das nackte Leben. Frankfurt am Main 2002.
21 Siehe dazu etwa: Matthias Middell, Monika Gibas, Frank Hadler (Hg.): Zugänge zu historischen Meistererzählungen. Leipzig 2000 (Comparativ. Leipziger Beiträge zur Universalgeschichte und vergleichenden Gesellschaftsforschung 10,2).
22 Matthias Middell, Monika Gibas, Frank Hadler: Sinnstiftung und Systemlegitimation durch historisches Erzählen. Überlegungen zu Funktionsmechanismen von Repräsentationen des Vergangenen. In: Midell u. a. (Hg.) (Anm. 21), S. 7–35, hier S. 24.
23 Midell u. a. (Hg.) (Anm. 21), S. 7–35, hier S. 24.
24 Midell u. a. (Hg.) (Anm. 21), S. 7–35, hier S. 24.
25 Lohmeier (Anm. 16), S. 275.

Davon kann abgeleitet werden, was eingangs am Beispiel des Déjà-vu-Effekts, den die Werbung ausnutzt, angedeutet worden ist: Die Rezipienten von Filmen sehen Vorgänge und Handlungen rund um Essen und Trinken, aber was sie wirklich sehen sollen, ist die problematische Grundstruktur des aktuellen und/oder historischen Umfeldes, ist das Problem von Individualität, Gesellschaft, Transzendenz – in welchen Bezügen auch immer.

Im Folgenden sollen drei Filme im Mittelpunkt stehen, in denen Nahrung (in ihrer Mannigfaltigkeit) gerade unter dem Gesichtspunkt des Kulturtransfers, der Migration, des Komplexes des Eigenen und Fremden[26] als Konstituens im Sinne einer „Meistererzählung" exemplarisch vorhanden ist. Es handelt sich um *Chocolat* (2000, Regie Lasse Halström),[27] *Bella Martha* (2001, Regie Sandra Nettelbeck) sowie *Zimt und Koriander* (2003, Regie Tassos Boulmetis).

In *Chocolat* kommt die sehr merkwürdige, fremdartige junge Frau Vianne mit ihrer Tochter in ein winziges Städtchen in der französischen Provinz, eröffnet ein Schokoladengeschäft und setzt sich mit ihrer sozialen Unkonventionalität sowie mit ihren für die einfallslosen Kleinbürger schockierenden Rezepten (Schokolade mit Pfeffer etwa ist heute schon fast Standard) in die Nesseln. Dass sie sich darüber hinaus mit den Zigeunern einlässt, die nur scheinbar exzentrische Mutter von Caroline unterstützt und die Frau des gewalttätigen Kneipenwirts vor diesem in Schutz nimmt, schafft ihr nicht nur unter den Bürgern, sondern auch in Person des erzkonservativen Bürgermeisters Feinde.

---

26 Diese genannten Aspekte treffen natürlich nicht nur auf ästhetische Realisationen wie Literatur, Musik, Kunst, Film und andere Formen medialer Vermittlung zu, sondern sind genuine Bestandteile praktisch aller kulturellen Diskurse, die sich im Kontext von Lokalität und Transregionalität abspielen. In diesem Sinne ist über die vordergründigen Phänomene stets der analytische Rückgriff auf das jeweilige ‚Thema' unabdingbar. Gerade auch für das östliche Europa, das in diesem Band im Zentrum entsprechender kulturhistorischer Überlegungen steht, gibt es bereits eine Vielzahl von Untersuchungen in unterschiedlichen Disziplinen, die die grundlegende Bedeutung kultureller Transfers mit allen ihren Implikationen beleuchten. An dieser Stelle seien etwa nur genannt: Heike Müns (Hg.): Musik und Migration in Ostmitteleuropa. München 2005 (Schriften des Bundesinstituts für Kultur und Geschichte der Deutschen im östlichen Europa 23); Hans Henning Hahn, Jens Stüben (Hg.): Jüdische Autoren Ostmitteleuropas im 20. Jahrhundert. 2., überarb. Aufl. Frankfurt am Main, Berlin, Bern u. a. 2002 (Mitteleuropa – Osteuropa. Oldenburger Beiträge zur Kultur und Geschichte. Ostmitteleuropas 1). – Vor allem die buchhistorische Forschung eignet sich besonders dazu, diese staats-, raum-, kultur- und konfessionsübergreifenden Faktoren der Konstituierung plurikultureller Komplexe durch kulturellen Transfer zu verdeutlichen. Vgl. hierzu etwa Klaus Garber: Von europäischer poeterey. Sprachen- und Literatur-Politik im Europa der Frühen Neuzeit. In: Berichte und Forschungen. Jahrbuch des Bundesinstituts für Kultur und Geschichte der Deutschen im östlichen Europa 15 (2007), S. 43–65; Detlef Haberland (Hg.): Buch- und Wissenstransfer in Ostmittel- und Südosteuropa in der Frühen Neuzeit. Beiträge der Tagung an der Universität Szeged vom 25.–28. April 2006. München 2007 (Schriften des Bundesinstituts für Kultur und Geschichte der Deutschen im östlichen Europa 34).

27 Der Film ist keinesfalls ein Remake des gleichnamigen französischen Films von 1988 unter der Regie von Claire Denis.

Die Rezensionen zu diesem Film gehen in ihrer Bewertung völlig daneben: Es geht nur vordergründig um die „Zauberkraft der Schokolade", der Film ist auch kein „süßer Snack", es ist auch nicht unbedingt ein Film über „Verlockung, Unterdrückung und Sinnlichkeit", auch wenn sich diese Begriffe mindestens zum Teil in der Handlung und ihrem Sinn unterbringen lassen.[28]

Entscheidend ist, dass die Schokoladerie ein Fremdkörper in der Stadt ist, dass ihre Besitzerin vom „Nordwind in die Stadt geweht" wird, wie es eingangs im Film heißt. Erst das Fremde, Exotische schafft die Distanz zur eigenen Existenz und die Möglichkeit, soziale Sackgassen als solche zu entlarven. Das Fremde ist hierbei die entscheidende Hilfe, weil es zum Maßstab für die eigene Identität wird. Damit ist ein Prozess beschrieben, wie er etwa aus der Reiseliteratur bekannt ist. Auch hier ist das Fremde der Maßstab für die eigenen, meist europäischen Werte oder zuweilen sogar deren Korrektiv.

Die Fremde und ihre Tochter Anouk werden nicht richtig heimisch in der Stadt, ja erwägen wieder abzuziehen und überlassen ihr Geschäft der Frau des Kneipenwirts, die sich mit diesem Engagement emanzipieren kann. Wie die Geschichte jedoch weitergehen würde, wenn Vianne in dem französischen Städtchen bliebe, bleibt offen, offen bleibt auch, ob sie sich wirklich mit dem Zigeuner (Johnny Depp) verbinden würde oder ob er sich vielleicht auch in diesem Städtchen niederlässt. Hieran würde sich erst wirklich erweisen, ob das Fremde noch seine Macht behält, wenn es integriert wird. Integration und Identifizierung mit der neuen Heimat gehen oft genug auch mit der Verringerung oder dem Verschwinden der althergebrachten Identität einher. In Chocolat ist es die Asche der toten Mutter, die für Vianne und Anouk Heimat bedeutet. Sie wird überallhin mitgenommen. In dem Augenblick, als beim Aufbruch das Gefäß mit der Asche zerbricht, erscheint die Integration in das Neue möglich.

---

28 Katharina Löffler (TV Movie 6/2001): „‚Chocolat' ist ein märchenhaft erzählter, zärtlicher Film über Verlockung, Unterdrückung und Sinnlichkeit. Die Geschichte und die Charaktere gehen ans Herz, bringen zum Lachen und zum Nachdenken. Neben den großartigen Darstellern beeindruckt besonders die Musik von Rachel Portman: Sie wurde bereits für den Golden Globe nominiert." film-dienst 6/2001: „Romantische Komödie mit berührenden und tragikomischen Momenten, die für Toleranz und die Würde des Menschen ebenso wie für Sinnlichkeit und Lebensfreude plädiert. In ihrer symbolhaften Persiflage durchaus erheiternd, krankt sie an einer allzu glatten und vorgestrigen Inszenierung, die ihre offenkundigen Vorbilder nur augenblicksweise erreicht." Cinema 3/2001: „Eine himmlische Versuchung: In diesem humorigen Märchen kommt die geheimnisvolle Vianne (Juliette Binoche) mit ihrer Tochter in ein kleines Dorf und versetzt mit einer Chocolaterie ganze Berge." kultur Spiegel 3/2001: „dass der Film nicht völlig ungenießbar ist, liegt an den Nebenrollen, die mit Judi Dench und Johnny Depp wirkungsvoll besetzt sind." Karl-Heinz Schäfer (TV Today 6/2001): „Süßer Snack für Film-Gourmets, die auch Kino nach bewährten Rezepten zu schätzen wissen." TV Spielfilm 6/2001: „Leichtes, leckeres Märchen über die Zauberkraft der Schokolade." Alle Besprechungen auf <http://www.djfl.de/entertainment/djfl/1105/110957> (26.01.2009).

Die Integration des Fremden ist auch, wenngleich viel stärker akzentuiert, das Thema in *Bella Martha*. Vordergründig erzählt der Film die Geschichte der erfolgreichen Köchin Martha (Martina Gedeck) in einem Feinschmeckerrestaurant, die nach dem tödlichen Unfall ihrer Schwester deren Tochter Lina zu sich nehmen muss, dadurch aber in große Schwierigkeiten an ihrem Arbeitsplatz gerät. Gerade der italienische Kollege Mario, der sie entlasten soll, wird zum Konkurrenten – Martha fühlt sich an die Wand gespielt. Als nun Mario auch noch ihre Nichte, die aus Trauer die Nahrungsaufnahme verweigert, zum Essen bringt, bricht der Konflikt in ihr und mit den anderen vollends aus.

Der Film endet in einem cross-over der Kulturen: die fremde Familie ihres italienischen leiblichen Vaters, zu dem Lina will, muss sie wieder abgeben, weil Martha sich doch für Lina entscheidet. Sie entscheidet sich aber auch für Mario, mit dem zusammen sie Lina abholt. Das Fremde wird auf diese Weise in die eigene Existenz hineingeholt – und dies ist ein ebenso existentieller Akt wie das Lernen vom kulturell Anderen in *Chocolat*. Auch hier ist es erstaunlich, dass die Kritik diesen Aspekt vollkommen außer Acht lässt und sich auf die Erfüllung des Lebensglücks etc. beschränkt.[29]

Schließlich *Zimt & Koriander*. Der Untertitel dieses Films lautet auf Griechisch „politiki kouzina" und im Englischen „A Touch of Spice". Mit letzterem geht das ursprüngliche Wortspiel verloren, denn „politiki kouzina" bedeutet so-

---

29 Die Welt, 18.04.2002: „Neben dem in Sachen Schauspielführung und Dialog sehr individuellen Touch des Films, der Klischees im Plot nicht immer vermeidet, besticht der filmische Perfektionismus vor allem der Küchen-Szenen. Das Kochen steht im Mittelpunkt der Action, und wir finden uns wiederholt hinter den Kulissen eines hochrangigen Szene-Lokals wieder. Der lustvolle Voyeurismus, der sich hier in der Küche austoben kann, wird von der Delikatesse, mit der Sandra Nettelbeck Martina Gedecks und Sergio Castellittos Eros aufeinander loslässt, reizvoll untermimiert." Cinema 4/2002: „Die Zutaten für den ersten Kinofilm der routinierten TV-Regisseurin Sandra Nettelbeck sind zwar wenig raffiniert und ihre Bilder nicht unbedingt leinwandfüllend. Trotzdem ist die Mischung aus Sentimentalität, kulinarischen Intermezzi und einer Portion Lebensfreude schmackhaft und leicht verdaulich. Und macht obendrein Appetit auf gute Pasta." Björn Ahrens (TV-Movie 9/2002): „Mit sparsamen Dialogen und einfachen, klaren Bildern gelingt es Bella Martha, große Gefühle auf die Leinwand zu bannen. Liebevoll und mit leisen Humor begleitet er Marthas steinigen Weg ins Glück. Und der famosen Martina Gedeck beim Kochen zuzusehen, ist ein Hochgenuss. Liebe geht eben doch durch den Magen." Der Spiegel, 16/2002: „Sandra Nettelbecks Film widersteht jedoch der filmischen Völlerei und achtet stattdessen auf die schlanke erzählerische Linie: ein bisschen Liebe, ein bisschen Freundschaft, eine Prise Tragik. Dennoch ist nicht Schmalhans Küchenmeister, sondern die bezaubernde Martina Gedeck." film-dienst 8/2002: „Lebens- und Liebesgeschichte mit leicht komödiantischen Akzenten, die von der subtilen Beschreibung der hervorragend interpretierten Hauptfigur zehrt, wodurch die Trivialität der Fabel weitgehend aufgehoben wird." Kultur Spiegel 4/2002: „Martina Gedeck als Ersatzmutter und Köchin, die die Zutaten für ihr privates Glück nicht in einen Topf bekommt. Anrührend betulich." Rhein-Zeitung, 19. April 2002: „Martina Gedeck spielt für Regisseurin Sandra Nettelbeck die Köchin Martha, die so sehr in ihrem Beruf aufgeht, dass sie fast vergisst zu leben." Besprechungen nach <http://www.de.wikipedia.org/wiki/Bella_Martha> (26.12.2009).

wohl „konstantinopolitanische Küche" als auch „politisches Kochen", je nachdem wo die Betonung gesetzt wird.

Als der griechische Astrophysiker Fanis erfährt, dass sein Großvater Vassilis erkrankt ist, macht er sich auf eine letzte Reise zu ihm in seine alte Heimat Istanbul, wo er aufgewachsen war. Dort hatte ihm der Großvater vor Jahrzehnten anhand von Gewürzen erste Lektionen in Astronomie und Lebenskunde erteilt und deren magische Fähigkeiten erklärt. Die Idylle zerbrach jedoch, als die Türken 1964 die Griechen zwangen, das Land innerhalb einer Woche zu verlassen, und Fanis mit seiner Familie nach Griechenland ziehen musste, wo er eigentlich nie richtig heimisch wurde. In langen Rückblenden wird nicht nur die Geschichte von Fanis erzählt, sondern auch Fragen von Heimat, Vertreibung und Identität angesprochen.

Waren die in Istanbul geborenen Griechen, obwohl vollkommen integriert, doch immer Fremdkörper, so sind sie dies auch und erst recht in ihrer neuen „Heimat", in Griechenland. Man müsste erwarten, dass sie hier nun eigentlich als aus dem „osmanischen Joch" heimgekehrte Söhne und Töchter besonders herzlich bewillkommnet werden. Aber das Gegenteil ist der Fall: Der kleine Fanis hat Schwierigkeiten in der Schule, die Familie mit dem griechisch-orthodoxen Priester usw. Hier sind die nach Griechenland vertriebenen Griechen auf einmal die „Türken" und damit Fremdkörper in der griechischen Geschichte.

Hier ist der Anknüpfungspunkt zu den Flüchtlingserlebnissen nach dem Zweiten Weltkrieg deutlich gegeben: Wohin auch immer der Zug ging: Die Ankommenden waren, obwohl wenigstens in einer „nationalen Heimat" angelangt, selten willkommen.[30] Regionale und lokale Besonderheiten lassen die Anderen nicht wirklich ankommen. Das eindeutige Novalis'sche „Wohin gehen wir? Immer nach Hause." gilt in dieser Form nicht mehr, es ist durch die politischen Brüche und individuellen Kontingenzen des 20. Jahrhunderts außer Kraft gesetzt. Der ehemals fest gefügte Standort des Zuhauses ist mobil, wenn nicht sogar virtuell geworden.

Die Kochkunst spielt in *Zimt & Koriander* eine besondere Rolle. Hier ist sie nicht nur Metapher für das heile oder zerstörte Soziale, sie ist auch nicht nur ein allumfassendes Sinnbild für Leben und Sterben. Das Essen ist in unterschiedlicher Weise die Schaltstelle zwischen ethnisch Eigenem und Fremden, zwischen Kosmischem und Individuellem, zwischen Jugend und Alter in den Generationen und innerhalb einer Person. Es führt die komplexen Vorgänge sozialer und individualpsychologischer Art vor Augen, die sich immer auf mehreren Ebenen abspielen. Insofern lässt sich das Miteinander-Essen in diesem Film nicht einfach nur als künstlerische Visualisierung eines „Sozialrituals"[31] beschreiben. Die eigene individuelle Existenz wird durch das Modell des Sonnensystems, das der Großvater dem

---

30 Siehe dazu jetzt Andreas Kossert: Kalte Heimat. Die Geschichte der deutschen Vertriebenen nach 1945. München 2008.
31 Neumann: Filmische Darstellungen des Essens (Anm. 11), S. 345.

kleinen Fanis vorstellt, in größere Kontexte eingebunden: Den verschiedenen Planeten entsprechen bestimmte Gewürze und diese determinieren nicht nur den Charakter des Sterns, sondern auch den des Einzelnen. ‚Astronomie' und ‚Gastronomie' seien miteinander schon sprachlich verwandt, meint der Großvater – volksetymologisch, aber für den Jungen nachvollziehbar argumentierend.

Gerade *Zimt & Koriander* eignet sich sehr gut dazu, die Strukturen einer filmisch repräsentierten „Meistererzählung" aufzudecken. Im ersten Teil des Films, gleichsam in seinem „Exordium", heißt es (aus dem Off): „Essen und Geschichten werden durch ein Ritual zu etwas Einzigartigem." Hier geht es nicht in erster Linie um „Sozialrituale", sondern um eine „Poetisierung" und damit um eine künstlerisch-visionäre Erklärung der Welt. Nahrungsvorgänge und Geschichten, auch ganz grundlegende, gibt es viele, aber erst durch ihre Transformation in ästhetische Strukturen machen sie Probleme viel besser sichtbar, als dies mittels Statistiken zu leisten wäre. Eben dies zeigt dieser Film.

Seine Gliederung in einen Einleitungsteil (spielt in der Jetztzeit), in „Vorspeisen" (spielt 1959 in Istanbul), „Hauptspeisen" (spielt 1964 in Athen) und „Nachspeisen" (spielt wieder in der Jetztzeit) stellt eine filmische Rahmenerzählung dar, in der das Problem der Vertreibung und die Möglichkeiten der Identität diskutiert werden. „Ihr richtet Chaos an mit Euren Geschichten, wenn Ihr esst" sagt der Türke Osman Bey zu Fanis' Großvater. Nationale Identität und Essen werden auf diese Weise von einander abgesetzt: Die einen agieren (angeblich) ideologisch gradlinig, die anderen verschlungen. Und so erfahren auch die Griechen des Films die verschlungene politische Geschichte an ihrem eigenen Leib: Sie sind Opfer von Umständen, die sie nicht verschuldet haben.

Wenn es dabei bliebe, wären Essen und Politik praktisch nur durch einen einfachen cineastischen Trick etwas überhöht. Der Film geht aber noch weiter. „Sprich nur von Dingen, die verborgen sind. Die Menschen lieben Geschichten, die von Unsichtbarem handeln. Salz ist unsichtbar im Essen und doch wirkt es." So lehrt der Großvater Fanis die Bedeutung der Bestandteile des Essens kennen. Mit diesen Sätzen wird abgehoben auf die Poetizität der in den filmischen Gestus übertragenen Geschichte: Identität, das ist etwas Unsichtbares, für dessen Repräsentanz es des Essens, der Trachten, der regionalen Musik und anderer Dinge bedarf. Auch der ästhetische Diskurs einer Meistererzählung, hier der der Identität, beschäftigt sich mit etwas Unsichtbarem.[32]

---

32 „Der Sinn des Scharfen spiegelt die gesellschaftlichen Bedingungen und Verhinderungen einer differenzierten sinnlich vermittelten Wahrnehmung der Welt wider." Auf diesen Nenner könnte man, ernährungsphysiologisch gesehen, den Sinn von Gewürzen in *Zimt & Koriander* kondensieren. Ulrike Thoms: Der Sinn des Scharfen. In: Dietrich von Engelhardt, Rainer Wild (Hg.): Geschmackskulturen. Vom Dialog der Sinne beim Essen und Trinken. Frankfurt am Main, New York 2005, S. 165–180, hier S. 177.

Die Frage ist, was bleibt. Die unmittelbare Erziehungsmaßnahmen an Fanis (nationale Denkmäler anschauen, damit er ein „echter" Grieche wird) scheitern, was ihn hingegen „erzieht", ist das Unsichtbare des Lebens selbst: Die Verknüpfung seines eigenen Unterlassens in der bis zuletzt unbefriedigenden Beziehung zu seiner türkischen Freundin mit dem Großen und Ganzen der Politik, das wieder auf die Frage nach der Identität durch Essen erzählerisch heruntergebrochen wird – erst dies alles zusammen ergibt eine ideale Verbindung von Individuellem und komplexem Ganzen.[33] Fanis' Schicksal, seine Rückkehr nach Istanbul, seine Erkenntnis, dass er es viele Jahre versäumt hat, seinem Leben durch die Festlegung auf eine bestimmte Identität eine ganz eigene „Würze" zu verleihen, zeigt im Mikrokosmos des Individuellen die Auswirkung von Migration und Vertreibung.

Es ist unmittelbar einleuchtend, dass die in Filmen erzählten Geschichten „Systemindividualisierungen" sind, wie Hermann Lübbe den Prozess der Vergegenwärtigungen von Geschichte genannt hat.[34] Über „Historien vergegenwärtigen wir eigene und fremde Identität"[35], und es sind diese Historien, die sowohl in Romanen als auch in Filmen exemplarisch dargeboten werden. Eigenes und Fremdes bekommen im „Jahrhundert der Vertreibungen"[36] selbst und im Rückgriff auf die in dieser Epoche geschaffenen Voraussetzungen einen ganz eigenen Rang. Auch wenn die hier vorgeführten Beispiele friedlicher Art sind, so zeigen sie doch eine „Meistererzählung" ganz grundsätzlicher Art: Was oben mit dem Begriff der „problematischen Grundstruktur unseres aktuellen und/oder historischen Umfeldes" bezeichnet wurde, kann nun präzisiert werden. Eines der Grundraster unse-

---

33 Eine Kritik wie die von David Gaertner geht an der Effizienz von Erzählstrukturen, seien es literarische oder cineastische, vorbei, wenn er schreibt: „Die anfängliche Stärke von *Zimt und Koriander*, der lebensnahe Blick auf seine Figuren, wird jedoch aufgrund der anhaltenden mangelnden Distanz in der Darstellung derselbigen zum Schwachpunkt des Films. Eine Sentimentalisierung, die mit der Idealisierung der Figuren einhergeht, lässt sie schnell als karikaturhafte Überzeichnungen erscheinen. Boulmetis verfehlt somit die Gratwanderung zwischen einer, als persönliches Familienporträt angelegte, Aufbereitung eines historischen Konfliktes und einer Auseinandersetzung mit identitätsstiftenden Fragen. Zu offensichtlich versucht er mit seinen betont liebenswerten Figuren die Sympathien der Zuschauer für sich zu gewinnen, was letztlich zur Folge hat, dass der Regisseur das Interesse an Fanis' Schicksal nicht durchgehend aufrechterhalten kann." In: <http://www.critic.de/filme/detail/film/zimt-und-koriander-193.html> (26.01.2009). Kein erfolgreicher Schriftsteller oder Drehbuchautor kann grundsätzliche Konflikte in künstlerische Formen bringen, wenn er sie nicht dem Rezipienten am Einzelschicksal verdeutlicht. Dass hierbei bestimmte Identifikationsprozesse ablaufen, ist sicher beabsichtigt, mindestens aber nicht zu vermeiden.
34 Hermann Lübbe: Identität und Kontingenz. In: Odo Marquard, Heinz Stierle (Hg.): Identität. 2. Aufl. München 1996 (Poetik und Hermeneutik VIII), S. 655–659, hier S. 655.
35 Lübbe (Anm. 34), S. 656.
36 Nach dem Titel der Ausstellung im Berliner Kronprinzenpalais „Erzwungene Wege – das Jahrhundert der Vertreibungen" im Jahr 2006. Siehe auch Rainer Münz: Das Jahrhundert der Vertreibungen. In: Transit. Europäische Revue 23 (2002), S. 132–164. Der Begriff ist mittlerweile schon fast zum Schlagwort geworden.

res (europäischen) Daseins ist die Verwurzelung in jeweils ganz spezifischen familiären, lokalen oder regionalen Esskulturen. Werden diese durchbrochen, gestört oder gewaltsam verändert, verändert sich unsere Identität und die Wahrnehmung von ihr. Der Film hat die Möglichkeit, diese zum Teil tragischen Prozesse nicht nur sinnlich wahrnehmbar zu vermitteln, sondern ihnen auf seine Weise den Rang von „Meistererzählungen" zu verleihen. Das Große und Ganze – die Politik mit ihren zum Teil entsetzlichen Auswirkungen auf den Einzelnen, der sich ihren Wirkungen durch seine zwingende Teilhabe an den sozialen Systemen nicht zu entziehen vermag – äußert sich in Phänomenen, die nur scheinbar mit diesen Zusammenhängen nichts zu tun haben. In Wirklichkeit sind Küche oder Büro, Werkstatt oder Wochenendhaus die wahren Schauplätze für die Bewältigung der Probleme, die mit Identität und Lebenssinn zusammenhängen.[37]

Fontane hat diese künstlerische Maxime in seinem Roman *Jenny Treibel* gesprächsweise unnachahmlich chiastisch formuliert: „Mir gilt in der Geschichte nur das Große, nicht das Nebensächliche. Das Nebensächliche gilt nichts, wenn nichts drin steckt. Steckt aber was drin, dann ist es die Hauptsache, denn es gibt einem dann immer das Menschliche. – Poetisch mag das stimmen. – Das Poetische hat immer recht, es wächst weit über das Historische hinaus."[38]

---

37 Lucien Febvre hat dies für historische Texte auf den zutreffenden Nenner gebracht: „Die Texte, gewiß – aber es sind menschliche Texte. Und selbst noch die Worte, die sie bilden, sind gestopft mit menschlicher Substanz." Lucien Febvre: Das Gewissen des Historikers. Hg. u. a. d. Franz. übers. v. Ulrich Raulff. Berlin 1988, hier in dem Essay: Ein Historiker prüft sein Gewissen, S. 9–22, hier S. 18.
38 Theodor Fontane: Frau Jenny Treibel oder „Wo sich Herz zum Herzen find't". Roman. Hg. v. Tobias Witt. Berlin 2005 (Theodor Fontane. Grosse Brandenburger Ausgabe. Das erzählerische Werk), S. 80.

Die Autorinnen und Autoren der Beiträge

Marta-Justyna Augustynek, M. A., Volkskundlerin, Doktorandin an der Rheinischen Friedrich-Wilhelms-Universität Bonn, Institut für Germanistik, Vergleichende Literatur- und Kulturwissenschaft, Am Hof 1d, 53113 Bonn, marta.augustynek@gmx.de

Dr. Elisabeth Fendl, Volkskundlerin, Johannes-Künzig-Institut für ostdeutsche Volkskunde, Goethestr. 63, 79100 Freiburg im Breisgau, elisabeth.fendl@jki.bwl.de

Prof. Dr. Detlef Haberland, Literaturwissenschaftler, Bundesinstitut für Kultur und Geschichte der Deutschen im östlichen Europa (BKGE), Johann-Justus-Weg 147a, 26127 Oldenburg (Oldb.), detlef.haberland@uni-oldenburg.de

Dorothee Herbert, M. A., Historikerin, Doktorandin am Projektbereich Ostdeutsche Landesgeschichte der Rheinischen Friedrich-Wilhelms-Universität Bonn, Arbeitsstelle für Geschichte und ihre Didaktik, Am Hof 3–5, 53113 Bonn, d.herbert@gmx.de

PD Dr. Gunther Hirschfelder, Volkskundler und Historiker, Rheinische Friedrich-Wilhelms-Universität Bonn, Institut für Germanistik, Vergleichende Literatur- und Kulturwissenschaft, Am Hof 1d, 53113 Bonn, g.hirschfelder@uni-bonn.de

Dr. sc. Sanja Kalapoš Gašparac, Ethnologin, Institut za etnologiju i folkloristiku, Šubićeva 42, 10000 Zagreb, Kroatien, sanja.kalapos@vip.hr

Dr. Heinke M. Kalinke, Volkskundlerin, Bundesinstitut für Kultur und Geschichte der Deutschen im östlichen Europa (BKGE), Johann-Justus-Weg 147a, 26127 Oldenburg (Oldb.), heinke.kalinke@uni-oldenburg.de

Prof. dr hab. Andrzej Kątny, Germanist, Uniwersytet Gdański, Instytut Filologii Germańskiej, ul. Wita Stwosza 55, 80-952 Gdańsk, Polen, akatny@wp.eu

Doc. PhDr. Eva Krekovičová, DrSc., Ethnologin, Slovenská akadémia vied, Ústav etnológie, Klemensova 19, 813 64 Bratislava, Slowakei, eva.krekovicova@savba.sk

Prof. Dr. Max Matter, Volkskundler, Albert-Ludwigs-Universität Freiburg, Institut für Volkskunde, Maximilianstraße 15, 79100 Freiburg im Breisgau, max.matter@eu-ethno.uni-freiburg.de

Dr. Heike Müns, Volkskundlerin, Bundesinstitut für Kultur und Geschichte der Deutschen im östlichen Europa, Johann-Justus-Weg 147a, 26127 Oldenburg, h.muens@gmx.de

Mgr. Jana Nosková, PhD., Etnologický ústav Akademie věd české republiky, pobočka Brno, Veveří 97, 602 00 Brno, Tschechien, j.noskova@o2active.cz

Dr. Petăr Petrov, Volkskundler, Etnografski institut – BAN, Moskovska 6a, 1000 Sofia, Bulgarien, pgpetrof@yahoo.com

Prof. Dr. Dr. h. c. Klaus Roth, Volkskundler, Ludwig-Maximilians-Universität München, Institut für Volkskunde/Europäische Ethnologie, Ludwigstraße 25/0, 80539 München, K.Roth@lrz.uni-muenchen.de

Dr. Tobias Weger, Historiker und Volkskundler, Bundesinstitut für Kultur und Geschichte der Deutschen im östlichen Europa (BKGE), Johann-Justus-Weg 147a, 26127 Oldenburg (Oldb.), tobias.weger@uni-oldenburg.de

Dr. Anselm Weyer, Germanist, Fachhochschule Frankfurt am Main, Fachsprachenzentrum, Nibelungenplatz 1, 60318 Frankfurt am Main, anselmweyer@web.de

Verzeichnis der Orte und Personen

(erstellt von Sebastian Paul)

Adam, Hans Karl – 223.
Adria – 197.
Afrika – 45, 95.
Agamben, Giorgio – 239.
Agnetheln (Agnita) – 154.
Agnita → Agnetheln
Albanien – 30.
Albrecht von Brandenburg-Ansbach – 50.
Alt-Thorn (Stary Toruń) – 44.
Amerika – 38, 59, 60, 62, 68, 70, 72, 77, 78, 123, 159, 202.
Amsterdam – 71, 227.
Andres, Ivan – 196.
Arminius („Hermann der Cherusker") – 68, 69.
Asien – 45, 210.
Athen – 244.
Atlantik – 39, 75.
Augsburg – 82, 83, 90.
Augustus (Kaiser) – 69.
Augustynek, Marta – 157–173, 247.
Bach, Johann Sebastian – 80.
Bad Berleburg – 222.
Bahr, Wolfgang – 114.
Balkan – 30, 37, 77, 169, 204, 205.
Banat – 30.
Bandtke, Samuel Jerzy – 79.
Banská Štiavnica → Schemnitz
Banskobystrický kraj → Kreis Neusohl
Baranya – 20.
Barlösius, Eva – 159.
Bayern – 81, 82, 131, 148.
Belgien – 39.
BENELUX-Staaten – 76.
Berger, Tilman – 106.
Berkovica – 204

Berlin – 14, 18, 41, 61, 81, 113, 115, 141, 172, 245.
Bernolák, Anton – 185, 190.
Bessarabien – 169.
Beukelsz, Willem – 62.
Beust, Ole von – 14.
Biolek, Alfred – 220, 222, 223, 232.
Blažina, Branko – 196.
Bocuse, Paul – 237.
Böhmen – 8, 17, 30, 72, 74, 82, 105–136, 238.
Boll, Klaus – 17.
Bonn – 14, 40, 157–173.
Boulmetis, Tassos – 240, 245.
Bourdain, Anthony – 202, 232.
Bourdieu, Pierre – 146.
Bozan, Karel Gustav – 127.
Brabant – 11, 12, 71.
Brandenburg – 42, 50, 72, 161.
Brandenburg-Ansbach – 50.
Bratislava → Pressburg
Bräuer, Birgit – 16.
Braun, Rudolf – 166.
BRD → Bundesrepublik Deutschland
Brednich, Rolf Wilhelm – 83.
Britisch Besetzte Zone (BBZ) – 140, 149.
Břízová, Joza – 107, 116, 124.
Brno → Brünn
Bruges → Brügge
Brügge (Brugge/Bruges) – 40.
Brugge → Brügge
Brünn (Brno) – 113, 182.
Brüssel (Bruxelles/Brussel) – 119.
Brussel → Brüssel
Bruxelles → Brüssel
Bulgarien – 23, 30, 33, 34, 35, 170, 196, 203–217.

Bundesrepublik Deutschland (BRD) – 17, 08, 137, 155, 161, 162.
Burgerstein, Jiří – 128, 129.
Busch, Wilhelm – 101.
Casmirsdorf (Zakrzewo) – 44.
epelare – 204.
Chełmno → Kulm
China – 95.
Chorvátsky Grob → Kroatisch-Eisgrub
Christburg (Dzierzgoń) – 42.
Christus → Jesus von Nazareth
Chruščov, Nikita – 79.
Cochem an der Mosel – 83.
Comrat – 169, 170.
Cook. James – 70.
Cornwall – 227.
Crikvenica – 195–202.
Crnković, Josip – 197.
Crnković, Marija – 197.
Čunovo → Sarndorf
Cusack, Joan – 202.
Danzig (Gdańsk) – 24, 40, 42, 43, 51, 58, 65, 88, 96, 102, 151, 152, 153.
Daugava → Düna
DDR → Deutsche Demokratische Republik
Debrecen → Debreczin
Debreczin (Debrecen) – 151.
Deleuze, Gilles – 238, 239.
Depp, Johnny – 241.
Detmold – 68.
Deutsche Demokratische Republik (DDR) – 33, 36, 107, 184.
Deutsches Reich – 39, 140.
Deutschland – 11, 18, 40, 57, 61, 62, 64, 71, 73, 76, 77, 81, 94, 95, 96, 97, 101, 103, 137, 140, 142, 144, 153, 154, 158, 161, 162, 163, 164, 165, 166, 167, 168, 170, 171, 172, 173, 177, 184, 219, 221, 229.
Dilthey, Wilhelm – 143.
Dittertová, Eva – 133.
Dollase, Jürgen – 229, 230.
Dolna Banja – 204, 211.
Dolny Śląsk → Niederschlesien
Donau – 29, 62. 81, 83, 114, 179.
Dörrie, Doris – 233.
Douglas, Mary – 239.
Dramalj – 200.
Dröge, Kurt – 23.
Düna (Daugava) – 39.
Dürrenmatt, Friedrich Josef – 233.
Dzierzgoń → Christburg
Egerland – 134.
Ekzarch Josif – 204, 205.
Elbing (Elbląg) – 40, 42, 44, 45, 46.
Elbląg → Elbing
Elcze, Peter von – 53.
Elsass – 43, 70.
England – 61, 70, 71, 74, 75, 76, 77, 141, 195, 196, 222, 224, 226, 229, 242.
Estland – 88.
Europa – 99, 102, 105, 117, 121, 125, 126, 127, 129, 130, 138, 153, 167, 169, 170, 175, 176, 181, 195, 196, 198, 202, 203, 209, 210, 211, 213, 233, 235, 240, 241, 246.
Eurydike – 237.
Feißt, Werner O. – 223.
Ferreri, Marco – 237.
Fialová, Juliana – 116.
Fiedler, Josef – 114.
Flegel, Georg – 24, 25.
Fontane, Theodor – 246.
Franc, Martin – 107, 117, 119, 120.
Franceville – 71.
Frank, Michael – 128.
Franken – 40.
Frankfurt am Main – 24, 25.
Frankreich – 39, 58, 69, 74, 75, 76, 85, 92, 95, 203.
Friedrich II. von Preußen – 62.
Frisch, Max – 97.
Frischauer, Johannes – 196.
Fučík, Julius – 111.
Fünfkirchen (Pécs) – 20.

Gabarevo – 204.
Gabrovo – 204.
Gagausien – 157, 169, 172.
Gavrailovo – 204, 205.
Gdańsk → Danzig
Gedeck, Martina – 242.
Gemer (Gömör) – 177.
Genscher, Hans-Dietrich – 14.
George, Heinrich – 236.
Gernhardt, Robert – 87–104.
Giordano, Christian – 16, 17.
Goethe, Johann Wolfgang – 87, 90, 234.
Gogh, Vincent van – 71.
Gömör → Gemer
Gotland – 40, 50.
Göttingen – 7, 98.
Goya, Francisco de – 233.
Grass, Günter – 87–103.
Grassalkovicz, Antal Graf – 83.
Graz – 196.
Greenaway, Peter – 236, 237.
Griechenland – 25, 30, 60, 61, 78, 84, 180, 196, 242, 243, 244, 245.
Groot, De (Bauernfamilie) – 71.
Großbritannien – 141.
Großmährisches Reich – 185.
Gruša, Jiří – 133.
Gutknecht, Christoph – 84.
Haberland, Detlef – 233–246, 247.
Haeberlin, Paul – 224.
Hahn, Carl Clemens (Wilmenrod, Clemens) – 222.
Hahn, Hans Henning – 70.
Halström, Lasse – 240.
Hamburg – 11, 24, 58.
Hamelmann, Hermann – 12.
Hanks, Tom – 236.
Hannus der Kochmeister – 53.
Hartmann, Andreas – 19, 163.
Hartung, Hugo – 12.
Hasper, Franjo – 196.
Heimaz, Heinrich – 90.

Heinrich IV. von Frankreich (Henri Quatre) – 92.
Heinrich von Navarra – 92.
Heitz, Johann Michael – 113.
Hensel, Fanny – 78.
Herbert, Dorothee – 39–55; 247.
Hermann der Cherusker → Arminius
Heurnius, Johannes – 11.
Heuss, Theodor – 14.
Hirschfelder, Gunther – 157–172, 247.
Hobsbawm, Eric – 166.
Holland – 39.
Homer – 102.
Hus, Jan – 131.
Hüttner, Johann Christian – 76.
Inzinger, Max – 223.
Isolde – 237.
Isperih – 204.
Istanbul – 243, 244, 245.
Istrien – 72.
Italien – 43, 45, 60, 61, 62, 72, 77, 78, 82, 95, 178, 195, 203, 226, 242.
Jacob, Heinrich Eduard – 25, 26.
Jadranovo – 200.
Jambol – 204.
Jankù-Sandtnerová, Marie – 116.
Jánošík, Juraj – 176, 179, 182, 185.
Janssen, Horst – 93.
Japan – 60.
Jedwabno → Syden
Jeggle, Utz – 149.
Jesus von Nazareth (Christus, Jesus Christus) – 25, 91.
Jirásek, Alois – 110, 111.
Johanides, Josef – 110.
Joković, Roko – 196.
Jugoslawien – 95, 184.
Julia – 237.
Jünemann, Gertraud – 17.
Kádár, János – 79.
Kalapoš Gašparac, Sanja – 8, 195–202, 247.
Kaliningrad → Königsberg in Preußen

Kalinke, Heinke M. – 137–155, 247.
Kaminer, Olga – 18.
Kaminer, Wladimir – 18.
Kanada – 75.
Kant, Immanuel – 92.
Karlovy Vary → Karlsbad
Karlsbad (Karlovy Vary) – 108, 121, 130, 197.
Kaschau (Košice) – 181.
Kątny, Andrzej – 57–66, 247.
Kerner, Johannes B. – 221, 230, 231.
Kesseler – 53.
Kiesewetter, Johann Gottfried Karl Christian – 84.
Klever, Ulrich – 223.
Klimentová, Maryna – 116, 124.
Klink, Vincent – 224.
Klisura – 204, 210.
Kohl, Helmut – 14.
Komárno → Komorn
Komárom → Komorn
Komorn (Komárno, Komárom) – 181.
Königsberg in Preußen (Kaliningrad; Królewiec) – 40, 41, 46, 65.
Konwicki, Tadeusz – 74.
Košice → Kaschau
Köstlin, Konrad – 20, 105, 134, 155, 172, 220.
Kowróz → Kufros
Krekovičová, Eva – 175–193, 247.
Krk – 197.
Kroatien – 200.
Kroatisch-Eisgrub (Chorvátsky Grob) – 180.
Królewiec → Königsberg
Krünitz, Johann Georg – 131.
Kruschowitz (Krušovice) – 181.
Krušovice → Kruschowitz
Kuba – 35, 179.
Kufros (Kowróz) – 44.
Kulm (Chełmno) – 39, 55.
Kundera, Milan – 128.
Kunert, Günter – 97.

Kyrill (hl.) – 185, 188.
Lafer, Johann – 224, 225, 231.
Leander, Zarah – 236.
Legnica → Liegnitz
Leibitsch (Lubicz) – 44.
Leipzig – 80, 81, 124.
Leitomischl (Litomyšl) – 108, 110.
Lenin, Vladimir I ič – 36, 183, 184.
Lewen (Mlewo) – 44.
Lichter, Horst – 231.
Liegnitz (Legnica) – 152.
Limbach – 180.
Linz – 24, 58, 66.
Lippman, Walter – 68.
Lipsius, Justus – 11, 12.
Lissomicz → Posimsdorf
Litomyšl → Leitomischl
Livland – 39.
London – 40, 113, 226, 227.
Loveč – 204.
Lübbe, Hermann – 245.
Lubicz → Leibitsch
Lukovit – 205.
Mähren (Morava) – 24, 111, 113, 114, 120, 123, 131, 132.
Malbork → Marienburg
Mälzer, Tim – 222, 229, 230, 232.
Mannová, Elena – 185.
Mao Tse-tung – 184.
Maraš – 204, 205, 211, 214.
Maria Theresia (Kaiserin) – 72.
Marienburg (Malbork) – 40, 42, 46, 49, 54.
Marx, Karl – 118, 184.
Matter, Max – 219–232, 247.
Mauss, Marcel – 157.
Mecseknádasd → Nadasch
Meiners, Christoph – 7.
Melbourne – 227.
Merkel, Angela – 14.
Merton, Robert K. – 234.
Method (hl.) – 185, 188.
Mexiko – 60, 179, 180.

Miletić, Oktavijan – 196.
Mlewo → Lewen
Mohrmann, Ruth E. – 20.
Moldawien – 7, 157–173.
Moll, Karola – 144.
Molner, Pawel, kuchmeister – 53.
Montaigne, Michel de – 92.
Montana – 204.
Montreal – 119.
Morava → Mähren
Morgenstern, Christian – 88.
Müller, Dieter – 230.
Müller, Gerhard Friedrich – 74.
München – 81, 101.
Müns, Heike – 9, 11–26, 248.
Münster in Westfalen – 23.
Mutzenbacher, Josephine – 101.
Nácko – 182, 186, 187.
Nadasch (Mecseknádasd) – 20.
Napoli → Neapel
Navarra – 92.
Neapel (Napoli) – 78.
Nejedlý, Zden k – 111.
Němcová, Božena – 117.
Neruda, Jan – 131, 132, 133.
Nettelbeck, Sandra – 240, 242.
Neuhaus, Volker – 100.
Neumann, Gerhard – 235.
Neusohl (Banská Bystrica) – 177.
Niederlande – 11, 24, 61, 62, 71, 74, 76.
Niedersachsen – 11, 14, 15, 16, 145, 146.
Niederschlesien (Dolny Śląsk) – 61, 140.
Norwegen – 118, 119.
Novák, Arne – 111.
Novalis – 91, 234.
Nürnberg – 85, 152.
Oberpfalz – 80.
Ofener Bergland – 83.
Oldenburg (Oldb.) – 14, 15, 23, 153.
Oliver, Jamie – 222, 224, 225, 226, 227, 228, 229, 230.
Olmütz (Olomouc) – 24.

Olomouc → Olmütz
Opatija – 196.
Orpheus – 237.
Osaka – 119.
Osmanisches Reich – 30, 31, 35, 243.
Österreich – 62, 64, 72, 73, 111, 113, 114, 116, 119, 129, 131, 135, 177, 196, 231.
Pazardžik – 204.
Pécs → Fünfkirchen
Peter von Elcze – 53.
Petrak, Josef – 114.
Petráňová, Lydia – 108, 116, 120.
Petrevene – 203, 204, 205, 206.
Petrov, Petăr – 8, 203–217, 248.
Pilsen (Plzeň) – 85.
Plovdiv – 204.
Plzeň → Pilsen
Polen – 8, 23, 30, 43, 60, 61, 63, 65, 71, 73, 74, 76, 77, 80, 85, 140, 155, 157–173.
Posen (Poznań) – 63, 73, 80.
Posimsdorf (Lissomicz) – 44.
Poznań → Posen
Prag (Praha) – 107, 112, 115, 119, 120, 124, 127, 128, 130, 131, 132, 140, 182, 183.
Praha → Prag
Pressburg (Bratislava) – 175–193.
Pribina – 185, 189.
Proust, Marcel – 67.
Québec – 75.
Radcliffe-Brown, Alfred – 85.
Raduil – 204, 206, 207, 208, 209, 210, 211, 212, 213.
Razgrad – 204.
Reichenau an der Knieschna (Rychnov nad Kněžnou) – 108.
Reich-Ranicki, Marcel – 92, 96.
Renger, Annemarie – 14.
Rettigová, Madgalena Dobromila – 107, 108, 109, 110, 111, 112, 115, 116, 126, 132, 136.

Reval (Tallinn) – 88.
Riehl, Wilhelm Heinrich – 16, 159.
Ringelnatz, Joachim – 88, 102.
Rom (Roma) – 78, 79.
Roma → Rom
Romeo – 237.
Ropczyce (Ropshits) – 83.
Ropshits → Ropczyce
Rösinger, Christiane – 229.
Rosswog, Martin – 23.
Roth, Klaus – 7–9, 18, 27–38, 248.
Rudolf II. (Kaiser) – 130.
Rüegg, Kathrin – 223.
Rúfus, Milan – 185, 191.
Rumänien – 23, 30, 34, 35, 154, 157, 158.
Ruse – 204, 205, 211.
Russland – 8, 17, 18, 171, 171.
Rychnov nad Kněžnou → Reichenau an der Knieschna –
Sachsen – 40, 80.
Sadovo – 204.
Salmanovo – 203, 204, 205, 209, 210, 215, 216, 217.
Sandgruber, Roman – 105, 130.
Sankt Gallen – 45, 82.
Sardinien – 203.
Sarmatien – 60.
Sarndorf (Čunovo) – 181.
Sarrasin, François – 71.
Scheffel, Joseph Viktor von – 68, 69.
Schemnitz (Banská Štiavnica) – 182.
Schily, Otto – 14.
Schlesien – 61, 63, 111, 113, 131, 140, 148, 161.
Schmidt, Hans-Jörg – 130.
Schmidt, Helmut – 14.
Schröder. Gerhard – 14.
Schroubek, Georg R. – 113.
Schuhbeck, Alfons – 224, 225.
Schwaben – 73, 81, 83.
Schweden – 39, 196.
Schweidnitz (Świdnica) – 51, 146.

Schweiz – 64, 66, 71, 78, 81, 82, 128, 228, 229.
Selce – 200.
Semplin (Zemplín, Zemplin) – 177.
Serra, Jakob Strobel y – 230, 231.
Setzwein, Bernhard – 134.
Sevlievo – 204, 210.
Sforza. Bona – 60.
Sibirien – 7. 74, 171.
Siebeck, Wolfram – 219, 224, 226.
Siebenbürgen – 16, 17, 23, 30, 154, 238.
Sigismund I. der Alte (Zygmunt I. Stary) von Polen – 60.
Šilo – 197.
Sizilien – 226.
Skejbred, Ann Helene Bolstad – 118.
Sliven – 204, 205.
Slovenský Grob → Slowakisch-Eisgrub
Slowakei – 23, 175–193.
Slowakisch-Eisgrub (Slovenský Grob) – 180.
Slowenien – 184.
Smiljan – 204, 207, 208, 209, 210, 211.
Smoljan – 204.
Smollett, Eleanor – 34.
Sofia – 204, 205, 211, 213.
Sontag, Susan – 239.
Sowjetunion (UdSSR) – 17, 18, 31, 79, 116, 162, 170, 171, 183, 184.
Spanien – 45, 62, 203.
Spielberg, Steven – 236.
Spiš → Zips
Spurlock,, Morgan – 127.
Stahlstadt – 71.
Staniszów → Stonsdorf
Stara Zagora – 204.
Stary Toruń → Alt-Thorn
Steinmeier, Frank-Walter – 14.
Stich, Alexander – 109, 111.
Stonsdorf (Staniszów) – 152.
Stucki, Hans – 224.
Štúr, L'udovít – 185, 190.
Sudeten – 20, 74, 134, 135.

Šumen – 204, 205.
Süssmuth, Rita – 14.
Świdnica → Schweidnitz
Syden (Jedwabno) – 44.
Szymanderska, Hanna – 166.
Tallinn → Reval
Tanner, Jakob – 105, 163.
Teichgräber, Ludwig – 68.
Terchová – 182, 185.
Tessin (Ticino) – 78, 82.
Teuteberg, Hans-Jürgen – 67.
Teutoburger Wald – 68.
Thomayer, Josef – 133.
Thorn (Toruń) – 39–55, 85, 152.
Thüringen – 40, 115.
Ticino → Tessin
Tilschová-Úlehlová, Marie – 117.
Tito, Josip Broz – 184.
Tolksdorf, Ulrich – 16, 19, 57, 136, 155, 158, 159, 165, 220.
Toruń → Thorn
Toscana → Toskana
Toskana (Toscana) – 96, 102, 201.
Treibel, Jenny – 246.
Tristan – 237.
Tropschuh, Hedwig – 134.
Tschechien (Tschechische Republik) – 74, 128, 129, 130, 133.
Tschechische Republik → Tschechien
Tschechoslowakei (Tschechoslowakische Republik) – 107, 115, 116, 118, 127, 128, 129, 133, 176, 180, 183, 184.
Tschechoslowakische Republik → Tschechoslowakei
Tschofen, Bernhard – 124, 136.
Türkei – 30, 60, 72, 77, 78, 81, 169, 170, 172, 203, 243, 244, 245.
UdSSR → Sowjetunion
Ulm – 26, 90.
Ungarn – 20, 21, 22, 23, 30, 46, 79, 150, 177, 178, 179, 181.

Unisław → Wenzlau
USA (Vereinigte Staaten von Amerika) – 57, 58, 95, 141, 208.
Ústí nad Orlicí → Wildenschwert
Valckenborch, van, Künstlerfamilie – 24.
Varus, Publius Quinctilius – 68, 69, 74.
Vécsés – 83.
Velingad – 204, 206.
Venedig (Venezia) – 39.
Venezia → Venedig
Vernes, Jules – 71.
Waterkant – 81.
Weger, Tobias – 67–85, 134, 248.
Weichsel (Wisła) – 43, 44, 50, 54.
Wenzlau (Unisław) – 44.
Westerwelle, Guido – 14.
Weyer, Anselm – 87–103, 248.
Wiegelmann, Günther – 23.
Wien – 30, 62, 66, 105, 107, 112, 113, 114, 115, 117, 135, 198.
Wierlacher, Alois – 28, 234.
Wierling, Dorothee – 112.
Wildenschwert (Ústí nad Orlicí) – 108.
Wilmenrod, Clemens → Hahn, Carl Clemens
Winkler, Heinz – 224, 230.
Wisła → Weichsel
Wismar – 43, 51.
Witaszek-Samborska. Małgorzata – 59.
Witzigmann, Eckart – 89, 221, 230.
Wulff, Christian – 14.
Zacherl, Ralf – 222, 231.
Zahnhausen, Richard – 105, 135.
Zakrzewo → Casmirsdorf
Zavoj – 204.
Zemplín → Semplin
Zeta-Jones, Catherine – 233, 236.
Ziesemer, Walther – 41.
Zips (Spiš) – 177.
Zygmunt I. Stary → Sigismund I. der Alte

www.ingramcontent.com/pod-product-compliance
Lightning Source LLC
Chambersburg PA
CBHW080915100426
42812CB00007B/2285